VERSAILLES

PENDANT LA RÉVOLUTION FRANÇAISE

ÉTUDES HISTORIQUES

VERSAILLES

Imprimerie AUBERT, 6, avenue de Sceaux.

—

1908

VERSAILLES

PENDANT LA RÉVOLUTION FRANÇAISE

VERSAILLES. — IMPRIMERIE AUBERT

6, avenue de Sceaux, 6.

L.-A. GATIN

VERSAILLES

PENDANT LA RÉVOLUTION FRANÇAISE

ÉTUDES HISTORIQUES

VERSAILLES

Imprimerie AUBERT, 6, avenue de Sceaux.

1908

A Marthe-Élisa BIDAULT

ma chère et vaillante compagne.

VERSAILLES

PENDANT LA RÉVOLUTION FRANÇAISE

PREMIÈRE PARTIE

La Ville.

QUELQUES RÉFLEXIONS.

Désireux de placer ici quelques réflexions, suggérées par la présente étude, je cherchais une entrée en matière, quand un vieux livre me tira d'embarras, par cette phrase inscrite à son frontispice : « L'animal sait par instinct ce qu'il lui convient de savoir, l'homme a besoin de tout apprendre. » On discute beaucoup aujourd'hui sur la question de savoir si les bêtes ont de l'esprit, mais tout le monde est d'accord pour reconnaître que l'homme intelligent est jeté sur cette terre ne connaissant absolument rien de ce qu'il lui faudrait savoir pour guider ses pas chancelants.

Et notre premier mouvement est une protestation, qui s'exhalerait amèrement si un instant de recueillement ne nous montrait que, malgré les erreurs, les fautes et les embarras qu'occasionne à tous moments cette fâcheuse ignorance native, il nous faut cependant la bénir. C'est elle, en effet, qui permet à l'enfant de croître et de se développer sans impatience troublante, de marcher souriant, le cœur plein d'illusions et d'espérances, vers un avenir heureusement inconnu; c'est elle qui donne aux déshérités l'insouciance indispensable pour supporter sans amertume l'infériorité de leur sort et, sans souffrance morale, les privations habituelles du milieu misérable dans lequel ils sont nés.

Mais, cet hommage rendu pour le bienfait, n'hésitons plus, maudissons une ignorance qui laisse l'homme étranger à tout ce qu'il ne peut voir ou toucher; une ignorance qui le **persuade** que tout a commencé avec sa chétive personnalité, **que rien** n'existe en dehors de son étroit horizon; une ignorance qui le fait ingrat pour les ancêtres, dont il ne connaît pas les luttes, les sacrifices, les pénibles travaux, qui ont préparé le bien-être matériel, moral et intellectuel dont jouit en paix la Grande Famille nationale.

Et, en effet, de par l'ignorance que nous apportons en naissant, nous ne pouvons concevoir l'œuvre immense des générations antérieures qu'à la suite d'une succession d'efforts capables de dissiper les ténèbres épaisses qui nous enveloppent; notre curiosité se bornât-elle, par exemple, à la connaissance du passé de notre cité, ce n'est qu'après de longues études, de patientes recherches, de mûres réflexions, que nous pouvons revoir assez exactement, en pensée, notre ville, avec sa physionomie vive et réelle, aux diverses époques de son existence.

En ce qui concerne Versailles, ces difficultés sont accrues par la rareté des documents descriptifs, par le nombre restreint de dessins donnant une image des rues et du mouvement qui les animait, à l'instant que nous voudrions revivre et restituer.

Si nos investigations portaient sur les palais et les parcs au moment de leur splendeur, sur les solennelles réceptions qu'y firent les rois, sur les scènes de notre émancipation civile et politique (1), nous aurions les mains pleines; mais nous voudrions connaître parfaitement le Versailles industriel, bourgeois et roturier, pendant la Révolution française!... Alors que tant d'événements se succédaient, stupéfiant l'univers attentif, qui donc pouvait songer à des choses et à des gens de si mince importance? Or donc, nous avons peu (2), et, dans le peu qu'il nous a été donné de rencontrer, les détails sont le plus souvent incomplets ou inexacts. Les tableaux de la Révolution française laissés par Prieur en sont un frappant exemple.

(1) Ces scènes, appartenant plus à l'histoire de France qu'à l'histoire de Versailles, nous ne nous y arrêterons pas au cours de cette étude.

(2) Les documents auxquels nous avons puisé le plus abondamment dépendent des archives du département de Seine-et-Oise, des archives de la Mairie et de la Bibliothèque de la Ville. *L'Histoire municipale de Versailles*, par M. Laurent Hanin, nous a été aussi d'un grand secours. Tous les passages entre guillemets que l'on rencontrera au cours de cette étude sans indication d'origine proviennent de ces sources.

D'un autre côté, quand il s'agit de Versailles, on se sent porté à croire que l'origine royale de cette ville, que son édification rapide et relativement récente, l'ont placée en dehors des conditions normales ; que là, il n'y eut jamais rien à modifier, tout ayant été parfait dès le premier jour.

Sans doute, nous n'avons pas eu à subir les transformations lentes et coûteuses que les municipalités effectuent partout, pour élargir et redresser les ruelles tortueuses léguées par le moyen âge. Louis XIV, taillant en champ libre, au milieu des bois, nous a dotés de voies magistrales, dans un site éminemment salubre, et c'est sans danger d'être contredit qu'en 1774, l'*Almanach* de cette ville écrivait : « L'air de Versailles est très sain et très vif ; malgré cette grande vivacité, le beau sexe y conserve longtemps la fraîcheur de la jeunesse. Les opérations chirurgicales y réussissent parfaitement. Les convalescents y recouvrent promptement les trésors de la santé, etc., etc. »

Le coup d'œil que nous allons jeter en arrière montrera que l'origine royale de notre cité, en lui donnant quelque avance sur ses émules, lui a permis de se recueillir, à certaines époques critiques de son histoire ; il permettra surtout de reconnaître que Versailles, qui eut sa part des imperfections communes, a su marcher avec le temps et conserver, dans leur plénitude, les avantages relatifs dont l'avait doté son illustre fondateur.

Coup d'œil sur la Ville.

En 1789, Versailles avait pour limites, au sud et à l'ouest : le Château et les murs du Petit Parc, avec les portes de Saint-Martin, de Satory, de l'Orangerie et du Dragon. Le boulevard de la Reine (1) ne dépassait pas la rue de Maurepas, fermée elle-même par une grille un peu après le point où commence la rue de Lafayette. Les grilles Saint-Germain et Sainte-Elisabeth avaient été construites en 1745, lors de la création de l'octroi, sur leur emplacement actuel.

(1) Ce fut Ch. Delacroix, représentant du peuple en Seine-et-Oise, qui ordonna, par arrêté du 25 frimaire an II, le prolongement du boulevard de la Reine (boulevard de l'Egalité) jusqu'à l'avenüe du Grand-Trianon. Son arrêté fut notifié à la municipalité avec injonction de faire porter les plâtras et décombres dans les endroits creux. Les frais de pavage furent mis, par Ch. Delacroix, à la charge de la République. L'exécution demanda plusieurs années.

Au nord et à l'est, c'est-à-dire du côté de Vaucresson, de Montreuil et de Viroflay, Versailles s'arrêtait à la rue Duplessis (1), au boulevard de la Reine et à la rue Montbauron. Ce fut en 1798 qu'un sieur Badois fils, autorisé à combler une mare sèche de l'ancien parc de Clagny, prolongea la rue de Provence sous le nom de rue de Clagny (2). Une grille en fer barrait l'avenue de Saint-Cloud au carrefour de Montreuil; son gardien, un Suisse, était logé dans une petite construction qui, depuis, a fait place au grand bâtiment (3) dans lequel se tint, pendant longtemps, un pensionnat de jeunes gens. Il existait également une clôture en fer (4) accompagnée de deux petits pavillons, pour un garde et un portier, avant le débouché du boulevard de la Reine, avenue de Picardie.

Enfin, à part quelques grandes propriétés élevées çà et là en bordure de l'avenue de Paris, la ville, de ce côté, s'arrêtait, à peu près complètement, à la rue de Vergennes. Les grilles d'octroi, simples barrières en bois, se trouvaient sur l'avenue de Paris (5) et rue des Chantiers, un peu après la rue de Noailles.

Le Petit et le Grand-Montreuil, d'abord complètement séparés de l'agglomération principale, s'étaient étendus et touchaient à la ville, à laquelle ils avaient été réunis le 1ᵉʳ janvier 1787; néanmoins, on les considérait toujours comme les faubourgs de Versailles, où, de même « qu'en ceux de Paris, se rencontraient quantité de guinguettes très fréquentées par le peuple, durant la belle saison (6) ».

L'*Almanach de Versailles*, en faisant cette réflexion, ne dit pas si, comme à Montmartre, on trouvait de la galette au moulin à vent qui, à cette époque, existait sur la butte de Picardie.

---

(1) Cette rue portait alors trois noms : Duplessis jusqu'au marché; de l'Etang jusque vers le boulevard de la Reine, et Neuve-Sainte-Elisabeth jusqu'à la grille d'octroi.

(2) Nom porté précédemment par la rue de l'Abbé-de-l'Epée.

(3) Actuellement n° 62 avenue de Saint-Cloud.

(4) Cette grille, enlevée vers 1850, a été reportée devant l'entrée de la chapelle de l'Hospice. (Voir J.-A. Le Roi, *Les Rues de Versailles*.)

(5) Cette barrière, qui fut démolie en 1791, fut rétablie en 1796, lors de la création des droits de passe; on la recula alors au delà de la rue de Vergennes. En 1800, une seconde barrière, toujours en bois, fut construite au-dessus de la chaussée de Porchefontaine. La grille de fer ne fut posée que beaucoup plus tard. (Voir J.-A. Le Roi, *Les Rues de Versailles*.)

(6) *Almanach de Versailles*, 1774.

Quand, au cours des promenades qu'il poussait, dit-on, jusque sur les toits de son palais, Louis XVI jetait les yeux du côté de Versailles, il ne le voyait, ni comme nous le connaissons, ni comme il était un siècle auparavant.

Ce n'était plus la cité aux maisons uniformes, humblement abaissées devant la demeure imposante du maître. Profitant des tolérances accordées, nombre de constructions, en s'exhaussant d'un ou de deux étages, avaient détruit l'harmonie rigoureuse des premiers jours ; de-ci de-là, elles levaient la tête, pour affirmer, semble-t-il, les prétentions des bourgeois qui s'y logeaient.

Ce n'était pas encore la ville dense, au sol presque complètement couvert ; si les parties avoisinant les deux marchés, si quelques rues aux environs montraient des maisons en rangs serrés, la périphérie était mal garnie, et au centre, aux abords du Château, des jardins séparaient les habitations ; la végétation qui s'y développait noyait les bâtiments en de larges taches aux tonalités changeantes, selon les saisons.

Est-ce parce que, de création plus récente, il se croit jeune encore et s'illusionne sur ses mérites, que le quartier Saint-Louis demeure immobile sans comprendre que, pour plaire, il faut être de son temps, voire même le devancer? Si Louis XVI pouvait reprendre ses promenades aériennes, il semble qu'il ne serait pas trop dépaysé de ce côté. Il faut excepter cependant la portion comprise entre l'avenue de Sceaux, la rue Saint-Martin (1), la rue des Chantiers et l'avenue de Paris. En 1789, les casernes d'artillerie n'étaient pas construites, et le jardin de la Mairie, qui était alors l'hôtel du Grand Maître (2), descendait, sans discontinuité, entre les avenues de Sceaux et de Paris, jusqu'aux murs des Petites Écuries du Roi. En arrière, après l'impasse des Gendarmes, on rencontrait le Vautrait (3), puis l'hôtel de Limoges, composé de baraques basses dont un petit

---

(1) La portion de la rue Saint-Martin dont nous parlons ici, comprise entre la rue des Chantiers et l'avenue de Sceaux, se nommait rue d'Artois, à cause de la présence des écuries du comte d'Artois, aujourd'hui caserne de la 3e compagnie d'ouvriers d'artillerie.

(2) Le Grand Maître avait occupé l'hôtel et les jardins, qui furent mis à la disposition de la municipalité.

(3) Nom donné aux équipages de chasse du Roi. (Voir J.-A. Le Roi, *Les Rues de Versailles*.)

nombre existent encore et servent d'écuries à quelques chevaux de la garnison.

Le quartier Notre-Dame, primitivement limité par la rue Neuve, s'était étendu, depuis 1775, par l'ouverture de rues tracées dans les prés qui occupaient l'ancien étang comblé de Clagny. Malgré l'activité déployée, on y voyait encore de grands terrains vagues et dépourvus de clôtures ; les maisons déjà cons- truites se trouvaient clairsemées le long de chemins inachevés et à l'état de fondrières en maints endroits. Une pétition, pré- sentée à la municipalité en janvier 1791, révèle que la rue Sainte- Adélaïde avait « pour centre une chaussée de 30 à 40 toises de long qui n'était pas même bloquée... ; ce lieu, ajoutent les récla- mants, est aujourd'hui tellement inabordable, par la décharge des décombres publiques, que toute communication se trouve inter- ceptée avec les rues Mademoiselle et de Comtesse-d'Artois (1) ».

En 1792, la rue des Missionnaires croupissait dans l'humidité, ainsi que la plus grande partie du quartier des Prés (2) : les eaux de l'ancien étang, pressées par les remblais encore meubles, remontaient à la surface où elles formaient des flaques qui de- meuraient stagnantes sur le sol.

Si l'on se place au point de vue du temps nécessaire pour se rendre de l'un à l'autre, les deux quartiers de Versailles, séparés par la grande avenue de 100 mètres, étaient plus éloignés à la fin du XVIIIe siècle qu'ils ne le sont de nos jours. En effet, l'avenue Thiers n'existait pas ; le terrain qu'elle occupe, englobé dans le jardin du Grand Maître, se trouvait clos tant sur l'avenue de Sceaux que sur l'avenue de Paris (3). La rue Saint-Pierre s'arrêtait à la rue de Jouvencel (4), au delà de laquelle on ren- contrait immédiatement la grille de la Vénerie, puis la cour du Chenil (5) qui s'étendait jusqu'à l'avenue de Paris. Il fallait, pour

(1) Aujourd'hui rue de Savoie.

(2) On appelle encore ainsi cette partie de la ville.

(3) Un passage, partant de l'hôtel du Grand Maître, aboutissait avenue de Sceaux. Ce passage, après avoir traversé la cour du Grand Maître, pénétrait dans le jardin, faisait un léger coude à gauche, puis par une ligne légèrement oblique gagnait l'avenue de Sceaux, sur laquelle il débouchait un peu au-dessus du point où aboutit aujourd'hui la rue de Limoges.

(4) Alors rue du Chenil.

(5) Aujourd'hui place des Tribunaux. Les deux portes furent supprimées et la rue ouverte en 1804.

rejoindre la rue des Chantiers, remonter jusqu'à la rue Jean-Houdon (1).

Par la place d'Armes, les piétons pouvaient seuls se rendre directement de la rue Satory à la rue Hoche (2). Le sol du vieux Versailles étant plus bas que celui de la ville neuve, il avait fallu, pour tenir la place d'Armes sensiblement horizontale, construire un mur de soutènement dans toute la longueur de la rue de la Chancellerie. Un escalier (3), formé de marches larges comme des paliers, permettait aux gens à pied d'accéder directement de l'avenue de Sceaux à la place d'Armes, mais les voitures devaient se détourner jusqu'à la rue Saint-Martin (4), ou remonter à niveau de la grille du Château. L'escalier fut remplacé par une rampe d'abord étroite et roide, qui, adoucie et élargie successivement, notamment en l'an VIII, devint ce que nous la voyons aujourd'hui.

Une caserne et un corps de garde, dont les deux ailes avaient la forme et les couleurs de tentes militaires, occupaient en partie ce côté de la place d'Armes, entièrement nue pour le surplus de sa surface (5). Les deux doubles rangées d'arbres formant les avenues latérales n'ont été plantées que vers 1830, par M. Nepveu, architecte du Palais.

Devant la Petite et la Grande Écurie, des trottoirs, construits dès 1765, offraient une voie sûre et praticable en tous temps. Des bornes monumentales, reliées entre elles par de fortes barres en fer, ajoutaient à la sécurité des passants. Elles meublaient la vaste place, dont l'ornementation était complétée par deux élégantes potences en fer placées au débouché de l'avenue de Paris. Des lanternes à réverbère s'y balançaient mélancoliquement, remplaçant, depuis peu de temps, les anciens fanaux à chandelles de quatre à la livre.

Pauvre avenue de Paris, quel devait être son aspect en 1793!

Les représentants Ch. Delacroix et Musset, délégués en Seine-et-Oise, « convaincus, disent-ils, de faire tourner à l'uti-

(1) Alors rue de l'Aventure.

(2) Alors rue Dauphine.

(3) Plus étroit que l'avenue, c'était en suivant l'axe de cette voie que l'escalier se développait.

(4) La rue de Limoges, englobée dans l'hôtel de Limoges, fut ouverte vers 1850.

(5) Voir *Versailles Illustré*, n° du 20 mars 1900.

lité publique tous les monuments de luxe des **Tyrans** (1) »,
ordonnèrent l'abatage des arbres de l'avenue de **Paris**. Cette
avenue magistrale, impitoyablement dénudée, offrit, durant six
années, l'image d'une vente en pleine forêt ; les promeneurs en
fuyaient les contre-allées constamment encombrées de bois
épars sur le sol. Ce fut seulement en 1799 que le département
ordonna la replantation. On vit renaître la verdure, mais la municipalité, dénuée de ressources pour toutes ses voies publiques,
courait au plus pressé, bouchant les trous, abattant les arbres
morts et négligeant tout le reste.

Jamais les fossés qu'on y rencontrait encore n'étaient
nettoyés ; ils ne servaient qu'à recevoir les immondices, les ordures et même les cadavres d'animaux dont le voisinage se dé-
barrassait en leur faveur (2) ; et nos avenues, dont trois sont le
complément indispensable et majestueux du Palais, demeurèrent
ainsi, presque abandonnées, durant une longue suite d'années.
En 1812, le *Journal de Seine-et-Oise* (3), parlant d'elles, s'expri-
mait en ces termes : « Leurs larges accotements présentent
d'immenses parties en terre qui, dans les temps humides, sont
d'inépuisables magasins de crotte, que les pieds des chevaux
transportent de proche en proche. A son tour, le vent la porte
en poussière lorsqu'il fait sec, et, à chaque pluie, ces larges
rivières de fange deviennent impraticables, surtout aux femmes,
car il s'en trouve encore de proprement vêtues qui vont quelquefois à pied.

« Faut-il donc balayer toutes ces chaussées ? Non, sans doute...
Il y a, dans quelques endroits, de petites chaussées d'un mètre ou
deux de large, qui montrent ce qui serait partout nécessaire. Deux
dans la place d'Armes furent faites pour le service des écuries
du Roi et une troisième pour celui des Cent-Suisses de la garde.
Dans l'avenue de Saint-Cloud, deux ont été faites aux frais des
particuliers qui avaient affaire au public ; deux autres l'ont été
par la municipalité, à l'entrée de l'avenue de Sceaux et à l'extrémité de l'avenue de Saint-Cloud. Mais, au lieu de quatre ou cinq,

(1) Arrêté de brumaire an II (octobre 1793).

(2) 1791. Plainte des habitants du boulevard de la Reine pour obtenir le com-
blement des fossés, qui ne servent qu'à déposer des immondices. — 1795. On fait
enlever des cadavres d'animaux des fossés du Château.

(3) N° du 13 février 1812.

il en faudrait quarante ou cinquante, et ensuite quatre ou cinq balayeurs pour les maintenir dans la propreté. »

La propreté, le soin, s'ils ajoutent à la commodité et à la sécurité du passage, imposent aussi, nous l'avons observé en maintes circonstances, le respect aux masses, tout à fait sans retenue là où règnent la négligence et le désordre. Le mauvais état des avenues et aussi la dureté des temps poussèrent, en 1791, de pauvres diables à monter dans les arbres de nos promenades publiques, pour en couper les branches. Les chasseurs de Lorraine, chargés de pourchasser ces maraudeurs trop audacieux, en arrêtèrent plusieurs avenue de Paris. La municipalité, qui aimait mieux prévenir que châtier, prit, les 15 octobre 1791 et 2 juin 1792, des arrêtés contenant défense absolue de monter dans les arbres, et, visant sans doute une ancienne tolérance trop bienveillante, elle ajouta : « sous aucun prétexte, même sous celui d'y couper des branches mortes ». Cependant, les mauvaises habitudes persistèrent, puisqu'en 1798 l'autorité locale dut charger un garde champêtre de surveiller l'avenue des Patriotes (1).

Il ne faudrait pas conclure de cette persistance effrontée du maraudage que les agents du Domaine étaient autrefois sans armes pour réprimer les abus. Par déclaration du 12 juillet 1779, le Roi avait réglementé assez étroitement l'exercice de la grande et petite voirie à Versailles ; mais, comme le remarque la municipalité dans le préambule de son arrêté du 2 juin 1792, « depuis quelques années, on contrevient, en cette ville, d'une manière étrange au règlement ». Et, en effet, les officiers municipaux sont contraints de redire tout ; il leur faut : défendre de dégrader les avenues, d'enlever les gazons, d'entrer dans les contre-allées à cheval ou en voiture, d'attacher des cordes d'un arbre à l'autre pour étendre du linge.

Les bouleversements récents, le nivellement brusque des situations avaient dérouté les gens, surpris par une émancipation rapide à laquelle rien ne les avait préparés ; personne ne semblait bien fixé sur ses droits ou ses devoirs. Tout, du reste, contribuait à jeter le trouble dans les esprits ; les gouvernants eux-mêmes, pour fleurir leurs discours, opposaient constamment : à plaisir ou jouissances des tyrans, soulagement et instruction du

____

(1) Avenue de Sceaux.

peuple. Ce fut à l'abri d'antithèses semblables que les délégués de la Convention dévastèrent le domaine royal et saisirent la propriété des grands. Comment s'étonner ensuite que de simples prolétaires ignorants se soient égarés, qu'ils aient confondu individualité et collectivité. De misérables hères, aiguillonnés par le froid et la faim, ne pouvaient que penser : le peuple, j'en suis, donc c'est moi !

Aspect des Rues.

A l'origine (1), les hôtels des grands seigneurs se distinguaient des maisons bourgeoises par leur forme, mais tous se ressemblaient par l'uniformité absolue de leur décoration extérieure. Ils étaient d'ailleurs groupés et réunis par espèces : dans cette rue, les nobles demeures; dans cette autre, les habitations roturières.

Versailles devait à cette sévère ordonnance des édifices particuliers un caractère spécial, un aspect curieux et fort intéressant, au moins par la rareté d'un ensemble de telle importance.

Depuis, les propriétaires, ayant été affranchis de toute règle, ont transformé, bâti à leur guise, et nos rues ont perdu toute originalité. Leur fastidieuse monotonie ne saurait être rompue ni égayée par des bâtiments insignifiants, où l'on ne rencontre que fort rarement quelques souvenirs du passé, en des détails artistiques échappés à la pioche du démolisseur.

Cependant, par leur ampleur et leur étendue, par la verdure qui les ombre ou les clôt si agréablement, on aime nos superbes voies où le regard s'étend librement et se perd. Mais à l'époque de transition, c'est-à-dire à peu près au temps de la Révolution française, il était difficile de parcourir certaines parties de la ville sans être choqué par le disparate criard des constructions particulières. La croix du marché Saint-Louis donnerait actuellement une idée assez fidèle de la situation, si les baraques que l'on y voit encore avaient plus de profondeur et d'importance (2),

____

(1) Voir *Le Cicerone de Versailles*, édition de 1810, et J.-A. Le Roi, *Histoire de Versailles*, t. Ier, p. 11.

(2) La maison dite « du Canon », qui faisait l'angle de la rue Hoche et de celle de la Paroisse, dont on trouvera le dessin et la description dans le *Versailles Illustré* du 20 février 1901, montre à peu près ce qu'étaient les maisons au temps de Louis XIV.

et si, sans ordre, on intercalait, dans leurs rangs, quelques grandes maisons à deux ou à trois étages.

La place du marché Notre-Dame avait, et eut jusque sous le règne de Louis-Philippe, un aspect semblable et plus lamentable encore; les baraques et les grandes maisons qui s'y trouvaient entremêlées étaient, comme d'ailleurs toutes les constructions du voisinage, mal bâties, délabrées et insalubres. M. Moreau, historiographe de France, venant à l'improviste à Versailles en juillet 1789, s'exprime ainsi dans ses *Souvenirs :* « Il s'agissait de savoir où nous pourrions loger; il fallut avoir recours à Grincourt, notre tapissier, qui, pendant que j'allais aux enquêtes dans la ville, conduisit ma femme et ma fille au second étage d'une des plus effroyables maisons que j'aie jamais vues, située près des halles et du marché; elle était peuplée par la populace la plus abjecte et qui avait même l'air d'être la plus vicieuse. Dans deux chambres qu'il promit de meubler le lendemain, il arrangea bien vite deux lits de camp, et ce fut de là que Mme Moreau envoya chercher, à la gargote, un détestable dîner maigre que je vins ensuite partager. Je trouvai ma pauvre fille contrariée et sa mère au désespoir; mais déjà Dieu venait à notre secours et nous ne dînâmes pas mal, puisque nous dînâmes gaiement. » Une personne obligeante ayant mis à la disposition de M. Moreau un appartement confortable, il s'empressa d'en prendre possession : « Dès que nous eûmes dîné, dit-il à ce sujet, nous y fîmes amener par Grincourt, pour nos gens, les grabats de l'épouvantable domicile qu'il nous avait donné. »

S'il en était ainsi dans les maisons moins anciennes, que pouvaient être les baraques assises sur un terrain concédé à titre précaire, par simple autorisation révocable selon le bon plaisir du Roi?

Nous devons à l'obligeance de M. Charpentier, adjoint au maire de Versailles, communication de plusieurs actes concernant les baraques du marché Notre-Dame. Nous nous empressons de reproduire ici quelques extraits qui donneront une idée du statut spécial à ces anciennes constructions :

« Nous, Louis Blouin, gouverneur des villes et châteaux de Versailles et Marly, et capitaine des chasses desdits châteaux, suivant l'ordre verbal du Roi, avons accordé à la veuve Duval, marchande de volailles, une place dans celle du marché pour la construction d'une baraque contenant huit pieds de face sur neuf pieds de profondeur et sept pieds de hauteur, dans le carré du marché à la volaille, pour jouir de la superficie de ladite baraque seulement tant qu'il plaira à Sa Majesté, à la charge de payer des droits au fermier de la place du marché, et faire enregistrer la présente permission sur le livre du commissaire de police, et de ne pouvoir vendre ni disposer de ladite baraque sans en avoir de Nous obtenu la permission. Fait au château de Versailles, le 2 janvier 1725.

« *Signé* : Blouin. »

Quand le possesseur d'une baraque la vendait, il suppliait très respectueusement le gouverneur de Versailles de lui accorder l'autorisation et, généralement, il ajoutait : « Le suppliant priera Dieu pour Monseigneur. »

Puis, l'acte de vente était ainsi libellé : « Par-devant les notaires au bailliage royal de Versailles, Marin Frenel, marchand, bourgeois de Versailles, a acheté de Pierre Denis, marchand boucher à Versailles, les bois et matériaux composant une baraque, située à Versailles, dans le quartier de l'ancien marché, numérotée quarante-deux, moyennant mille livres. »

La rusticité des mœurs de la fin du xviiie siècle faisait accepter sans effort l'abri défectueux qu'offraient les baraques de nos marchés; c'était là, du reste, et dans les rues les plus voisines que se concentraient toutes les affaires commerciales. Comme à Paris, « que l'on se piquait d'imiter (1) », les boutiques les plus riches se paraient de devantures en boiseries, munies de vitres dont les dimensions, qui nous feraient sourire, provoquaient l'admiration de la foule; mais la plupart des marchands et des industriels, même en dehors des baraques, se contentaient d'un modeste rez-de-chaussée, éclairé par deux fenêtres et une porte munies de croisées à petits carreaux taillés dans un verre à peine translucide. De solides contrevents, ou des volets mobiles, retenus par des barres de fer à boulons et clavettes, permettaient, chaque soir, de mettre les marchandises à l'abri des indiscrets.

On accédait aux boutiques et au rez-de-chaussée des maisons par un escalier dont les marches, parfois au nombre de cinq ou

---

(1) *Almanach de Versailles*, 1775.

six, formant saillie dans la rue, exposaient les passants à se rompre le cou ; quand, disait encore en 1812 un journal local (1), « quand songera-t-on qu'il y a des gens de pied qui fréquentent la rue » ?

Des bornes encombrantes défendaient les arêtes et les angles des bâtiments. La circulation en était gênée, mais, en l'absence de trottoir, le piéton, en se rangeant auprès des bornes, en s'aplatissant le long des murs, pouvait éviter les roues des charrettes et des fardiers, le choc brutal des porteurs d'eau, des hommes de peine pesamment chargés, obligés de s'écarter des murailles pour éviter la saillie des bornes.

Il y en avait de toutes les hauteurs, de toutes les grosseurs et de toutes les formes. On utilisait, pour cet usage, les objets les plus divers. Le 5 février 1791, un sieur Lieuret offrit à la municipalité, « pour le service public », un canon qui servait de borne à sa maison.

Les fontaines publiques, les potences en bois, qui soutenaient les réverbères, étaient autant d'obstacles contre lesquels venaient se heurter les gens pressés ou distraits.

On a manifesté quelque surprise de voir qu'à Versailles, les fontaines « arrosent et rafraîchissent les rues sans les embellir ; car c'est une chose particulière et faite pour étonner l'étranger, qu'aucune ne contribue à décorer une ville pour laquelle on a fait tant de sacrifices (2) ».

Nous aurions mauvaise grâce à récriminer contre la royauté, à laquelle nous devons ce que nous sommes ; toutefois, il est impossible de ne pas remarquer ici que les sacrifices immenses faits à Versailles ont tous profité exclusivement au domaine de l'Etat. La ville proprement dite n'a jamais eu que l'indispensable, malgré le produit élevé de son octroi perçu intégralement chaque année, au profit du Trésor royal, qui ne supportait même pas les frais de l'éclairage public et de l'enlèvement des ordures ménagères. Bien plus, l'administration domaniale a mis la main sur divers bâtiments qui auraient dû demeurer la propriété de la ville, puisqu'il ne semble pas douteux qu'ils ont été payés sur le produit de l'octroi, institué uniquement dans l'intérêt de la cité.

---

(1) *Journal de Seine-et-Oise*, n° du 6 février 1812.

(2) Itinéraire descriptif. *Route de Versailles*, par Vaysse de Villiers. Paris, 1822.

Ces bâtiments, dont l'Etat n'avait que faire, sont actuellement loués par lui à la municipalité, qui ne pouvait s'en passer.

De ces remarques, il est facile de déduire les raisons pour lesquelles aucune de nos fontaines ne contribue à décorer les places ou les rues de la ville.

Il ne semble pas, d'ailleurs, que cette lacune ait trop cruellement privé nos concitoyens et qu'ils aient jamais été disposés à faire le moindre effort pour la combler. En 1797, un sieur Lenchère ouvrit une souscription pour remplacer par un monument la fontaine des Chiens-Verts (1), au carrefour de Montreuil; afin d'entraîner par l'exemple, le promoteur généreux s'inscrivit, en tête de liste, pour 600 francs. Cependant, la fontaine, bien que déplacée (2), fut reconstruite dans sa simplicité primitive, et quand les femmes du quartier s'y rendent, si tout le passé leur est connu, on peut affirmer qu'elles se consolent aisément de la perte faite au point de vue esthétique, mais qu'elles regrettent, du fond du cœur, la faculté, qu'on leur a retirée, de laver leur linge, sur la voie publique, à portée de la bienheureuse fontaine.

A charge au voisinage par le bruit incessant de leur battoir et de leur caquet, ces femmes, du moins, n'étaient pas là constamment; elles ne barraient pas la route jour et nuit, comme les baraques, où le savetier assouplissait le cuir sans trêve ni merci, où le rétameur empestait cent mètres à la ronde, où la verdurière, la poissarde criaient du matin au soir, appelant les clientes et les apostrophant à tous propos. Baraques, échoppes, simples auvents, toujours construits sans soin, en plâtre, en planches mal jointes et dépareillées, ces édicules parasitaires, misérables et sordides donnaient à la ville un air dont aucune description ne saurait donner une idée parfaite.

On en trouvait appendus en tous les endroits où existait un mur nu : aux Quatre-Bornes, aux Ecuries de Monsieur, au pied du clocher de Notre-Dame, avenue de Saint-Cloud, adossés à la Grande ou à la Petite Ecurie, autour du Grand-Commun, rue

(1) Avant la Révolution française, un supplément de la vénerie du Roi existait au carrefour de Montreuil. On l'appelait vulgairement « les Chiens verts », parce que les gens de l'équipage portaient l'uniforme vert. La fontaine placée tout auprès prit le nom de la vénerie.

(2) Cette fontaine, qui était avenue de Saint-Cloud, côté des numéros impairs, près de l'ancienne grille d'octroi, a été transférée au carrefour.

de la Chancellerie, rue de Satory, tout le long du mur du Potager, dans la grande avenue de Trianon, boulevard de la Liberté, jusque dans les cours, les vestibules et même les corridors du Palais.

Les commerces les plus divers s'y exerçaient. On débitait des boissons dans les baraques appuyées aux murs d'enceinte de la cour d'honneur du Château ; les libraires avaient élu domicile avenue de Paris, le long des grilles de l'Hôtel de Ville.

Près des édifices publics, les baraques étaient non seulement laides et encombrantes, elles constituaient aussi un danger permanent pour la tranquillité publique.

Le 23 août 1790, des hommes, poussés par la misère, s'étaient attroupés devant l'Hôtel de Ville ; on parvint à les calmer et la Garde nationale put aisément les disperser.

Le commandant prit « de là occasion d'observer au Conseil général que les marchands établis près de la grille de l'Hôtel de Ville fournissent un prétexte aux attroupements ; qu'à l'heure même, il venait d'en éprouver les inconvénients ; qu'après avoir invité les hommes attroupés à se retirer, il avait vu les plus mutins feindre de s'occuper à lire des brochures pour avoir le droit de rester ; que, répondant de la sûreté de l'Hôtel de Ville, il fallait qu'il puisse dire à des gens qu'il verrait s'attrouper à la grille : que faites-vous là ? que demandez-vous ? qu'on avait si bien senti, à Paris, qu'il ne fallait pas fournir un prétexte aux gens mal intentionnés de se réunir près de l'Hôtel de Ville, qu'on ne souffre, aux environs, aucun marchand ».

La municipalité était armée, elle pouvait révoquer, purement et simplement, une permission donnée à titre de simple tolérance, mais on comprenait que l'administration communale ne doit pas seulement se souvenir de ses droits ; qu'elle a, en toutes circonstances, le devoir de se montrer bienveillante, paternelle même. M. Mallemain, l'un des membres de l'assemblée, en reconnaissant la justesse des réflexions du commandant de la Garde nationale, « a observé que ces marchands s'étaient établis d'après une permission formelle ou tacite de la municipalité ; qu'il croyait de la justice de ne pas les déplacer sans les dédommager des frais de déplacement. Sans doute, a-t-il ajouté, vous pourriez, à la rigueur, vous dispenser de ce dédommagement, mais toutes vos actions doivent être dirigées, je ne dis pas seulement par la stricte justice, mais par la délicatesse ».

Ainsi, on ne savait même pas s'il y avait autorisation, et cependant il fut arrêté « que les marchands établis seront tenus, quinzaine après la notification, d'ôter leurs boutiques, sauf à eux à se replacer de l'autre côté de l'avenue, si rien ne s'y oppose ». En outre, le Bureau fut autorisé à fixer le dédommagement qui pourra être dû à chacun et à en ordonner le paiement.

Cette droiture, cette élévation de sentiments, comme les meilleures choses, présentait le danger de persuader aux gens qu'une fois installés, ils étaient entièrement chez eux, et d'ouvrir la porte à des prétentions sans bornes.

Un sieur Breton, propriétaire d'une baraque sur le passage du Grand-Maître, pouvait vivre tranquille, en demeurant ignoré, mais il pensa avoir droit à une gratification annuelle. C'était lui, paraît-il, qui ouvrait et fermait la porte de l'Hôtel de Ville donnant avenue de Sceaux. Avant d'accorder la gratification, la municipalité décida (16 avril 1791) qu'il y avait lieu de savoir d'abord en vertu de quel titre Breton avait édifié sa baraque, et quelle charge lui avait été imposée.

Sur l'avenue de Saint-Cloud, Fouacier, commissaire-voyer de la ville, avait promis à un sieur Pagnod de tolérer, pendant quelques jours, une table volante, pour vendre des vulnéraires suisses; mais, dépassant la mesure, Pagnod avait fait élever une espèce de théâtre, et comme Fouacier se fâchait, le permissionnaire, se transformant en victime persécutée, réclama la protection de la municipalité, afin de continuer son commerce.

Le 11 août 1790, la municipalité voulant faire disparaître des baraques élevées autour de la statue du chevalier Bernin, dut agir *manu militari*. Elle fit réquisition au commandant de la Garde nationale « de porter à la pièce d'eau des Suisses des forces suffisantes, dit-elle, pour dissiper les hommes et les femmes qui s'y attroupent, pour empêcher l'enlèvement des baraques, comme aussi de se saisir de ceux qui feront résistance ».

A la pièce d'eau des Suisses, on avait au moins l'excuse de ne pas gêner grand monde, mais, aux Quatre-Pavés, masquer la guérite de la sentinelle, voilà qui passe toutes les bornes; il fallut un arrêté de la municipalité (1) pour ordonner que les

____

(1) 11 décembre 1790.

échoppes soient « transportées à une autre place, de manière à laisser une libre issue au factionnaire du poste, et que la guérite ne soit plus couverte ».

Et les demandes affluaient toujours.

14 avril 1791. Un sieur Baudreau demande la permission d'occuper une place dans le passage du Grand-Maître, du côté de l'avenue de Sceaux, pour vendre de la quincaillerie.

16 avril 1791. Un sieur Lesage désire placer une baraque dans une encoignure des Grandes-Écuries, sur l'avenue de Saint-Cloud.

Même jour. Un sieur Dofer, perruquier, sollicite la permission de construire, en moellons ou en plâtre, « à la légère », dit-il, une baraque près de la cathédrale, à droite du portail, au bas des marches, et adossée à l'église.

Il était des gens qui trouvaient plus simple de ne rien demander et de construire où il leur plaisait. Le procureur de la Commune, qui ne pouvait l'entendre ainsi, provoqua (19 février 1791) une ordonnance contenant défense de construire des baraques sans permission et invitant ceux qui en avaient déjà édifié à rapporter, « huitaine après la publication, la permission qui aurait pu leur être donnée ».

Il fallut plusieurs années d'incessants efforts pour faire disparaître toutes ces échoppes (1) et déblayer la voie publique qui, en ce temps-là, semblait à la disposition de qui la voulait prendre.

Les entrepreneurs, les commerçants ne se faisaient pas faute de transformer le devant de leur habitation en dépôt de matériaux ou de marchandises. Des pierres de taille, des charpentes, des immondices restaient étalées sur le pavé jusqu'à ce que la fatigue ait arraché quelques plaintes aux voisins.

Une pétition du 26 novembre 1791, signée de plusieurs habitants du quartier, demande que les pierres qui embarrassent le boulevard de la Reine, aux environs de l'Infirmerie, soient renfermées dans le terrain ou au moins rangées le long du mur de clôture. Le coupable, ici, était la municipalité, qui agissait en conformité d'un usage contre lequel elle reconnut nécessaire de

____

(1) Le *Journal de Seine-et-Oise*, dans son numéro du 9 avril 1807, s'écriei: « Enfin, enfin, il ne reste plus de baraques au pourtour du palais impérial de Versailles..... »

réagir, car, le 15 octobre de la même année, sans aller jusqu'à l'interdiction, elle arrêta que dorénavant il ne sera plus fait de dépôts de matériaux et d'immondices dans les rues sans une permission, soit de la municipalité, soit du service des bâtiments du Roi.

Les admirateurs du bon vieux temps diront qu'il était facile, avec un peu d'attention, d'éviter les marches en saillie, les bornes et les baraques; que, d'ailleurs, notre époque, si sévère dans ses jugements sur le passé, voit se perpétuer et souvent éclore des abus non moins dangereux ou gênants; que MM. les entrepreneurs usent toujours fort à leur aise de la voie publique; que les arbustes, les tables et les chaises de MM. les cafetiers, aubergistes et marchands de vins, ces puissances du jour, aussi respectées que l'Arche sainte, accaparent les trottoirs, tant qu'il y a du monde dans la rue et même la nuit; que les négociants étalent leurs marchandises, hors de leurs magasins, précisément aux endroits où la circulation a le plus d'activité, et il nous faut bien reconnaître que rien n'est plus fondé que ces critiques. Quoi qu'il en soit, le mal actuel, évident et très sensible, n'a ni l'étendue, ni le caractère de celui dont étaient affligés nos pères. Pour nous consoler du nôtre et prendre patience, remarquons notamment que si nos rues sont, à certaines époques, pleines de chiens de tous poils, qui jouent, se battent et roulent dans les jambes des passants, il ne nous arrive plus de rencontrer toute la basse-cour du voisin explorant les ruisseaux et les tas d'ordures sans trouble, comme chez soi. Or, c'était la règle autrefois. En 1790, les voisins d'une amidonnerie sise rue Comte-d'Artois (1), ayant demandé la fermeture de cet établissement incommode et insalubre, la municipalité jugea suffisant d'obliger l'industriel à faire les frais d'un ruisseau pavé pour l'écoulement de ses eaux résiduaires, et d'exiger de lui l'engagement de tenir enfermés les porcs qu'il nourrissait du déchet de son industrie.

Pour protéger les nouvelles plantations de l'avenue de Paris (2) contre les animaux domestiques vaguant librement, il fallut, les défenses et prohibitions étant inefficaces, placer des poteaux formant barrières à l'intersection des rues.

(1) Rue Saint-Martin.
(2) 1799.

Précédemment (1), pour débarrasser la ville des trop nombreux chiens qui erraient jour et nuit, la municipalité n'avait pas hésité à prescrire de tuer tous ceux qui seraient rencontrés dehors, depuis le point du jour jusqu'à 6 heures du matin au plus tard. Il fallait que le désordre fût bien grand, pour que de telles mesures puissent être prises et exécutées.

Mais la routine, cet immense monument d'immobilité, enrayait tous les progrès, et, plus de vingt ans après, le 25 octobre 1813, le maire de Versailles doit défendre « à tous ceux qui nourrissent des porcs, vaches, chèvres et chevaux, de les laisser vaguer dans les rues..... et pareillement de laisser vaguer les poules, canards et autres volailles ».

On a peine à concevoir que de tels usages aient pu exister et se perpétuer ainsi dans la ville du Grand Roi.

Entretien et propreté des Rues.

Les sommes insuffisantes que l'on consacrait annuellement aux voies publiques, la manière de construire ces voies, la forme qu'on leur donnait, rendaient leur bonne tenue à peu près impossible.

Il existait des égouts dans les rues principales, mais partout, en l'absence de branchements particuliers, les eaux s'écoulaient, à ciel ouvert, dans le large ruisseau situé au beau milieu de la chaussée. Les accotements, trop inclinés en maints endroits, mal pavés, bloqués ou simplement en terre, étaient à peine praticables, incommodes, boueux et glissants ; on rencontrait ici la bosse qui fait choir, là le trou où le pied se tord, et, de temps en temps, l'excavation (2), véritable abîme où l'on se briserait, si le service spécial ne signalait le danger par une corde tendue sur des piquets fichés en terre et qui, une fois placés, demeuraient, barrant la route pendant de longs jours.

La situation était si déplorable en 1796, que le département se fit un devoir d'appeler l'attention de la municipalité. Celle-ci savait fort bien ce qu'il aurait fallu prescrire, mais elle était

____

(1) 1er août 1791.

(2) Il y eut des excavations dangereuses à la grille du Dragon, rue de Thionville (Vergennes), un effondrement important rue des Réservoirs, aux Quatre-Bornes, etc,

sans argent et, en recevant les excellentes observations de MM. du Département, elle pensa « que le moindre grain de mil ferait mieux son affaire ».

Le ruisseau était le réceptacle ordinaire de toutes les malpropretés liquides de la rue et des maisons qui, sous le rapport de l'hygiène la plus élémentaire, laissaient fort à désirer. Ecoutons M. Moreau, historiographe de France :

« ..... Le vicomte de Laval rentre, découvre les miens, vient donner la main à Mme Moreau et met à sa disposition un appartement, où elle et ma fille passèrent la nuit, sans draps, et où le pauvre Valcourt, mangé par les punaises, les fit souvent rire par ses lamentations. » Cependant, il ne s'agit pas ici de logements misérables mal habités d'ordinaire, puisque M. Moreau ajoute que « la maison était pleine de députés à qui le vicomte avait prêté des chambres ». Chez les artisans et les ouvriers, c'était bien autre chose ; ils sentaient si peu la nécessité d'une bonne tenue de leurs habitations, ils avaient de telles habitudes, nées de la misère, que l'autorité locale devait à tous moments intervenir pour les protéger contre eux-mêmes. Un arrêté, pris le 25 octobre 1813, par le maire de Versailles, contient cette disposition, plus éloquente que les meilleures dissertations : « La nourriture des lapins est absolument interdite dans les chambres, greniers ou tout autre local servant d'habitation. »

La plupart des maisons avaient une cour intérieure dans laquelle on rencontrait un puits à usage commun, d'où péniblement il fallait tirer l'eau à la corde ; on y trouvait aussi des cabinets d'aisance qui, avec ceux placés parfois dans les combles, étaient les seuls de la maison, quel que fût le nombre des locataires. On ne les nettoyait généralement qu'une fois par jour, aussi était-il à peu près impossible d'y pénétrer à une heure un peu avancée de la journée. La large lunette, que l'on ne songeait pas à couvrir, laissait échapper, sans discontinuité, les détestables senteurs de la fosse ; on sortait de cet endroit inqualifiable aveuglé et puant. Beaucoup préféraient attendre la nuit pour descendre au coin d'une borne. Ceux-là, des délicats cependant, ont fait de tous temps le désespoir des boutiquiers et des habitants des réz-de-chaussée.

Dans une pétition, présentée le 11 octobre 1792, deux commerçants du marché Notre-Dame demandent à poser une porte afin de fermer, la nuit, un passage nouvellement ouvert entre la rue des Fripiers (1) et le Poids à la Farine (2); « moi et mon voisin, dit le pétitionnaire, pourrions facilement être volés; et, d'ailleurs, ledit passage deviendrait lieu d'aisances pour les habitants du quartier et les passants ».

On assure que la tradition s'est conservée chez quelques propriétaires versaillais, qui, trop épris de leurs écus, s'efforcent de les ménager en retardant le plus possible une vidange coûteuse. C'était aussi l'avarice qui, autrefois, poussait à n'agir qu'après des débordements que la municipalité dut prévenir en ordonnant « à tout propriétaire de faire vider les latrines dès qu'elles seront pleines (3) ».

Cette opération, dangereuse pour les ouvriers, aurait été insupportable le jour; elle s'effectuait la nuit, tout le voisinage étant averti, afin que chacun pût se calfeutrer chez soi; mais les opérations traînaient en longueur, et il fallut enjoindre aux vidangeurs « de ne pas commencer avant dix heures du soir en été et neuf heures en hiver; de ne pas prolonger leurs opérations au delà de cinq heures du matin à la première époque et de sept heures pendant la seconde (4) ».

On pompait (5) les liquides de la fosse au ruisseau; les matières lourdes, extraites à main d'hommes, au moyen de seaux munis de cordes et de crochets, étaient versées dans des tonneaux qui, malgré les prescriptions des règlements de police, n'étaient, par instants, ni bien conditionnés, ni bien fermés; aussi, on aurait pu suivre à la trace le haquet où s'empilaient les tonnes, et ce n'était pas par luxe qu'il était prescrit « de bien laver et balayer le terrain occupé dans la rue (6) ».

Le prix de la vidange avait été fixé par la municipalité, le 21 mars 1791, à 40 livres la toise.

(1) Allait de la rue de Paris à la rue Duplessis.

(2) Dans le magasin ou grenier aux farines, grand bâtiment qui existait place du Marché-Notre-Dame, occupant une partie du carré sur lequel ouvrent aujourd'hui les criées au poisson.

(3-4) Arrêté du 25 octobre 1813.

(5) Un sieur Jacquet prétendit avoir trouvé un système de pompe capable d'amoindrir les inconvénients de la vidange telle qu'elle se pratiquait alors, mais il ne semble pas qu'il ait obtenu des résultats bien extraordinaires, malgré le nom d'*antiméphitique* donné à ses appareils.

(6) Arrêté du 25 octobre 1813.

Le dépotoir de la butte de Picardie existait dès cette époque et fonctionnait selon le mode d'exploitation si défectueux que nous avons vu encore en usage il y a quelque dix années.

Chacun était tenu de porter en cet endroit spécial les matières extraites des fosses d'aisances. Nombre de gens s'en dispensaient, comme nous l'indique le préambule d'un arrêté pris par la municipalité, le 21 janvier 1792 : « S'il était permis à chacun, y est-il dit, de déposer les matières fécales où bon leur semblerait, on aurait bientôt corrompu l'air et attiré sur la ville le fléau d'une maladie pestilentielle. »

Peut-on croire que, plus d'un siècle après ces justes remarques dont chacun sent toute la portée, il est encore à Versailles des disciples d'Harpagon qui enfouissent dans leur jardin, au centre même de la ville, tout « le superflu de leur digestion ». Nul ne les plaindrait assurément si on parvenait à les prendre, chose facile, puisqu'ils ne font jamais de déclaration de vidange.

Les fosses et les cabinets d'aisance n'étaient pas les seules causes d'infection des habitations. On rencontrait dans les escaliers, sur tous les paliers, une fenêtre à guillotine près de laquelle béait une cuvette crasseuse et fétide ; les ménagères venaient là, chacune à son tour, déverser les eaux de savon, le contenu des vases de cuisine ou de nuit ; tous ces liquides, entraînant mille débris infects, gagnaient la cour par les plombs et les tuyaux de descente pour s'écouler lentement, au milieu des rues, jusqu'à la prochaine bouche d'égout : c'était un trou large et profond, pratiqué dans la chaussée et clos par une grille formée de gros barreaux en fer (1).

Habitués à toutes ces horreurs, nos ancêtres n'étaient pas très rigoureux sur la tenue du ruisseau. Le passant s'en détournait en se bouchant parfois les narines ; quant au riverain, il avait la double ressource de s'enfermer chez lui et de jeter les yeux vers la rue le moins souvent possible.

En 1793, on s'émut cependant, et la municipalité donna « réquisition au citoyen Leroy, commissaire de police du quartier nord, et au citoyen Lefèvre, commissaire du quartier sud, à l'effet de veiller à ce que les rues et ruisseaux soient nettoyés

____

(1) Il en existe encore avenue de Paris, au commencement de la rue Montbauron, sur la place d'Armes, au bout de l'avenue de Saint-Cloud, etc.

et de l'eau jetée, surtout pendant les grandes chaleurs ; en conséquence, il a été donné aussi réquisition au tambour-major de la
Garde nationale, à l'effet d'envoyer deux tambours chez chacun
des commissaires pour en faire la proclamation demain, sept
heures du matin, s'il ne pleut pas ».

Un contemporain nous a laissé son impression dans une note
datée de 1781 (1) : « Les rues de Versailles, dit-il, sont mal-
saines parce que les immondices s'y mettent auprès des ruisseaux et n'en sont pas enlevées assez souvent. Le pavé n'étant
pas nivelé, une partie des eaux pluviales y séjourne, s'y cor-
rompt et cause une infection très sensible après quelques jours
de sécheresse.

« Nous avons remarqué qu'au-dessus de la porte Satory, il y a,
à droite et à gauche, des dépôts d'immondices qu'on aurait dû
porter plus haut. Les égouts, qui ont des ouvertures dans la
ville, sont autant de cloaques contraires à la santé. »

Les ordures ménagères, enlevées fort irrégulièrement, demeuraient sur la chaussée où les chiffonniers et les chiens, à la
recherche de valeurs et de reliefs dédaignés, les dispersaient de
la borne au ruisseau. Alors Poubelle n'était pas né et personne
n'avait songé au parti que l'on peut tirer d'une ficelle, pour
retenir les ordures ménagères que leur trop grande légèreté
porte au vagabondage (2).

Le service concédé, par adjudication, était le plus souvent
aux mains de cultivateurs du voisinage, qui, au moment des
grands travaux et des récoltes, devaient manquer de temps, de
bras et de matériel.

Vers la fin de 1793, MM. Corné et Pluchet, entrepreneurs
dont le bail expirait, furent priés de continuer le service au pair,
ou, comme eux-mêmes l'ont expliqué, « sans que la commune
fût tenue de rien donner, ni eux de payer rien à la commune ».
A cet instant critique, la municipalité ne pouvait espérer mieux ;
la guerre, occupant tous les chevaux en état de servir, avait rendu
les transports très difficiles et, partant, fort onéreux.

En temps ordinaire, l'enlèvement des ordures ménagères de-

----

(1) Tessier, *Notes sur Versailles*, manuscrit. (Bibliothèque de la Ville.)

(2) Allusion à un arrêté pris récemment par le maire de Versailles, pour prescrire la mise en paquets ficelés de toutes les ordures ménagères légères.

vait être une source de produit pour la ville, et cependant le rôle de la contribution spéciale imposée aux propriétaires versaillais prévoit, pour ce service, 10,000 livres environ, sur lesquelles on prélevait le balayage et l'enlèvement des boues sur les places, marchés et autres parties vagues de la ville.

Les immondices et les boues, que la salubrité publique commandait de porter au loin, étaient mises en dépôt aux portes mêmes de la ville. Nous avons vu qu'il en existait à la grille de Satory; il y en avait un grand amas à l'extrémité de l'avenue dite des Bois-Blancs, depuis englobée par le chemin de fer Rive-Gauche (1); on en rencontrait partout, et il semble qu'à ce sujet les habitants de la ville avaient perdu le sentiment absolu de leur intérêt. En 1790, des habitants de la rue des Vieux-Coches (2) demandèrent l'autorisation de faire un dépôt de fumier dans leur rue, en plein centre de la ville!... Aussi ne sera-t-on pas surpris quand nous ajouterons qu'en 1797, les habitants de la rue de la Bonne-Aventure se plaignirent que les rues du quartier étaient, de place en place, encombrées de tas de fumier. Là, on n'avait pas même songé à solliciter une permission.

Enfin, les bouchers et les charcutiers tuaient leurs bêtes sur la voie publique et jetaient au coin des bornes les abats et les débris de toute sorte, que les chiens et les chats affriandés s'arrachaient et traînaient partout.

En 1792, la 3ᵉ section se plaignit, non pas à cause de la santé publique menacée, mais « pour éloigner de la vue des passants un spectacle aussi répugnant ».

Encore enfant, je me rappelle avoir vu tuer et habiller un bœuf sur la voie publique. C'était dans un village des environs de Mantes. La bête tirée de l'étable avait été rapidement abattue et saignée; puis, le sacrificateur, armé d'un grand soufflet qu'il manœuvrait vigoureusement, introduisait l'air entre chair et cuir; quelques gamins, j'étais du nombre, armés de baguettes, frappaient à tour de bras l'animal qui, rien qu'en les regardant, les eût fait fuir quelques instants auparavant.

Le souvenir qui m'est resté de cette opération n'est nullement

---

(1) Cette avenue plantée d'arbres, partant de la rue de la Patte-d'Oie, se dirigeait vers l'est en suivant à peu près la direction prise par la voie ferrée.

(2) Saint-Simon.

empreint de répugnance, mais cependant je comprends la municipalité versaillaise défendant, le 2 juin 1792, de tuer dans les rues ; je la trouve plus audacieuse quand elle ajoute : « à peine de 20 livres d'amende pour la première fois, et de 50 livres en cas de récidive ».

Malgré la sévérité des peines, les abus subsistaient encore en 1798, et même en 1813. L'arrêté pris le 25 octobre de cette année, en renouvelant les prohibitions, dispose, en son article 16 : « Les charcutiers, provisoirement, ne pourront abattre les porcs ni les laisser passer au feu que sur les places ci-après indiquées :

« La place aux Veaux pour le quartier Notre-Dame ;

« Le carré au Puits pour le quartier Saint-Louis ;

« La Grande-Place pour le quartier Saint-Symphorien. »

ILLUMINATION DES RUES
(Eclairage public).

Après le coucher du soleil, pour éviter les casse-cou et les tas d'ordures, pour franchir les ruisseaux fangeux sans danger « d'imprimer ses pieds en boue », on avait la lumière de deux cents lanternes à réverbères l'été, et de quatre cents l'hiver (1); elles étaient inégalement réparties par toute la ville (2), qui occupait alors une superficie de 582,000 toises carrées (3). On les allumait à la chute du jour, et la quantité d'huile dont on les munissait leur permettait de brûler jusqu'à 2 heures du matin. Mais, placées à de trop grandes distances les unes des autres, elles n'éclairaient qu'imparfaitement, et pourtant on se déclarait satisfait, tant était sensible le progrès réalisé depuis quelques années. On comprenait, du reste, que si la municipalité doit donner assez de lumière pour qu'il soit possible de se diriger, de marcher sans hésitation, de voir assez loin autour de soi pour éviter les coins obscurs, d'où quelque malfaiteur peut surgir inopinément, il serait insensé de prétendre lire, la nuit, dans les

(1) Non compris celles du quartier des Prés, dont nous n'avons pas trouvé le nombre.

(2) Il y a aujourd'hui 1,370 becs de gaz, comprenant : 490 permanents, qui brûlent toute la nuit, et 880 variables, que l'on éteint à 11 heures l'été et à minuit l'hiver.

(3) *Almanach de Versailles*, année 1774.

rues, ainsi qu'en un cabinet de lecture. Peut-être cette grande sagesse de nos aïeux n'était-elle pas absolument désintéressée. On savait que les dépenses de l'illumination étaient recouvrées sur les propriétaires de la ville au moyen d'un rôle spécial qui, en 1790, s'était élevé à 38,130 livres 5 sols. Il était évident que toute amélioration aurait une répercussion immédiate sur ce rôle, qu'en un mot, exiger mieux, c'était obliger la municipalité à percevoir davantage, et cette considération devait être un sûr réfrigérant pour le zèle de nos bons bourgeois. En effet, lorsque, en 1792, les dépenses de l'éclairage public furent noyées dans la masse des charges locales acquittées par sols additionnels, imposées indistinctement à tous, les cervelles s'échauffèrent et les gens du Grand et du Petit-Montreuil, ceux du quartier des Prés, enflammés d'une noble ardeur, appelèrent l'attention sur l'infériorité de leur situation. Hâtons-nous d'ajouter qu'ils avaient pleinement raison, car les lanternes étaient rares en ces quartiers excentriques, et le Grand-Montreuil était entièrement dépourvu d'éclairage public. Aussi, le Conseil général de la Commune décida l'installation immédiate de quarante-un réverbères aux endroits des deux Montreuils indiqués par les commissaires de ces quartiers ; il décida également que quinze autres lanternes seraient placées dans la partie nord de la ville, comprenant la porcherie Saint-Antoine, le boulevard du Roi, les rues Bertier (1), Sainte-Adélaïde, des Missionnaires, de Beauvau et de Comtesse-d'Artois. Ces cinquante-six nouveaux réverbères devaient être pris sur les deux cents qui n'étaient allumés que l'hiver. En réalité, cette amélioration fut une simple différence de répartition des lumières, avec légère augmentation dans la dépense d'entretien annuel.

A peine nos rues étaient dotées d'un éclairage, et déjà l'on tremblait en songeant à ce qu'il adviendrait si, par suite de troubles, les lanternes ne pouvaient être allumées. Ces craintes s'étaient certainement avivées en 1789, à la vue de gens à mines suspectes, mêlés trop activement aux événements qui se déroulèrent de mai à juillet, tant à Versailles qu'à Paris. Sous l'influence des souvenirs pénibles laissés par ces événements, la municipalité décida, au mois de septembre 1789, qu'en cas d'émeute,

---

(1) Voir *Tout-Versailles* 1904. — Vieilles rues, places, etc. : rue Berthier.

l'éclairage serait assuré par tous les locataires habitant le premier étage des maisons, à partir du moment où la générale serait battue, pour être entretenu jusqu'à ce que le calme fût entièrement rétabli. Pendant ce temps, les femmes et les enfants étaient tenus de rentrer dans leurs demeures et d'y rester.

On n'eut à recourir que rarement à ce moyen extraordinaire, et cependant l'inquiétude croissait constamment; en 1790, nos concitoyens affolés réclamèrent l'éclairage, dans tout son parcours, de la grande route, depuis Versailles jusqu'à Paris.

Cette proposition irréfléchie, fille de la peur, fut reprise, en 1794, par la 13ᵉ section, qui, beaucoup plus sage, limita sa demande à la pose d'une ligne de réverbères sur l'avenue de Paris, du côté du Petit-Montreuil.

Quand de semblables désirs étaient manifestés, la municipalité les prenait en considération, mais le manque de ressources paralysait sa bonne volonté, et les progrès étaient lents, si lents, que le *Journal de Seine-et-Oise* disait, dans son numéro du 13 février 1812 : « Les réverbères sont bien servis, et il est heureux qu'on prolonge leur lumière dans les nuits d'été. Mais, s'ils sont assez nombreux dans le centre de la ville, il s'en faut de beaucoup qu'ils soient suffisamment rapprochés dans les quartiers qui en forment les faubourgs. Les rues aînées du centre sont bien traitées en fait de lumière, leurs puînées du Pré demandent l'émancipation, tant pour elles que pour leurs sœurs adoptives des deux Montreuils. Leur bourgeoisie satisfait aux mêmes devoirs; elle attend avec confiance le moment de jouir des mêmes avantages. Déjà, le boulevard de l'Impératrice a fait un grand pas dans l'amélioration de sa gaîté nocturne; mais, entre autres lieux laissés dans une effrayante obscurité, on peut citer l'extrémité de l'avenue de Saint-Cloud et le grand rond-point qui la joint à la rue du Grand-Montreuil et à l'avenue de Picardie. Un seul réverbère, dans une telle esplanade, est un fanal qui ne suffit pas pour gouverner. C'est trois qu'il faut à l'extrémité de chacune des trois routes : le milieu sera toujours suffisamment éclairé et il sera, dans le jour, débarrassé de deux hauts poteaux et de la longue corde qui semble être celle d'une traille en terre ferme... »

Il est incontestable que ces grandes potences et cette corde interminable étaient entièrement dépourvues de grâce et d'élégance. Depuis, les tramways et l'éclairage électrique nous en font voir bien d'autres, sans que rien d'original ne puisse détourner notre attention attristée à la vue de la forêt de gaules en bois brut dressée par toute la ville, du réseau de toiles d'araignées tramé sur nos têtes aux divers carrefours. Les réverbères n'étaient pas beaux assurément, mais ils étaient en ce temps-là, et du moins leurs cordes, également espacées, festonnaient harmonieusement au travers de nos rues, animés chaque jour par la visite du pittoresque allumeur et de sa femme, toujours trottinant à sa suite. Ceux de notre âge l'ont connu portant gaillardement sur la tête une boîte en zinc, sorte de panier carré à deux couvercles et à anse, renfermant tous les ustensiles ; il s'arrêtait, ouvrait une petite boîte de fer encastrée dans la muraille, ou fixée à hauteur d'homme sur le poteau, détachait la corde qui, s'allongeant, laissait descendre la lanterne jusque dans le ruisseau. En un tour de main, les verres, les réflecteurs vigoureusement frottés redevenaient brillants, puis les lampes regarnies, les mèches rafraîchies ou remplacées, le réverbère, relevé rapidement, permettait à la circulation de reprendre son cours un instant interrompu. Vers le soir, l'indispensable fonctionnaire revenait allumer sa lanterne, et le grincement des poulies annonçait au voisinage le lever, dans toute sa splendeur, de l'astre radieux de nos nuits urbaines.

L'entretien de l'éclairage public avait été confié à l'importante société formée pour l'entreprise générale de l'illumination de France. Ses directeurs, MM. Tourtille, Segrain de Banclas et Le Pêcheur, avaient pour représentant, dans notre ville, M. Mathieu Dubois, directeur de l'illumination de Versailles. Il semble que l'on n'eut qu'à se louer de la façon dont cet intéressant service fut exécuté, même aux instants les plus critiques de la tourmente révolutionnaire.

Alors, cependant, les difficultés furent grandes. La municipalité, avec sa caisse toujours à sec, se trouvait réduite à des expédients auxquels la générosité dont ses membres ont donné tant de preuves nous permet d'affirmer qu'elle ne recourait qu'à contre-cœur et pressée par l'obligation de gagner du temps. Puis vint le moment critique où les marchandises, au nombre desquelles se trouvait l'huile, traquées par la réquisition, avilies par le maximum, disparurent des marchés déserts. Nos officiers

municipaux durent se transformer en pourvoyeurs. Ils prièrent
la ville de Paris, qui y consentit fort obligeamment à diverses
reprises, au cours des années 1793 et 1794 (1), de prêter à
Versailles de quoi attendre les arrivages. Lille envoya, en 1794,
la charge de deux chariots du précieux combustible. Enfin,
en 1795, la commune, à bout de ressources et de moyens,
écrivit au Comité de Salut public en vue d'être autorisée à
prendre vingt milliers d'huile au magasin de la République à
Paris. Ses représentants disaient : « Le prix de l'huile est exor-
bitant, la dépense serait de 395,000 livres et de 6 à 700,000 livres,
avec la condition de continuer l'éclairage en hiver jusqu'à cinq
et six heures du matin... L'État, ajoutaient-ils, ne peut d'ailleurs
se désintéresser, ayant à sa charge l'éclairage au pourtour de
ses édifices. »

Au jour le plus critique, les officiers municipaux n'ayant pas
de quoi assurer le service du soir, firent effectuer, sous forme de
réquisition, une quête chez tous les épiciers de la ville, sans
souci des habitants complètement sacrifiés, en cette circonstance,
à l'intérêt général.

Nous aurons donné une idée exacte de l'obsession des esprits
quand nous aurons ajouté que la municipalité, ne sachant plus à
quoi se résoudre, recommanda de ne plus manger de noix, de
les réserver pour la fabrication de l'huile, dont on avait si grand
besoin.

Rien, mieux que ce trait, ne saurait dire la pénurie qui régnait
à ce moment et peindre les difficultés au milieu desquelles s'agi-
tait notre municipalité. On la voit, semblable au spectateur im-
puissant d'une grande infortune, après s'être vainement agitée,
convaincue de l'inanité de ses efforts, se perdre en des détails
dont la puérilité ferait sourire, s'ils ne révélaient une douleur
profonde qui emplit l'âme de tristesse. Nous aurons à revenir et
à nous appesantir sur les circonstances de cette situation pénible, dans les pages qui vont suivre.

(1) Octobre 1793. La ville de Paris cède, pour 3,675 livres 4 sols, six petites
pièces d'huile du poids de 1,996 livres; fin 1793, 150 livres d'huile; en 1794,
3,000 livres.

DEUXIÈME PARTIE

Les Habitants.

Chapitre Ier. — Dans les Rues.

Jusque vers la moitié du XIXe siècle, l'habitant des villes, même à Paris, vivait bien plus sur la voie publique qu'il ne le fait de nos jours.

Le mouvement dans les rues n'avait pas alors l'intensité que nous lui connaissons. A l'exception des diligences, aux chevaux chargés de grelots, aux postillons criant et claquant du fouet qui, brûlant le pavé, étourdissaient et inquiétaient un instant les bourgeois paisibles, tous les véhicules : brouettes, chariots, charrettes, carrosses, berlines même, malgré le bruit prétentieux de leurs vieilles ferrailles, n'allaient guère plus vite que les chaises portées en cadence par deux vigoureux laquais.

Les crocheteurs lourdement chargés de colis parfois encombrants; les porteurs d'eau avec leurs seaux maintenus à distance par un cadre ou un cerceau (1); les marchands ambulants munis de paniers, de hottes, d'éventaires, allant à pas lents par les rues, s'arrêtant à tous moments pour vendre, pour regarder aux fenêtres, pouvaient bien heurter et bousculer les gens; mais la population, très exercée, savait glisser entre les obstacles. Sûre, d'ailleurs, de trouver asile dans la saillie des bornes, elle se sentait sans dangers, et, tranquille, s'installait dehors comme chez elle. Chacun sortait sa chaise, sa table, dînait en plein air, causait longuement avec les voisins réunis le soir des beaux jours. La jeunesse s'ébattait à l'entour, jouant au volant, aux grâces, courant jusque dans les jambes des passants pour les-

____

(1) Les porteurs d'eau avaient droit à 1 sol 6 deniers au rez-de-chaussée et à 2 sols à tous les étages.

quels, nous l'avons remarqué déjà, nul ne semblait prendre le moindre souci.

On dirait que, pour se bien persuader qu'il s'amuse, le peuple ait besoin de mouvement et de bruit. Quel bonheur d'apostropher les gens, de tirer des pétards, de se servir d'armes à feu ! A diverses reprises, le commandant de la Garde nationale avait appelé l'attention sur les dangers que faisaient courir aux passants les jeux de l'enfance et les divertissements de l'âge mûr ; frappés de l'inefficacité des mesures prises jusqu'alors, les officiers municipaux pensèrent atteindre plus aisément le but en remontant jusqu'aux sources.

Un arrêté du 2 juin 1792 défendit de jeter des pétards ou des fusées dans les rues, et « aux marchands d'en vendre, à peine d'une amende qui ne pourrait excéder 100 livres, sauf les dommages-intérêts envers les parties lésées ».

Il fut également défendu, sous les mêmes peines, de tirer des coups de fusil dans les rues, places et avenues.

Le même arrêté exigeait que l'on se munît d'une permission avant d'établir, « soit dans les contre-allées des avenues, soit dans les places publiques, soit dans les rues, des jeux de boules, de quilles et autres qui peuvent blesser les passants ». Les contrevenants étaient menacés d'une amende de 10 livres, portée au double en cas de récidive.

Ce n'est pas une amende, ce n'est même pas la possibilité de blesser un passant, que les joueurs fanatiques ne voient même pas, qui peut arrêter un homme résolu à faire parler la poudre, ou qui, la boule à la main, vise les quilles à renverser, ou le coco, petite boule servant de but et qu'il faut parfois chasser violemment. D'ailleurs, les habitudes prises étaient telles que chacun croyait être dans son droit en occupant la voie publique, où il avait pris l'habitude de s'installer pour satisfaire ses goûts. Ecoutons ce qu'écrivait à ce sujet le citoyen Gazard, le 18 floréal an V :

« Citoyens administrateurs, l'article 11 de la délibération du Corps municipal, en date du 2 juin 1792, maintenu par l'article 1er du règlement de police de l'administration municipale du 7 vendémiaire an 5me, homologuée par celle centrale du département, porte défense d'établir des jeux de boule et de quilles, de bagues ou autres qui peuvent blesser les passants, sur les avenues, places publiques ou autres lieux de fréquent passage. Au mépris de cette défense, beaucoup de citoyens se plaignent qu'à l'issue des différentes grilles qui conduisent au Jardin national, aux deux Trianons et autres lieux environnant les dits jardins, des marchands de vin et traiteurs établissent, hors de l'enceinte de leurs propriétés et dans des lieux qui exposent les citoyens à être blessés, des jeux de quilles et de boules, et notamment aux grilles appelées du Petit-Pont et de la Petite-Venise. Comme il est du devoir ....., etc. »

Pourquoi ces marchands de vin, ces bons traiteurs auraient-ils eu des scrupules quand, au cœur même de la ville, quantité de commerçants et d'industriels s'établissaient à demeure sur la chaussée transformée en dépendance de leurs magasins ou de leurs ateliers?

Une corderie en pleine activité existait rue des Tuyaux (1), une autre se trouvait boulevard de la Reine, le long de l'Infirmerie (2); deux ateliers semblables avaient été autorisés rue du Contrat-Social (3) et rue de Clagny (4), à la seule condition pour les permissionnaires de ne travailler ni les décadis, ni les autres jours de fêtes nationales.

Place Dauphine (5), les portefaix se tenaient en permanence, au grand déplaisir des habitants du pourtour, qui, le 3 avril 1790, demandèrent que l'on retirât « les charrettes des crocheteurs comme masquant les boutiques et étant un réceptacle d'ordures ».

Nous doutons que satisfaction ait pu être donnée à cette pétition. MM. les portefaix étaient trop convaincus de leur importance, non pas à cause de l'élévation de leurs salaires, les pauvres gens n'avaient droit qu'à 8 sols par voyage à l'intérieur de la ville et à 30 sols avec brancard (6), mais la police royale, en exigeant qu'ils se fissent inscrire « par ordre de numéro » sur un registre spécial, leur avait remis une médaille qui leur donnait titre et qualité. La municipalité, succédant au Roi, avait

(1) 1797.

(2) L'Hôpital civil.

(3) Rue des Chantiers.

(4) Rue de l'Abbé-de-l'Epée.

(5) Place Hoche.

(6) Au moment de la fixation des maxima (octobre 1793), la course avec brancard fut portée à 45 sols, compris chargement et déchargement.

continué la tradition, sous la seule condition (1) que les anciennes médailles seraient échangées contre de nouvelles « dont la forme serait délibérée par son bureau ».

Faut-il attribuer à la bonne opinion qu'ils avaient de leur importance la conviction où étaient MM. les crocheteurs qu'à leur égard la Révolution n'avait rien changé ; que, si d'autres privilégiés s'étaient vus dans l'obligation de tout abandonner, eux conservaient l'intégralité de leurs anciens droits. Il est intéressant, dans tous les cas, d'appeler l'attention sur les pétitions suivantes, où l'on trouve confirmation de ce fait que, d'un pacte, les parties en cause sont, le plus souvent, portées à ne retenir que les seules dispositions dont elles peuvent tirer avantage.

Le 6 octobre 1790, la municipalité entendit la lecture d'un mémoire présenté par les portefaix pour se plaindre « qu'une foule d'Auvergnats viennent enlever l'ouvrage ».

Leur supplique ayant été rejetée, les mêmes pétitionnaires, cherchant une revanche, reparurent, le 13 avril 1791, pour voir mettre à néant la prétention des porte-sacs, qui veulent « avoir le droit exclusif de décharger les voitures de farine ».

En gens habitués à se tirer d'affaire sans rien heurter de front, les officiers municipaux, « considérant que chacun est libre de faire tel métier qui lui convient », délibèrent « que si les portefaix sont troublés par la violence, dans l'exercice de ce droit, ils doivent appeler la force publique à leur secours et se plaindre par la voie juridique ».

MM. les porte-sacs, tenus à beaucoup de force musculaire, mais nullement obligés d'être perspicaces, supposant, sans doute, que leur affaire n'avait été ni comprise, ni jugée, déléguèrent quatre des leurs : Joseph Quétel, dit Saint-Germain, Jacques Picot, dit le Dragon, Mathurin Neuville et Nicolas Jean, chargés de déposer un mémoire où la corporation demandait le respect de son droit à décharger seule les farines destinées aux boulangers.

La municipalité, toujours prudente, s'échappa par la tangente, déclarant « qu'il n'y avait lieu à délibérer, les maîtres boulangers étant libres de prendre ceux qui leur conviennent pour charger et décharger leurs farines ».

(1) 20 octobre 1790.

Ce fut au nom de cette même liberté, mais au grand mécontentement des épiciers de Versailles, qui, du reste, s'en plaignirent amèrement, que les vicaires et les suisses des églises se mirent à vendre aux fidèles la cire nécessaire aux cérémonies du culte. Ils eurent tort assurément, puisqu'ils n'étaient pas commerçants et ne payaient pas patente, mais, en le constatant, demandons-nous s'il ne faut pas blâmer aussi la trop grande parcimonie des administrations, qui mettent leurs employés dans l'alternative ou de mourir de faim, ou d'introduire les marchands au Temple.

Si les habitants de la place Dauphine avaient les yeux offusqués par la malpropreté des charrettes ou brancards des portefaix, ils devaient avoir souvent à se boucher les oreilles s'ils ne voulaient entendre les propos peu séants des cochers, des porteurs de chaises et des pousse-fauteuils, car les voitures à 15 sols la course étaient autorisées à se tenir place Saint-Louis, dans la demi-lune de Montreuil et place Dauphine (1).

Les brouettes à 10 sols, les chaises bleues à 12 sols la course stationnaient, dans le plus beau désordre assurément, place Saint-Julien, aux Quatre-Bornes et place Dauphine.

Quant aux voitures de louage faisant le service entre Versailles et Paris, on les rencontrait sur la place d'Armes, à l'entrée de l'avenue de Paris, qu'elles barraient presque entièrement, chacune d'elles voulant être bien en vue pour attirer l'attention du voyageur. Elles n'étaient ni élégantes, ni confortables, et les pauvres haridelles qui y étaient attelées, mal soignées et insuffisamment nourries, ne pouvaient parcourir que péniblement les quatre grandes lieues qui séparent Versailles de Paris.

L'âpreté au gain, peut-être devrions-nous dire, songeant au nombre plus restreint des voyageurs à certains moments de cette époque troublée, le besoin de charger pour vivre, occasionnait de fréquentes disputes et des rixes parmi les cochers. Ce fut à la suite de l'une d'elles que la municipalité prescrivit « aux cochers des voitures de louage de se tenir avec leurs voitures sur les deux côtés de l'avenue de Paris, le long des Écuries, et de ne plus rester sur la place d'Armes, à l'entrée de l'avenue, obstruée

(1) Arrêté du 5 avril 1791.

par eux ». En renouvelant ces prescriptions, le 5 juillet 1791, l'Assemblée municipale ajoutait, « à peine de 12 livres d'amende payables à l'instant où la contravention aura été constatée par un procès-verbal, faute de payer ou de déposer ladite amende, la voiture et les chevaux seront mis en fourrière ».

Pour dégager la grande avenue, point d'arrivée des voitures de Paris, il aurait fallu en écarter aussi la foule des petits industriels qui, comme dans toutes les villes, guettaient les arrivants pour les entraîner chez les restaurateurs, dans les hôtels, ou pour les conduire (1) à travers la cité et aussi « dans les maisons, parcs et jardins nationaux (2) ».

« A peine débarqués, raconte un voyageur (3), l'un de ces cicerones offrit de nous faire connaître Versailles et ses merveilles. Sans attendre notre réponse : « Remarquez, Messieurs, « nous dit-il, à droite et à gauche de la grande avenue, les écu- « ries, dans la construction desquelles on employa pour la pre- « mière fois la coupe des toits inventés par François Mansard... »

Cependant, et sans voir d'aussi verbeuses personnes s'attacher à leurs pas, les promeneurs pouvaient circuler par la ville, mais ils devaient être fort attentifs s'ils ne voulaient choir sur les

---

(1) Le Directoire du district avait pris, à la date du 5 août 1793, un arrêté pour assurer la police du Parc ; il contient les dispositions suivantes, en ce qui concerne les conducteurs des étrangers : « Article 6. Les citoyens nommés précédemment par la municipalité de Versailles pour conduire dans les maisons, parcs et jardins nationaux sont confirmés dans leurs fonctions et il en sera établi un plus grand nombre, s'il est besoin ; ils seront reconnus par une marque distinctive en étoffe ou en cuivre, qui contiendra leur nom et leur qualité.

« Art. 7. Les conducteurs seront tenus de ne pas quitter les compagnies qu'ils conduiront dans les parcs et jardins, et chaque conducteur ne pourra conduire plus de douze personnes à la fois.

« Art. 8. Les conducteurs seront responsables de toutes les dégradations et mutilations qui seront commises dans les lieux qui leur seront assignés par arrondissement.

« Art. 9. En exécution de l'article ci-dessus, les préposés de la régie fixeront les arrondissements des conducteurs et en feront arrêter l'état par le Directoire ; ils comprendront dans cet état, pour les propriétés nationales sises sur le territoire de la municipalité de Versailles, les vingt-huit conducteurs par elle précédemment nommés.

« Art. 10. Il est expressément défendu aux conducteurs de rançonner les citoyens et d'exiger autre chose que ce qui leur sera librement offert, et ce, à peine de destitution. » (*Archives de Seine-et-Oise*, Q, Parc.)

(2) La liste nominative des guides autorisés est annexée à l'arrêté ci-dessus. (*Archives de Seine-et-Oise*, Q, Parc.) Elle ne contient que treize noms.

(3) *Un Voyage à Versailles*, par Alexandre Ferrière, 1806. (Bibliothèque de la Ville.)

marchandises exposées au dehors des magasins et des échoppes. Rue de Montreuil, on voit, dit le *Journal de Seine-et-Oise* (1), « des étalages de marchands : un tonnelier, deux serruriers, des aubergistes, des cabaretiers, qui, tous près les uns des autres, font de cette rue étroite le même usage qu'ils feraient, çà et là, des accotements d'une grande route et jettent les pauvres piétons dans le ruisseau ou sous les roues des voitures, les exposant à une crotte inévitable ».

Au marché, l'envahissement de la voie publique et le désordre étaient plus grands encore.

Cependant, le Bureau municipal avait obtenu des revendeuses, le 16 juin 1790, un accord duquel il résultait « que celles d'entre elles qui vendent dans le carré aux herbes y continueront leur commerce comme par le passé et y vendront tous les herbages, fruits et légumes, et que celles qui sont sur le revers des chaussées, et qui n'y sont pas tolérées, puissent y vendre, mais sur des hayons seulement, comme par le passé, les pois, fèves de marais, haricots verts, oignons, navets, champignons, raves, radis, pommes de terre, topinambours, échalotes, ails, et, par supplément, des panais, carottes, poireaux, fruits, œufs rouges et châtaignes, sans que ces dernières puissent en vendre d'aucune autres espèces ».

Défense fut faite, en conséquence, « à toutes revendeuses de promener aucune marchandise d'herbes, fruits et légumes, sur les éventaires dans la croix, pourtour ou carrés dudit marché, autrement que sur des hayons, et d'aucunes manières dans les passages desdits carrés, qui resteront parfaitement libres, sans cependant préjudicier à la faculté qu'elles ont de vendre dans les rues sans places fixes ».

Bien que prises d'accord avec les intéressées, ces prescriptions demeurèrent lettres mortes et le désordre persista, puisqu'un membre de la municipalité déclarait en séance, le 25 septembre 1790, « que tout ce qu'on a fait jusqu'à présent pour empêcher les femmes d'exposer leurs marchandises sur la chaussée a été parfaitement inutile », et, courageux plus que ne le sont d'ordinaire les fonctionnaires élus, l'orateur ajoutait ;

_____

(1) N° du 6 février 1812.

« que le seul moyen qui lui paraît devoir être efficace est la confiscation des marchandises ».

Cet avis énergique aurait pu donner satisfaction, mais on ne le suivit pas et les abus se perpétuèrent si bien qu'en 1812, le *Journal de Seine-et-Oise* (1) écrivait :

« J'ai entendu vanter l'emplacement du marché Notre-Dame comme l'un des plus spacieux qui soit en France. On n'en est pas plus avancé. Ce n'est plus un marché, les baraques s'y sont tellement multipliées qu'elles ont chassé les hayons. Pour rendre la voie libre, il faudra un jour que les hayons chassent les baraques. Il y a urgence au moins pour celles qui resserrent le carré du marché où les deux chaussées se croisent. Qu'il y ait des paniers de fruits, de salades, de légumes, le matin, rien de mieux ; mais les hayons s'y établissent pour toute la journée. C'est, dans le fond, une sorte de double emploi. Les baraques suffiraient si on défendait qu'elles fussent occupées par des commerçants de draperie, de mercerie, de toiles, et par des bouchers, épiciers, charcutiers, gens tenant cabaret et même café... »

Il n'y avait pas que les halles qui fussent menacées d'envahissement ; les édifices publics subirent également de rudes assauts. C'est ainsi que, le 23 avril 1790, un sieur Klopfer, libraire, déjà installé au Château, mais voulant davantage, demanda un emplacement, dans le vestibule de la Mairie, pour vendre des livres. La supplique de ce libraire n'offusqua personne, tant on était habitué à voir des marchands s'établir en tous lieux ; on prit cependant l'avis de M. le Commandant de la Garde nationale.

Loin de nous la pensée de blâmer la municipalité de sa condescendance ; le commerce, grand approvisionneur de la cité, a droit à beaucoup d'égards et de bienveillance.

Le procureur de la Commune l'oublia quand, le 7 juillet 1790, il proposa à la municipalité, « sur les plaintes qui lui avaient été rendues contre les poissardes », de « faire défense aux femmes de Versailles d'aller tourmenter les étrangers ».

Comprises à tort dans la nomenclature, les verdurières se plaignirent amèrement d'être « confondues avec les femmes qui,

(1) Nº du 26 mars.

sous prétexte de fêter les fédérés ou les autres personnes qui arrivent à Versailles, les mettent à contribution ». Ces dames eurent raison de sauvegarder leur réputation, et la municipalité fut sage, reconnaissant son erreur, de la réparer immédiatement en arrêtant que « le mot « verdurière » serait effacé sur les placards ».

Nos officiers municipaux, sans cesser d'être justes, et, malgré leurs scrupules, sans ressusciter aucun des privilèges abolis, auraient pu laisser les femmes du petit marché à la marée se rendre à la Fédération, mises, comme elles le désiraient, à l'instar des dames des marchés de Paris. Il eut été préférable de réserver le veto et les foudres municipales pour le moment où, comme le dit la chanson populaire :

Grâce à la mode,
Ah! qu' c'est commode,
On n'a qu'un vêtement
Qu'est transparent.

Si transparent même qu'un censeur impitoyable se crut autorisé à donner cette leçon sévère à « une dame qui s'était fait remarquer par ses vêtements légers et diaphanes ». Elle reçut en cadeau un coffret précieux portant cette inscription : « Vêtement pour Madame *** » ; ce coffret, ouvert au milieu d'une société nombreuse, s'était trouvé renfermer une feuille de vigne (1).

On est surpris que de tels costumes aient pu être portés dans les rues, puisqu'il est certain qu'à aucune époque on ne les eût tolérés, même dans les « Entre-Sort (2) », qui déjà infestaient nos foires.

Aux temps dont nous parlons, la foire de mai et la foire d'octobre se tenaient place Dauphine et s'étendaient, par la rue de la Pompe et la rue Duplessis, jusqu'aux environs du Marché. Les baraques en menuiserie étaient établies de préférence dans la place Dauphine, mais posées de manière à ménager, pour la circulation des voitures, une sorte de rue entre les installations foraines et les maisons du pourtour; dans les rues adjacentes,

______

(1) N° du 20 floréal an VIII.

(2) Petites baraques où le public ne fait qu'entrer et sortir.

quand elles étaient envahies, des passages convenables étaient laissés devant les portes cochères.

On trouvait à ces foires, annonce l'*Almanach de Versailles* pour 1775, « beaucoup de bagatelles qui peuvent amuser les enfants, mais encore des choses qui peuvent mériter l'attention des gens raisonnables, telles que des étoffes, des bijoux, modes, etc., etc. ».

Deux cent quatre-vingt-onze marchands s'installèrent sur le champ de foire, en mai 1790; cent quatre-vingt-treize d'entre eux étaient domiciliés à Versailles; le surplus, soit quatre-vingt-dix-huit, étaient des forains ne demeurant pas en ville.

Durant la foire, les carrosses de place, les brouettes et voitures de toutes espèces devaient se tenir dans la partie de la rue de la Pompe qui descend jusqu'à la rue des Réservoirs.

Le *Journal du département de Seine-et-Oise* (1) nous apprend qu'à la foire d'octobre 1807, dite de la Saint-Denis, « la partie de l'avenue de Saint-Cloud qui précède la rue où se tiennent les marchands était remplie de promeneurs, de baladins et de curiosités; le temps était calme et doux; aucune soirée n'a été plus agréable que celles dont on a joui pendant cette foire; des réverbères suspendus d'un arbre à l'autre éclairaient pour la première fois cette promenade de nuit et garantissaient la sûreté publique. Les poches des hommes (car les femmes les ont généralement et absolument supprimées) étaient à l'abri de la dextérité des filous parce qu'ils craignaient les réverbères ». Nous devons en conclure que, pendant la Révolution française, les promeneurs, en dehors de la lumière des boutiques, ne pouvaient compter que sur celle de la lune.

Aux temps où la foi jalouse des purs révolutionnaires leur rendait insupportable tout ce qui évoquait le souvenir de la royauté et de la religion, le nom de Saint-Denis, tout à fait pénible à entendre, fut remplacé par celui, beaucoup plus doux, de « Sans-Culottes ». Or, la foire des Sans-Culottes ouvrit à sa date accoutumée (20 vendémiaire), malgré la réclamation qu'avaient faite quelques marchands soucieux de ne pas nuire à celle de Saint-Cloud... pardon!... à celle de Pont-Montagne,

____

(1) Nᵒ du 22 octobre 1807.

appellation orthodoxe dont s'était parée la ville qui vit mourir Clodoald.

Les fêtes, les préoccupations politiques n'absorbaient pas le négociant au point de lui faire négliger ses intérêts. Les rivalités commerciales continuaient à se faire jour et à se manifester par des demandes où l'on sentait revivre les idées d'avant 1789.

26 mars 1790. Les bouchers de Versailles émettent la prétention d'être autorisés à acheter les veaux, sur le marché, avant les bouchers de la campagne.

12 mars 1791. Les marchandes de poissons exposent qu'il ne vient plus de marayeurs sur le marché de cette ville parce que les grosses revendeuses vont jusqu'à Saint-Germain, où elles accaparent les marchandises, ce qui empêche les petites de gagner leur vie.

Fort judicieusement, la municipalité refusa d'intervenir. Elle fit remarquer que ce serait porter atteinte à la liberté du commerce que d'empêcher les marchandes de cette ville d'aller acheter de la marée à Saint-Germain; que c'est, non pas par des ordonnances, mais en observant fidèlement toutes les conditions du commerce que l'on attire les marchands dans un marché... Saines doctrines dont les officiers municipaux n'auraient jamais dû s'écarter, ainsi qu'ils le firent, le 26 avril 1790, pour mettre leur autorité au service de l'une des parties en cause. Ils arrêtèrent que « les revendeuses qui n'auraient pas payé les maréeurs en temps convenu y seraient contraintes, comme par le passé, et même privées de leur place jusqu'à ce que les marchands soient satisfaits ».

Il faut penser que la municipalité obéit surtout au désir de conserver les gros approvisionneurs du marché. Nous aurons l'occasion de constater, au cours de cette étude, que l'intervention de l'autorité dans les affaires commerciales les paralyse plus qu'elle ne les stimule.

Sur la place de presque toutes les vieilles halles, on voyait autrefois un pilori et une potence rappelant qu'il est une justice humaine puissamment armée pour punir. A Versailles, le marché Notre-Dame était le lieu ordinaire des expositions, des exécutions capitales et de tous les châtiments appliqués par le bourreau.

Pendant la Révolution française, quand les tribunaux criminels furent créés, la place Dauphine, devenue place de la République, fut désignée comme lieu des exécutions capitales et, débaptisée une fois encore, reçut le nom de place de la Loi. Ce fut là « que l'on dressa, pour la première fois, la guillotine à Versailles (1) » et que, le 3 fructidor an III, furent exécutés deux assassins des infortunés prisonniers d'Orléans.

Que, pour assurer sa sécurité, la société châtie, on le conçoit, mais on voudrait du moins que l'acte nécessaire soit accompli avec beaucoup de décence.

Le 23 messidor an III, l'Assemblée municipale, « sur la représentation que fait le citoyen Le May, commissaire de police, que le sang coule de l'échafaud sur le pavé lors des exécutions criminelles et la sciure teinte de ce sang jetée dans le ruisseau par l'exécuteur sont un spectacle d'horreur pour les passants, le Conseil arrête qu'il sera enjoint à l'exécuteur de ne plus jeter dans la rue la sciure renfermée dans le sac où tombe la tête du condamné et de la mettre, au contraire, dans le panier pour être déposée avec le cadavre dans la même fosse, au champ de repos ».

Dans cette même séance, le Conseil municipal arrêta « que le citoyen Flamion, procureur de la Commune, serait invité à désigner un autre emplacement où les exécutions se puissent faire sans laisser de traces qui révoltent l'humanité ».

Une série d'articles documentés, qu'a publiés dernièrement M. Albert Terrade, notre collègue (2), nous dispense d'une étude plus approfondie, et c'est sans regret que nous abandonnons ce sujet lugubre pour suivre les habitants de Versailles au milieu des événements qui se déroulèrent alors sur la voie publique.

Aussitôt après le départ du Roi et de son entourage, les habits de cour, les riches costumes de la noblesse et du clergé disparaissent sans retour : plus de prélats majestueux, plus de petits marquis et de femmes élégantes allant par la ville suivis de laquais, portés en chaise au Château, au Parc, d'hôtel en hôtel ; les livrées brillantes des pages, des valets, des piqueurs deviennent de plus en plus rares ; Versailles, dit un contempo-

____

(1) Le Roi, *Les Rues de Versailles*.

(2) Voir *Versailles Illustré*, numéros de Septembre, Octobre et Novembre 1903.

rain (1), « Versailles, qui me parut éclatante de pompe et d'opulence à l'ouverture des Etats généraux, me semble si déserte et si pauvre, que je suis tenté de demander ce qu'elle est devenue. Un silence de tristesse et d'ennui se prolonge dans ses rues. A ces équipages élégants, qui se précipitaient de ses trois avenues dans la vaste place qui précède le Palais, ont succédé de hideuses charrettes qui se rendent, à pas lents, vers des boutiques à peine ouvertes ».

Ce tableau, un peu sombre, est cependant l'image de la réalité. Versailles n'était ni mort, ni transformé en vaste solitude, comme beaucoup l'ont écrit, mais il est certain que le mouvement et la vie y avaient diminué, du jour au lendemain, dans une proportion considérable. La disparition des habitants les plus aisés avait opéré un nivellement sensible, qui se manifestait dans les rues où l'on ne rencontrait plus couramment que le costume sévère de la bourgeoisie, la robe simple et le bonnet de linge de la marchande ou de l'ouvrière, la veste et le bonnet de laine de l'artisan. Tous sont décorés d'une cocarde tricolore obligatoire pour les hommes et pour les femmes, qui doivent la porter très ostensiblement s'ils ne veulent être inquiétés chemin faisant. Le 14 juin 1790, le commandant de la Garde nationale, « sur les plaintes qui lui ont été faites par divers particuliers de ce qu'on leur refusait l'entrée du Grand Maître, faute de cocarde, fit approuver une consigne qui enjoignait aux sentinelles d'avertir les personnes qui n'en auraient pas de s'en procurer et, dans le cas où elles persisteraient, alors d'en référer au commandant ».

Quelques années plus tard, quand la Terreur aura semé l'inquiétude en tous lieux, les citoyens auront encore la cocarde tricolore, « faite uniquement de laine ou de bazin (2) »; mais s'ils veulent affirmer leur civisme, il leur faudra porter, en outre, la carmagnole et le bonnet phrygien. C'est en cet uniforme que l'on vaquera à ses affaires et que l'on se rendra, chaque jour, à sa section ou aux réunions de la Société populaire, et le bonnet

---

(1) *Le Spectateur pendant la Révolution française,* par Delacroix. (Bibliothèque de la Ville.)

(2) Décision de la Convention nationale.

rouge deviendra tellement nécessaire au peuple français, que l'une des sections de Versailles invitera la municipalité à en fixer le prix maximum.

Cependant, ce signe recognitif des purs républicains ne fut pas toujours un préservatif efficace contre les arrestations arbitraires. Le 27 brumaire an II, des cavaliers de l'armée révolutionnaire, casernés à Versailles (1), ayant tenu des propos anticiviques, furent entendus par Ouaine, négociant en cette ville, qui les traita de gredins. Ouaine, qui, en cette occasion, fit œuvre de bon patriote, fut cependant arrêté, et le cavalier qui l'empoigna dit à un de ses camarades de se saisir également du « citoyen en bonnet rouge qui se trouvait avec Ouaine ».

Par une contradiction naïve, les républicains qui se paraient de cocardes et de bonnets rouges, signes extérieurs de leurs vertus révolutionnaires, demandaient, dans leurs sections, la suppression des plumets blancs, signes à l'aide desquels on reconnaissait les vétérans et l'état-major de la Garde nationale. La 4ᵉ section, plus puritaine encore, réclama sérieusement l'interdiction des écharpes, seules marques extérieures qui permissent alors aux officiers municipaux et aux fonctionnaires de montrer à la foule en quelle qualité ils agissaient et intervenaient.

A aucune époque, peut-être, l'intervention des représentants de l'autorité ne fut plus souvent nécessaire qu'au cours des événements qu'enfanta la Révolution française. Tout semblait conspirer pour accumuler les difficultés et les causes de désordre. Aux maux nés des passions politiques, la disette ajouta les tortures de la faim en 1789-1790, en 1792 et en 1793.

A Versailles, surtout en 1789-1790, grâce aux efforts incessants, aux louables et généreux sacrifices de la municipalité et de la bourgeoisie, les souffrances de la classe laborieuse furent beaucoup moins intenses qu'à Paris et dans les provinces. Elles furent vives cependant, et l'inquiétude soupçonneuse qui s'était

---

(1) L'armée révolutiónnaire, pour le district de Versailles, devait se composer de quatre compagnies de sans-culottes comptant chacune cent hommes et d'un escadron de cavalerie. Elle fut armée de sabres, de fusils de chasse, de pistolets et de piques, et devait se tenir à la disposition des comités et des communes. La municipalité versaillaise fut en désaccord à peu près constant avec l'armée révolutionnaire que contint fort heureusement la modération du représentant Delacroix.

répandue soudainement avec une rapidité extraordinaire rendait le malaise général plus pénible encore. Des bruits alarmants circulaient avec une persistance inouïe. Aux environs de Versailles et dans toute l'Ile-de-France, on insinuait que de riches accapareurs avaient résolu d'affamer le pauvre peuple ; on assurait que des mains coupables jetaient à la Seine « des sacs remplis de farine ; qu'exprès on faisait manger le blé en herbe aux chevaux de la cavalerie (1) ». Aigrie par les privations, surexcitée par tout ce qu'elle entendait, la populace était prête, dès le moindre incident, à se porter aux dernières extrémités.

Le 13 septembre 1789, « un boulanger de la rue Royale, dit une feuille du temps (2), était accusé de faire deux sortes de pain : pain pour les riches, pain pour les pauvres ; ce bruit, fondé ou non, a été accueilli du peuple, qui est toujours prêt à croire le mal, toutes les fois surtout que le mal doit retomber sur lui. Il s'est porté en foule chez le malheureux boulanger ; les plus furieux parlaient de le pendre à tel réverbère. Déjà même le réverbère était décroché, et la corde fatale attendait sa victime.

« La garde bourgeoise de cette ville, les dragons et les gardes suisses se sont portés aussitôt au lieu du tumulte, mais quelque célérité qu'ils aient mise, ils n'ont pu empêcher que les meubles, le linge, les ustensiles n'aient été incendiés au milieu de la rue. Ils sont venus à bout de sauver le malheureux boulanger, qui a été conduit à la geôle.

« La fureur du peuple de Versailles ne devait pas se borner à cette expédition ; plusieurs autres boulangers étaient menacés, surtout le sieur Garo, boulanger du Roi, demeurant place Saint-Louis. Ce boulanger n'a d'autres torts, cependant, que celui d'avoir quelques pratiques aisées, auxquelles il fournit le meilleur pain qui lui est possible. Depuis cet événement, les gardes et les patrouilles sont doublées. »

Si regrettables que soient de telles effervescences, on les comprend, car les malheureux qui s'y abandonnent souffrent, entendant les êtres qui leur sont chers clamer la faim ; mais on déplore sans réserve celles nées uniquement de l'esprit frondeur,

(1) Taine, *La Révolution.*
(2) *Le Courrier de Versailles à Paris et de Paris à Versailles,* n° LXXI.

qui porte à faire échec à l'autorité, gardienne de la **paix pu**-blique.

Dans la séance que tint la municipalité, le 15 décembre 1790, « M. le Commandant est venu rendre compte du motif qui lui a fait battre la charge. Le détachement qui, ce matin, dit-il, a été dans les bois de Vaucresson, en exécution de la réquisition faite par la municipalité sur la demande de celles de Vaucresson et de Marnes, a pris des hommes qui coupaient et dévastaient les bois ; il les conduisait dans les prisons de cette ville, lorsque, parvenu au marché, il a été assailli à coups de pierres, par une foule de peuple qui a voulu délivrer les hommes arrêtés et, en effet, en a délivré quelques-uns, ce qui a obligé le détachement d'emmener les autres au poste de l'Hôtel de Ville, d'où il s'agit maintenant de les conduire en prison avec des forces suffisantes, ce qui a été exécuté..... ».

Enfin, il est des instants où l'émotion populaire a pour cause des faits tellement étranges, que l'on demeure surpris de ne pas voir leur invraisemblance de suite sentie et reconnue.

En 1794, au quartier de Montreuil, un boulanger fut accusé de mêler à sa farine des débris de verre et de filasse. Il fallut procéder à un examen et à des analyses sérieuses pour calmer la population, dont on ne peut s'expliquer la nervosité en semblable occurrence qu'en songeant aux privations et aux fatigues imposées à chacun par l'obligation d'approvisionner sa maison.

« Le soir, en rentrant chez moi, dit le spectateur (1) que nous avons cité déjà, je traversai une rue obstruée de femmes qui me parurent appartenir à la dernière classe du peuple. « Que veut « donc tout ce monde ? demandai-je..... — Il veut du pain, me « répliqua-t-on....., et il n'en aura pas, à beaucoup près, ce qu'il « désire, quoique nous ayons ici une église qu'on a surnommée « le Temple de l'Abondance. — Et pour quelle raison, repris-je, « distribue-t-on le pain à la chute du jour ? — La porte du bou-« langer, vers laquelle toutes ces femmes se pressent, ne s'ou-« vrira que demain, et elles vont passer ici la nuit dans l'attente « de quelques onces d'un pain bis qu'on leur distribuera d'après « le nombre d'individus qui composent leur famille..... »

---

(1) *Le Spectateur pendant la Révolution française*, par Delacroix. (Bibliothèque de la Ville.)

Telle était, en effet, la situation, situation d'autant plus cruelle qu'elle était générale et à peu près sans remède. On savait que, la récolte ayant été mauvaise, le blé manquait; que les commissaires délégués par la municipalité trouvaient partout les granges et les greniers vides, et cependant tout le monde était persuadé qu'une loi suffirait pour ramener au moins le nécessaire sur les marchés. Pour l'obtenir des Pouvoirs publics et stimuler leur zèle, une députation de citoyens et de citoyennes de notre ville se rendit à Paris le 1er mai 1793. Elle fut admise à la barre de la Convention. Une citoyenne, qui portait un écriteau où on lisait : *Nous demandons la taxe des grains*, prit la parole en ces termes : « Vous voyez devant vous des citoyennes de Versailles dont les maris sont aux frontières. Elles viennent vous demander du pain. Tous les jours, des mères, surchargées de famille, sont obligées de rester à la porte d'un boulanger depuis 4 heures du matin jusqu'à 10 heures pour avoir un pain de 2 livres. Nous vous demandons du pain, non pas pour rien, mais pour de l'argent. Nous sommes menacés d'une grande calamité; vous pouvez l'écarter par votre prudence. Nos maris combattent pour le salut de la République; vous, veillez au nôtre. »

Le président : « L'humanité est avant la justice, car il existait des hommes avant qu'il y eût des lois. La classe pauvre est l'objet de la sollicitude des représentants de la Nation. Sans doute, vous n'avez pas eu l'intention d'influencer les délibérations de la Convention avec cet écriteau ; elle est inaccessible à toutes espèces de menées, elle obéit à la Nation seule. La Convention s'occupe en ce moment même de ce qui vous cause des inquiétudes; avant la fin de la séance, elle portera une loi qui assurera la subsistance de toute la République. La Convention vous invite aux honneurs de la séance (1). »

Etait-ce l'opinion générale qui influençait les membres des assemblées délibérantes ou les décisions que celles-ci prenaient qui agissaient sur l'esprit public? Il est curieux, quoi qu'il en soit, de remarquer avec quelle unanimité on était persuadé que des mesures coercitives pourraient tirer la France du mauvais pas où l'avait placée la pénurie des récoltes.

____

(1) *Gazette nationale*, 1793, p. 546.

Le 15 octobre 1793, le Conseil général de la Commune prit la délibération suivante :

« L'Assemblée, trop convaincue qu'il existe des gens sans cesse occupés à tâcher de détruire l'effet des lois les plus salutaires pour le peuple ;

« Considérant qu'à la veille de la taxation des denrées de première nécessité, la malveillance ou la cupidité de quelques marchands pourraient les porter à soustraire une partie des marchandises de première nécessité ;

« Qu'il serait également à craindre que d'autres particuliers égoïstes ou mal intentionnés ne recélassent des provisions qui, trop considérables pour eux, occasionneront pour tous les autres citoyens une disette générale des denrées de première nécessité ;

« L'Assemblée, délibérant sur les moyens à prendre pour prévenir les maux que ces manœuvres coupables pourraient occasionner si elles étaient exécutées ;

« Arrête, ouï le procureur de la Commune, qu'il sera nommé des commissaires à l'effet de faire des visites domiciliaires chez tous les marchands et particuliers, dans toutes les maisons habitées ou inhabitées, jardins, caves et glaciers, pour y constater la quantité et l'espèce de toutes les marchandises de première nécessité qu'ils y trouveront et qu'ils jugeront être accaparement.

« Les dits commissaires seront autorisés à faire ouvrir les portes extérieures des dites maisons, jardins, etc., inhabités, et à inviter les propriétaires à se présenter et à ouvrir celles de l'intérieur, et, dans le cas où les dits propriétaires ne se présenteraient pas, soit pour cause d'absence ou autres, d'y apposer les scellés, desquels ils dresseront procès-verbal. »

En ces tristes jours, amis ou ennemis étaient également inquiétés, et la ville prenait l'aspect d'une cité conquise par un ennemi dur et soupçonneux. Seule, la vue des uniformes de la Garde nationale disait que des Français forçaient, à main armée, le domicile d'autres Français dont pourtant, tout récemment, la loi venait de proclamer l'inviolabilité.

De telles visites, trop souvent renouvelées, occasionnaient un bruit, une animation d'allures spéciales contrastant avec l'aspect ordinairement morne des maisons, dont les hôtes, toujours sur le qui-vive, tendaient anxieusement l'oreille à tous les bruits extérieurs.

Le pas rythmé de la Garde nationale, sillonnant la ville, les fait à tous moments tressaillir..... Ce sont des patrouilles qui veillent à la sécurité publique ou des pelotons que le service appelle aux grilles d'entrée, au Département, à l'Hôtel de Ville, au Château, au Marché, ou dans les nombreux postes installés au centre de tous les quartiers.

Puis, à nouveau, le silence, silence profond et pénible qui semble envahir les personnes et les choses. Les clochers de nos églises, si joyeusement bruyants autrefois, eux aussi se sont tus. Leurs cloches, qu'il eût été très difficile et trop coûteux de descendre, ont été cassées sur place et leurs débris enlevés pour être fondus et monnayés.

Mais que le tambour batte la générale ou la charge, immédiatement on verra chacun sortir, avide des nouvelles que sollicitent son air et son regard furtif, des attroupements se formeront et demeureront au pas des portes, tous cherchant et retenant surtout ce qui peut aviver la peur, la peur qui paralyse et livre sans défense à tous les dangers, ou bien surexcite jusqu'à la folie et fait agir inconsciemment, avec une force presque surhumaine.

En 1797, on rencontra dans nos rues une pauvre femme qui, saisie de frayeur à la vue d'une scène de carnage, avait fui, sans but, sa famille et la Bretagne, son pays d'origine.

On avait recueilli, quelques années auparavant, un enfant de Mamers, qui, pris dans une fusillade entre chouans et républicains, s'était mis à courir pour ne s'arrêter, épuisé, qu'en nos murs.

Et au sujet de la peur, il me revient en mémoire une caricature représentant quelques bonnes têtes innocentes lisant, dit la légende, « un journal socialiste pour se faire peur ». Tous les gens apeurés sont ainsi disposés à accroître leur frayeur, en exagérant les moindres événements et en les interprétant toujours de manière à bien alimenter l'effroi qui les tourmente.

En 1796, des coups de feu ayant été tirés la nuit, par quelques braconniers sans doute, on en conclut que, dans les bois environnant Versailles, des brigands égorgent d'honnêtes citoyens.

A un autre moment, on apprend que trente forçats **évadés de Brest** se dirigent sur Versailles, et nos concitoyens, **protégés** par une Garde nationale nombreuse, tombent dans des transes mortelles.

Enfin, on dit que les émigrés rentrent en France, que la contre-révolution est victorieuse, que des complots affreux se trament dans l'ombre, et la municipalité parlant à tous moments de conspirations, la population y croit d'autant plus volontiers que toutes les machinations que l'on redoute demeurent mystérieuses. Aussi, on propose sérieusement de fortifier la ville, de l'entourer de fossés protecteurs, on veut armer tous les citoyens, sinon de fusils, au moins de piques.

L'exagération des mesures de sécurité prises en ces temps-là ne pouvait qu'ajouter au trouble des esprits.

Le 5 prairial an III, le procureur-syndic du district fit donner la consigne aux postes des grilles de ne laisser sortir aucun prisonnier de guerre, même pour aller dans les ateliers, sans être accompagné de quelqu'un de la force publique. Peut-être les événements dont Paris fut le théâtre à cet instant commandaient-ils la prudence. Mais pourquoi ce luxe de précautions, pourquoi surveiller aussi étroitement des hommes désarmés que l'on savait inoffensifs, les voyant chaque jour, depuis longtemps, travailler avec docilité à tout ce qu'on leur commandait, même à l'enlèvement des boues dans les rues de la ville? Comment n'être pas épouvantés quand, malgré les visites domiciliaires, malgré le désarmement des suspects, malgré la présence à Versailles d'une force armée respectable, la municipalité, sans cause connue, interdisait à ses administrés de franchir le mur d'enceinte, ou, mesure beaucoup plus grave, ordonnait la fermeture des grilles et l'arrestation des étrangers?

En 1795, « le maire, revenant de chez le représentant du peuple Ch. Delacroix, donna au Conseil municipal, réuni à huit heures du soir, communication d'un arrêté portant que tous les voyageurs arrivant de Paris d'ici à onze heures du soir seront traduits à la municipalité pour y être interrogés sur le motif de leur voyage à Versailles. Un poste fut installé à l'embranchement du chemin de Montreuil avec l'avenue de Paris, pour faire filer toutes les voitures à la municipalité; d'autres mesures semblables furent encore prises, et la municipalité se déclara en permanence. Différents voyageurs furent amenés, mais on ne trouva nulle part l'apparence de complot ».

Et, chose faite pour surprendre, toutes ces gênes n'avaient pu éteindre la race vive et remuante des voyageurs. La nécessité poussait hors du logis les négociants, les hommes d'affaires, qui, gens débrouillards, savaient, à l'aide de quelques papiers habilement obtenus et établis, éviter les tracasseries policières. D'un autre côté, les habitants des villes, obligés de manger pour vivre, appelaient de tous les points du territoire les produits et les denrées de première nécessité.

Enfin, la guerre mettait en mouvement des masses de matériel, d'animaux et d'hommes, dont les convois sillonnaient les routes en tous sens.

Les localités traversées par nos grandes artères recevaient, nourrissaient et logeaient les militaires et les chevaux de passage ; elles gardaient souvent les volontaires pour les préparer utilement à rejoindre nos armées.

Un camp fut établi presque à nos portes, au Trou-d'Enfer, dans la forêt de Marly, tout auprès de Rocquencourt.

Versailles reçut successivement tous les volontaires de Seine-et-Oise pour les vêtir, les équiper et les diriger ensuite vers les frontières.

La *Gazette nationale*, dans son numéro du dimanche 23 septembre 1792, relate ce qui suit :

« Séance du vendredi soir. — Une députation du département de Seine-et-Oise présente la pétition suivante : « Représentants « du peuple, quatre bataillons de notre département combattaient « aux frontières (1); depuis le 4 août, cinq nouveaux ba- « taillons sont allés les rejoindre. Nous venons vous en offrir « un dixième, composé des enfants de Versailles. Ils venaient « vous prier de bénir leurs armes. Ils ont appris en chemin « qu'ils ne combattraient plus pour des rois. Glorieux d'aller « sauver la République, mais instruits que tous vos moments « lui devaient être consacrés, ils se sont privés de cette jouis- « sance, ils ont continué leur route. *(On applaudit.)* Notre Dé- « partement s'occupe de former de nouveaux bataillons, de leur

(1) Le 1er bataillon partit de Versailles le 10 octobre 1791.

Le 2e bataillon, dont le drapeau fut offert par la Garde nationale, partit le 30 octobre.

Le drapeau du 3e bataillon fut béni le 13 novembre 1791.

« chercher des armes et surtout de leur inspirer **des mœurs**
« républicaines. *(Nouveaux applaudissements.)* »

Cette jeunesse exubérante, pleine d'enthousiasme, manquait
de discipline ; elle fut parfois la cause de troubles et de désordres.

« Le 29 octobre 1791, à 7 heures du soir, M. Meunier se
présente à la municipalité : « Je viens de passer sur l'avenue de
« Sceaux, dit-il, il y a du tumulte près la rue Royale : un grand
« nombre d'hommes, qui paraissent être des volontaires, ayant
« été attaqués, menacent à leur tour des chasseurs de Lorraine.
« Si j'en crois une femme qui m'a parlé, il y a un complot affreux
« contre les chasseurs... »

« A 7 h. 1/2, M. le Major général rentre et dit : « Je viens de
« sauver trois chasseurs de Lorraine ; ils étaient assaillis dans un
« cabaret par une multitude, ils allaient succomber ; j'ai réclamé
« au nom de la loi, j'ai envoyé chercher la garde, j'ai dit que je
« répondais de ces trois chasseurs, la garde les a mis au milieu
« d'elle... »

« ... On donne réquisitoire pour faire battre la charge et on
invite M. le Commandant du 9ᵉ chasseurs à faire rentrer tous les
chasseurs de son régiment.

« A 8 h. 1/2, les rapports de plusieurs officiers de la Garde
nationale ne sont rien moins que satisfaisants ; ils ont rencontré
des volontaires qui marchent en foule et qui menacent ; un grand
nombre sont armés de bâtons.

« Sur cela, on donne un réquisitoire à M. le Commandant
du 88ᵉ régiment d'infanterie de faire à l'instant prendre les armes
à sa troupe.

« On donne l'ordre d'inviter les citoyens d'éclairer leurs
croisées. »

Ce ne fut heureusement qu'une vive alerte, car, à 10 h. 1/2,
« tout est tranquille, les chasseurs sont rentrés dans leurs quartiers, on ne rencontre plus de volontaires dans les rues », et le
lendemain, après un instant de crainte, une réconciliation solennelle a lieu. Volontaires, chasseurs, gardes nationaux viennent
à l'Hôtel de Ville, où ils sont reçus et où quelques discours
bien sentis achèvent de ramener le calme et la concorde (1).

---

(1) Il y eut, quelques jours après, une rixe sanglante à Gonesse, et il semble
que ce fut une suite de l'incident que nous venons de raconter. (Voir *Le Courrier
des LXXXIII départements.*)

Le 2 octobre 1793, les volontaires venus de toutes les communes du district, pour s'organiser à Versailles, affluaient en si grand nombre à la porte des boulangers, que l'on crut à une émeute. Il n'y avait, en réalité, que quelques bousculades sans gravité.

Une autre fois, le 28 germinal 1796, une mutinerie inquiéta un instant la municipalité. Des militaires avaient accroché à la grille de Satory la viande qui leur avait été livrée le matin, et il en était résulté des mouvements et des propos séditieux qui nécessitèrent l'intervention de la force publique.

Cependant, la Convention, avec son énergie habituelle, avait prescrit aux municipalités de prendre des mesures rigoureuses pour maintenir la discipline. Au Trou-d'Enfer, il fut interdit aux militaires de s'écarter à plus d'une demi-lieue, et l'on arrêta impitoyablement ceux qui désobéirent; on arrêta aussi les femmes de mœurs douteuses qui rôdaient à l'entour du camp.

En ce qui concerne les jeunes Français appelés sous les drapeaux, la sollicitude des Pouvoirs publics devint tout à fait maternelle.

Le 11 octobre 1793, le Conseil général du Département, pour « arrêter les dangereux effets de la communication des filles publiques avec les défenseurs de la République et principalement avec les jeunes citoyens de la première réquisition, arrêta : « La « municipalité de Versailles fera mettre en état d'arrestation, « dans le jour de la réception du présent, toutes les filles pu « bliques qui existent dans cette ville. »

Et la nuit même, il fut procédé à des visites domiciliaires au cours desquelles on fit main basse si bien au hasard, que, dès le lendemain, une foule de plaintes affluèrent à l'Hôtel de Ville. On dut remettre en liberté une enfant de onze ans, des personnes honorables réclamées par des parents, et même par des fiancés et par des époux.

La présence de tous ces militaires, de tous ces corps en formation, la remise solennelle des drapeaux avant le départ pour l'armée, donnaient à nos rues, à nos places publiques, quelque peu désertées par les habitants, une physionomie inconnue jusque-là. En ville, au parc, on ne rencontrait que des volontaires en tenue, et aussi une foule de citoyens qui, par esprit d'imitation, pour tromper tout le monde et peut-être eux-mêmes, s'affublaient de bribes de costumes militaires, sans jamais avoir eu le moindre désir de servir la Patrie. Nous avons revu, hélas! cette manie théâtralement belliqueuse au cours de l'année terrible. En 1792, la municipalité réprima cette parodie martiale, qui aurait avili l'uniforme sous lequel tant de gens de cœur savaient mourir.

La municipalité avait quelque droit de se montrer sévère, elle qui ne négligeait aucune occasion d'honorer les troupes de ligne et la Garde nationale, en leur donnant place dans toutes les solennités, cérémonies et fêtes publiques.

Le 22 septembre 1793, les membres du Conseil général « se rendent, accompagnés d'un détachement de la Garde nationale, au logement des représentants du peuple, et tous reviennent à la Maison commune, où le maire et les autres membres des différentes administrations les reçoivent sur le perron... ».

Le cortège se rend ensuite, accompagné de trois cents gardes nationaux armés de piques et précédés des tambours et de la musique militaire, dans les différentes places et carrefours de la ville. « On proclama, notamment, l'adresse de la Convention nationale aux Français; le réquisitoire des représentants du peuple en mission dans le département de Seine-et-Oise et chargés de faire exécuter la loi sur la réquisition de la force armée. » Les cris réitérés de : Vive la République! terminaient chacune des proclamations.

A cette pompe, déjà empreinte de majesté, on ajoutait, dans les grandes solennités, des hommes et des femmes costumés, élevant des bannières, des cartouches où étaient inscrits des stances des principes sociaux ou philanthropiques; des groupes symboliques portant des gerbes, des outils, des trophées, conduisant parfois des chars attelés de bœufs. On s'arrêtait devant l'autel de la Patrie, ou bien, sur une place, on plantait un arbre de la Liberté; on simulait l'exercice d'un noble labeur; des militaires remettaient leurs armes à des laboureurs en échange d'instruments aratoires; on chantait des hymnes, on disait des poésies patriotiques, et tout se terminait par des discours fort éloquents et « analogues à la solennité du jour ».

Et cet apparat répondait si bien aux aspirations, aux goûts du temps, on le considérait comme si nécessaire, que le *Journal du département de Seine-et-Oise*, parlant de la Fête des époux, célébrée le 10 floréal an VII, observe que l'on a remarqué l'absence des couples qui devaient en faire le premier ornement.

Pourquoi ne pouvons-nous terminer sur cette note gaie? pourquoi nous faut-il rappeler des événements dont le souvenir ne peut être qu'affligeant et pénible? Il nous suffira, fort heureusement, de redire deux dates, car après tant d'historiens éminents, après les travaux si consciencieux de MM. Le Roi et Moussoir, ce serait présomption grande et peine superflue de tenter ici un nouveau récit des journées d'octobre 1789 et de septembre 1792.

Qu'il nous soit seulement permis de nous incliner avec émotion à la mémoire des infortunées victimes; de nous féliciter en songeant que nos concitoyens, mêlés aux horreurs de ces sombres journées, ne furent ni les instigateurs, ni les acteurs principaux du drame sanglant; de nous féliciter enfin, nous souvenant, non sans orgueil, que nos officiers municipaux sauvèrent l'honneur de la cité par leur courage et leur abnégation héroïques. Leur éloquence persuasive leur procura la consolation de voir un jour les égorgeurs s'arrêter à leur appel généreux, épargnant les victimes qu'ils comptaient sacrifier encore, et dont on ne les sépara cependant que par un faible ruban tricolore.

Chapitre II. — Peuple, Bourgeoisie.

Ces mots ayant dans le langage usuel un sens précis, il semble, à première vue, que chacun d'eux évoque l'image d'une chose bien définie et parfaitement connue de tous. Mais quand on essaye de classer les hommes, remontant même jusqu'à la Révolution française, au lieu de se trouver en présence de situations nettement dessinées, on n'aperçoit qu'incertitude et confusion. Car, en effet, qu'est-ce qui caractérise le peuple ou la bourgeoisie? Est-ce la naissance, le costume, le travail ou l'oisiveté, la misère ou la fortune? Mais ne sait-on pas qu'il est des gueux qui ne font rien, des riches qui se livrent à un labeur opiniâtre et se ruinent; des mendiants propriétaires; des gens à leur aise portant des haillons; des paniers percés vêtus d'habits luxueux; des artisans, des employés, des rentiers dépensant tout ce qu'ils reçoivent, réalisant ainsi le rêve de l'égalité absolue au fond de leur bourse, où il ne reste jamais rien.

Quant aux vieux parchemins nobiliaires, chacun sait que, généralement, ils n'ont pas plus de valeur que les rubans multicolores qui, chaque semestre, sont distribués à foison et bien plus à la faveur qu'au mérite.

D'ailleurs, dès avant 1789, la bourgeoisie voyait, à tous moments, ses rangs s'accroître d'une foule d'hommes nouveaux venus d'en bas; elle-même, usant de ses aptitudes et de son savoir, avait conquis quantité de fonctions et de charges dont l'investiture valait titre de noblesse (1). En fait, le mérite entreprenant des uns, la faiblesse des autres, se produisant au milieu de circonstances favorables, avaient abaissé les vieilles barrières vermoulues qu'en droit la Révolution française acheva de renverser et de briser sans retour.

Depuis lors, quiconque observe notre société, sans idée préconçue, voit les hommes comme placés sur une vaste échelle à degrés rapprochés, le long de laquelle ils s'agitent sans relâche, les uns descendant ou tombant, les autres montant sans arrêt pour s'approcher du sommet autant que le leur permet l'intelligence, l'habileté et l'énergie qu'ils ont acquises. Et on a beau regarder, on ne voit rien qui permette le partage des hommes en séries distinctes. A notre avis, la bourgeoisie descend jusque vers le dernier échelon de l'échelle sociale, au-dessous duquel elle ne laisse, à part quelques infortunes intéressantes qu'il faudrait relever, que la masse des fainéants, des jouisseurs et des parasites (2).

Cependant, c'est bien au peuple et à la bourgeoisie, pendant la Révolution française, que sont consacrées les lignes suivantes, mais au peuple et à la bourgeoisie constamment en présence et dont les actes sont si bien confondus que nos concitoyens eux-mêmes, si on les avait consultés, eussent été fort embarrassés de dire la prétendue classe de la société à laquelle chacun d'eux pouvait appartenir.

(1) Il y a deux sortes de noblesse en France, les nobles de race et les ennoblis (*sic*). Les ennoblis sont ceux qui, nés de roturiers, ont obtenu du prince des lettres d'ennoblissement ou ont possédé des charges qui les ont ennoblis. (Extrait d'un Code féodal cité par M. Thénard. Bailliage de Versailles et Meudon.)

(2) Voir *Un Rêve sur la solution de quelques questions sociales*, par L.-A. Gatin. (Bibliothèque de la Ville.)

L'anecdote suivante, qui rappelle trait pour trait le bourgeois
gentilhomme, si bien mis en scène par Molière, appuiera notre
dernière affirmation, en y plaçant une note gaie comme point
final :

« Ma mère, écrivait, en l'an II de la République, un Versaillais bien connu alors, ma mère, dont on a voulu faire une lai-
tière, a bien cédé, à la vérité, une partie de lait qui excédait les
besoins de sa famille à l'époque des calamités publiques qui
privèrent la France de pain, mais elle n'en faisait pas un objet
de lucre; elle se faisait au contraire un plaisir de partager avec
des mères de famille cette denrée alors très précieuse qu'elle
leur procurait à bon compte (1). »

Misère et Famine.

Versailles ne fut pas tout d'abord accablé par les calamités
publiques auxquelles fait allusion le fils dont nous venons de
rapporter la protestation sottement orgueilleuse. La Cour était
demeurée au Palais et, si les goûts modestes de Louis XVI lui
avaient fait restreindre le faste de sa maison, les princes et les
seigneurs, négligeant l'exemple, continuaient à vivre dans le
luxe et la dissipation, sans se préoccuper des difficultés, nées de
la misère des temps.

Bien différente fut la situation en octobre 1789. Le départ du
Roi, de l'Assemblée nationale et de leur entourage fit, presque
du jour au lendemain, tomber la population, de 70,000 âmes
qu'elle comptait six mois plus tôt, au chiffre de 50,000, accusé
par le recensement de mars 1790 (2). Ce fut un véritable dé-
sastre, car ceux qui venaient de partir, consommant sans rien
produire et vivant largement, avaient été jusqu'alors la source

(1) Cette lettre, reproduite par le *Journal du département de Seine-et-Oise*, nᵒ du
jeudi 29 vendémiaire an II, page 46, est de François Giroust, membre de l'Institut.
Après des travaux qui l'avaient placé au premier rang des célèbres compositeurs,
Giroust fut nommé surintendant de la musique du Roi et maître de la musique
de sa chapelle ; ces deux emplois réunis lui procurèrent un revenu de 18,000 francs ;
il en fut privé par la Révolution. On lui donna la place de concierge du Palais
national de Versailles. Giroust crut pouvoir accepter sans déshonneur une place
qui avait été remplie constamment par des personnes que le régime monarchique
voulait honorer.

(2) Voir « Le Recensement de 1790 », par L.-A. Gatin (*Versailles Illustré*, année 1902, nᵒˢ 77 et 78).

à peu près unique de la prospérité locale. « Aucune commune n'a plus perdu à la Révolution, déclare la municipalité dans une pétition qu'elle adressait, en 1793, au Comité de Salut public. Il n'est presqu'aucun de ceux qui l'habitent qui ne vécût aux dépens de la Cour et des personnes qui l'y suivaient successivement, par le séjour des ministres et de tous les membres du Gouvernement. »

Conséquence inévitable de ces désertions, les gens de service, les ouvriers, les commis, privés d'emplois, se dispersèrent, rejoignant leurs familles ou l'armée, et la population de Versailles, continuant à décroître, perdait encore plus de 11,000 âmes au cours des deux années suivantes ; en 1792, son chiffre est descendu à 38,985, pour continuer à s'amoindrir et tomber bientôt à 25,000 environ.

Jusqu'aux instants cruels que nous rappelons, il était beaucoup de nos concitoyens qui prenaient à bail des maisons et des logements qu'ils meublaient et sous-louaient ensuite aux curieux venus à Versailles pour voir, ou aux courtisans désireux de se faire voir à la Cour.

Le 24 juin 1790, 150 de ces infortunés loueurs en garni présentèrent une pétition au Conseil général de la commune : « S'ils étaient forcés, disaient-ils, d'entretenir leurs baux et les locations qu'ils ont faites dans des circonstances heureuses, ils seraient compromis dans leur fortune. »

Rien n'était plus exact ; mais que pouvait la municipalité, sans qualité et sans droit ; elle n'aurait pu, du reste, satisfaire les locataires qu'en accablant les propriétaires, durement éprouvés eux-mêmes. A aucune époque, peut-être, le bureau de conciliation de nos justices de paix ne vit autant de citations pour validations de congés, et il y aurait eu même parfois quelque raison de s'en émouvoir : Le 6 pluviôse an III, par exemple, un sieur Langot, propriétaire, rue Contrat-Social (1), dut accepter trois congés que lui donnaient : Benoist, peintre en bâtiments, et Meyer, occupant chacun deux remises, en même temps que Garnier, locataire d'une boutique dans sa maison (2). On conçoit dès lors comment la municipalité a pu écrire : « Il

____

(1) Rue des Chantiers.

(2) Procès-verbaux (conciliation). Justice de paix du canton Sud.

n'est pas un propriétaire dans l'enceinte de cette ville infortunée qui ne soit dans le cas de manger, sur les ruines de sa fortune, son pain arrosé de ses larmes. »

Le départ du souverain et des puissances de diverses grandeurs qui gravitaient à l'entour eut aussi pour conséquence, en appauvrissant nos marchés, de produire un surenchérissement sensible de toutes les marchandises de première nécessité. Les disettes qui sévirent de 1792 à 1794 accentuèrent encore cette cause de misère et mirent les journaliers, les employés et les petits rentiers dans l'impossibilité de vivre avec leurs ressources, précédemment suffisantes.

Les artisans dotés d'un métier spécial, trouvant facilement à s'employer, pouvaient se montrer exigeants et obtenir un relèvement du prix ordinaire de leur main-d'œuvre. Ainsi fit Morel, tisserand, rue des Rossignols, n° 8, que nous rencontrons en justice de paix, le 16 pluviôse an IV : un nommé Pierre Martin, demeurant en la commune de Saclay, réclamait 45 livres de fil par lui remis à Morel, pour être converties en toile, ou la toile elle-même, dont il paierait la façon à raison de 50 sols l'aune, prix convenu. Morel objecta que le marché avait été fait avant la moisson, que, depuis, toutes les choses étant augmentées, il lui était impossible de tenir son engagement. Finalement, les parties furent conciliées, mais Morel reçut 10 sols de plus par aune de toile.

Quant aux serviteurs, aux hommes de peine, ils devaient accepter ce qu'on leur offrait, ou changer de situation, comme fit, le 26 floréal an III, le citoyen Thibault, garçon de fourrière, qui donna sa démission, motivée sur ce que ses appointements ne pouvaient suffire à le faire vivre, lui et ses huit enfants.

Que l'on ne s'étonne pas de la détermination de Thibault. En l'an III, par suite des nombreux départs que nous avons signalés déjà, les bras n'étaient plus en trop grand nombre à Versailles, et, si les ouvriers réclamaient comme le firent, par exemple, ceux des magasins militaires, de même que les jardiniers du Parc, c'était parce que leurs salaires ne permettaient plus d'acheter le pain quotidien devenu hors de prix.

Voici du reste comment l'assemblée municipale appréciait, le 15 prairial an III, diverses pétitions de ses employés tendant à ce que leurs traitements soient proportionnés à la valeur des comestibles de première nécessité :

« Considérant que l'indemnité qu'elle leur a accordée de moitié de leurs appointements, peu de temps après sa réorganisation, est actuellement insuffisante ; que la preuve en résulte bien évidemment de la progression aussi rapide qu'effrayante de ces denrées, dont le prix de quintuplé qu'il était est maintenant décuplé, proportion qui, d'ailleurs, comme un torrent dont on ne connaît pas la source, ne peut être arrêté dans son cours. »

Les lettres de la municipalité, à cette époque si affligeante, peignent l'extrémité cruelle à laquelle était réduite la population de Versailles. « Les voituriers refusaient d'aller chercher le peu de farine qui se trouvait dans les moulins, parce que, faute de nourriture, les chevaux ne pouvaient plus marcher, et qu'eux-mêmes ne pouvaient se soutenir. Toutes espèces de ressources se trouvaient épuisées. La plus affreuse misère se faisait sentir pour tous les habitants indistinctement ; on s'était dépouillé de ses meubles, d'une partie de ses vêtements (1). Les mères regrettaient publiquement d'avoir donné le jour à leurs enfants ;

(1) Afin de donner une idée du mobilier d'un ouvrier au cours de la Révolution française, nous croyons intéressant de reproduire l'extrait suivant d'un inventaire dressé le 2 messidor an IV, rue Duplessis, au domicile d'un sieur Ferrière, Pierre, compagnon serrurier, récemment décédé :

« Dans une chambre au deuxième étage ayant vue sur la cour :

« Premièrement, une pelle, une pincette, un trois-pieds, une mouchette, un gril, un chandelier, trois vieilles fourchettes, le tout de fer et six cuillières d'étain, prisés avec un vieux soufflet trente sols . . .   1 l. 10 s.

« Une vieille écumoire de fer blanc, une scie à main, seize pièces de poteries, terre, verre et grès en différents ustensiles de ménage, deux vieux paniers et deux mannequins d'osier et un lot de grabas ne méritant description, un petit miroir de toilette, deux vieux parasols couverts en taffetas vert, le tout prisé cinquante sols. 2 10

« Un lot de planches, quatre chaises foncées de paille, une table sur son piedeux, le tout prisé quarante-cinq sols. 2 5

« Une vieille couchette à barres, une mauvaise toile à paillasse, un vieux matelas de bourre en laine, un lit, un traversin et deux oreillers de coutil remplis de plumes communes, deux toiles d'oreiller et une paire de draps de toile de ménage très élimés, le tout prisé soixante livres. . . . .   60 »

« Trois chemises à usage d'homme partie très élimées, deux vieilles paires de bas à même usage, prisés ensemble cinquante sols. 2 10

« A l'égard des autres habits, linge et hardes à l'usage du dit défunt, la dame veuve Ferrière déclare les avoir vendus pour pouvoir subsister elle et ses enfants.

« Un jupon piqué couvert en indienne, un jupon d'indienne fond blanc à fleurs, une camisole blanche de piqué de Marseille, une autre

A reporter. . . . . . .   681 l. 15 s.

elles maudissaient leur existence et demandaient la mort (1). »

On conçoit aisément ce que fut, en de telles circonstances, la situation industrielle et commerciale de la cité. Les affaires étaient nulles, non pas faute d'argent, mais parce que les marchandises usuelles manquaient tout comme le pain. En 1794, les détaillants n'avaient plus rien en magasin. La chandelle était devenue si rare, que le maire d'Épône, en emportant un paquet qu'il avait payé 15 livres, fut contraint de le rendre à la barrière où on lui restitua ses déboursés. Quant au savon, « il n'y en avait pas même pour les barbes », disent les procès-verbaux de perquisitions. Le sucre était introuvable. Le beurre, les œufs, tous les produits de la ferme devenaient inconnus sur les marchés. On manquait également de bois et de charbon, bien que les forêts fussent à proximité.

D'un autre côté, toujours exécutées avec une sévérité excessive, les dures mesures qu'édictaient les municipalités et la Convention nationale épouvantaient les gros approvisionneurs qui aimaient mieux demeurer inactifs que de s'exposer aux pertes et aux ennuis qui les menaçaient. Toutes les voitures étaient fouillées aux barrières, aussi bien à la sortie qu'à l'entrée. Une fois introduites, les denrées de première nécessité

Report	68 l.	15 s.
camisole fond blanc à fleurs, un mantelet d'indienne, le tout prisé douze livres dix sols	12	10
« Un déshabillé d'indienne fond blanc doublé de toile, un vieux tablier, un neuf, tous deux de toile de Rouen, fond rouge rayé, un vieux couvre-pied en indienne, le tout prisé ensemble vingt francs. .	20	»
« Trois chemises à usage de femme, deux paires de poches de diverses toiles, le tout très vieux et très élimé, cinq mouchoirs de poche fond bleu à raies rouges, le tout prisé ensemble quinze livres.	15	»
« Un mouchoir couleur nationale, un fichu de toile Béarn et un vieux fichu de toile blanche, trois vieux bonnets piqué et un bonnet rouge mousseline garnie de linon, le tout prisé ensemble sept livres dix sols.	7	10
« Trois vieux torchons, deux vieilles serviettes de toile ouvrée et une paire de vieux draps de très grosse toile très élimés, le tout prisé avec un très gros lot de chiffons trente francs.	30	»
« Déclare la dame veuve Ferrière avoir en assignats une somme de cent vingt livres	120	»
« Et qu'elle a une somme de neuf livres en numéraire.	9	»
	282 l.	15 s.

« Déclare la dame veuve Ferrière qu'elle doit pour marchandises de verdure à elle fournie, trois livres douze sols en numéraire.

« Et qu'elle est logée gratis dans la maison où est procédé au présent inventaire. »

(1) Rapport de M. Véron, archiviste de la Mairie, au maire de Versailles (octobre 1841).

ne pouvaient quitter la ville sans un laissez-passer portant le timbre de la commune et la signature de deux officiers municipaux. Les personnes étrangères à Versailles ne pouvaient s'y approvisionner que par petites quantités et en présentant des certificats de leurs municipalités constatant que telle ou telle marchandise n'existait pas chez eux. Ces certificats devaient être représentés à la sortie et laissés aux postes de la Garde nationale.

Convaincue que son salut dépendait de ces entraves commerciales, la population veillait à leur application strictement étroite. Elle arrêta, le 11 messidor an III, un paysan parce qu'il portait plusieurs pains dans sa besace. Le brave homme déclara qu'il était venu à Versailles avec la pensée d'échanger ses pains contre du savon et de la chandelle dont il avait un extrême besoin. La municipalité, appelée à juger ce que la population regardait comme un délit, « considérant que toutes les lois protègent et favorisent la liberté du commerce, arrêta que les pains seraient rendus à ce citoyen » et, singulière manière de protéger et de favoriser le commerce, elle voulut que le paysan « sortît à l'instant de la commune ».

Le discrédit du papier-monnaie, assignats ou mandats territoriaux, ajouta considérablement à la gêne et au malaise de nos populations. Le 4 prairial an IV, « les ouvriers travaillant à l'Orangerie, sous les ordres de la citoyenne Le Moine », exposent, dans une pétition, que le prix des journées qu'on leur offre en promesse de mandat ne peut suffire à leur subsistance, vu la très grande cherté de toutes les denrées payées en papier.

Ils demandaient, en conséquence, que l'on voulût bien ordonner qu'il leur soit versé, en tel papier que ce soit, l'équivalent de 30 sols par jour en numéraire (1).

Cette demande méritait un accueil favorable, car 30 sols en numéraire représentaient alors une somme considérable en assignats, si l'on songe qu'au cours de la décade du 10 au 20 prairial an IV, les farines ont coûté : en argent, 52 livres, et en assignats, 43,000 livres, ce qui portait la livre de pain à 100 livres en assignats (2).

Le 22 frimaire an IV comparurent, devant le bureau de con-

----

(1) Archives du département de Seine-et-Oise, série Q, Versailles, le Parc.

(2) Archives de Seine-et-Oise, Q, le Parc.

ciliation, les époux Lesueur qui, ayant prêté, quatorze mois auparavant, deux écus en argent de chacun 6 livres au citoyen Vallée, en demandaient ou la restitution, ou le paiement de 1,850 livres en assignats. Les époux Lesueur promettaient de restituer, après paiement, un déshabillé en toile de Jouy, fond merdoie, qui leur avait été laissé en nantissement (1).

Sacrifices volontairement consentis.

Dès les premières souffrances nées du manque de travail et de pain, les habitants de Versailles plus fortunés se dépouillèrent, sans efforts et sans bruit, pour la Patrie et pour leurs concitoyens dans le besoin.

M. de la Tour, commandant en second de la Garde bourgeoise, proposa, le 24 août 1789, dans une réunion de cette garde, d'offrir au Roi, à l'occasion de sa fête, « un bouquet patriotique », qui permettrait de libérer l'Etat de sa dette, sans augmenter les impôts.

En tête de la souscription s'inscrivirent de suite :

De la Tour	26,000	livres.
Prioreau, commandant de la maréchaussée.	24,000	—
Berthier père, pour lui et ses enfants . . .	20,000	—
Le Cointre	12,000	—

Puis une douzaine d'autres personnes pour des sommes beaucoup moindres, que les signataires promettaient de verser plus tard (2).

L'année suivante, M. Berthier, chevalier des ordres du Roi, gouverneur de l'hôtel de la Guerre, le même qui souscrivit au bouquet patriotique 20,000 livres, donna 2,100 livres pour être remises par tiers aux trésoriers des trois paroisses, afin de donner du travail aux pauvres ouvriers.

Le 16 avril 1790, la communauté des marchands de vins, aubergistes et limonadiers de Versailles offrit « 3,000 livres sur ses économies, pour être distribuées : 1,800 livres en mai, juin et juillet, à ceux des membres de cette communauté qui, par

---

(1) Archives du greffe de la justice de paix du canton Sud.

(2) Voir « Laurent Le Cointre », par P. Fromageot (*Revue de l'Histoire de Versailles et de Seine-et-Oise*, année 1899).

défaut de commerce depuis le départ de la Cour, se trouvaient réduits à des besoins urgents; 1,200 livres pour distribuer du pain, durant les dits mois, aux pauvres les plus indigents ».

Le 6 juin 1790, le Conseil général de la commune décida que le nombre des ouvriers occupés aux ateliers de charité serait porté à 50; que l'on choisirait de préférence ceux qui avaient le plus grand nombre d'enfants, et qu'il serait payé 20 sols par jour à chacun. Mais, cette décision prise, « l'assemblée, considérant que la ville n'a aucun revenu, que parmi les différents moyens proposés il n'en est aucun qui n'ait ses inconvénients pour venir efficacement et promptement au secours des pauvres, les membres présents ont souscrit et payé sur le bureau, entre les mains du greffier, une somme de 858 livres (1), et décidé que les autres membres étant absents, il leur serait donné avis de la collecte qui venait d'être faite ».

En 1790, une souscription ouverte en ville pour secourir les malheureux (2) produisit 30,000 livres qui s'ajoutèrent aux allocations dues « à la sollicitude du Roi et à la bienfaisance de la famille royale (3) ».

Quand, en l'an III, la misère et le dénuement furent portés au comble, la municipalité dut se charger d'acheter elle-même les grains indispensables à l'alimentation journalière de la ville. Afin de se procurer des ressources spéciales à cet objet, le Conseil général décida « que chaque citoyen serait invité à prélever une somme proportionnée à ses facultés, laquelle lui serait exactement rendue, dès que les boulangers pourraient se procurer eux-mêmes les farines.

« Malgré l'état de détresse de la plus grande partie des habi-

---

(1) Chaque membre versa 24 ou 48 livres.

(2) Voici, d'après une statistique, le nombre des indigents et des mendiants existants à Versailles, le 14 juin 1790 :

Paroisse Notre-Dame. . . .	Valides hommes et femmes.	890	2,070
	Infirmes et enfants	1,180	
Paroisse Saint-Louis. . . .	Valides hommes et femmes.	1,277	2,625
	Infirmes et enfants	1,348	
Paroisse Saint-Symphorien.	Valides hommes et femmes.	263	747
	Infirmes et enfants	484	
			5,442

Dans une délibération prise le 27 frimaire an II, le Conseil général de la commune évalue le nombre des indigents à 2,034 familles et à 6,069 individus.

(3) Pétition de la municipalité à l'Assemblée nationale, 2 décembre 1790.

tants, les souscriptions pour l'emprunt s'élevèrent, en peu de temps, à la somme de 200,000 livres (1) ».

Si l'on tient compte de ce qu'alors les riches, qui donnèrent si généreusement, eurent beaucoup à souffrir de la stagnation des affaires, qu'eux aussi supportaient, sans allégement d'aucune sorte, les prix excessifs de toutes les choses nécessaires à la vie, on ne pourra se défendre d'une certaine admiration, admiration d'autant mieux justifiée que les libéralités se continuèrent tant que sévit la famine, c'est-à-dire jusqu'en 1795. Les procès-verbaux des sections relatent presque chaque jour des dons peu élevés, mais nombreux, et d'autant plus touchants qu'ils émanent souvent de gens dont la situation était fort modeste.

A cette énumération qui, bien que déjà longue, est cependant incomplète, nous devons ajouter les dames de Versailles, et c'est avec satisfaction et non sans fierté que nous rappelons qu'elles aussi, obéissant aux élans de leur excellent cœur, donnèrent avec empressement talent, travail, argent, pour la Patrie et pour les infortunes si nombreuses à cette époque.

Mme Trial (2), plus connue sous le nom de son second mari, M. de Montyon, doit être citée en première ligne par la multiplicité de ses bonnes œuvres et de ses dons, puis toutes nos concitoyennes indistinctement.

Au lendemain de la triste journée du 10 août 1790, elles se cotisèrent et recueillirent 15,000 livres en faveur des veuves et des enfants des citoyens morts en cette triste journée.

En 1791, des dames (3) s'offrirent spontanément pour rem-

---

(1) 28 floréal an VIII, Assemblée municipale. — L'ordre du jour appelle la discussion sur la proposition du Comité des subsistances, tendant à rendre aux citoyens les sommes qu'ils ont prêtées ou à les laisser intactes. Le Maire présente des observations sur la proposition du Comité : 1º le terme n'est pas encore échu ; 2º la loi du 30 germinal dernier oblige les communes de se pourvoir des sommes nécessaires pour l'achat des subsistances ; 3º les citoyens Delacroix et André Dumont, représentants du Peuple, successivement en mission dans le département de Seine-et-Oise, ont arrêté que l'excédent du prix du pain sera imputé tant sur la somme prêtée par le Comité de Salut public que sur l'emprunt fait par le Conseil général.

(2) Antoinette-Nicole Caubet, artiste dramatique d'un certain mérite ; elle avait été mariée en premières noces à Jean-Claude Trial, directeur de l'Académie française de musique, créateur d'un genre qui porte encore son nom. Elle épousa en secondes noces Louis-Antoine Fleury de Montyon. Elle était veuve de ce second mari au moment où elle accomplit tous les actes généreux dont nous parlons. (Voir Laurent Hanin, t. III, p. 4.)

(3) Ces dames reçurent de la municipalité une lettre de félicitations très chaleureuse. Leur nom est conservé au registre des délibérations du Conseil municipal.

placer comme institutrices les religieuses « qui avaient abandonné subitement leurs fonctions (1) », et elles se firent gracieusement maîtresses d'école durant plusieurs semaines.

Au moment de l'appel des volontaires que la défense du sol
national réclamait avec instances, riches comme pauvres se rendirent aux ateliers où l'on confectionnait l'habillement et l'équipement des hommes prêts à partir. M. Bénézech, l'un des administrateurs du département, nous a laissé à ce sujet le rapport
suivant :

« Déjà, toutes les dispositions étaient faites pour pourvoir à
l'habillement et à l'équipement des volontaires, mais nous man-
quions de bras. Il fallait, à la fois, transformer en uniformes les
habits des ci-devant gardes de Louis XVI pour les compagnies
franches, et faire plus de 3,000 chemises et autant de guêtres
pour les volontaires (2).

« Le 1ᵉʳ septembre, il fut affiché un avis aux dames citoyennes
de Versailles, pour les prévenir qu'un bureau d'inscription était
ouvert au département. Je le rappelle avec autant de reconnaissance que de satisfaction ; leur empressement ne surpassa pas
nos espérances, mais bien nos moyens. Rien n'était assez tôt
prêt pour satisfaire leur impatience. Des ateliers furent établis
au Château et dans plusieurs autres lieux. En peu de jours, plus
de 300 habits furent livrés aux tailleurs ; plus de 2,000 chemises
et 600 guêtres furent rendues, travaillées par les mains de ces
généreuses citoyennes, qui avaient négligé les soins de leur
propre ménage pour ne s'occuper que de l'équipement de nos
volontaires. Je n'ose en citer aucune, elles ont toutes un droit
égal à votre reconnaissance et à celle des citoyens de ce département. »

Et puisque nous parlons de la noble attitude des femmes de
Versailles en cette ville au cours de la Révolution française,
disons que l'une d'elles, la citoyenne Pierre Court, ne tenant
compte ni des préventions, ni de la routine, sollicita un emploi
dans les bureaux de la Mairie. La municipalité, très accessible
elle aussi aux idées nouvelles, examina la supplique et « trouva

---

(1) Délibération de la municipalité, 31 mai 1791.

(2) Havet prêta gracieusement sa voiture pour aller chercher à Paris soixante-
deux pièces de toile.

l'écriture de la postulante si agréable pour une femme, qu'elle prit en grande considération sa demande pour la première place vacante ».

Tels furent les actes généreux de notre population et notamment de ceux que certaines gens, seuls amis sincères du peuple si on les en croit, ne manqueraient pas d'appeler dédaigneusement la Bourgeoisie.

Ateliers de charité.

De son côté, le Roi, même quand il eut quitté Versailles, continua à s'intéresser aux habitants malheureux de cette ville. Ses dons suppléèrent à l'absence des ressources de notre municipalité sans budget, et dès lors sans argent.

Vingt-quatre moulins à bras (1) avaient été établis, en 1789, au manège des Grandes-Ecuries, pour faciliter l'approvisionnement de la ville et procurer du travail à quelques hommes habitués aux travaux pénibles. Il n'était donné à chacun d'eux que 30 sols par jour, et cependant il fut un instant question de réduire les salaires à 24 sols (2).

Une mutinerie des ouvriers empêcha de donner suite à ce projet.

Cet atelier, eu égard au nombre considérable des bras inoccupés, se trouvait tellement insuffisant, que Louis XVI, sollicité par la municipalité, avait autorisé, au commencement de 1790, l'ouverture d'un atelier de charité au Canal.

Le crédit ouvert pour cet objet, laissant un disponible de 450 livres par semaine, M. Heurtier, architecte de la Couronne, annonça, le 27 mai 1790, qu'il verserait cette somme pour être employée à des travaux d'utilité publique, dans l'intérieur de la ville. Avec cette ressource, il fut décidé que l'on adoucirait, butte de Picardie (3), la pente de la route de Saint-Cloud.

---

(1) Voir Mémoire sur les moulins à bras de Versailles, 19 novembre 1790. (Manuscrit de la Bibliothèque de la Ville.)

(2) Après la disette de 1790, ces moulins furent livrés à l'administration de la Guerre, qui les dirigea sur les villes frontières. La Ville reçut en échange un moulin à manège qui fut installé dans le local du poids à la farine, en nivôse an II.

(3) Cette pente était alors de 8 à 9 pouces par toise.

Mais quand l'Assemblée nationale eut décrété l'établissement d'une liste civile, le Roi, dont les revenus se trouvaient limités et très réduits, se vit dans la nécessité de restreindre les dépenses que précédemment il consentait volontiers, et sa Maison décida que l'atelier ouvert au Canal serait fermé le 15 août 1790.

C'était une perte énorme pour la classe laborieuse, car, durant les huit mois qu'avaient duré les travaux, ils procurèrent plus de 200,000 livres à huit cents pauvres.

On conçoit quel dut être l'embarras de la municipalité, absolument empêchée de continuer l'œuvre bienfaisante du Roi. Elle essaya d'éloigner la plupart des travailleurs occupés au Canal, en offrant, le 22 juillet, une gratification d'une demi-journée jusqu'au 15 août à ceux qui voudraient bien aller chercher de l'ouvrage à la campagne.

Comprenant le stratagème, les ouvriers refusèrent, et leur réponse à la municipalité contient tant de renseignements utiles que nous n'hésitons pas à la reproduire presque textuellement.

« La plus grande partie d'entre nous, disaient-ils, sont des gens de métier qui ne sont point accoutumés aux travaux de la campagne, où l'on ne manque point de moissonneurs dans tous les genres; les fermiers donnent toujours la préférence aux hommes qui ont l'habitude de ce travail; du reste, la récolte commence à s'avancer, et ce serait sans fruit que les ouvriers occupés au Canal quitteraient leurs femmes et leurs enfants pour courir la campagne. Les deux tiers d'entre eux sont nés à Versailles où ils ont acquis droit de domicile; il y a quelques garçons, mais la plupart des ouvriers sont mariés et ont des enfants, ceux qui ne sont point nés ni domiciliés à Versailles ont été admis à l'ouverture des ateliers, leurs camarades ne croient pas devoir les nommer ni les désigner. On les accuse de paresse; il peut y en avoir quelques-uns qui méritent ce reproche, mais c'est le petit nombre; quelquefois, sans doute, ils sont tombés dans le découragement en se voyant forcés d'abandonner leur métier, dans lequel ils gagnaient 40 à 50 sols, pour ne gagner que 20 sols à une besogne qui leur est étrangère, et en voyant des enfants avoir le même salaire, quoique bien éloignés de pouvoir remplir la même tâche; puis, des ouvriers mal nourris ne peuvent faire autant d'ouvrage que s'ils avaient une bonne nourriture. Du reste, on les a toujours calomniés, on les a supposés prêts à se révolter, et ils n'ont pas cessé un instant d'être tranquilles (1). »

Cette réponse reposait sur de trop judicieuses raisons pour laisser le moindre espoir à la municipalité, qui ne vit qu'une ressource : écrire à l'Assemblée nationale pour lui exposer l'impossibilité où se trouvait la ville de pourvoir à la subsistance de huit cents ouvriers incessamment sans ouvrage et sans pain.

Ce fut encore le Roi, auquel on s'était également adressé, qui, pour un instant du moins, tira tout le monde d'embarras. Il fit écrire, le 6 août 1790 : « Au moment de la cessation des travaux de charité, prenant en pitié le sort de la classe malheureuse, le Roi se détermine à donner, *de sa poche*, pour aumône, une somme de 1,000 écus par mois, pendant quelque temps et en attendant que la ville ait des fonds dont elle puisse disposer. » Le Roi déclarait en outre « s'en remettre aux soins de la municipalité de Versailles pour employer le don de la manière qu'elle jugera le plus convenable (2) ».

Quand cette ressource vint à manquer, la municipalité employa les 30,000 livres qui, comme nous l'avons dit précédemment (3), furent mises à sa disposition par les bourgeois de la ville. Mais il y avait alors à Versailles dix mille pauvres en comprenant les ouvriers sans travail (4), et cette multitude dont l'impatience et les besoins croissaient constamment menaçait sans cesse de se porter aux dernières extrémités.

Le 24 novembre 1790, l'Assemblée municipale étant en séance, « une députation du département a été annoncée et introduite. M. Boyer, prenant la parole, a dit qu'un événement arrivé ce matin manifeste la nécessité de venir promptement au secours des ouvriers qui sont sans ouvrage ; que l'administration est sans cesse distraite de ses travaux par des ouvriers qui se présentent à elle pour avoir de l'ouvrage ; que même les administrateurs ne sont pas toujours en sûreté ; que ce matin, M. Belin a été

_____

(1) Au Canal peut-être, mais le 28 juin 1790, la municipalité fut informée par un procès-verbal du sieur Martin, garde-chasse au départ de Montreuil, que les ouvriers faisaient du dégât dans les bois du Roi. Il fut décidé que les chefs d'ateliers seraient mandés pour connaître les coupables et statuer selon ce qu'il appartiendrait.

(2) Archives de Seine-et-Oise, série Q, le Canal.

(3) Assemblée municipale, séance du 30 novembre 1790. (Voir **page 70**.)

(4) *Ibid.*, séance du 2 septembre 1790.

entouré d'une multitude qui l'a menacé; que plusieurs de ces gens étant venus à l'assemblée du département, ils avaient montré le plus grand désespoir... ».

 « La municipalité... a donné connaissance... qu'en ce moment elle n'a point de fonds en caisse et que même la dépense excède la recette... »

En se retirant, les administrateurs du département emportèrent la conviction du dénuement complet où se trouvait la municipalité. Ils insistèrent sans doute auprès des pouvoirs publics, car, quelques jours après, un secours était accordé par l'Assemblée nationale. Le district, qui s'en était réservé l'emploi, décida la construction de six chemins aux environs de Versailles, où seraient employés cinq cents ouvriers, dont trois cents demeurant en cette ville. La municipalité désigna d'abord les pères de six enfants et plus, puis ceux de cinq, de quatre, etc.

On espérait que ce soulagement calmerait les esprits, mais on fut informé, le 12 janvier 1791, qu'un grand nombre d'ouvriers n'avaient pas paru aux ateliers de Bougival et de Vaucresson; que des mutineries s'étaient produites et que les sept chasseurs de Lorraine chargés de la surveillance, depuis le 5 janvier précédent, étaient débordés. Le mécontentement, cause de cette effervescence, provenait de ce que les tâches avaient été fixées sans tenir compte des difficultés du sol, ce qui les rendait tellement inégales que, sur certains lots, les meilleurs ouvriers n'arrivaient pas à gagner plus de 10 à 12 sols par jour, le prix de la toise cube remuée étant payé 40 livres. Sur d'autres points, les travaux avaient été donnés à des entrepreneurs qui n'admettaient qu'un petit nombre d'ouvriers du pays ou ne leur offraient qu'un prix dérisoire; enfin, les habitants de la campagne se croyant maîtres, étant chez eux, se soulevaient contre les ouvriers de la ville et les chassaient des chantiers.

Pour prévenir tous ces conflits, la municipalité demanda que la somme proportionnelle à lui revenir fût dorénavant versée dans sa caisse et employée par ses soins.

Il fut ainsi procédé pour l'emploi de 7,200 livres allouées le 28 floréal an III (1). L'administration communale eut seulement

---

(1) Le même jour, Versailles reçut en outre, sur les 310 millions à partager entre tous les districts, une somme de 7,200 livres pour neuf cents vieillards, soit 8 livres pour chacun.

à faire parvenir au district un procès-verbal décrivant les travaux à exécuter.

Vers cette époque, les administrateurs des maisons de charité
créèrent une sorte de filature à domicile, qui avait l'avantage de
permettre à l'ouvrier d'accepter, sans rien perdre de sa dignité,
l'assistance qu'on lui offrait, puisqu'il ne recevait qu'en donnant
une valeur égale de main-d'œuvre. Sans doute, c'était rendre
entrepreneur une administration charitable qui, risquant seulement l'argent des autres et n'ayant besoin d'aucun bénéfice,
pouvait faire une concurrence mortelle à l'industrie privée.
Cependant, aux moments de grandes misères, il faudrait, pour
soulager l'infortune générale, utiliser ainsi les ressources qui se
rencontrent dans chaque commune.

Or donc, le comité établi pour la gestion du revenu des indigents, disposant d'une certaine quantité de petits rouets, les con-
fiait, avec de la filasse, aux femmes pauvres de la ville ; le fil
fabriqué était tissé et ensuite vendu au profit de l'œuvre. Le
commissaire chargé par la municipalité de l'examen et de la
vérification des comptes indiqua, le 22 octobre 1793, que sa
filature avait produit un bénéfice de 7,914 l. 18 s. 6 d. ; il avait
été payé, en outre, aux ouvrières 10,606 l. 19 s., comme valeur
de leur main-d'œuvre.

Ces résultats excellents semblaient promettre longue vie à un
établissement que le Conseil général de la commune regardait
comme « une des ressources les plus fécondes pour alimenter
les indigents en leur procurant un travail suffisant pour bannir
l'oisiveté et tous les vices qu'elle enfante ». Mais il aurait fallu
que la Commission des subsistances et secours de la Convention nationale avançât à la ville les 50,000 francs qu'elle
avait demandés pour soutenir la filature. La Convention nationale n'accorda pas le subside, et notre malheureuse population ouvrière en fut réduite aux ressources à peu près nulles
qu'offraient le commerce et l'industrie, presque ruinés, de la
localité.

Industries locales.

Ici, alors comme aujourd'hui, pas de grands ateliers, pas
d'usines travaillant pour l'extérieur. Les documents du temps

révèlent l'existence d'une brasserie sise avenue de Paris, de deux amidonneries installées, l'une rue Contrat-Social (1), l'autre à l'extrémité de la rue Sainte-Victoire, et enfin d'une fabrique de chandelles et bougies, qui dut être très prospère sous l'ancienne monarchie. C'était elle qui fournissait le Château, toujours bien pourvu, si on en juge par son dépôt de bougies du Pavillon des Nourrices (2), situé rue des Bons-Enfants (3), lequel était encore comble en 1791. Déjà fort éprouvée par la transformation des réverbères, cette fabrique avait presque complètement éteint ses fourneaux au départ de la Cour, son plus gros consommateur.

Il y avait aussi la manufacture de dentelles et de blondes, établie pour l'instruction des jeunes filles pauvres de Versailles et des environs. Cette maison, sise avenue de Saint-Cloud, 36, avait à sa tête une dame Lesure, qui prétendit avoir eu jusqu'à cent élèves. Cependant, il ne paraît pas téméraire d'affirmer que les sacrifices faits par le Roi en faveur de cet établissement ne profitaient guère qu'à la directrice. Et, en effet, la manufacture, fondée en 1776, avait quatorze années d'existence quand fut effectué le recensement de 1790, et nous n'avons vu figurer aux listes nominatives qu'une ouvrière en dentelles, Mlle Souillier, boulevard du Roi, 3. Il ne nous a pas paru possible de considérer comme élèves de Mme Lesure trois raccommodeuses de dentelles, dont la profession n'a aucune analogie avec la fabrication des dentelles et surtout des blondes.

Les résultats obtenus étaient donc plus qu'insuffisants, si l'on considère que la manufacture recevait du Roi, tous les ans, 3,000 livres et 8 cordes de bois (4).

Bien plus intéressante fut la tentative des frères Galleran, vaguemestres de la maison du Roi, c'est-à-dire entrepreneurs des

(1) Rue des Chantiers.

(2) Assemblée municipale, 9 février 1791. — M. Couturier a dit que le sieur Chauvin, garçon blanchisseur du linge de la Reine, demeurant dans le Pavillon des Nourrices, rue des Bons-Enfants, avait pratiqué un petit grenier dans lequel il serre le foin pour la nourriture de son cheval; que de la manière dont les choses sont disposées, le foin se trouve très voisin d'une cheminée échauffée journellement par un grand feu; que le danger est d'autant plus grand, que très près de ce grenier est le dépôt des bougies destinées à l'éclairage du Château.

(3) Rue du Peintre-Lebrun.

(4) Voir Laurent Hanin, t. II, p. 118.

roulages de la Cour ; ils créèrent, rue des Mauvais-Garçons (1), une fabrique de draps dont les moulins à foulon étaient mus par une chute d'eau qu'alimentaient les réservoirs Gobert. Autorisé par acte du 13 frimaire an II, cet établissement donna un instant les plus grandes espérances. « Le rapporteur, est-il dit dans un procès-verbal des séances du Conseil général (2) de la commune, après avoir rendu compte au Conseil des progrès vraiment surprenants et inattendus résultant de la manufacture établie par le citoyen Galleran, malgré la disette d'eau, observe que, dans cet instant, plus de cinq cents individus, de tous sexes et de tout âge, sont occupés dans ses ateliers.

« Il fait encore observer au Conseil que lorsque le citoyen Lefebvre aura joint ses lumières et ses connaissances au zèle du citoyen Galleran, que, dans quatorze ou quinze mois, quatre à cinq mille personnes pourront trouver dans cet établissement le travail et l'existence... »

Cependant, cette fabrique, malgré l'appui très vif que lui accorda la municipalité, végéta quelques années, pour disparaître complètement vers 1800.

Enfin, il nous est impossible de ne pas dire au moins quelques mots de la manufacture d'armes créée au Grand-Commun, conformément à la loi de l'an II (3), et dont la direction fut confiée à Boutet, arquebusier habile de Versailles.

Par les encouragements que lui donna le Gouvernement, cet établissement « est parvenu au point le plus brillant. Des artistes

(1) Rue Corneille, puis rue Saint-Martin, n° 11 (couvent des Augustines).

(2) 2 septembre 1793.

(3) Elle fut pompeusement inaugurée le 7 octobre 1793 : « Auparavant cette inauguration, dit le procès-verbal, les représentants du peuple, les membres des corps administratifs et judiciaires, ont pris le signe de la liberté qui leur a été offert par le citoyen Benezet ; tous, coiffés du bonnet rouge et ayant des tabliers, sont entrés dans les ateliers où ils ont trouvé les ouvriers prêts à se mettre en activité et dans le même uniforme que celui qui vient d'être décrit.

« Tout à coup, une partie des assistants s'arme des marteaux de Vulcain, les autres de forets, de tarauds, celui-ci d'un rabot, celui-là d'un ciseau ; tous, en chantant des hymnes patriotiques, forgent le fer et travaillent aux armes qui doivent punir les tyrans et les despotes qui veulent porter atteinte à la liberté, à la souveraineté du peuple.

« Le bruit redoublé des marteaux, le feu ardent des forges, les chants énergiques des travailleurs rendent cette cérémonie auguste et vraiment républicaine. A la fin de chaque chant, les cris réitérés de : Vive la République! Vive la Montagne! terminent le travail et les hymnes. »

distingués y furent appelés : il y vint des ouvriers de toutes les parties de la France ; il en arriva une colonie du pays de Liège. Jusqu'à 1,200 y ont été occupés à la fois, et elle a fourni plus de 50,000 fusils ou carabines par an pendant la guerre. Les armes de luxe y ont été portées à une perfection qui a étonné (1)... ».

Cet éloge ne paraîtra pas exagéré à qui se rappelle les armes admirables exposées en si grand nombre dans divers pavillons (2) de notre dernière Exposition universelle. En Versaillais convaincu, nous nous arrêtions longuement, et quand il nous fallait partir, c'était toujours en déplorant de ne pouvoir prendre au moins l'image de tant de merveilles que nul, peut-être, ne reverra plus réunies à nos portes en aussi grand nombre.

Pillée par les Prussiens après les Cent-Jours, cette manufacture, qui avait été transférée à l'angle des rues de la Pompe (3) et des Bons-Enfants (4), disparut dès le commencement du règne de Louis XVIII. Ce n'est plus aujourd'hui qu'un souvenir glorieux dans le passé, mais c'est une espérance pour l'avenir, puisqu'il nous est permis de dire : Versailles, ayant été, peut redevenir le siège d'une industrie importante et prospère.

Jours meilleurs.

Si la fabrique de draps des frères Galleran n'eut qu'une exis-

---

(1) *Le Cicerone de Versailles* (Bibliothèque de la Ville, ILj, 28).

(2) On voyait notamment :

Au Pavillon espagnol. — Un nécessaire d'armes où l'on remarquait une carabine à un coup ainsi décrite au catalogue : « Le canon maté bleui est incrusté d'or au tonnerre et orné d'étoiles d'or dans sa longueur. La batterie en acier poli et incrusté d'or. Les garnitures sont en argent ciselé et doré, le bois est plaqué d'ornements en or. Epoque du premier Empire (appartenant au comte Oropesa). »

Au Pavillon des forêts, chasses, pêches, etc. — Un glaive français ayant appartenu à Eugène de Beauharnais (appartenant aux ducs Nicolas et Georges de Leuchtenberg). Trois paires de pistolets offerts par Napoléon Ier à Alexandre Ier (appartenant à l'empereur de Russie). Fusil à canons tournants (appartenant à l'empereur de Russie). Carabine et pistolets offerts par la ville de Paris au général comte Ostensacken (appartenant à l'empereur de Russie), etc., etc.

Au Pavillon des armées. — Masse et hache d'armes des mameluks de la Garde impériale (collection d'Orville). Mousqueton et carabine d'honneur donnés par le Directoire à Macdonald. Pistolets qu'avait Napoléon à Friedland. Fusil et sabre d'honneur donnés par le Directoire au général Lefèvre. Glaive de Cour et sabre en acier bruni (récompense nationale, collection Bollet), etc., etc.

(3) Rue Carnot.

(4) Rue du Peintre-Lebrun.

tence éphémère, si la manufacture d'armes installée au Grand-Commun dut sombrer malgré ses brillants succès, ces deux établissements furent en pleine prospérité précisément aux heures les plus pénibles de la Révolution française. On peut penser que c'est, en partie du moins, à l'un et à l'autre que Versailles dut de connaître à nouveau le mouvement et la vie et d'espérer enfin des jours meilleurs. Leurs nombreux travailleurs, appelés et retenus dans nos murs, durent s'approvisionner chez les négociants et les industriels de la ville, qu'ils sauvèrent, bien qu'ils ne fussent pas toujours d'accord avec eux.

Pierre Crosson, ouvrier de la manufacture d'armes, se trouve, le 2 fructidor an III, devant le bureau de conciliation de la justice de paix. Il avait été cité par le sieur Loudieu, cordonnier, rue Aristide (1), n° 16, qui l'invitait à prendre livraison d'une paire de souliers et à en payer le prix.

Crosson résista, déclarant qu'il ne pouvait prendre les souliers présentés par le citoyen Loudieu parce qu'il les avait commandés beaucoup plus décolletés et plus longs, afin de pouvoir mettre du coton au bout.

Mais la cause essentielle de notre renaissance fut la guerre, qui, rapidement, prit une ampleur jusqu'alors inconnue. Quantité de demi-brigades nouvelles devenant indispensables, il fallut, pour les former, mobiliser des hommes et confectionner l'habillement, l'équipement, les armes et le matériel que ne contenaient pas les magasins royaux, presque complètement vides. Les rangs des travailleurs s'éclaircirent rapidement, car, sans ouvrage, sans ressources et sans pain, la foule préférait les risques du champ de bataille aux tortures de la faim. De toutes parts, d'ailleurs, et par tous les moyens, on encourageait les enrôlements volontaires en maintenant partie de leur traitement aux employés (2), en allouant des secours aux familles des hommes sous les dra-

---

(1) Rue d'Anjou.

(2) 13 septembre 1793. — Granger, commis externe des contributions de la municipalité, admis dans un bataillon, obtint qu'une partie de son traitement lui serait servie, comme on avait fait lorsque précédemment il partit pour la Vendée.

1er messidor an III. — Le Conseil général de la commune arrête qu'il sera délivré à la citoyenne Girard, munie des pouvoirs de son fils, ci-devant employé dans les bureaux de la municipalité et servant actuellement dans l'armée du Nord, 25 livres par mois, tant qu'il sera dans les armées de la République.

peaux (1), en s'occupant avec sollicitude des enfants dont le père tombait au champ d'honneur (2).

Cependant, ces stimulants, s'ils provoquaient et soutenaient les bonnes volontés, eussent été impuissants à compléter les effectifs régimentaires. Comme on n'avait aucune illusion en haut lieu, à chaque levée, les communes étaient avisées du nombre d'hommes qu'elles devaient fournir. Les municipalités, puissamment aidées par les sections, agissant ensuite, arrivaient, soit par persuasion, soit par des tirages au sort, à recruter les contingents assignés. Plus on s'éloignait du premier appel, plus les difficultés étaient grandes, car les ouvriers demeurés en leurs foyers trouvaient aisément à se caser; ceux qui avaient un métier utilisable pour la préparation à la guerre furent constamment occupés et souvent mis en état de réquisition permanente. Le huitième jour du deuxième mois de l'an II, les sections invitèrent les ouvriers « pouvant être utilisés pour la fabrication des cuirs à se faire inscrire au local de l'hôtel de Bouillon, afin de concourir aux travaux qui seront ordonnés pour le service de la République ».

On avait fondé dans l'ancien chenil divers ateliers de clouterie et de sellerie où furent retenus beaucoup des anciens employés de la vénerie. Leurs services devenaient tellement utiles et les

---

(1) 17 octobre 1793. — On alloue 30 sols par jour à la citoyenne Mauguin, dont le fils, revenu de la Vendée, est compris dans la réquisition des nouveaux défenseurs de la Patrie. Cette somme est plus élevée que celle donnée d'ordinaire, mais la citoyenne Mauguin est âgée de soixante-deux ans et paralytique; on veut qu'elle puisse avoir quelqu'un qui la soigne comme le faisait son fils.

Par application du décret du 18 juillet 1793, Versailles reçut de l'État 34,000 livres, qui furent ainsi réparties entre les sections chargées de distribuer aux familles des volontaires :

1re section.	2,063 l.	9 s.	3 d.
2e —	1,194	7	1
3e —	4,317	6	6
4e —	1,285	13	2
5e —	2,614	16	1
7e —	3,222	17	8
8e —	1,159	5	6
9e —	7,807	2	7
10e —	2,977	14	10
11e —	1,907	1	8
12e —	2,558	12	8
13e —	3,059	»	»

(2) Ils furent placés aux Enfants de la Patrie, adoptés par des citoyens généreux, ou bien ils obtinrent des dotations provenant de bons recueillis dans les sections et dont le montant fut placé sur leur tête à la caisse Lafarge.

travaux auxquels on les occupait si importants, que la municipalité fut priée par la Commission d'approvisionnements de les exempter des services extraordinaires de la Garde nationale ou tout au moins de n'en commander qu'un ou deux à la fois.

Le 17 octobre 1793, les administrateurs du département firent connaître que, le dimanche suivant, il serait procédé à une distribution d'ouvrages destinés à l'habillement des volontaires; avis était donné que la préférence serait accordée aux ouvriers le plus en état de bien faire et aux patriotes manquant de travail.

Il devait être bien facile de trouver pour chacun une tâche en rapport avec ses aptitudes, car on n'avait ni chemises (1), ni gilets, ni bonnets de police, ni guêtres, ni tentes (2), ni chaussures (3).

Le 9 nivôse an II, les cordonniers furent mis en réquisition pour travailler pendant ledit mois uniquement pour le compte de la République. Ils durent se rendre, dans les vingt-quatre heures, à l'atelier désigné, sous peine d'être considérés comme suspects.

Les charpentiers, les serruriers étaient occupés à tout ce qui intéressait l'artillerie. On avait installé, jusque dans la cour de la Maison commune, des appareils d'essai pour les essieux des voitures destinées aux transports militaires.

Quand, en octobre 1793, il fut décidé que le vaste établissement de Saint-Cyr serait transformé en hôpital militaire, on réquisitionna tous les menuisiers de Versailles. La mise en place du mobilier fut effectuée par des travailleurs bénévoles qui, de Versailles, se rendaient chaque jour à Saint-Cyr.

Si nous voulons connaître en détail tout ce qui fut fait alors dans l'intérêt de la défense nationale, écoutons ce que dit à la Convention, le 17 mai 1794, un député du district de Versailles :

« Représentants du peuple, les intrigues, les crimes et les forfaits sont tôt ou tard punis. Votre justice en a tiré vengeance

---

(1) En mars 1793, on avait fabriqué chez Lajouski, entrepreneur de cette ville, deux mille deux cent cinquante-cinq chemises pour les volontaires.

(2) Desenty et Frioud, entrepreneurs, occupèrent quatre cents ouvriers à la confection des tentes.

(3) Une paire de souliers se payait alors 9 livres. En 1792, on acceptait des souliers en paiement des contributions. — Le dixième jour du deuxième mois de l'an II, chaque cordonnier fut tenu de fournir au moins cinq paires de souliers par décade.

et déjà nous vous en félicitons. Nos victoires poursuivent maintenant ceux de la tyrannie. Ses méprisables satellites mordent à chaque instant la poussière. Les tyrans eux-mêmes n'échapperont point à l'héroïsme de nos guerriers. Des républicains français ne souffriront jamais que des trônes insultent impunément à l'égalité qui fait la base du gouvernement libre qu'ils ont adopté.

« Guerre glorieuse au dehors, guerre utile au dedans.

« L'Administration m'envoie vous faire part de ses succès pour l'une et pour l'autre.

« Le sol de notre arrondissement, qui devait produire le foudre exterminateur des féroces ennemis de notre liberté sainte et chérie, était ingrat; l'industrie, jointe au courage de nos communes, a vaincu et surmonté l'inexpérience et toutes les difficultés. Je vous offre l'échantillon de huit milliers de salpêtre. Dans cet instant, la totalité marche à pas de charge à la commission des poudres.

« Ce n'est pas tout, notre manufacture d'armes et deux autres établissements séparés concourent à cette exploitation précieuse; ils peuvent comme nous faire offrande à la Patrie.

« Il fallait que le salpêtre sortant des entrailles de la terre fût allié au charbon; vingt mille bottes de l'espèce de bois propres ont été coupées sur-le-champ; elles brûlent. En voici l'essai.

« A cet alliage qui compose la foudre, nous y joignons pour la lancer 128,484 livres de métaux et 25,322 livres de plomb, qui porteront la terreur et la mort aux esclaves qui voudraient encore souiller la terre de la liberté.

« L'orgueilleux habitant de la Tamise ose-t-il tenter de nous surprendre par d'infâmes attentats? Douze à treize cent mille pieds cubes de bois de construction se dirigent de nos foyers vers nos ports, et les arbres qui dérobaient à la pudeur les plaisirs coupables d'une famille corrompue vont annoncer aux partisans de la royauté le sort qui les attend.

« Des monceaux de cendres provenant des débris de ces bois va naître la potasse.

« Nos braves défenseurs n'ont plus à craindre une affreuse nudité. Pour les revêtir, plus de trente-trois mille effets d'habillement et d'équipement, dont douze mille paires de souliers, bien confectionnés, sont partis. Un autre va les suivre.

« Je viens encore de déposer 2 marcs, 2 gros et 10 grains d'or, 4,504 livres 12 sols 3 deniers, qui fourniront à nos soldats intrépides les moyens de payer ce dont ils auront besoin sur les terres de l'esclavage où ce métal, inutile à des républicains, est adoré.

« Un orgueil scandaleux, une avidité sans bornes, un fanatisme insensé, avaient amassé ces richesses pour satisfaire à leurs crimes ; qu'elles servent aujourd'hui au triomphe de la justice et de la vertu.

« Ces envois sont indépendants de plus considérables qui ont eu lieu successivement.

« La loi sur la levée extraordinaire des chevaux et voitures s'est exécutée avec la rapidité de l'éclair ; le rassemblement est fait.

« Le sang de nos frères a coulé ; leurs blessures glorieuses ont touché la sensibilité de notre cœur. Qu'ils viennent à Versailles, ces braves guerriers, les bras de la reconnaissance leur sont ouverts. Huit cents matelas, huit cent quinze couvertures, trois cents paires de draps, deux cent soixante-dix couchettes, cent quatre-vingts sommiers, du vieux linge et de la charpie provenant des biens nationaux, des émigrés, des dons de nos communes et sections, et non de la liste civile, les attendent pour leur donner le repos et tout le soulagement qu'ils méritent.

« Si, pour le dehors et le dedans, nous avons rempli un devoir bien cher à notre cœur, notre surveillance, après avoir fait disparaître les traces de l'iniquité, a déjà mis près de trois mille indigents en jouissance des terres du tyran et des émigrés (1), à titre d'arrentement, et cependant la vente des meubles des émigrés s'élève au-dessus de 1,200 livres ; celle des biens-fonds à

---

(1) Les archives de la Préfecture (série L 1ᵏ) possèdent un arrêté du 23 mars 1793, relatif aux terres incultes à donner par bail aux indigents ; nous en extrayons le considérant ci-après qui explique le but que voulait atteindre la Convention :

« Considérant qu'il est important pour l'avantage de la Nation de faire cesser la scandaleuse inertie de ces terrains ; qu'en les divisant par petites portions et en les distribuant aux habitants des campagnes, pour les cultiver moyennant un prix évalué d'après les localités, l'intérêt public se trouve joint à celui des cultivateurs ; considérant, d'ailleurs, que cette distribution de terrain au plus grand nombre de cultivateurs possible en fera autant de surveillants qui garantiront les bois de toute dévastation, et qu'avec beaucoup d'activité, il sera encore possible d'obtenir cette année quelque fruit de ces terrains ; considérant, en outre, que cette location par petite partie, désirée depuis longtemps, en attachant les

près d'un million. La vente du mois prochain excédera cette somme. *(On applaudit.)*

« La mention honorable du zèle des citoyens de Versailles est décrétée (1). »

Les citoyens de Versailles ne manquaient en effet ni d'activité, ni de zèle, ni de foi dans l'avenir. Malgré les événements critiques, dès l'an III, les propriétaires songent à réparer leurs immeubles, les négociants commencent à améliorer leurs installations. Ainsi nous trouvons, notamment le 21 thermidor an III, un sieur Aubusson qui, décidé à faire décorer la façade de sa boutique, demande les alignements dont il a besoin.

Aussi quand, en 1795, la récolte ayant été bonne, l'abondance reparut sur les marchés, il ne fallut que peu de mois pour que toutes les misères parussent à peu près oubliées.

La lettre suivante, écrite au *Journal de Seine-et-Oise*, le 25 pluviôse an VII, mérite d'être rapportée dans son entier, car, en confirmant l'impression que nous rendions tout à l'heure, elle donne quelques détails sur la manière dont on vivait à Versailles au lendemain des souffrances nées de la famine et de la Terreur :

« Décadi dernier, les affiches annoncent un spectacle intéressant et son ouverture à 5 h. 1/2 précises; je m'y rends; mais quel fut mon étonnement, le spectacle ne commença qu'après 7 heures, et ne put finir qu'à 11 heures du soir. Ainsi le public fut trompé dans son attente et beaucoup de citoyens manifestèrent leur mécontentement. En bonne foi, quel put être le motif d'un pareil désheurement? Voudrait-on se modeler sur Paris? Mais ne sait-on pas la différence qu'il y a dans la manière de vivre entre les citoyens de Paris et ceux de Versailles? Là, les grandes affaires se prolongent jusqu'à 5 heures, on ne dîne pas auparavant; les hommes riches et les plus désœuvrés en ont pris l'habitude par imitation. D'ailleurs,

cultivateurs au sort de la Patrie, fera perdre tout espoir aux contre-révolutionnaires. »

Cet arrêté est signé : A. Benoît, Guffray et Charles, députés, commissaires de la Convention nationale dans les départements de Seine-et-Oise et d'Eure-et-Loir. Un recensement de prairial an II évalue à 754 arpents 80 perches les terres vagues et en friche dans l'étendue de la commune de Versailles à cette époque.

(1) *Gazette nationale*, 18 floréal an II, p. 928.

les réverbères qui éclairent Paris, les voitures de place que l'on peut s'y procurer mettent à l'abri de toute inquiétude. Ici, au contraire, point de riches à imiter; toutes les affaires, tous les dîners sont terminés à 5 heures (1); la ville n'est plus éclairée, on n'y trouve pas de voitures de place; les rues sont solitaires; le spectacle finit donc à une heure indue. L'on conçoit la foule d'abus qui en peuvent résulter (2). »

La municipalité (3), reconnaissant l'exactitude des raisons invoquées, arrêta qu'à l'avenir les représentations théâtrales devraient finir au plus tard à 9 h. 1/2. C'était l'heure où d'ordinaire chacun était dans son lit.

Goût pour le plaisir.

A aucune époque peut-être on ne fut plus avide de plaisirs qu'au cours de la Révolution française. On aimait l'éloquence, on adorait le jeu (4); la danse était aussi en grand honneur; on rencontrait des bals un peu partout (5); enfin, c'était avec un

---

(1) Le journaliste ajoutait : « Cette assertion est d'autant plus vraie que les spectacles se donnent plus fréquemment les décadis. »

(2) Lettre au *Journal de Seine-et-Oise* sur les spectacles à Versailles (25 pluviôse an VII).

(3) La municipalité surveillait attentivement les théâtres. Depuis le 26 mars 1791, un officier municipal assistait à chaque représentation.

(4) Malgré la surveillance de la Garde nationale, il y avait des jeux de hasard : roulette, loto, biribi, installés dans nombre d'établissements publics tenant billards. La rue était surveillée par des compères, et quand la Garde nationale arrivait, les joueurs se dispersaient. Il ne semble pas que l'on fût assez sévère. Quand les délinquants étaient surpris, la police saisissait les enjeux, mais se contentait le plus souvent de renvoyer les gens après admonestation.

(5) Rue des Missionnaires, le maître de l'établissement avait en outre l'autorisation de donner de l'artifice de table, mais sans feu élevé. Un vaux-hall national fut autorisé au coin de la rue Champ-Lagarde et de la rue des Condamines, à la charge d'une garde suffisante pour assurer le bon ordre.
Des sociétés de jeunes gens organisaient des bals, où l'on se montrait parfois un peu difficile quant à la tenue des danseurs. « Le 20 frimaire an VIII, le bal de la Société de Quintidi, nous apprend le *Journal de Seine-et-Oise*, a été troublé le 15 de ce mois, par l'arrivée d'un jeune militaire en bottes. Les commissaires chargés de surveiller l'exécution du règlement, qui ne permet pas de se présenter avec des bottes, l'ont vivement invité de se retirer. Sa résistance a fait cesser tout à coup les plaisirs. Le bal a été interrompu et on paraît craindre que cette scène n'en éloigne les jeunes personnes, qui ne s'y rendaient que pour le plaisir de la danse. » Peut-être y a-t-il eu de l'indiscrétion à interdire les bottes, dans un temps où cette chaussure soignée, et devenue une sorte de luxe, est assez généralement en usage. Nous abandonnons cette réflexion aux auteurs du règlement.

empressement joyeux que l'on courait aux spectacles de tous genres.

Le grand Théâtre eut souvent ses portes fermées, en 1789 et en 1790, mais, sur l'invitation de la municipalité, la réouverture eut lieu à l'occasion des élections générales de 1790, et depuis cette époque de nombreuses représentations y furent données comme de nos jours, par des acteurs venant de Paris.

L'Opéra, actuellement salle des séances du Sénat, fut abandonné comme théâtre, mais, au contraire, la petite salle située dans l'aile nord du palais de Louis XIII fut ouverte au public après avoir été concédée à un sieur Lenoir (1). Cette salle, disait l'acte de concession, « qui servait autrefois aux plaisirs du tyran, à l'avenir sera consacrée au plaisir des pauvres sans-culottes... ». Et, en effet, ceux-ci pouvaient y entrer gratuitement. Mais, beaucoup plus assoiffés d'écus que de scènes dramatiques, ces pauvres sans-culottes, prétextant que les bourgeois se rendaient les premiers dans la salle et s'emparaient des meilleures places ; que ceux qui venaient ensuite comme sans-culottes « ne l'étaient ni au moral, ni au physique » ; que les vrais sans-culottes, quand ils se présentaient à leur tour, ne trouvaient plus à se placer, exposèrent qu'il vaudrait bien mieux faire payer tout le monde et attribuer le prix de la location aux véritables titulaires (2).

Le décadi 5 nivôse an IX, il y eut à Versailles trois spectacles différents : comédie française (3), sauteurs espagnols (4), exer-

---

(1) Elle fut louée en 1794 à un sieur Lenoir, qui en changea les dispositions pour augmenter le nombre des places.

Quelques années plus tard, les comédiens français devinrent concessionnaires de cette scène, sur laquelle débutaient tous les postulants au titre de membre de l'illustre compagnie.

(2) Il y eut en outre à Versailles des petites salles particulières, rue des Vieux-Coches, chez un sieur Vital-Anglade, rue Satory, n° 63 ; enfin, des sociétés d'amateurs, la Société d'Emulation, par exemple.

(3) Assez souvent, une célébrité parisienne venait charmer le public versaillais, qui put applaudir notamment : la Raucourt, Talma, Mlle Georges, la citoyenne Vestris. Garat, professeur au Conservatoire, se fit entendre dans un concert donné au profit d'un artiste.

(4) Le 27 fructidor an X, on annonça un spectacle composé de trois pièces et suivi d'expériences physiques, où le secret des anciens mages serait connu d'après les procédés du célèbre Cagliostro, tels que : la Mort sortant de son tombeau, où l'on verrait plusieurs figures vivantes..., la Nonne sanglante..., puis la danse des lions, des momies, des démons et des squelettes.

cices équestres (1), et l'on assure que les recettes furent satisfaisantes pour chaque directeur.

Des chants patriotiques étaient de rigueur à toutes les soirées, et dans les premières années de la République les directeurs se conformaient avec empressement à cette prescription (2). Les journaux se faisaient un devoir de le relater et c'était parfois en termes plaisants qu'ils accomplissaient cette tâche. Le 10 brumaire an VIII, on avait donné *Andromaque*, et la feuille locale, dans son compte rendu, s'exprime ainsi : « Il était difficile, après l'enthousiasme que les spectateurs venaient d'éprouver, qu'ils fussent accessibles à un nouveau plaisir dans la représentation des *Folies amoureuses*. Cette pièce, usée par le temps et devenue étrangère à nos mœurs, a été cependant en quelque sorte rajeunie par des couplets inspirés à un citoyen de cette commune et dans lesquels il a célébré avec finesse nos victoires sur le général russe et sur les Anglais. » Heureux directeur, qui avait sous la main un homme assez habile pour amener finement dans les *Folies amoureuses* l'armée républicaine, Souwarow et l'Angleterre ; mais on est indulgent quand on est enthousiasmé par la victoire.

Cependant, le public versaillais se montrait parfois impitoyable et ne se gênait pas pour manifester son mécontentement. Le 13 nivôse an III, le citoyen Lenoir, administrateur général du Théâtre national de Versailles, écrivit aux citoyens composant le Comité révolutionnaire de cette ville : « Accoutumés à faire notre devoir, nous ne demandons pas d'éloges, nous trouvons notre récompense dans notre cœur... Mais voir des artistes exposés aux insultes de quelques cabaleurs, leurs jours en danger par une méchanceté combinée... comme établissement public, les autorités constituées nous doivent protection... et nous la réclamons... des marrons jetés... des tessons de bouteilles dans les corridors... l'écrou d'une roue de la voi-

(1) Franconi était en nos murs à la fin de messidor an VII, où sa présence est marquée par un accident : « La fin du spectacle a manqué d'être funeste à plusieurs spectateurs. Tout se borna heureusement à une attaque de nerfs qu'eut une mère, craignant que son jeune enfant ne fût écrasé par la chute d'un gradin. »

(2) Plus tard, il fallut les rappeler à l'observance de cette prescription souvent négligée.

ture enlevé et la voiture se renversant à deux pas... personne de blessé, heureusement (1)... »

Le maire intervint parfois lui-même et il le fit de façon peu ordinaire, à nos yeux du moins, notamment en 1795. Une représentation tumultueuse ayant eu lieu, le premier magistrat de la cité se rendit au théâtre, et avant le lever du rideau, debout dans sa loge, sans doute, il harangua les spectateurs : « Ceux qui agissent ainsi, dit-il en substance, mériteraient d'être expulsés d'un lieu où les honnêtes citoyens viennent se délasser et où ne doivent pas être admis ceux qui se livrent au vice et à la licence »; puis s'adressant aux acteurs qui s'étaient certainement groupés sur le devant de la scène pour l'entendre : « Les citoyens de Versailles, leur dit-il, en recherchant vos talents, seront toujours jaloux de reconnaître en vous des hommes ayant le désir de mériter l'estime et les applaudissements des spectateurs républicains. » Pour sanctionner la petite mercuriale, l'agent national, qui était présent, fit lecture du règlement sur la police du théâtre, et le spectacle, commençant ensuite, put se terminer dans le plus grand calme. On n'eut donc pas encore besoin de faire appel au détachement d'infanterie chargé de la garde intérieure du théâtre.

Cependant, ce soir-là, notre salle de spectacle contenait à coup sûr des Versaillais de situations diverses, qui, tels les membres unis d'une grande famille, écoutent respectueusement, sans protestation, les remontrances du patriarche. Les privations, la famine, les terreurs subies côte à côte, presque en commun, ont rapproché les distances ; il n'y a plus, à l'heure où nous sommes, que des hommes qui, plus ou moins éprouvés, mais également résolus à regagner le terrain perdu, se sont remis courageusement à l'œuvre. Ils ont senti, comme tant de fois nos ancêtres au lendemain des heures cruelles, que le salut n'est et ne peut être que dans la discipline, le labeur et la persévérance : Saluons ces vaillants lutteurs, ces travailleurs opiniâtres ; c'est en eux que sont accumulées les forces vives de la Nation. Leur misère, leurs souffrances mêmes, que nous déplorons, sont le mal nécessaire, le stimulant puissant, le ressort irrésistible qui, à tout moment, fait jaillir le sang nouveau, dont

____

(1) Archives de Seine-et-Oise, LI — Io.

la transfusion incessante assure à la Patrie jeunesse et vigueur
éternelles.

Chapitre III. — La Noblesse.

Contrairement à ce que l'on pense généralement, Versailles,
aux derniers temps de la monarchie, n'était point habité par
quantité de seigneurs et de nobles, installés en des hôtels qui
fussent leur propriété.

Le Roi, la Reine, les princes, les favoris, les grands digni-
taires, les gardes d'honneur, les officiers, les gens de service, etc., logeaient pour la plupart dans les palais, les communs ou les installations nombreuses qui en dépendaient.

Mais les courtisans, dont le flot montait bruyamment chaque
matin vers les antichambres, devaient redescendre modestement
tous les soirs pour s'abriter sous le toit de parents ou d'amis, et,
à défaut, se disperser dans les appartements meublés, les hôtelleries et les auberges de la ville. D'ailleurs, aussitôt satisfaits ou
convaincus de l'inanité de leurs courbettes, chacun d'eux se
hâtait d'aller prendre possession du poste obtenu, ou de rejoindre tête basse la province un instant délaissée.

« En 1781, dit un contemporain, Marie-Antoinette passait les
après-dîners chez elle et au milieu de sa société. Je l'ai vue là
sur un canapé, le dimanche 29 septembre, et tout le monde libre,
debout, causant par pelotons dans le salon. Le comte de
Polastron s'y trouvait; il était arrivé de Toulouse la gueule en-
farinée, comptant se faire renvoyer avec de l'argent et des
grâces; il voulait passer l'hiver à Paris et avait loué une maison.
En attendant, il logeait à Passy, chez l'abbé de Chalus, et chez le
fermier général Chalus, à la place Vendôme. Il se faisait présenter, il se montrait partout à la Cour (1). »

La Révolution française vit, à son éveil, des scènes semblables
à celles que nous venons de retracer. La noblesse de Cour,
quelque peu surprise de l'audace du tiers état, ne s'en inquiéta
guère dans les premiers jours; il fallut l'intervention du peuple
en armes pour ouvrir les yeux et faire entrevoir la possibilité
d'une débâcle. A partir de ce moment, les quémandeurs, que
rien ne retenait à la Cour, se raréfièrent, puis disparurent, et

(1) Moreau, *Mes Souvenirs*.

l'instant d'après, les hauts fonctionnaires, après avoir suivi le Roi à Paris, ou être demeurés à leur poste en nos murs, se dispersèrent dans les provinces ou fuirent à l'étranger.

« Ceux qui émigrèrent, dit Laurent Hanin, ne laissèrent guère, en notre ville, que des biens mobiliers. Quant à ceux qui demeurèrent à Versailles, ils étaient sans domaines en province, et leur dénuement absolu les obligeait à subir les événements là où le sort les avait jetés. »

Nous pouvons, grâce aux Mémoires de M. Moreau, historiographe de France, rappeler le nom et la fortune de quelques-uns d'entre ces derniers :

« Le comte de Cress, excellent gentilhomme, avait été riche en terres, mais avait mal dirigé ses affaires et ne s'était pas trouvé en état de donner à ses deux fils et à sa fille une grande fortune. Celle-ci avait épousé le frère cadet du marquis de Sainte-Hermine, premier écuyer de M. le comte d'Artois, et la protection de ce prince bienfaisant avait procuré au vicomte une place distinguée dans la maison de Condé. Malheureusement, la jeune vicomtesse, épouse d'un homme de qualité qui n'avait rien, se vit bientôt obligée de lui sacrifier tout ce qu'elle pouvait attendre de sa part héréditaire dans le patrimoine de son père. Tout fut fondu dans ce ménage : il ne resta à Mme de Sainte-Hermine, pour elle et ses trois enfants, que des logements, des pensions de l'Etat, l'assurance d'une très agréable place auprès de la duchesse d'Enghien à son mariage, et, en attendant, de bons et forts appointements... »

« Mme de Faucigny n'avait, pour se soutenir à Versailles, que les libéralités de Madame Victoire, sur lesquelles il n'était plus guère possible de compter, et sa tante, Mme de Mesme, qui, à l'occasion, lui avait procuré plusieurs ressources, aurait eu elle-même besoin de secours, son mari ne lui laissant que les appointements de sa place, et Mme de Boulogne, sa belle-sœur, n'était plus en état d'y rien ajouter (1). »

Un certificat délivré par le gouverneur du château de Versailles, le 8 décembre 1792, constate qu'à cette date, il ne restait plus aux Grandes-Ecuries que six pages de Louis XVI. Leur gouverneur n'avait reçu aucun ordre pour les renvoyer, et d'ailleurs la

____

(1) Moreau, *Mes Souvenirs.*

plupart n'auraient su où se retirer, leurs familles étant dispersées dans la République (1).

Si telle était la situation des personnes de qualité, qui, précédemment, faisaient si belle figure à la Cour, demandons-nous quel put être, par contre-coup, le sort des gens qui composaient le train de maison des grands? Que devint, par exemple, Le Blond, maître de mathématiques des pages, et son frère, précepteur de MM. La Billarderie? « Tous deux, dit M. Moreau, étaient fils d'un savetier de la butte Saint-Roch et d'une grosse nourrice (2). » Leur intelligence, la protection d'une noble dame leur avaient permis de sortir de l'ornière, et brutalement une révolution, que l'on disait émancipatrice, les replongeait dans leur néant. On conçoit leurs regrets, et il semble qu'il eût été humain de les excuser. Nous sommes sûr que le peuple les eût ignorés, si d'ambitieux meneurs, pour s'assurer l'appui d'une force brutale imposante, n'avaient semé, puis entretenu soigneusement la défiance et l'inquiétude au sein des masses populaires.

Le 14 juillet 1789, l'abbé Hérissé, l'un des chapelains de la Cour, attaché et logé au Grand-Commun, aperçut, dans la galerie, plusieurs groupes auxquels des gens de très mauvaise mine distribuaient sous enveloppe des petits paquets imprimés. Ces imprimés étaient une liste des deux cent quatre-vingt-six têtes à abattre pour opérer les grandes réformes nécessaires. « L'abbé Hérissé m'a avoué, dit M. Moreau, que les deux premières personnes nommées dans cette liste étaient la Reine et M. le comte d'Artois, et il est bien connu que ces listes, imprimées à Versailles, étaient affichées manuscrites à Paris, au Palais-Royal (3). »

Le Courrier de Paris dans les Provinces et des Provinces à Paris écrivait, le 28 avril 1790 : « Quoique Versailles soit privé de la présence de son Roi, cette ville fixe et doit fixer encore longtemps l'attention publique. Un bruit très dangereux se répand depuis un mois à peu près. On dit qu'il s'y tient des conciliabules secrets ; on nomme les personnes qui les composent ; on

(1) Rapport de M. Véron au maire de Versailles.
(2) Moreau, *Mes Souvenirs.*
(3) *Ibid.*

désigne le lieu de ces rendez-vous antirévolutionnels. Quelques auteurs d'ouvrages périodiques ont recueilli ces bruits. **La méfiance, toujours crédule, les a accrédités.** Enfin, nous avons été étonnés de recevoir des lettres particulières de Versailles même, qui nous reprochent notre silence, surtout à l'occasion de *huit cents gardes du corps déguisés qui attendent le premier moment pour favoriser l'enlèvement du Roi.*

« Huit cents gardes du corps déguisés à Versailles, qui attendent patiemment un moment propice pour favoriser l'enlèvement du Roi!... Huit cents gardes du corps déguisés dans une ville où, indépendamment de la garde nationale, se trouve le très patriotique régiment de Flandres, qui est trop brave pour démentir ses principes!... Huit cents gardes du corps, enfin, dans une ville de laquelle des souvenirs douloureux doivent les écarter!...

« Ces réflexions nous ont engagé à profiter des relations que notre résidence dans cette ville nous a données, pour jeter un grand jour sur cette affaire, et nous avons appris qu'à la vérité, les habitants de Versailles soupirent après leur Roi qu'ils ont perdu et qu'ils n'ont pas perdu pour toujours; mais nous avons appris qu'il n'y a effectivement à Versailles, dans l'instant où nous écrivons, que neuf gardes du corps, tous très honnêtes gens, dont quatre (simples gardes) logent à l'hôtel (1), MM. de Chaumontel, d'Avoux, Prioraux, Palinx. Les cinq autres sont : MM. de Cassencade, boulevard du Roi; d'Ecots, rue Saint-Antoine; Gaillard, rue du Vieux-Versailles; d'Espéries, rue d'Anjou; de Chancel, rue des Tuyaux (ce dernier est petit-fils du fameux Lagrange-Chancel et l'héritier de ses talents). »

On se demande ce qui avait pu motiver de tels bruits, car l'attitude des gardes du corps demeurés à Versailles après le départ du Roi fut toujours absolument correcte.

Le 14 juillet 1790, tout Versailles, on peut le dire, était assemblé pour, selon les termes mêmes du procès-verbal, « faire le serment inviolable qui doit unir tous les Français par les liens indissolubles de la loi, de l'égalité et de la fraternité ». « Un coup de canon annonce la marche de la municipalité. Elle se rend, avec une garde d'honneur, sur la place d'Armes, où sont

____

(1) Le recensement de 1790 n'en indique que trois.

rangés, en bataillon carré, la garde nationale, les invalides, les
cent Suisses de la garde de M. d'Artois, le régiment de Flandres,
les gardes du corps du Roi, ceux des frères de Sa Majesté, les
cavaliers de la maréchaussée, les chasseurs de Lorraine et les
Suisses du château (1). »

Ce n'était pas contraints et de mauvaise grâce que MM. les
gardes du corps s'étaient joints à la Garde nationale et à
l'armée ; le procès-verbal suivant révèle le mobile des actions de
chacun : « La municipalité ayant reçu de MM. les gardes du corps
du Roi et de ceux des princes, ses frères, des remerciements
pour les témoignages d'empressement qu'elle leur a donnés le
jour de la Fédération ; considérant combien il importe d'ôter aux
ennemis de la ville les derniers prétextes dont ils cherchaient à
s'étayer pour calomnier les intentions de ses habitants ; considérant qu'il est de l'intérêt comme de l'honneur des citoyens de
Versailles de cimenter l'union franche et loyale qui a éclaté
entre les gardes nationales, les troupes de ligne et celles de la
maison du Roi,

« La municipalité, sur les conclusions du Procureur de la
Commune, a arrêté qu'une députation, composée de M. le Maire,
de deux Officiers municipaux et du Procureur de la Commune,
se rendra chez MM. les gardes et leur exprimera, en la personne
de celui qui les commande, toute la satisfaction avec laquelle le
corps municipal a concouru à l'empressement général qui leur a
été témoigné ;

« La députation présentera de plus, à MM. les gardes du Roi,
des remerciements pour la manière avec laquelle ils ont reçu
MM. les fédérés qui, tous à l'envi, se sont loués des honnêtetés,
des preuves de générosité et d'amitié qu'ils ont reçues de MM. les
gardes du corps du Roi (2). »

On sent que le souvenir de la pénible journée du 6 octobre 1789 agit puissamment en cette circonstance ; qu'en échan-
geant publiquement des politesses, chacun tient à montrer
qu'entre les gardes du corps et la population versaillaise, il ne
reste aucune arrière-pensée, aucun doute capable de troubler la

(1) Procès-verbal de la Fédération à Versailles (14 juillet 1790). Registre des
délibérations du Comité municipal. (Archives de la Mairie.)

(2) Comité municipal, séance du 22 juillet 1790.

cordialité des rapports quotidiens. C'est d'ailleurs avec la plus entière bonne foi qu'agissent MM. les gardes du corps; ils le prouvèrent surabondamment quand, le 21 janvier 1791, ils offrirent spontanément leurs services pour la défense de la ville (1).

Que de malheurs auraient été prévenus, si la malveillance s'était heurtée partout à la même volonté de dissiper les équivoques! Mais un instant battue, la calomnie disparaît pour réapparaître presque aussitôt sous une forme nouvelle, plus insinuante et plus audacieuse que jamais.

Le 25 novembre 1791, un député, nommé Crétin, affirma à la tribune que quarante à cinquante ouvriers de Paris, en état de porter les armes, avaient touché à Versailles, d'une caisse ouverte à tous les rebelles, l'argent nécessaire pour se rendre à Worms, dans le Palatinat.

Dans son numéro du 18 décembre 1791, *Le Courrier des quatre-vingt-trois départements* raconta : « Un sieur Beaubourg, ci-devant comte, ci-devant gentilhomme de la vénerie et commandant l'équipage du cerf, etc., était parti de Versailles le 22 octobre pour porter aux émigrés 46,000 livres en bons louis d'or (cette somme est le contingent fourni par les six gentilshommes de la vénerie). Ce brave chevalier a reparu à Versailles. Tous les gens comme il faut se sont empressés de fêter l'émigrant. Les bonnes nouvelles qu'il a données lui méritaient cet accueil favorable : « Messieurs, a-t-il dit dans un repas où assis- « taient MM. Duchambord et Bougard, je tiens de MM. d'Artois « et Condé qu'ils se préparent à venir en France, *en assez bonne* « *compagnie,* pour donner les étrennes au tiers état. »

En 1790, M. Moreau demeurait rue Dauphine, n° 18. Son attachement à la famille royale, qu'il ne cachait d'ailleurs en aucune façon, l'avait fait classer parmi les personnes à surveiller : « Dans la maison dont nous habitions alors le premier, dit-il, les autres appartements étaient occupés par de bons et honnêtes citoyens, qui pourtant ne méritaient pas tous la même confiance de notre part. Au premier étage, Mme Moreau avait fait poser un réverbère, qu'elle payait par mois à l'ouvrier qui nous

____

(1) La municipalité, qui ne pouvait agir différemment, accepta sous la condition que les gardes du corps entreraient dans la Garde nationale.

le louait. Celui-ci ne voulait pas que personne y touchât que lui, et ne demandant pas mieux que de consommer beaucoup d'huile, le laissait brûler une partie de la nuit. Nous étions, comme aujourd'hui, tous dans notre lit à neuf heures, mais cette lumière était très utile aux autres locataires... Bientôt, les espions dont nous étions environnés soupçonnèrent, ou firent semblant de soupçonner, que ce réverbère, brûlant une grande partie de la nuit, éclairait des rassemblements dangereux; on débita que le curé de Notre-Dame, qui, pendant un an, avait dîné trois fois chez nous, et son frère, curé de Saint-Louis, qui n'y avait jamais mis les pieds, passaient souvent la nuit avec nous. Ma femme, ma fille et moi, nous dormions d'autant, et ces espions, après nous avoir rendus suspects, devinrent notre sûreté. »

Qu'y avait-il dans tous ces racontars, dans toutes ces dénonciations calomnieuses et perfides? Rien de sérieux, assurément, et cependant cela suffisait pour troubler les esprits qui, obsédés, ne s'y reconnaissant pas, finirent par admettre comme vérité qu'il suffisait d'être de noble naissance pour comploter sournoisement la destruction des lois qui devaient assurer le bonheur des peuples.

Le Conseil général de la commune de Versailles partageait à ce sujet l'opinion générale : « Ouï — dit-il, dans sa séance du 7 octobre 1792 — la lecture du certificat donné par le citoyen Audoin, adjoint du ministre de la Guerre, au citoyen d'Arcy (1)...;

« Ouï les différents renseignements donnés en faveur du citoyen requérant;

« Le Conseil général déclare, d'après les résultats du scrutin, qu'il sera délivré un certificat de civisme au citoyen d'Arcy;

« Mais, attendu que le nom de ce citoyen rappelle l'idée de la caste nobiliaire, le Conseil arrête qu'il sera écrit au ministre de la Guerre, à l'effet de le prévenir qu'après les bons témoignages rendus sur le civisme du citoyen d'Arcy, le Conseil a cru de sa justice de lui délivrer le certificat de civisme;

« Que cependant, dans le cas où le ministre acquerrait la preuve que ce citoyen appartenait à la classe ci-devant noble, il

____

(1) D'Arcy avait un grade dans l'armée.

serait invité et même requis de regarder le certificat donné à ce citoyen comme non avenu, attendu la perfidie et la scélératesse de ces castes privilégiées, que les vrais patriotes ne veulent plus voir dans les places et fonctions importantes de la République. »

Voilà bien les fruits de la suspicion et de la défiance ; à mesure qu'ils se développent, le jugement et la raison s'endorment. On ne se donne plus la peine de voir, de réfléchir et d'apprécier. « Par une injustice énorme, dit Taine, une classe entière, qui n'avait point de part aux faveurs de la Cour et qui subissait autant de passe-droits que les roturiers ordinaires, la noblesse provinciale est confondue avec les parasites titrés qui assiègent les antichambres de Versailles. »

Par une injustice plus grande encore, on étend le cercle des suspicions et des confusions jusqu'à ceux qui ont occupé un emploi à la Cour, eussent-ils d'ailleurs rendu des services à leur commune ou à la République, et on les poursuit jusque dans leurs femmes et leurs enfants.

Les procès-verbaux de la 4ᵉ section contiennent, à la date du 13 octobre 1793, cette décision que nous publions textuellement : « La veuve de Thierry, ci-devant valet de chambre de Louis Capet, se présente pour obtenir une attestation de civisme. L'Assemblée refuse à sa demande. »

Enfin, la bourgeoisie qui avait porté les premiers coups au pouvoir despotique, la bourgeoisie qui s'était montrée généreuse aux heures difficiles, ne trouva pas grâce devant la masse oublieuse et ingrate ; il lui fallut rendre un compte sévère de ses craintes, de ses aspirations et de ses regrets.

Si, du moins, la déclaration de suspect n'avait été prononcée qu'à bon escient ; mais il suffisait d'une dénonciation sur un mot entendu au passage, de l'affirmation d'un voisin jaloux, voire même d'un ennemi.

Ainsi, on avait affirmé que Couché fréquentait les aristocrates, et qu'il n'était pas pénétré des principes de 1789 ; on assurait qu'Hubert avait témoigné de la joie au moment du départ de Capet pour Varennes ; Langlois aurait dit : « On met le bouchon au district », quand on y planta l'arbre de la Liberté ; c'était irrévérencieux assurément, mais cette boutade de gavroche justifiait-elle une arrestation avec ses sinistres conséquences possibles ?

Toury, qui demandait sa sortie de prison, vit sa demande repoussée ; on ne pouvait lui pardonner d'avoir manifesté l'espérance que le baptême serait donné aux enfants.

L'embarras que nous manifestions, dans un chapitre précédent, pour la classification des Versaillais de 1790 ne fut point éprouvé par les sans-culottes. Sans une hésitation, sans un scrupule, ils prononcèrent, comme on vient de le voir, sur le sort de gens qu'ils ne prirent même pas la peine d'entendre ; ils agirent avec tout autant d'audace et de sans-gêne que purent le faire, en leurs plus mauvais instants, les tyrans que l'on se flattait d'avoir renversés.

Et bientôt, à Versailles, il n'y eut plus, d'un côté, que les sans-culottes, citoyens vertueux, infaillibles et purs, dominant tous ceux qui, par conviction ou par crainte, s'étaient courbés sous leur joug ; puis, d'autre part, les aristocrates, comprenant les ci-devant nobles avec les gens, hommes ou femmes, qui, par reconnaissance ou par foi, demeuraient attachés au régime déchu, ou bien étaient accusés d'y demeurer fidèles.

Si, aux premiers jours de la Révolution, les idées sur ce point furent moins nettes, on considérait déjà que massacrer ceux qui semblaient être les ennemis du peuple était œuvre bonne, naturelle, indispensable, pour assurer la sécurité des citoyens et asseoir la République sur des bases inébranlables. En 1789, l'écuyer du maréchal de Laval, arrivant de Paris à Eclimont (1), est questionné par son maître, désireux de savoir comment les choses allaient dans la grande ville : « Très bien, Monseigneur, répond le serviteur, tout va à merveille ; on a pendu hier M. Foulon, et on pend aujourd'hui M. l'Intendant (2). »

Et pendant que ces actions criminelles s'accomplissaient, le législateur, pénétré d'amour pour la justice et l'humanité, rédigeait, en termes lumineux, l'admirable Code des droits de l'homme et du citoyen. De superbes théories étaient proclamées quand, dans la pratique, tout était subordonné aux caprices de la politique et régi par les passions de la foule.

Ce n'était donc pas sans de sérieuses causes que les malheu-

---

(1) Château situé sur les confins de Seine-et-Oise, en Eure-et-Loir, non loin d'Ablis.

(2) Moreau, *Mes Souvenirs.*

reux aristocrates se montraient inquiets ; il leur fallait être d'autant plus circonspects que, séduits par les idées nouvelles, les gens à leur service croyaient de bonne foi faire œuvre patriotique en épiant leurs maîtres, et, interprétant leurs moindres actions, dénonçaient non pas ce qu'ils voyaient ou entendaient, mais ce qu'ils avaient jugé ou interprété, d'après les faits et gestes de ceux qui les salariaient.

M. Moreau, parlant des gens à son service en 1789, dit : « Ils étaient plus qu'à demi républicains ; celui qui dirigeait mon écurie était un enragé démocrate, couchant toujours avec sa pique et prêt à égorger quiconque était regardé comme suspect. »

Et ce n'était pas seulement à Versailles qu'il en était ainsi ; partout, dans les maisons bourgeoises et les châteaux, « les domestiques partageaient l'insurgence du peuple, parlaient entre eux fort insolemment de leurs maîtres, et il eût été très dangereux de les irriter (1) ».

Même situation dans les centres populeux et industriels. « Les maîtres se plaignent de ce que leurs ouvriers leur font la loi et se soulèvent pour leur résister : propos insolents, lettres injurieuses, ils se permettent tout (2). »

A Versailles, il n'était pas jusqu'aux Suisses du Château « qui ne fussent devenus ennemis de la royauté et dévoués à l'Assemblée nationale ».

Il serait injuste de ne pas remarquer ici qu'il fût, même au moment le plus dur de la Terreur, des serviteurs dévoués et fidèles. Nous aurons l'occasion d'en rencontrer au cours de cette étude. Rappelons seulement ici ce que M. Delacroix, dans *Le Spectateur pendant la Révolution française*, dit d'un valet de chambre dont il ne pouvait payer les gages : « Son attachement pour moi le réduit à tirer sa subsistance des services qu'il rend aux républicains. Il rase les uns, il remplace les autres dans la garde nationale. A l'heure où je vous parle, il est fixé, une pique sur l'épaule, devant la porte des Récollets. »

Certains nobles, forts du témoignage de leur conscience, crurent échapper à la surveillance irritante qu'ils subissaient en s'établissant à la campagne, au milieu de paysans qui les con-

____

(1) Moreau, *Mes Souvenirs.*

(2) Mercier, *Paris en* 1789, p. 33.

naissaient intimement, et dont ils avaient été dans le passé les protecteurs et les amis. Ils ne tardèrent pas à reconnaître qu'à peu près partout, nobles et prélats étaient l'objet de la suspicion des comités, et que c'était encore à la ville qu'il était le plus facile de passer inaperçu.

Versailles, par la modération de sa population, offrait un refuge sûr à qui ne manifestait pas trop ouvertement ses opinions. « Après avoir hésité longtemps sur l'asile que j'adopterai pour me mettre à l'abri des recherches les plus actives, dit un contemporain (1), j'ai donné la préférence à cette ville. Elle est si rapprochée de Paris, que je peux m'y rendre sous l'égide d'une carte de citoyen. A peine y suis-je entré, que je respire un air plus libre; j'en parcours les avenues avec sécurité; j'arrive sans obstacle à la maison hospitalière où je dois reposer ma tête et je remets au lendemain l'examen de tout ce que je n'ai fait qu'entrevoir. »

Il ne faudrait pas croire cependant que les classes ci-devant privilégiées et leurs tenants furent confinés chez eux dès les premières heures de la Révolution. Jusqu'en 1792, la noblesse et la bourgeoisie aisée, comme tous les autres citoyens d'ailleurs, pouvaient sans danger se recevoir et circuler même en grand équipage.

« A la Toussaint de 1790, lorsque le maréchal de Laval et sa famille revenaient du château d'Eclimont pour rentrer à Paris, ils nous firent l'honneur, dit M. Moreau, de nous demander à dîner en passant à Versailles. Nous les reçûmes avec joie et reconnaissance; il y eut un beau cavagnole au logis et le comte d'Osmond fut de ce dîner... »

Se déplacer était chose fort compliquée pour un grand seigneur, qu'accompagnait sa famille et sa nombreuse domesticité. Il lui fallait des voitures, des chars après ses carrosses brillamment attelés. De telles caravanes, précédemment admirées dans les villages, semaient alors l'inquiétude; le bruit de leur passage se répandait aussitôt dans tous les environs, comme s'il y eût là le signe précurseur de quelque événement menaçant pour le peuple. L'attitude des gens révélait si clairement leurs sombres pensées, que, bientôt, les nobles comprirent que la prudence commandait de s'isoler en son logis. S'isoler, se laisser ignorer aurait été

---

(1) Delacroix, *Le Spectateur pendant la Révolution française.*

possible, car volontiers l'aristocratie se tenait prudemment coite ; mais les gens à son service ne montraient pas toujours la même sagesse, témoin cette décision prise par l'Assemblée municipale le 7 messidor an III : « Vu un procès-verbal dressé aujourd'hui au Comité de police, constatant que sur l'observation faite au citoyen Moreau, historiographe de France, par le citoyen Bonnet, commissaire de la section du Temple à la distribution du riz, que le citoyen Moreau ne pouvant être regardé comme indigent, ne devait point être admis à participer à cette distribution, son cuisinier s'est permis les propos les plus malhonnêtes et s'est répandu en injures contre le citoyen Bonnet ;

« Le Conseil, ouï l'agent national, arrête que le citoyen Moreau, responsable de la conduite de son cuisinier, sera assigné à la police municipale nonidi prochain, par le citoyen Lamy, commissaire de police. »

Comment échapper à de tels accidents, qui pouvaient en un instant révéler une existence soigneusement cachée jusque-là ? N'était-il pas plus habile de se découvrir hardiment, quitte à donner au Gouvernement des témoignages irrécusables de sympathie ? Ainsi, en 1792, M. de la Tourbette fit don de sommes d'argent, M. de Paule offrit deux chevaux, quatre mousquetons et neuf sabres ; d'autres, convertis peut-être, se jetèrent à corps perdu dans le mouvement révolutionnaire ; nous pouvons citer M. de Clédat qui, à Versailles, semble avoir parfaitement réussi dans ce rôle. On le vit « fréquentant les clubs, se chargeant de pancartes et se donnant tout l'extérieur des Jacobins (1) ». Il était assurément plus sage et d'ailleurs plus à la portée de la généralité des gens de s'isoler, quitte, pour égayer un peu sa solitude, à « se raccrocher à quelques sociétés agréables... Je faisais tranquillement, dit M. Moreau, mon piquet avec M. Cress, chez Mme de Sainte-Hermine (2) ».

Même dans ces réunions intimes, on évitait avec soin de parler des événements, mais en se serrant la main, en se regardant soucieux ou gais, on se comprenait, on sentait que rien n'était oublié, que les vieilles croyances comprimées dans les cœurs y demeuraient vivaces. Le 18 messidor an III, « le procureur de

(1) Moreau, *Mes Souvenirs*, t. II, p. 535.
(2) *Ibid.*

la Commune dénonce l'avis suivant qu'il a trouvé affiché dans l'intérieur de la ci-devant paroisse Notre-Dame, et invite la Municipalité à en prendre connaissance pour en ordonner, s'il y a lieu, la suppression, avec défense à ses auteurs d'en placarder à l'avenir de semblables ». « Les fidèles, disait cet avis, qui voudront s'unir par le sacrement de mariage, et procurer à leurs enfants le bienfait inestimable du sacrement de baptême, sont invités de prévenir la veille de l'heure où ils désireront se rendre à l'église... »

La municipalité ne voyant en cet avis rien de contraire aux lois, se contenta de passer à l'ordre du jour. Ce n'était que peu de jours après la chute de Robespierre, et déjà réapparaissait l'exercice d'un culte que l'on croyait avoir étouffé ; il n'avait jamais disparu complètement, même aux instants les plus difficiles. « De temps en temps, dit M. Moreau, un prêtre, M. de Grandchamp entre autres, apportait en secret l'Eucharistie que l'on recevait avec reconnaissance. »

Les Suspects.

Ainsi, malgré les peines encourues, malgré les gros dangers suspendus sur les têtes, on désobéissait ouvertement aux lois ; parfois aussi, la lassitude arrachait une protestation, un cri qui disaient que la religion et la royauté avaient des adeptes prêts au sacrifice.

Le 14 mai 1791, un sieur Lhopital, ci-devant employé aux appartements du Roi, après avoir eu dispute avec sept ou huit personnes, est venu dans la cour de l'Hôtel de Ville, où il a fait beaucoup de bruit et où il a provoqué deux soldats du 54ᵉ régiment d'infanterie de mettre l'épée à la main. L'officier du poste intervenant, Lhopital lui arracha son hausse-col. Peut-être n'y eut-il là qu'une action d'homme surexcité.

Tout autre fut la conduite d'un sieur Lelong, huissier de la chambre de Marie-Antoinette. On lui attribue « un assez grand nombre d'inscriptions anticiviques et incendiaires », dit le procès-verbal de constat (1), trouvées sur les piédestaux de différentes statues le long du Tapis-Vert et sur les bancs du jardin.

(1) 3 prairial an III.

« Honnêtes Français, dit l'une d'elles, montrez du courage et ne vous laissez pas égorger de vos frères républicains ; hâtez-vous, châtiez leurs forfaits » ; une autre était ainsi conçue : « Périsse de désespoir et de rage tout vil scélérat et républicain qui souillera de sa criminelle personne ce banc et tous ceux qui bordent ce tapis. »

Incarcéré en 1793 et conduit devant le tribunal révolutionnaire, Lelong parvint à se faire acquitter par sa verve et sa gaîté. Comme l'accusateur public lui reprochait d'être partisan de la royauté : « Oh! citoyen, s'écria-t-il, Dieu m'est témoin que je n'ai jamais voulu me faire roi. » Il fit rire ses juges qui l'acquittèrent (1).

Royaliste avéré, Lelong était enclin assurément à blâmer tout ce dont il était témoin; mais que conclure en présence de protestations émanant de petits commerçants, voire même d'anciens officiers municipaux?

Le 25 brumaire an II, la femme d'un boulanger nommé Basselet refusa sa porte aux commissaires de la section, auxquels elle assura qu'elle n'avait besoin de personne pour débiter son pain. Une autre fois, cette même femme, plus irritée sans doute, jeta ce défi à la face de ceux qui se présentaient : « Vous avez beau faire, vous ne saurez pas le fin mot. »

Le 28 janvier 1792, à l'Assemblée municipale, « on a lu, dit le procès-verbal, un rapport de MM. Cordon et Magnin, commissaires pour le recensement des habitants. De ce rapport, il résulte que, quand les commissaires se sont présentés chez M. Tavernier, marchand de fer, rue de la Paroisse, ils ont éprouvé des difficultés qu'ils ne devaient pas attendre d'un ci-devant officier municipal; qu'entre autres choses, il leur avait dit qu'ils faisaient une besogne inutile, que d'être toujours chez les citoyens, c'était les tourmenter; qu'il avait opéré comme commissaire, et que la municipalité n'avait qu'à s'en tenir là; que l'on se plaignait de l'arbitraire de l'ancien régime, que dans celui-ci il est bien pire ».

Du même rapport, il résultait encore que « le citoyen Rolland, horloger, même rue, a dit aux commissaires n'avoir pas le temps de leur répondre ».

____

(1) Dossier à la Préfecture.

Enfin, jusque sous les verrous, on protestait, on menaçait même. A l'assemblée municipale du 17 thermidor an III, le citoyen Langlois, limonadier, affirme que, s'étant trouvé à la maison de détention des Récollets, il a entendu dire au citoyen Vilmonté que chacun aura encore une fois son tour.

Ces récriminations, plus nombreuses assurément après la mort de Robespierre, loin d'appeler l'attention, de rendre plus modérés, étaient l'occasion d'un redoublement de sévérité. « Ma liberté, écrit Delacroix, qui cependant a fait précédemment l'éloge du calme dont jouissait Versailles, ma liberté est de jour en jour plus menacée, une guerre ouverte est déclarée à tous les hommes de loi. Les recors dénoncent les huissiers ; ceux-ci se vengent sur les procureurs, qui se déchaînent à leur tour contre les avocats ; et comme cet ordre, jadis si pur, a subi un alliage qui lui a fait perdre beaucoup de son prix, il n'épargne pas les magistrats... »

Afin d'aviver le zèle des sans-culottes, et de les tenir constamment en haleine, les sociétés populaires, les clubs et les sections parlent et agissent sans relâche. Elles eurent bientôt un collaborateur plein d'ardeur dans le Comité de Salut public, composé d'ambitieux et de fanatiques pleins de feu.

« Citoyens, écrit-il aux administrateurs du département, le 7 août 1793, Versailles est menacé du plus grand danger, l'explosion est imminente ; il faut la prévenir par du courage et de la promptitude dans les mesures... »

Le Conseil général de la Commune, plusieurs fois remanié et complété d'après la seule volonté du député délégué en Seine-et-Oise, ne voulant pas que l'on pût le taxer de tiédeur et ne pouvant guère surenchérir, voulut du moins ne pas demeurer en arrière. « Patriotes de Versailles, écrivait-il (séance du 25 frimaire an II), les circonstances actuelles nous obligent de vous parler... Il est de la dignité des patriotes de Versailles de développer une grande vigueur ; pendant que la France est debout contre ses ennemis extérieurs et ses assassins du dedans, dans un moment où la terreur est à l'ordre du jour, où la surveillance s'exerce sur tous les méchants, avec la résolution inébranlable d'enchaîner tous les malveillants, le Conseil général arrête que les patriotes sont requis de veiller plus que jamais à la tranquillité publique et particulière, de dénoncer les perturbateurs, de se confier surtout à leurs magistrats, d'assister souvent aux séances des sociétés populaires et de leurs sections, afin qu'ils ne soient plus livrés aux intrigues des aristocrates, cachés sous le masque du patriotisme des sections; il sera passé outre aux opérations nécessaires pour discerner les bons d'avec les méchants. »

M. Laurent Hanin fait remarquer avec raison qu'aucun langage de ce genre n'avait encore été tenu par les administrateurs de la ville à leurs administrés; que les députés Delacroix et Musset, en donnant à l'arrêt que nous venons de rapporter la sanction exécutoire, ajoutaient, comme palliatif un peu détourné, mais significatif, « que si dans l'exécution des moyens arrêtés il se glisse quelques erreurs, la justice qui anime le Conseil général se disposera toujours à les réparer; les magistrats immédiats du peuple, — ont-ils ajouté, — sévères et inflexibles pour la malveillance et pour le crime, seront indulgents pour l'erreur et la faiblesse ».

Si le Conseil général pouvait corriger ses actes, se montrer indulgent pour les fautes et la faiblesse des autres, il n'avait aucun moyen de détruire les effets déplorables des exagérations et de la violence contenues en ses proclamations. Lancer de tels écrits, c'était surexciter les masses, déjà sur le qui-vive, les persuader qu'elles étaient de toutes parts environnées de pièges, dressés par les suspects; que le peuple avait le devoir de rechercher tous les coupables, si bien cachés sous d'hypocrites manifestations qu'il leur avait été possible d'échapper, jusqu'à ce moment, à la sagacité des patriotes, toujours trop bienveillants.

Et cependant, était-il possible d'ajouter au luxe inouï des précautions prises pour aider au travail inquisitorial des sections? Le 20 brumaire an II, le Bureau municipal arrêta que les propriétaires et principaux locataires seraient invités à renouveler, « sous peine d'être poursuivis conformément à la loi, les tableaux indicatifs des individus de chaque maison, tableaux qui seront écrits lisiblement et placés à hauteur convenable ».

On pouvait ainsi suivre chaque habitant, et dès que le plus petit fait était relevé à sa charge, la section, saisie, délibérait, puis en référait à la municipalité, qui statuait définitivement.

Il était difficile d'échapper à la perspicacité des commissaires, qui connaissaient admirablement toutes les personnes domiciliées dans leur secteur, et qui n'admettaient pas que l'on pût être en ville si l'on n'était pas soumis à la surveillance commune.

Le 19 nivôse an II, l'attention du Conseil général de la Commune fut appelé sur un sieur Rousseau qui, précédemment arrêté comme suspect, mais réclamé par tous les habitants d'une commune voisine, avait obtenu son élargissement. Le plaignant remarquait qu'en lui rendant la liberté, on n'avait certainement pas eu l'intention de le laisser errer dans les rues de Versailles, « où sa présence était un objet de scandale pour les patriotes ».

Il est fort probable que Rousseau était un excellent homme; puisque ses concitoyens s'étaient portés garants de son civisme et que le représentant du peuple Delacroix avait donné l'ordre de le relaxer; mais les sans-culottes n'admettaient pas que l'on pût laisser subsister sous leurs yeux une preuve visible de leur faillibilité. Rousseau fut invité « à sortir de Versailles dans le plus bref délai, et à se retirer dans sa commune, sous la responsabilité de laquelle il est ».

De telles dispositions d'esprit donnent à penser que la liste des suspects, à laquelle on ajoutait trop souvent des noms nouveaux, devait être d'une longueur insensée. En ce qui concerne Versailles, il n'en fut rien. Malgré la sévérité déployée, le Conseil général de la Commune, le 16 frimaire an II, ne parvint à inscrire, pour une population de 30,000 âmes, que 419 suspects. On y voit figurer de Béthune, de Sainte-Hermine et aussi Moreau, historiographe de France, et Blaizot à côté de Bastien, marchand de vins, et Dubois, ancien valet de pied.

De quel péril pouvaient bien menacer ces gens-là, que l'on avait, du reste, pris la précaution de désarmer, bien que, comme le dit l'un d'eux, « je n'eusse jamais possédé même une épée (1) ».

On les avait mis d'ailleurs dans l'impossibilité à peu près absolue de se déplacer, en leur donnant, au lieu de leurs cartes civiques qui étaient blanches, des cartes rouges, appelant l'attention des autorités locales et de la force armée.

Les visites domiciliaires étaient l'un des moyens que l'on employait volontiers et à tout propos contre les suspects.

Les commissaires délégués par les sections et par la munici-

____

(1) Moreau, *Mes Souvenirs*.

palité avaient là parfois une tâche pénible et malaisée, car si, à la rigueur, il peut être excusable, au moment d'une disette, de s'assurer que personne n'accapare le pain qui manque aux malheureux ; si l'on comprend la nécessité de rechercher les armes que demandent les défenseurs de la Patrie, n'est-ce pas jouer le rôle d'agents provocateurs que d'entrer chez des personnes dont on connaît les sentiments, puisqu'on les a déclarées suspectes et que déjà on les surveille sévèrement, que d'entrer chez elles uniquement pour pénétrer leurs secrets de famille et leurs pensées intimes ?

Constatons avec plaisir qu'à Versailles, les délégués à ces vilaines besognes se montrèrent à peu près partout probes, modérés, conciliants, quoique parfois fort embarrassés.

« Lorsqu'au milieu de la nuit du 29 au 30 ventôse, dit M. Moreau, on vint mettre les scellés chez moi, les porteurs de cet ordre aperçurent dans le secrétaire la petite caisse contenant mon trésor en argent et en papier. Eux-mêmes le remirent à ma femme et l'avertirent qu'elle devait le conserver. En vain, elle leur offrit d'ouvrir le coffre, ils lui dirent : « Ceci est à vous et « nous n'avons garde d'y toucher... » Ces agents ne cessaient de répéter qu'il était bien à moi, et ce qui est bien prouvé, c'est qu'il n'était point caché. »

Non sans une pointe de malice, M. Moreau, relatant une précédente perquisition, écrit : « On ne trouva aucun papier qui pût me rendre suspect ; celui qui embarrassa le plus les commissaires, parce qu'il ne contenait que du latin, ce fut le cahier où, depuis le 21 avril 1788, j'écrivais tous les jours, pour l'instruction de ma fille, un verset des livres saints. Ce cahier était volumineux ; il fallut que j'en parafasse toutes les pages avec les deux commissaires chargés de l'opération. Ils parafèrent même sans la lire celle où je parle de ma sortie de Ville-d'Avray quand les bons et fidèles serviteurs du Roi furent obligés de fuir la persécution. S'ils eussent été enragés, j'étais coupable. Ils ne l'étaient pas, mais, de plus, à peine savaient-ils lire, quoiqu'ils sussent signer, et mon cahier latin joint à leur procès-verbal fut porté à ce que l'on appelait alors le Comité de Salut public. »

Demeurées seulement vexatoires jusqu'au commencement de l'an II, ces mesures n'étaient malheureusement que le prélude de l'horrible drame qui devait tacher d'un sang souvent pur le sol de toutes nos grandes villes. « Les excès de la multitude allaient chaque jour croissant, et le moment vint où la fureur des clubs grandit tellement, que la résolution fut prise, **aux Jacobins de Paris**, d'arrêter, sous prétexte de mesure de sûreté publique, environ cinq cents des plus honnêtes citoyens de Versailles, sans tenir compte de l'âge ou du sexe...

« Les ministres et les agents de Robespierre, épouvantés de l'horreur et du mouvement qu'allait produire, dans tous les quartiers de la ville, le désastreux réveil de ses habitants, n'osèrent mettre en état d'arrestation, pendant la nuit du 29 **au** 30 ventôse an II (1), que cinquante-huit personnes (2)... »

Les suspects arrêtés tant à Versailles que dans les districts environnants (3), quand on ne les envoyait pas à Paris, étaient empilés, on peut le dire, dans l'une des quatre prisons que Versailles comptait alors. L'ancienne Geôle, devenue maison de justice, servait, depuis la Révolution, de prison criminelle. Le pavillon construit par Mme de la Vallière auprès des écuries de la Reine, rue de la Pompe, n° 20, avait été transformé, au cours de 1792, en maison d'arrêt pour la municipalité et pour le district **de** Versailles. Un important mais sinistre fonctionnaire, le citoyen Louis-Cyr-Charlemagne Sanson, exécuteur des jugements criminels du département de Seine-et-Oise, avait là un appartement qu'il habitait (4). En 1750, un M. Ripaille, maître de pension, fit construire, avenue de Paris, dans ce qu'on appelait alors le quartier des Sablons, une maison qui, en 1789, servit de caserne à une partie du régiment de Flandres ; on en avait fait tout récemment une maison de réclusion pour les femmes.

Enfin, le tribunal criminel, pompeusement installé le 24 novembre 1790 (5), tenait ses audiences dans l'église des **Récollets** (6). Le surplus du couvent servait de prison politique,

(1) 19 au 20 mars 1794.

(2) Moreau, *Mes Souvenirs*.

(3) En 1793, le district de Montfort envoya à Versailles vingt-six détenus escortés par cent hommes de la Garde nationale.

(4) Voir registres de l'état civil, — décès de Herbin, — 29 nivôse an II.

(5) Voir le procès-verbal d'installation au registre des délibérations de la municipalité.

(6) La tribune de l'orgue était réservée aux membres de l'administration. Les curieux, qui étaient fort nombreux, s'installaient et grimpaient partout. La police locale prit des mesures pour empêcher les enfants de monter sur les statues qui bordaient l'escalier de la terrasse du Tribunal.

dans laquelle on compta, au moment des arrestations en masse, jusqu'à trois cents détenus (1).

L'ancienne Geôle était en si piteux état, qu'en 1792, sept prisonniers purent s'évader simplement par le guichet, sans qu'il leur ait été nécessaire de recourir à la moindre effraction. Tout y était vermoulu, insalubre et si mal installé, que les détenus s'y trouvaient mélangés dans la plus choquante promiscuité, dit un rapport du temps. « L'homme prévenu d'un simple fait de police est exposé à passer la nuit près d'un inculpé de crime. De plus, il peut, en rentrant chez lui, rapporter le germe d'une maladie pestilentielle qui sévit dans ce lieu malsain à tous les points de vue. » Le 3 fructidor an III, le district autorisa l'agent du bureau d'habillement à faire les achats nécessaires pour confectionner douze capotes et autant de pantalons à l'usage des galeux de la maison de justice.

Il fallait que ce fût bien nécessaire, car ce n'était pas la vêture des prisonniers qui alors ruinait l'administration. Ainsi, en 1793, un détenu acquitté ne put être mis dehors parce qu'il était absolument nu; l'année suivante, il fut impossible de transférer à l'Infirmerie trois prévenus, à cause de leur état de nudité.

C'était l'Infirmerie, c'est-à-dire l'Hôpital, qui était chargée de préparer la soupe, base de l'alimentation dans les maisons de détention, et les administrateurs s'acquittaient de leur devoir à ce sujet avec beaucoup de conscience; mais ils agissaient d'après les crédits mis à leur disposition, lesquels, à cause du nombre des arrestations toujours croissant, ne permettaient pas de donner un nombre suffisant de rations. Ainsi, en 1791, cinquante personnes étant écrouées à la Geôle, l'Infirmerie n'envoya que quarante rations qui durent être réparties, bien qu'à peine suffisantes déjà.

Les concierges des prisons avaient le monopole des fournitures à faire aux détenus qui, primitivement, pouvaient se nourrir à leur guise, au plus grand profit des nommés Mariotte, Jean-Didier, gardien de la maison d'arrêt du district, et de Mariotte, Jean-Gabriel, concierge de la maison de justice.

Il est fort probable qu'il se produisit des abus, car un règle-

____

(1) Voir, pour la description des prisons de Versailles, J.-A. Le Roi, *Rues, places et avenues de Versailles.*

ment assez sévère intervint le 26 brumaire an II, pour déterminer le menu des prisonniers et fixer les prix à recevoir par les concierges.

Cependant, si sévères que fussent les dispositions de la règle, M. Moreau va nous montrer qu'avec de l'argent il était encore très facile de s'installer assez commodément aux Récollets.

« M. de Clock, en quittant les Récollets, avait, dit-il, été obligé d'y laisser un domestique à lui, qui avait toujours été un modèle de fidélité. On me plaça dans la chambre dont ce brave garçon s'était établi le zélé serviteur et je n'eus qu'à me louer de l'accueil que j'y reçus. J'y fus meublé dans la matinée, et en vingt-quatre heures j'y fus accoutumé (1)... »

Mais, si supportable que fût le régime de la maison des Récollets, la pensée dominante, quand on se trouvait là, était de chercher le moyen d'en sortir au plus vite.

« ... Ma femme et ma fille sollicitèrent si bien ce Crassous, dont depuis nous avons eu tant à nous plaindre, que le troisième jour, dit M. Moreau, j'eus la permission de rester chez moi avec un garde... Au surplus, comme ma maison était bonne et que les sans-culottes y furent toujours nourris, abreuvés et soignés comme s'ils eussent été nos enfants, c'était parmi eux à qui serait assez heureux pour nous garder, et s'ils ont toujours été contents de nous, nous le fûmes toujours également d'eux (2)... »

Mme de Sainte-Hermine, dont nous avons rencontré le nom plusieurs fois déjà, fut également incarcérée, puis autorisée à se retirer chez elle avec garnisaires. Cette situation, bien que bizarre et fausse, offrait l'avantage d'arracher à la prison et de mettre chez soi, au milieu des siens. Vivant aux dépens de leur prisonnier, les sans-culottes se trouvaient intéressés à conserver celui dont ils tiraient maintes douceurs.

En fait, c'était l'ajournement à peu près irrévocable, grâce auquel il devint possible de gagner Thermidor, le salut pour tous, la fin de cette ère terrible où, comme paralysé, chacun vivait isolé, insensible et inerte. La chute de Robespierre produisit instantanément un soulagement immense; on aurait dit

____

(1) Moreau, *Mes Souvenirs*.

(2) *Ibid.*

l'aurore d'une vie nouvelle où chacun s'éveille et, se secouant après un mauvais rêve, se souvient et songe à ceux que les événements tiennent éloignés du foyer. A aucune époque, peut-être, le maire de Versailles ne reçut plus de lettres s'informant d'êtres chers dont on ignorait le sort et dont on était impatient d'avoir au moins quelques nouvelles.

M. Laurent Hanin, qui a toute une réserve d'admiration émue pour la municipalité et pour les sections, affirme qu'il ne s'est passé à Versailles rien d'inquiétant pour le repos matériel des familles. « Pas une goutte de sang, ajoute-t-il, n'a coulé comme conséquence des condamnations révolutionnaires. »

En ce temps-là, dans l'acte de décès, on relatait pour les morts accidentelles les événements qui en avaient été la cause. L'usage était tel, que quand Perrin et Bieuville, deux des assassins des infortunés prisonniers d'Orléans, furent exécutés à Versailles, on inséra d'abord la mention suivante dans leur acte de décès, rédigé le 3 fructidor an III : « A subi la peine de mort par l'exécuteur des jugements criminels, sur la place de la Loi. » Les deux actes furent annulés par la suite et rédigés à nouveau, sans indication de la cause et du lieu du décès.

Cependant, bien que nous ayons examiné avec attention les registres de 1793 et de 1794, nous n'y avons rencontré quoi que ce soit qui puisse nous révéler d'autres exécutions capitales que celles dont nous venons de parler.

Mais, sur cette seule constatation, on aurait tort de conclure qu'aucun aristocrate versaillais n'a payé de sa vie ses opinions politiques dissidentes, et que rien en notre ville n'a pu troubler le repos matériel des familles. Les arrestations multiples que nous avons rapportées disent éloquemment le contraire. D'ailleurs, on sait que beaucoup des personnes incarcérées dans Seine-et-Oise furent transférées à Paris, où un certain nombre d'entre elles périrent égorgées dans les prisons ou sur l'échafaud.

Sans rechercher spécialement les noms de nos concitoyens victimes de la Terreur, nous avons trouvé dans nos notes les indications suivantes : Thierry, ancien valet de chambre du Roi, massacré à l'Abbaye en septembre 1792 (1); Dalvimart, ancien gouverneur des pages, condamné à mort, dont la veuve

_____

(1) Thiers, *Histoire de la Révolution française*.

obtint, le 12 janvier 1795, de la municipalité, expédition d'une dénonciation faite contre son mari par un sieur Jamin, ci-devant garçon des pages.

Thermidor mit fin à toutes ces horreurs, sans ramener la concorde entre les partis politiques, plus divisés et plus ardents que jamais à s'entre-déchirer. Loin de nous la pensée de suivre leurs âpres débats; mais en songeant à toutes ces luttes, en voyant les idées que l'on avait voulu anéantir s'affirmer avec plus de vigueur que jamais, nous nous demandons ce qu'avait produit l'énergie farouche de ceux qui, un instant, avaient détenu le pouvoir absolu. En somme, il ne reste d'eux qu'une nouvelle mise en lumière de cette vérité tant de fois démontrée auparavant : Le progrès ne sortit jamais de la persécution. Les supplices peuvent terroriser, imposer silence, mais seulement jusqu'à l'instant où les consciences outragées se révoltent, entraînant dans leur marche rétrograde les progrès précédemment réalisés par des réformateurs prudents et sages.

TROISIÈME PARTIE

Sécurité publique. — Administration.

Chapitre Iᵉʳ. — Sécurité publique.

Quand, très au courant de la marche des services administratifs, on se demande s'il est possible de réaliser l'assurance séduisante que le veilleur de nuit donnait au bon vieux temps : « Bourgeois, dormez en paix », on arrive assez aisément à se persuader que la tâche, difficile assurément, n'est pas irréalisable. Et, tout de suite, l'esprit mis en éveil, cherchant une solution, voit la ville à sauvegarder divisée en secteurs peu populeux, à chacun desquels est attaché un agent actif et sûr, enquêtant discrètement, pour ensuite surveiller, sans relâche, les gens sans moyens d'existence réguliers, les nomades, les rôdeurs de nuit, enfin les hôtes des auberges et des garnis.

Mais, quand, las de spéculer, le rêveur rappelle son imagination pour regarder sur la terre, les faits ordinaires de la vie qui se pressent en foule mettent en évidence toute une série de difficultés dominées par deux considérations essentielles : la dépense annuelle et surtout les qualités, nous allions dire les vertus, qu'il faudrait rencontrer chez les agents de tout ordre, en même temps que chez l'autorité locale dirigeante. Trop souvent, celle-ci, par ses craintes et ses hésitations, paralyse le zèle de ses subordonnés. On la voit, soucieuse de sa popularité, impatiente de l'accroître, accorder des faveurs qui, cependant, font plus de mécontents que d'heureux, et exposent au danger d'être entraîné loin du droit chemin où il faut demeurer, par intérêt autant que par devoir. Si les ambitieux réfléchissaient, ils se rappelleraient que l'habileté recommande la grande route, parce que là le sol est solide, que les chutes y sont moins dangereuses et permettent toujours de se relever plus estimé et plus fort que jamais.

Ces digressions, un peu générales, feront mieux ressortir pourquoi, durant la Révolution française, la municipalité versaillaise n'a rien obtenu du luxe inusité de mesures policières qu'elle mit en vigueur.

On considérait alors qu'une ville ne peut vivre en paix si de solides murailles ne la protègent; notre ville n'avait rien à désirer à ce sujet, puisque nous avions une enceinte continue dont toutes les grilles, exactement fermées chaque soir, n'étaient jamais ouvertes qu'à bon escient au cours de la nuit. En 1792, la municipalité témoigna qu'elle partageait la foi commune, car elle se montra fort inquiète, la suppression momentanée des octrois renversant les barrières et obligeant à congédier les contrôleurs aux entrées.

Il est incontestable qu'en une ville ouverte, la surveillance, plus difficile au centre, est à peu près nulle pour les rues et les maisons du périmètre sises presque au milieu des champs et des bois, dans lesquels, durant l'obscurité, il est si facile de se soustraire à toute surveillance.

A l'époque dont nous parlons, on avait multiplié les corps de garde, mais, comme on n'avait pu en mettre à toutes les portes, ouvertes, il ne restait que les patrouilles pour appliquer à des gens, libres de passer à toute heure de l'intérieur à l'extérieur de la ville, les consignes sévères que nous allons rappeler.

Le 14 avril 1790, sur l'avis donné au Comité municipal par M. Lefèvre, commissaire de police, « qu'il se commettait des vols avec effraction dans cette ville ; qu'avant le nouveau régime, la garde avait la consigne de ne point laisser passer aucun paquet ni meuble, après neuf heures du soir en été et six en hiver ; au contraire, de les arrêter et de faire justifier les porteurs de ces paquets comment ils leur appartiennent ou en ont été chargés. M. Haussmann, à cet égard, a ajouté qu'on chargeait souvent la nuit des marchandises volées en fraude. Après avoir entendu le procureur de la Commune, l'assemblée requiert le commandant de la garde nationale de Versailles de donner la consigne expresse que, passé six heures en hiver et neuf heures en été, toute personne portant des paquets ou ballots et toute personne chargeant ou conduisant des marchandises soient arrêtées et tenues de justifier si ces paquets ou marchandises leur appartiennent ».

Un peu plus tard, le 24 vendémiaire an V, l'Administration surenchérissait encore.

Le registre d'ordre de la Garde nationale contient cette consigne qui, aujourd'hui, nous ferait bondir : « Les commandants des postes de la garde nationale sont tenus de faire exactement trois patrouilles..... ; de plus, passé onze heures du soir, ils arrêteront tout citoyen qui ne sera point exactement connu ; ils le feront conduire au domicile qu'il indiquera, soit qu'il ait un domicile à lui appartenant, soit qu'il loge dans une auberge.

« Ils arrêteront aussi, à toute heure de nuit, toutes personnes chargées de paquets, tant à pied qu'à cheval, et les conduiront aux lieux qu'elles indiqueront, à l'effet de constater qu'elles y sont connues, et, dans le cas où elles auraient fait une fausse déclaration, elles seront, sur-le-champ, conduites par-devant le juge de paix ou le commissaire de police du quartier, ainsi que tout individu non domicilié qui sera trouvé sans carte de sûreté ni passeport. »

A côté de ces mesures, qui visaient les maraudeurs et les filous, il avait été prescrit, pour atteindre les nomades et leur fermer tout asile, que l'on veillerait à ce que les portes des maisons soient exactement tenues closes depuis le soir jusqu'au matin. Un arrêté de 1793 ordonnait la fermeture, à 10 heures, des cafés, billards et salles de danse. En germinal an II, il fut interdit aux charlatans et saltimbanques d'exercer leur profession dans la commune. Enfin, nous avons eu occasion de remarquer avec quelle facilité des visites nocturnes étaient pratiquées dans les hôtelleries, les auberges et les garnis.

Pour veiller à l'exécution de ces mesures, la municipalité disposait de l'armée, de la Garde nationale, de la gendarmerie, de deux commissaires de police, qui fonctionnaient à peu près comme ceux de nos jours, et enfin de divers agents spéciaux ou auxiliaires, que nous allons présenter chacun à son tour.

Disparaissant, noyée par les événements, l'administration royale avait laissé en nos murs une vieille institution, les archers des gueux, un brigadier et deux hommes, dont l'unique devoir était de calmer l'ardeur trop entreprenante des mendiants qui, en grand nombre, étalaient leur misère et leurs infirmités le long des avenues et aux abords des églises et du Château. L'insistance parfois impertinente, voire même menaçante, de ces misérables inquiétait les Versaillais paisibles qui, souvent, eurent à s'en plaindre ; le 9 octobre 1790 notamment, un nommé Chassot, Suisse mendiant et insolent, fut signalé à la municipalité, qui remit à cet individu de quoi revoir sa patrie, c'est-à-dire un passeport et 3 sols par chacune des lieues qu'il avait à parcourir.

Quand le départ de la Cour et l'appauvrissement qui en fut la conséquence eurent réduit le nombre des quémandeurs, on se demanda s'il n'était pas rationnel de supprimer la brigade spéciale.

Dans la séance du Bureau municipal tenue le 30 janvier 1792, « un membre a dit que, dès maintenant, les archers des pauvres ne sont plus utiles, sinon dans les églises, où ils s'occupent à chasser les chiens. Un autre a ajouté que, quelquefois encore, ils font cesser la trop grande importunité des pauvres, sur quoi un membre a dit que, puisqu'ils ne servent plus que dans les églises, il faut que les fabriques s'en chargent ; mais un autre a fait observer que tout objet de police doit être à la charge de la commune ». Ces avis, s'entre-croisant, jetèrent le doute dans les esprits ; aussi l'assemblée, obéissant aux conseils que donne la sagesse des nations, s'abstint de toute décision, mais ce jour-là seulement, car le 9 juin suivant, elle décida « que les salles dans lesquelles se tenaient les écoles ci-devant dirigées par les religieuses seraient à l'avenir balayées par les archers des pauvres ». C'était, par une modification d'attributions, supprimer la brigade des gueux, dont, en effet, il ne fut plus question désormais.

Jetant un coup d'œil sur la ville, nous avons rencontré précédemment un garde champêtre, préposé à la surveillance de l'avenue des Patriotes ; il y avait en outre deux inspecteurs ou appariteurs de police ; en 1790, le traitement de ces agents avait été porté de 800 à 1,200 livres, non compris 150 livres que chacun recevait tous les ans pour sa mise en uniforme. Un arrêté du 7 juillet 1790 décrit ainsi le costume de ces agents : « Habit bleu avec parements de même couleur ; revers et collet rouges ; épaulettes et contre-épaulettes de capitaine en argent ; boutons blancs, aux armes de la ville, et petite broderie en argent sur les parements et sur le collet ; enfin, doublures blanches. »

Il ne semble pas que ce costume, si majestueux qu'il paraisse, ait pu être la cause d'une émotion quelconque ; cependant, contre toute attente, MM. les valets de chiens du Roi éprouvèrent le besoin d'intervenir. A leur instigation, un membre de la municipalité fit observer, le 19 février 1791, « que les inspecteurs de police portaient les mêmes boutons que les valets de pied du Roi et proposa de les faire changer » ; l'observation, pour intéressante qu'elle fût, ne toucha pas l'Assemblée communale, qui, simplement, décida « de passer à l'ordre du jour ».

Cette conclusion un peu dédaigneuse aurait dû enrayer les récriminations, mais alors le port, même indispensable, de toute marque distinctive était jugé violation au principe d'égalité. Aussi, négligeant la couleur et la forme des boutons, mais visant l'uniforme tout entier, on demanda qu'il fût entièrement supprimé. La municipalité décida, le 19 mai 1792, que les inspecteurs de police continueraient à porter leur uniforme. « Considérant, dit-elle, que si, dans plusieurs de leurs fonctions, il est inutile, ou même nuisible, qu'ils aient un uniforme, il en est quelques-unes, comme celle de la police ostensible dans les marchés (1), pour lesquelles il est convenable qu'ils portent un signe très apparent de leur état. »

La Garde nationale, dès le lendemain de sa création, avait réclamé, elle aussi, non point qu'elle fût jalouse des brillantes épaulettes de MM. les inspecteurs de police, mais elle pensait que l'un d'eux, « le sieur Pile, ne devait point cumuler les fonctions de capitaine de la garde nationale et celles d'inspecteur de police ; qu'il ne devait point porter l'habit de la garde nationale, mais un uniforme affecté à sa fonction d'inspecteur de police ». Le Comité municipal, le 30 avril 1790, accueillit favorablement cette demande dans les termes suivants : « Il a été délibéré que le sieur Pile ne peut être en même temps capitaine d'une compagnie de la garde nationale et inspecteur de police. Les fonctions de cette dernière place, infiniment précieuses pour tous les ordres de la société, puisqu'elles ont pour objet le maintien

---

(1) Pour la police des marchés, les appariteurs avaient deux auxiliaires chargés d'annoncer, au son d'une cloche avec laquelle ils se promenaient en sonnant, les heures d'ouverture et de fermeture des ventes. Le sonneur de Notre-Dame recevait 150 livres, et celui de Saint-Louis 200 livres par an ; ce dernier avait, en plus des sonneries réglementaires, à aider au pesage de la paille et du foin, et à « veiller à ce qu'il ne sorte aucune voiture avant qu'il ait été vérifié si les bottes de fourrage qu'elle contenait avaient bien la pesanteur requise ».

de la tranquillité et de la sûreté publique, doivent l'occuper si essentiellement qu'il ne peut ni ne doit se livrer à aucun autre service; qu'ainsi la compagnie qui l'a nommé devra procéder à une nouvelle élection. »

C'était parfaitement entendu. Chacun doit rester à sa place et n'en occuper qu'une à la fois; n'est-il pas déjà suffisamment difficile de satisfaire aux exigences multiples d'un emploi?

M. Mallemain, l'un des officiers municipaux, présenta, le 16 octobre 1789, un rapport qui fut ratifié par une décision intéressante à rappeler ici. « La ville, y est-il dit, remboursera au sieur Laval, inspecteur, la somme de 160 livres 10 sols, montant d'un mémoire de dépenses extraordinaires faites pour le service de la police. » Mais l'Assemblée communale ajouta « que, désormais, les inspecteurs de police ne feront aucune dépense extraordinaire sans une autorisation spéciale soit de la municipalité, soit du Bureau, faute de quoi la dépense demeurerait à leur charge ».

Tous les agents que nommément nous avons fait défiler ici constituent la force publique, la police ostensible à la disposition de la municipalité. Excellente pour maintenir le bon ordre, pour perquisitionner, pour arrêter les coupables connus, pour inspirer la crainte salutaire qui est, dit-on, le commencement de la sagesse, la troupe de ces agents peut réprimer, elle est incapable de prévenir le moindre méfait. Les postes, les patrouilles, les rondes de nuit, fussent-elles grises, ne peuvent que retarder les malfaiteurs, en les obligeant à prêter l'oreille, à suspendre un instant leurs opérations, mais elles ne peuvent rendre aucun autre service. Pourquoi les cambrioleurs redouteraient-ils des gens chaussés de bottes, porteurs d'armes dont le bruit et le cliquetis, comme la sonnette du lépreux, avertissent, suffisamment à l'avance, qu'il y a lieu de se ranger pour que la garde passe? Nulle sécurité à espérer sans la police invisible qui, pour savoir, se glisse partout, silencieuse et discrète en apparence.

La municipalité versaillaise des dernières années du xviiie siècle avait dans les sections, dont nous parlerons plus longuement bientôt, les meilleurs chefs de secteurs que l'on pût rêver (1). Presque toujours en permanence, on les avait constamment sous la main; quelles que fussent les personnes, les considéra-

(1) Voir chapitre précédent, page 106.

tions autour de l'affaire ou du point litigieux, elles ne se montrèrent en aucun cas ni faibles, ni hésitantes ; sur le moindre indice, sur une dénonciation, sur un mot, elles faisaient perquisitionner, convoquaient les citoyens à leur barre pour les obliger à rendre compte de leurs actes, de leurs paroles, voire même des intentions que la rumeur publique leur prêtait. Les services qu'elles rendirent furent tels que, quand arriva le déclin de leur puissance, on essaya de leur substituer des commissaires bénévoles accrédités dans chacune des treize circonscriptions communales. Les commerçants, les industriels choisis, trop connus, n'eurent pas l'autorité morale de la collectivité irresponsable qu'ils remplaçaient ; trop faciles, d'ailleurs, à frapper dans leurs intérêts ou leurs affections, ils se sentirent impuissants et résignèrent les fonctions délicates qu'on leur avait confiées. La pensée d'appeler le peuple à veiller lui-même sur la sécurité commune est des meilleures, mais irréalisable quand les hommes, isolément ou réunis, adoptent la politique comme guide ou comme inspiratrice de toutes leurs actions. Tel était l'état des esprits dans les sections. Préoccupées à peu près exclusivement de politique, elles surveillaient étroitement la noblesse, la classe aisée des travailleurs, mais elles s'inclinaient, presque timides, devant les sans-culottes, qui auraient été fort respectables s'ils n'avaient laissé s'introduire dans leurs rangs les réfractaires, les repris de justice, les fainéants, tous les ennemis irréconciliables de l'ordre et de la tranquillité publics. Prudents au début, ces gens-là étaient demeurés mêlés à la masse pour ensuite monter effrontément à la surface, se mettre à la tête du peuple honnête et le dominer ; et, après avoir eu en main tous les éléments théoriques du succès, la municipalité impuissante laissait ses administrés à la merci des malandrins, des voleurs de grands chemins, dont les attentats audacieux, en se multipliant, terrorisaient les villes et les campagnes.

Si nous avions voulu recenser les méfaits commis en ce temps-là, notre moisson aurait été surabondante. Nous n'avons fait que glaner au hasard de la rencontre et, cependant, nous savons qu'à Versailles :

En 1790, une sentinelle fut battue, un citoyen assassiné ;

En 1791, un Versaillais fut arrêté dans le bois de Satory par deux brigands, dont l'un était armé d'un pistolet ; les craintes étaient si vives, que les marguilliers de la paroisse Saint-Louis manifestèrent l'intention de faire, autour de l'église, **quelques** travaux de défense contre les voleurs;

Le 13 germinal an IV, plusieurs personnes, domiciliées dans l'arrondissement du sud, exposèrent à la municipalité qu'il se commettait journellement des vols et elles réclamèrent « un dépôt de la force publique capable de protéger le quartier et de garantir les propriétés ».

Le 5 frimaire an V, l'administration municipale fut informée, par des rapports de police, « que différents vols ont été commis; que, dans plusieurs maisons, des voleurs ont tenté de s'introduire par effraction; que des citoyens ont été insultés la nuit, dans les rues, et d'autres dans leurs maisons; qu'un maraudeur a même poussé le sans-gêne jusqu'à faire du bois dans le jardin de la Maison commune ».

Enfin, nos concitoyens étaient tellement troublés par les dangers, réels d'ailleurs, que l'on courait soit en ville, soit aux abords, qu'il fut proposé de faire creuser des fossés autour de la ville, insuffisamment protégée par ses murailles.

La stagnation des affaires avait suspendu le travail et fait éclore la misère en tous lieux. Dès 1789, on avait vu « accourir de tous les points de la France une quantité de vagabonds sans profession et sans ressources, qui étalaient de Versailles à Paris leur misère et leur nudité (1) ». « Des distributions de pain faites en 1793, par la commune de Paris, avaient attiré dans la capitale 150,000 gens sans aveu, fainéants de toute espèce, malingreux et pillards (2). » Cette multitude, aux jours des violentes émotions populaires, fournissait les incendiaires et les coupeurs de têtes; elle assurait le recrutement abondant de l'armée du crime, organisée depuis nombre d'années, mais qui, de plus en plus nombreuse parce qu'elle était de moins en moins inquiétée, opérait ouvertement dans tous nos environs, devenus leur champ d'exploitation.

Depuis un an, écrivaient plusieurs maires, administrateurs de districts, cultivateurs de Velizy, Villacoublay, la Celle-Saint-Cloud, Montigny (3), « on n'a pas vu de gendarmes, sauf celui

(1) Thiers, *Histoire de la Révolution française.*
(2) Armand Fouquier, *Causes célèbres : Les Chauffeurs.*
(3) Archives nationales, F⁷ 3268.

qui apporte les décrets » ; c'est pourquoi, d'Etampes à Versailles, sur les routes et dans la campagne, « les meurtres et les brigandages se multiplient. Des bandes de treize, quinze, vingt et vingt-deux mendiants dépouillent les vignobles, entrent le soir dans les fermes, se font donner de force à souper et à coucher, reviennent ainsi tous les quinze jours, et les fermes ou maisons isolées sont leur proie. Aux environs de Versailles, le 26 septembre 1791, un ecclésiastique a été tué chez lui ; le même jour, un bourgeois et sa femme ont été garrottés, puis volés. Le 22 septembre, près de Saint-Rémy-l'Honoré, huit bandits ont fait leur main chez un fermier. Le 25 septembre, à Villiers-le-Sec, treize autres ont dévalisé un autre fermier, puis ajouté, en matière de compliment : « Vos maîtres sont bien heureux de ne pas se « trouver ici ; nous les aurions grillés au feu que voilà. » En moins d'un mois, dans un rayon de trois à quatre lieues, il y a eu des attaques semblables à main armée, à domicile, avec des propos de chauffeurs (1) ». Ces bandits « ne prirent parti ni pour la Monarchie, ni pour la République ; ils pillèrent consciencieusement les voyageurs, quelle que fût leur cocarde ; seulement, comme l'autorité s'affaiblissait chaque jour davantage, Fleur d'Epine, leur chef, s'enhardit et poussa des pointes jusque dans le nouveau département de Seine-et-Oise (2) ». « Doué d'une force athlétique et d'une intelligence peu commune, il rallia autour de lui, par la puissance de ses poings et de son esprit, tous les éléments de désordre que renfermaient les provinces..... Il affilia à sa troupe les mendiants, les rouleurs de plaine, les moissonneurs sans domicile fixe, les marchands forains,..... toutes races de bohémiens toujours disposés à entreprendre sur la fortune d'autrui (3). » Cette formidable troupe, dirigée avec une énergie farouche et admirablement renseignée, n'avait pour la combattre qu'une administration désorganisée, s'en remettant si bien au hasard, que la plupart des malandrins emprisonnés demeuraient inconnus. Ainsi, Fleur d'Epine, arrêté « comme suspect dans une auberge, fut incarcéré à Versailles au mois de juillet 1792 et massacré en septembre. Ce fut une erreur des amis de Danton :

(1) Taine, *La Révolution*, tome II, p. 339.
(2) *Journal de Seine-et-Oise.*
(3) Armand Fouquier, *Causes célèbres : Les Chauffeurs.*

le chef des brigands d'Orgères avait été pris pour un honnête homme (1) ».

Et plus les événements se précipitaient, plus l'insécurité augmentait. En l'an VIII, le *Journal du département de Seine-et-Oise* disait : « Des brigands qui ont horreur du travail et ne veulent exister que par larcin, infesteront longtemps, sous le titre de chouans, les grandes routes, et attaqueront à force ouverte les diligences et les voyageurs ; c'est ce qui vient d'arriver, dans la nuit du 25 au 26, entre Trappes et Saint-Cyr, sur la route de Versailles, où une voiture publique a été attaquée ; heureusement, la gendarmerie, qui est survenue, a dissipé les voleurs ; l'un d'eux a été poursuivi jusqu'à Versailles sans pouvoir être atteint. »

Par hasard, les gendarmes eurent l'occasion de prévenir un attentat sans réussir à saisir les coupables ; mais comme on ne pouvait espérer pareille opportunité en toutes les attaques, les consuls arrêtèrent (nivôse an IX) « que les directeurs et entrepreneurs seront tenus d'avoir sur l'impériale des diligences qui partiront de Paris quatre hommes armés pour repousser les attaques des brigands ». « Si cette mesure est fidèlement exécutée, disait le *Journal de Seine-et-Oise*, rappelant la décision des consuls, les voyageurs seront délivrés de la crainte perpétuelle d'être dépouillés ou égorgés sur les routes que leurs affaires les obligent à parcourir (2). »

Pour ne rien omettre, il nous faut bien dire qu'en ces temps désolés la sécurité n'eut pas seulement pour ennemis la paresse et le brigandage. La misère et la faim ameutèrent contre elle, à certains moments, quelques malheureux à bout de souffrances et de privations. Ainsi, en 1793, la famine fit arrêter et piller des voitures chargées de grains et de farines que les municipalités avaient mises en mouvement pour assurer l'alimentation de leurs communes. Les égarés d'alors avaient au moins une excuse qui avait disparu en 1795 et dans les années suivantes, jusqu'à l'an IX, époque où on put enfin se dispenser de placer quatre fusiliers sur l'impériale des diligences. Mais l'amélioration n'emporta pas la crainte avec elle, et les Messageries, qui avaient eu

(1) *Journal de Seine-et-Oise,* n° du 30 pluviôse.

(2) N° du 25 nivôse an IX.

beaucoup à souffrir du brigandage, continuèrent jusque sous le règne de Charles X à inscrire sur les bulletins de location dans les voitures publiques cette mention qui ne prêtait pas à rire : « La Messagerie ne répond pas des événements de force majeure et vols à main armée. »

Que l'on nous permette, comme dernier trait à notre tableau déjà si sombre, de rapporter, d'après le *Journal de Seine-et-Oise*, une aventure romanesque qui se déroula dans la nuit du 5 au 6 frimaire an VIII :

« Sur les 11 heures du soir, le portier de la grille Satory entendit de longs gémissements et des cris lamentables ; il se leva à l'instant et n'osant d'abord aller à la voix qui appelait au secours, il se transporta à un corps de garde de dragons. Quatre militaires, à peine armés, le suivirent, et ils se dirigèrent vers le lieu d'où partaient les cris. Quel fut leur étonnement lorsqu'ils entrevirent un homme fixé à un arbre et qui leur recommandait d'approcher avec discrétion, en leur faisant craindre qu'il n'y eût dans cet endroit quelques hommes de cachés. En s'approchant, ils reconnurent que le malheureux était attaché avec une chaîne fermée par un cadenas ; ils se hâtèrent de rompre ses liens et l'emmenèrent au corps de garde.

« Cet homme, faisant d'abord des difficultés de raconter pour quelle cause il était trouvé dans cette horrible situation, un officier le pressant de révéler son secret, il offrit de le confier à lui seul ; mais comme il survint un officier qui exigea qu'il répondît à ses questions, il déclara qu'il ne dirait rien qu'en présence du préfet.

« Le bruit public est que cet homme est un coutelier de Paris très expert dans son art, et qui avait fourni des couteaux au Directoire, et particulièrement au citoyen Lagarde ; un particulier, qui savait qu'il était habile dans l'art de tremper l'acier, l'engagea, sous prétexte de faire une fourniture au Premier Consul, à venir chez un de ses amis ; il eut la faiblesse de s'y rendre et de monter ensuite avec ces deux inconnus dans une voiture qui les conduisit à une distance de plusieurs lieues ; on le descendit dans un souterrain où il se vit environné de plusieurs hommes masqués ; l'un d'eux lui déclara qu'on exigeait de lui qu'il trempât plusieurs matrices propres à fabriquer des louis.

« Pour l'encourager à consacrer tout son talent à cette falsification, on lui fit de grandes promesses de fortune. Ce citoyen, marié, père de famille, montra une répugnance invincible pour le travail qu'on lui demandait, et, refusant même de prendre des aliments, ses ravisseurs se déterminèrent à le faire sortir de leur caverne et à le rendre à la liberté, prenant néanmoins toutes les précautions qui pourraient les mettre à l'abri d'une dénonciation dangereuse pour eux ; ils lui bandèrent la vue, lui mirent un bâillon, et, l'ayant fait entrer dans une voiture, lui firent faire en apparence un long trajet et l'amenèrent dans le bois de Satory, où, après l'avoir attaché, ils lui défendirent de pousser aucun cri avant une demi-heure, en lui déclarant qu'un d'eux resterait armé, pour le poignarder, s'il osait appeler à lui avant qu'ils eussent eu le temps de s'éloigner. Soumis à cet ordre impérieux, il avait gardé le silence, comme on le lui avait prescrit.

« On ajoute que des ouvriers de la manufacture d'armes de Versailles, qui l'ont reconnu pour avoir travaillé avec eux, l'ont reconduit à Paris, dans sa demeure. »

On le voit, nous n'exagérions pas en affirmant qu'au cours de la Révolution française, il était difficile à nos concitoyens de dormir tranquilles. La faute en fut à l'anarchie d'abord, puis à l'inquiétude qu'une foule de bruits alarmants avivait constamment. On se persuadait que les maux présents étaient la résultante de trames ourdies et conduites dans l'ombre, par d'habiles stipendiés, sous la direction desquels s'apprêtaient à marcher tous ceux que la sympathie ou l'intérêt pouvaient porter à regretter la monarchie. Par peur du despotisme, on avait tellement décentralisé le pouvoir, que personne ne tenait les rênes, et que nulle part on ne sentait la main qui, agissant sur tout le territoire à la fois, aurait pu, en coordonnant son action, maintenir une police sévère et capable d'engendrer la sécurité. Les municipalités, armées du droit de requérir la force publique, distraites, absorbées par la politique, opérant d'ailleurs isolément et chacune dans un rayon restreint, ne réussissaient même pas à donner à leurs administrés un peu du calme que la société doit à tous ses membres. Nous avons vérifié l'exactitude de cette assertion en ce qui concerne Versailles.

D'incontestables services furent rendus, dans les communes

rurales, par les colonnes mobiles lancées à travers la campagne. Mais, trop faciles à dépister et à suivre, elles ne pouvaient que ramasser ce qui, par hasard, se rencontrait sur leur route. Aucun renseignement, aucune indication à espérer : la crainte de représailles terribles liait toutes les langues. Ce fut seulement en 1798, l'autorité centrale renaissante soutenant et encourageant ses subordonnés, qu'un simple maréchal des logis de la gendarmerie nationale parvint à dénouer la situation terrible qui affolait nos contrées. Intelligent et dévoué, ce sous-officier, par de patientes et dangereuses recherches, en se ménageant des intelligences chez ceux qu'il voulait réduire, parvint à connaître les noms, les habitudes, les lieux de réunion des bandits sur lesquels, aidé de la force publique, mise à sa disposition, il n'eut plus ensuite qu'à mettre la main. Pierre-Pascal Vasseur, maréchal des logis, dont il serait injuste de ne pas redire le nom, confirma une fois encore que la police connue, agissant ouvertement, ne peut être que répressive ; mais que, si on la veut préventive, il faut que, visant uniquement la sécurité, elle demeure inconnue, agisse dans le mystère et l'ombre, provoquant l'indiscrétion, et faisant habilement appel à la ruse.

Chapitre II. — La Garde nationale.

I

Création à Versailles.

Quiconque a rencontré autrefois par les rues, en armes et tambour battant, un détachement de garde nationale sédentaire, ne peut en évoquer le souvenir sans qu'aussitôt sa physionomie s'épanouisse. En sa pensée revivent d'amusantes impressions personnelles, renforcées par les inoubliables charges des Monnier, des Adam, des Traviès, des Cham, par les humoristiques récits du temps. Caricaturistes et auteurs, avec une verve impitoyable, ont souligné les imperfections, flagellé les ridicules d'une troupe qui, cependant, fut ce qu'elle pouvait être, ce que sera fatalement une réunion d'hommes d'âges trop différents, arrachés à leurs occupations habituelles, pour être du jour au lendemain, sans aucune préparation, transformés en soldats. Si, en droit, l'habit fait le militaire, dans la pratique, il ne le pare très bien qu'après un long entraînement.

Mais empressons-nous d'ajouter fièrement que, sous son uniforme, souvent mal porté, la Garde nationale sut regarder le danger en face chaque fois qu'on le lui a demandé : devant les barricades, sur les champs de bataille, on l'a vue, en maintes circonstances, mêler généreusement son sang à celui des troupes de ligne : à Buzenval, à Châteaudun, au cours de l'année terrible; sous les murs de Paris, à la fin du premier Empire; sur toutes nos frontières, dans nos provinces soulevées, en 1792 et en 1793.

A cette dernière époque, la Garde nationale a sauvé la France en contribuant à former (1) l'armée admirable devant laquelle recula l'Europe entière coalisée contre nous. « C'est du sein de la Garde nationale que sont sortis les généraux, les officiers qui guidèrent, vingt-cinq ans durant, nos bataillons à la victoire (2). »

Chose digne de remarque, cette garde, qui à l'extérieur vainquit l'étranger, qui à l'intérieur maintint l'ordre et fit respecter les lois, est fille d'un mouvement insurrectionnel ou, tout au moins, d'un ordre impérieux donné par le peuple désarmé au pouvoir royal tout-puissant.

On sait qu'à Paris, les électeurs, après diverses péripéties entraînantes, avaient, sans droit, créé à leur profit un pouvoir mal défini et sans limites. En vertu de ce pouvoir usurpé, ils organisèrent, le 13 juillet 1789, une milice bourgeoise dans laquelle furent incorporés les gardes-françaises et les soldats du guet, en même temps que le tiers état de la capitale, qui reçut, comme marque distinctive, une cocarde rouge et bleue, couleurs du blason parisien.

---

(1) Par délibération du Conseil général du département de Seine-et-Oise, prise en exécution du décret du 10 mai 1793, il fut arrêté que chaque commune mettrait en état de partir dans un délai de trois jours un huitième de ses gardes nationaux, de l'âge de dix-sept à cinquante ans, à l'exception des individus employés aux travaux de l'agriculture, et dans un délai de huitaine, un second huitième avec la même exception.

(2) *Histoire populaire de la Garde nationale de Paris*, par Horace Raison. (Bibliothèque de Versailles.)

A peine ces événements étaient accomplis, et déjà l'on affirmait que notre puissante voisine avait manifesté l'intention d'envoyer à Versailles, auprès de l'Assemblée nationale, un détachement de sa nouvelle milice.

Ce bruit émut nos concitoyens, qui, inquiets, comme du reste on l'était à peu près en toutes les paroisses de France (1), s'assemblèrent afin de se concerter sur les moyens de former une garde bourgeoise, dont l'existence semblait indispensable à la sécurité commune. A l'exception de la haute noblesse, les citoyens, sans distinction d'état, étaient d'accord sur ce point et tenaient à honneur d'être incorporés dans la nouvelle milice. On en eut la preuve après le 28 juillet. Les compagnies de la Garde nationale de Versailles ayant été constituées, des ouvriers que l'on n'avait pas voulu recevoir se rassemblent au nombre de quarante-cinq à cinquante, se nomment un capitaine, pillent les corps de garde des invalides (2), se saisissent des armes et se retirent à l'auberge du *Chariot d'Or*, place du Marché, où ils s'installent militairement et, sous la protection de trois sentinelles, achèvent de se constituer (3). Pour prévenir la formation d'une milice dissidente, il fallut admettre dans la garde bourgeoise les trop zélés miliciens, comme d'ailleurs ils le voulaient ; le capitaine choisi par eux « donna sa démission et accepta une place de fusilier dans la compagnie Le Cointre, où il servit avec distinction (4) ».

Ce fut le 27 juillet 1789, dans une réunion du Comité municipal, que M. de Boislandry, l'un des membres de l'assemblée, appela le premier l'attention sur l'état des esprits. Il informa « que partie de la jeunesse de cette ville venait de se réunir, dans la vue de suivre, sous les armes, le Roi à son voyage à Paris et qu'elle paraissait avoir le projet de se former en milice bourgeoise ». Il a fait connaître les dangers de cette formation tumultueuse et des désordres qui pourraient en être la suite. Il a proposé que trois membres de l'assemblée se rendissent auprès du capitaine des gardes de Sa Majesté pour lui communiquer ce qui

(1) Voir *Mémoires du général baron de Marbot.*
(2) Versailles était gardée par les invalides.
(3) Lettre de Le Cointre.
(4) *Ibid.*

se passait et lui demander son avis sur la conduite que la **muni**cipalité devait tenir en cette circonstance. Cette proposition ayant été agréée par l'assemblée, MM. Loustaunau, Chapuy et de Boislandry ont été nommés pour se rendre au Château. De retour, M. Loustaunau a dit que les commissaires nommés avaient conféré sur cette affaire avec M. le duc de Guiche, qui en avait parlé au Roi. Le résultat de cette conférence a été que M. de Guiche s'en rapportait à la sagesse de la municipalité, autant qu'il pouvait en décider dans les circonstances actuelles, où il ne se trouvait aucun ministre à Versailles. Sur ce compte rendu à l'assemblée, elle a décidé qu'il serait présenté au Roi un mémoire détaillé pour connaître les intentions de Sa Majesté. Ce mémoire a, en effet, été lu et approuvé séance tenante. Ainsi, l'Assemblée nationale étant à Versailles, trois jours après la prise de la Bastille, événement qui avait profondément agité et troublé la capitale, et dont les effets ont été ressentis jusqu'en nos murs (1), à quelques lieues du théâtre des désordres, près du Roi, il ne se trouvait personne ayant qualité pour décider et agir. On ne rencontra que l'officier chargé de la garde personnelle du souverain qui, après quelques réserves sur sa compétence, déclara s'en rapporter à la sagesse de la municipalité. C'était s'effacer devant toutes les entreprises. La jeunesse, qui ne sait point attendre et à laquelle on laissait le champ libre, apprenant que Louis XVI allait partir pour Paris, s'arma, très à la hâte, pour suivre le Roi et lui constituer une escorte versaillaise.

Impassible jusqu'à cet instant, le Comité municipal sentit la mise en demeure formelle qu'il recevait; mais, conscient de son impuissance, et ne voulant à aucun prix déplaire au souverain, dont la plupart de ses membres relevaient à tant de titres, il pensa accomplir tout son devoir en rédigeant l'humble et timide exposé que l'on va lire :

« Sire,

« Les officiers municipaux de Versailles auraient désiré

---

(1) « La nouvelle de sa prise causa une sorte de délire qui se répandit avec une rapidité électrique. A Versailles, les députés jettent en l'air leurs chapeaux; dans les maisons, suivant un témoin oculaire, des gens graves éclatent de rire, sautent en l'air, trépignent de joie. » (*Paris en* 1789, page 342.)

depuis quelque temps l'établissement d'une milice bourgeoise, à l'instar de celles qui existent dans presque toutes les villes du royaume ; ils considéraient, dans cet établissement, non seulement une garde fidèle, parce qu'elle serait toujours choisie parmi les citoyens les plus honnêtes de la ville, mais encore une garde qui serait facilement maintenue dans une police exacte, et que l'opinion publique rendrait respectable.

« Dans les circonstances où s'est trouvée Votre Majesté, surtout au milieu des désordres de cette ville, la municipalité a regretté de n'avoir pas à lui offrir un établissement de ce genre déjà tout formé, elle eût voulu concourir à la tranquillité et à la sûreté publiques.

« Hier 17 juillet, la jeunesse de la ville, animée par ce sentiment d'amour et d'attachement pour la personne de Votre Majesté, qui domine tous les cœurs français, a demandé la convocation des officiers municipaux, dans l'espérance qu'ils lui donneraient des facilités pour se former en corps, mais ils n'ont pu prendre aucune résolution sans connaître les intentions de Votre Majesté. Alors les jeunes gens se sont assemblés d'eux-mêmes, ils ont pris les armes qu'on leur a prêtées, et ils ont suivi Votre Majesté.

« Les officiers municipaux, instruits de cette démarche, ont fait des efforts inutiles pour les joindre : ils étaient partis. Ils espèrent que Votre Majesté ne désapprouvera pas l'empressement et le vœu de ces jeunes citoyens à se réunir en corps ; ils ont même jugé qu'il y aurait peut-être des inconvénients à mettre des entraves à leur zèle pour l'avenir et, comme ils se flattent de trouver les moyens de faire le meilleur choix pour la composition de cette milice, ils ont aussi pensé que cette garde serait la plus convenable pour la salle de l'Assemblée nationale et qu'elle pourrait être agréée par cette assemblée, comme sa garde d'honneur.

« Tels sont les motifs qui engagent la municipalité à supplier Votre Majesté de lui accorder la permission de lever un corps de cent hommes de milice bourgeoise, composée et disciplinée sous sa direction, par ce qu'il y aura de plus honnête et de mieux famé dans la ville ; elle m'a demandé, en l'absence de M. Thierry, son maire, d'être son interprète auprès de Votre Majesté. »

En suite de la minute se trouve la mention : « Lu et **approuvé** en l'assemblée tenue ce jourd'hui 17 juillet 1789.

« *Signé :* LOUSTAUNAU (1). »

Les officiers municipaux ne pouvant correspondre directement avec le Roi, remirent leur supplique à M. le prince de Poix, gouverneur de Versailles, lequel réunit immédiatement l'Assemblée générale de cette ville, et, le 18 juillet, il était décidé, « sur la nécessité de former très promptement une milice bourgeoise pour la sûreté de la ville, de l'agrément du Roi annoncé par M. le prince de Poix : 1° que M. le prince de Poix sera prié d'accepter le commandement de ladite milice, en laquelle qualité il pourvoiera à la formation et composition de l'état-major ; 2° qu'il sera fait un rôle général d'après celui de la capitation de tous les bourgeois et habitants qui seront obligés de prendre les armes sur les ordres du commandant ». La même délibération contient en outre quelques dispositions relatives à la rédaction du règlement de la nouvelle milice et à la constitution d'un comité de surveillance des affaires relatives au bon ordre de la cité.

Il semble qu'à ce moment, l'Assemblée générale ne vit pas la situation politique sous son véritable jour. Persuadée que la jeunesse versaillaise ne s'était armée que pour protéger Louis XVI et lui donner un témoignage de son grand attachement, elle se crut en communion parfaite avec la population. Convaincue dès lors que la garde bourgeoise serait instituée sur le plan étroit qu'elle avait arrêté, sans apprécier l'importance des modifications que les événements successifs avaient imposées, elle lança un appel à la bourgeoisie pour l'inviter à se faire inscrire sur les contrôles de la milice. En attendant, elle tenait séance sur séance, décidant trop à la hâte, et, dans sa quiétude, prenant des mesures qui n'étaient pas toujours marquées au coin d'une politique habile.

Ainsi, le 19 juillet, il fut arrêté « qu'attendu la formation d'un corps de milice, il serait convenable de désarmer tous ceux

---

(1) M. Loustaunau, médecin de Louis XVI, fit partie des élus qui composèrent la première administration de Versailles. M. Loustaunau suivait le Roi dans tous ses changements de résidence. Il quitta Versailles avec le Roi, en octobre 1789, et n'y revint plus.

qui, sous prétexte de milice bourgeoise, parcourent la ville, et que ce désarmement serait fait, à la réquisition des députés et représentants, par la garde invalide, à laquelle M. le prince de Poix donnerait des ordres en conséquence ».

Il n'est pas besoin d'une grande perspicacité pour deviner l'effet que dut produire cette mesure, aussi bien que les hésitations et l'indécision dont l'Assemblée donna tant de preuves.

Le 18 juillet, par exemple, M. le prince de Poix avait été nommé commandant général avec pleins pouvoirs de composer et former l'état-major, et, dans l'après-midi du même jour, l'Assemblée donnait à M. de la Tour le titre de commandant en second, décidant en outre de surseoir à la désignation des autres officiers.

D'un autre côté, le projet de règlement que l'on espérait voir élaborer en quelques heures ne se préparait que fort lentement, et, chose beaucoup plus grave, les enrôlements ne s'effectuaient qu'en nombre insuffisant. Ainsi, le 19 juillet, deux cent soixante-neuf personnes seulement s'étaient fait inscrire, et quatre jours plus tard, la liste des engagés ne comprenait encore que quatre cent cinquante et un noms.

Lorsque la population s'était armée de sa seule autorité, elle avait affirmé très énergiquement sa volonté bien arrêtée de voir organiser une milice bourgeoise. Si, au moment de la réalisation, elle refusait son indispensable concours, c'est que, comme nous l'indiquions tout à l'heure, une certaine défiance s'était emparé des esprits et que, de plus, nos concitoyens voulaient être associés plus directement à la création de la nouvelle milice. L'Assemblée générale s'en rendit compte assez vite, car, dès le 19 juillet, elle résolut d'appeler à son aide les électeurs (1) de la ville qui, à compter du 23, prirent part à tous les travaux d'organisation de la milice. Ils les dirigèrent même, car à peine ils apparurent que les décisions antérieures, toutes méconnues, furent remises en question. A la première réunion, il fut fait « différentes motions sur l'utilité ou l'inutilité d'une milice bourgeoise » ; on examina si cette troupe serait

____

(1) Etaient électeurs, tous les habitants demeurant dans l'une des trois paroisses de la ville, âgés au moins de vingt-cinq ans et payant 20 livres au moins d'impositions foncières et personnelles.

« mise en activité, c'est-à-dire si elle servirait habituellement ou éventuellement dans des cas pressants et déterminés par les circonstances ». N'est-ce pas comme si l'on avait déclaré à l'Assemblée générale de la ville qu'elle était sans qualité pour agir seule comme elle l'avait fait précédemment? Personne, du reste, ne contrecarra les actes de MM. les électeurs versaillais.

Le prince de Poix semble, à partir de ce moment, avoir fait ou renouvelé ses démarches auprès de son souverain. Ce fut, en effet, le 25 juillet que le gouverneur de Versailles donna connaissance du « Récit par lui fait au Roi du vœu des habitants de Versailles sur l'établissement de la milice bourgeoise, et dont la teneur suit » :

« Hier, plusieurs jeunes gens de Versailles m'ont dit que Paris voulait envoyer une garde bourgeoise aux Etats généraux et que c'était contre leurs droits.

« J'ai répondu que je n'en croyais rien, mais que la municipalité s'assemblant le soir, nous traiterions cette affaire. Cette jeunesse s'est assemblée au nombre de deux ou trois cents au Grand Maître.

« On s'est assemblé à sept heures, les électeurs de Versailles et la municipalité ; il y avait en tout soixante-quatre bourgeois.

« A la grande pluralité, on a décidé de demander à *Votre Majesté* qu'il soit établi, avec sa permission, une garde bourgeoise composée de tous citoyens domiciliés et connus.

« Que cette milice ne serait rassemblée qu'en cas de nécessité et ne ferait point de service de police, mais que tout bourgeois serait obligé de se faire inscrire et que la liste en serait déposée à la municipalité. Si les Etats généraux voulaient une garde bourgeoise, elle serait fournie tout de suite.

« On est convenu de s'occuper d'un règlement et on s'assemble demain soir.

« *Votre Majesté* est suppliée d'approuver cet établissement qui ne peut qu'être utile. »

Au-dessous de ce récit est écrit de la main du Roi : « Approuvé ».

L'approbation du souverain régularisait la situation, levait les scrupules et permettait aux plus hésitants de s'associer au mouvement populaire, sans crainte ni remords. D'un commun accord, l'Assemblée générale et les électeurs adressèrent une nouvelle invitation à la population, par trois cents affiches apposées, le 26 juillet, sur les murs de la ville, et aussitôt les inscriptions affluèrent. Dès lors, le succès étant certain, on aurait pu attendre sans hâte.

Mais, le 27 juillet, l'Assemblée générale et les électeurs étant en séance, on vint annoncer « que dans le moment un certain nombre de gens mal intentionnés se tenaient à la grille du Petit-Montreuil et faisaient passer les voitures chargées sans payer les droits d'entrées ».

Ce ne fut qu'une alerte sans gravité, sans suite fâcheuse, et pourtant l'Assemblée jugea qu'il importait, en vue du retour possible de pareils événements, de presser l'organisation de la milice bourgeoise, et, séance tenante, il fut décidé que l'on réunirait, dès le lendemain, les personnes inscrites sur les contrôles pour les classer par compagnies, les inviter à nommer leurs officiers et aussi leur lire le règlement dont le projet venait enfin d'être arrêté.

Avis fut donné immédiatement par la ville au son du tambour, et dut être réitéré le lendemain matin avant 7 heures, la réunion ayant été fixée à 9 heures, au manège neuf de la Grande Ecurie.

Une foule énorme se pressait le lendemain au lieu du rendez-vous. « Pour parvenir à l'ordre nécessaire, dit le procès-verbal, il a été inscrit sur les murs les noms des députés et représentants et le numéro du quartier, et chaque bourgeois inscrit, ayant été appelé, se rangea à son quartier. M. le prince de Poix a fait part de sa nomination au commandement général et a dit qu'il requérait que, sans y avoir égard, on procédât à une autre nomination, si on ne croyait pas devoir approuver la sienne.

« Sur quoi l'assemblée, d'une voix unanime, a déclaré qu'elle ratifiait la nomination faite de M. le prince de Poix et le déclarait commandant général.

« M. le prince de Poix a ensuite fait part de la nomination de M. de la Tour pour commandant en second ; l'assemblée aussitôt a déclaré, tout d'une voix unanime, qu'elle ratifiait seulement la nomination de M. le prince de Poix, mais qu'elle n'entendait ratifier aucune autre nomination, se réservant d'y pourvoir.

« MM. les députés représentants ou électeurs n'ayant pu réussir à former les détachements par quartier et compagnies, à cause de la grande affluence et du défaut d'ordre, n'y ayant pas de capitaines nommés, ont observé qu'il serait plus convenable de diviser cette assemblée en huit parties, dans les huit quartiers de la ville, par-devant les représentants et électeurs. Il a été délibéré que l'assemblée serait ainsi remise, sur les quatre heures après midi, dans les lieux qui seront indiqués pour chaque quartier à son de caisse (1). En conséquence, l'assemblée s'est séparée... s'ajournant au lendemain, heure de midi, au manège, à l'effet de procéder à l'installation des compagnies qui auraient été formées. »

Se sentant libre et maîtresse d'elle-même, la population, nous l'avons vu, s'était fait inscrire avec un empressement qui dépassa les prévisions les plus optimistes. Sans aucun effort et presque sans délai, près de 6,000 hommes demandèrent leur incorporation. On admit « tout citoyen domicilié, marié ou non marié, depuis l'âge de dix-huit ans jusqu'à celui de soixante ans »; mais « tous ouvriers et artisans *non domiciliés* » figurèrent seulement « sur un rôle de réserve, à l'effet d'être appelés au secours commun, dans les cas urgents ». Tous gens dans l'état de domesticité ne furent point admis au service (2).

Le règlement disposait qu'il serait pris, dans chacun des huit districts de la ville, le nombre d'hommes nécessaire pour former un bataillon de six compagnies (3). Les huit bataillons (4) de la

______

(1) Les députés représentants et électeurs se sont rendus en l'appartement de M. le prince de Poix, au Château, le 28, à l'issue de la séance du matin, où il a été procédé unanimement à la formation d'une instruction relative aux huit assemblées arrêtées dans les huit quartiers de la ville et dont l'indication des lieux destinés à ces diverses assemblées a été sur-le-champ donnée dans tous les quartiers à son de tambour.

Il a été ensuite transcrit huit expéditions du projet de règlement dont lecture et communication devaient être faites dans les assemblées des huit quartiers par les députés, et il a été décidé que ce règlement serait inscrit après les assemblées dans les formes où il aurait été approuvé.

(2) Articles 2 et 4, titre Ier du règlement du 23 octobre 1789.

(3) Le 8 novembre 1791, la municipalité, sur leur demande, autorisa les citoyens qui habitaient Trianon, la Petite-Venise, Gally, Vauluceau et environs à former une compagnie particulière rattachée à la division du quartier Notre-Dame. Cette compagnie, spécialement consacrée à la sûreté intérieure de Trianon et environs, ne devait aucun service dans la ville. Chaque jour, un homme venait à l'état-major chercher le mot d'ordre.

(4) Un 9e bataillon fut formé le 8 messidor an II et solennellement reconnu décadi suivant, à 9 heures du matin, en présence « des citoyens officiers municipaux », dans le jardin de la Maison commune. Deux citoyennes par compagnie des quatre bataillons (partie sud) furent invitées à se trouver chez le citoyen

ville, dont la force devait être de 6,672 hommes (1), furent répartis en deux divisions appelées à alterner chaque année pour être première et seconde (2). Ces divisions correspondaient à chacune des grandes paroisses Notre-Dame et Saint-Louis.

Il est curieux de constater ici que les Versaillais de 1789, s'enrôlant en masse dans la milice bourgeoise, n'obéirent pas, comme on le pourrait croire, à un entraînement irréfléchi. Leur engagement fut froidement consenti, ils voulurent même indiquer pourquoi et dans quelles limites ils consentaient l'aliénation partielle et momentanée de leur liberté.

A ce sujet, lisons le procès-verbal rédigé le 28 juillet 1789, pour la formation de la 1re compagnie du 1er bataillon du quartier Saint-Louis (3) :

« Après nous être fait inscrire chacun en particulier chez les officiers municipaux dudit quartier, suivant l'invitation faite à tous les citoyens connus et domiciliés de ladite ville, par un avis apposé dans les rues, avec l'approbation du Roi et le consentement de nos seigneurs les représentants de la Nation, nous nous sommes transportés au manège couvert de la grande écurie de Sa Majesté.

« Là, par une acclamation publique et unanime, nous avons élu M. le prince de Poix, gouverneur de la ville, pour commander la garde bourgeoise de ladite ville. Et pour parvenir à former des compagnies et à nommer les officiers, le rendez-vous général a été assigné pour quatre heures du soir dans différents endroits spéciaux. Nous nous rendîmes à l'église Saint-Louis et formâmes une compagnie composée de cinquante-cinq bourgeois, tous connus et domiciliés; mais la nuit nous ayant surpris, nous remîmes au lendemain 29 juillet, neuf heures du matin, la

---

Boisset, le plus ancien des commandants de bataillon de la partie sud, afin de faire hommage à la municipalité du drapeau dont les dames de la division avaient fait les frais.

(1) Article 1er, titre Ier du règlement du 23 octobre 1789.

(2) Article 10, titre Ier du règlement du 23 octobre 1789.

(3) Des réunions semblables eurent lieu sur tous les points de la ville, sans se conformer rigoureusement aux décisions prises par les députés et les électeurs; ainsi diverses compagnies de la 2e division se réunirent chez Boislandry, avenue de Saint-Cloud, puis, comme on craignait le mauvais temps, se transportèrent dans l'église du couvent voisin des dames chanoinesses de Saint-Augustin.

nomination de nos officiers, et assignâmes le rendez-vous aux charniers de ladite église.

« Après nous être assurés que les cinquante-cinq personnes qui s'étaient réunies la veille dans ladite église, à l'effet de former une compagnie de garde bourgeoise, étaient toutes connues, domiciliées et présentes, nous procédâmes à élire nos officiers; alors, M. Chauvot porta la parole, et dit : « Messieurs, « pour que l'élection soit dans les formes et hors de toute suspi- « cion, il est indispensable que chacun de nous déclare, à haute « voix, que la personne à qui il va donner son approbation ne « l'a point sollicité à le faire ni directement, ni indirectement, et « que c'est par un mouvement pur et spontané qu'il le fait, et « sans aucun motif d'intérêt quelconque, seulement pour le « bien de la chose publique. »

« Chacun ayant consenti à la présente déclaration, M. Chau- vot a continué, et dit : « Messieurs, nous déclarons, dans la « présente nomination de nos officiers, ne point vouloir porter « atteinte aux droits, aux prérogatives, et encore moins à « l'amour-propre de qui que ce soit d'entre nous; nous nous « regardons parfaitement égaux en probité et en honneur; en « conséquence, nous entendons que les officiers que nous allons « élire n'auront d'autres droits sur nos personnes que ceux qui « leur seront assignés par la Constitution générale (qui, toute- « fois, ne sera point militaire), sans qu'ils puissent jamais se « permettre de faire valoir, en raison de leur grade, une supé- « riorité quelconque, soit en public, soit en particulier, sur ceux « qui leur seront subordonnés par ladite Constitution. Enten- « dant bien conserver une paix imperturbable dans nos familles « et dans nos propriétés, et une liberté indéfinie dans nos « personnes et dans nos actions, tant qu'elles ne seront point « contraires à la Religion, aux lois de l'État et aux bonnes « mœurs.

« Ne consentant à prendre les armes que pour la défense de « la Nation, de la personne du Roi, de notre liberté individuelle « et de nos foyers en particulier.

« Protestant d'avance contre tout ce qui pourrait survenir de « contraire à la présente déclaration. »

« Chacun ayant approuvé cette déclaration, M. Le Roy reprit la parole, et dit : « Messieurs, il n'est pas nécessaire de vous

« faire sentir la nécessité de veiller par nous-mêmes à **notre**
« **sûreté commune**; les malheurs qui affligent notre patrie **nous**
« y obligent; mais, en se rassemblant pour former une **garde**
« bourgeoise, les citoyens de la ville de Versailles n'ont **pas**
« prétendu s'imposer pour toujours cette charge publique; dans
« un temps où tous les Français sentent le prix de la liberté, il
« serait dangereux que ce qu'ils font pour se la procurer **fût** la
« cause d'un nouvel esclavage; il me semble donc, Messieurs,
« qu'il soit nécessaire d'arrêter, pour la formation de **notre**
« garde, les préliminaires suivants :

« 1° La garde de Versailles doit impérieusement se conserver
« la faculté de se licencier quand nos calamités seront cessées
« et de se rétablir quand les circonstances l'exigeront;

« 2° Dans le cas où le calme rétabli permettrait à la **garde**
« bourgeoise de se licencier, elle ne pourrait jamais être conver-
« tie en un impôt pécuniaire;

« 3° Une garde bourgeoise est une charge publique. **Comme**
« les deux ordres privilégiés ont déclaré qu'ils doivent contri-
« buer à toutes les charges publiques, le clergé et la noblesse
« seront tenus d'y participer, l'un de ses biens, ne pouvant **y** con-
« tribuer de sa personne, l'autre de sa personne, ainsi que le
« reste des citoyens établis qui ne sont pas actuellement enrôlés
« dans la garde bourgeoise;

« 4° Une parfaite égalité devant être la base de cet établisse-
« ment, tous les six mois (au plus tard) il sera procédé à la
« nomination de l'état-major et à celle des officiers des compa-
« gnies, de manière que ceux qui sortiront ne puissent être
« continués et que chacun de ceux qui composeront les compa-
« gnies puissent y prétendre à leur tour.

« Il est important de faire connaître à M. le prince de **Poix**
« que, s'il a été nommé commandant, c'est plutôt pour ses qua-
« lités personnelles et son patriotisme connus, que parce qu'il est
« gouverneur de Versailles. Le commandant de la garde bour-
« geoise de cette ville devant toujours être élu librement par
« les citoyens, sans que personne, par sa place, y puisse pré-
« tendre de droit..... »

Ces idées peut-être trop théoriques ont été confirmées, au
moins dans leurs grandes lignes, par toute la Garde nationale
versaillaise dans le résumé suivant, qui sert d'introduction au

règlement arrêté le 28 août 1789 : « Tous les citoyens devant à la société de contribuer de toutes leurs forces au maintien de l'ordre et de la tranquillité publique, les habitants de Versailles, pénétrés de ce principe, se sont empressés, dans les circonstances présentes, d'après la convocation faite par les officiers de la municipalité, de former un corps de milice nationale, et voulant déterminer le régime de cet établissement, ils ont, par des commissaires choisis dans la municipalité et dans les compagnies de la Garde nationale, arrêté le règlement suivant sur la composition et le service de ladite garde. »

N'était-il pas réellement intéressant d'appeler l'attention de notre génération sur ces actes, sur ce langage clair, précis, empreint de sagesse et de raison, où, sans emphase, des citoyens disent les sacrifices qu'ils croient indispensables de faire à la Patrie? Nos contemporains qui, à tous propos, invoquent les immortels principes de 1789, pourraient voir là, eux qui placent la politique avant et au-dessus de tout, que, si nos pères revendiquaient et soutenaient avec énergie leurs droits, ils accomplissaient leurs devoirs en sacrifiant même leur liberté, la plus précieuse de leurs prérogatives.

L'ensemble des opérations électorales auxquelles il fut procédé, et qui, par suite de non-acceptation d'élus, eurent lieu à des dates différentes, s'acheva dans les premiers jours de septembre (1). Les procès-verbaux remis à la municipalité le 25 dudit mois constatent pour le haut commandement les résultats suivants : M. le comte d'Estaing (2), « encore tout couvert de la gloire de ses campagnes navales contre les Anglais (3) », commandant en chef; M. de La Tour du Pin-Gouvernet, commandant en second; M. Berthier fils, major général; MM. Le Cointre

---

(1) Il y a lieu d'observer que M. le prince de Poix fut remplacé, bien qu'il n'eût pas donné sa démission de commandant général. On ne le vit que pendant la période d'organisation ou, plus exactement, tant qu'il put espérer qu'il demeurerait maître absolu de la situation. Quand il sentit son ascendant complètement tombé, le prince ne se montra plus nulle part. En présence de cette abstention, la Garde nationale agit comme si elle n'avait jamais eu de commandant général. M. de Poix donna au moins son consentement tacite à cette interprétation de son abstention, puisqu'on le vit, comme gouverneur de Versailles, à la bénédiction des drapeaux que présidait son successeur.

(2) Estaing (Charles-Hector), né au château de Ravel, en Auvergne.

(3) *Histoire anecdotique des rues, places et avenues de Versailles.*

et Le Roi (1), lieutenants-colonels des 1re et 2e divisions (2).

Dès le 4 septembre, M. le comte d'Estaing, après s'être fait annoncer à l'Assemblée générale de la ville, lors en séance, est entré dans la salle, accompagné des officiers de l'état-major et d'un détachement de la Garde nationale : « Il a pris séance, dit le procès-verbal, et a témoigné à l'assemblée le désir qu'il avait d'établir avec la municipalité l'union la plus parfaite pour coopérer au bien général de la ville.

« M. le Président lui a témoigné, au nom de l'assemblée, le même désir de sa part et lui a présenté la cocarde.

« Il a été fait en sa présence lecture du règlement du 1er de ce mois, et il a été arrêté qu'en attendant que M. le commandant général et tous les autres officiers prêtent le serment énoncé en l'article 11 du titre II du règlement de la Garde nationale de Versailles, ils sont priés d'exercer provisoirement toutes les fonctions que la sûreté de la ville exige..... »

Trois jours après, une députation de huit personnes et du président était chargée de rendre une visite au nom de l'Assemblée générale à MM. les officiers.

Pour parfaire la consécration de la nouvelle milice, il restait la présentation au Roi, indispensable en la résidence habituelle de Sa Majesté.

On attendit quelques jours, afin, sans doute, que les officiers et une certaine quantité d'hommes aient eu le loisir de se faire habiller et de s'équiper.

----

(1) MM. Le Cointre et Le Roi, ayant donné leur démission, furent remplacés en mars 1790 par MM. Havacque et Tournant. De nombreuses mutations eurent lieu par la suite, pour des raisons bien diverses, tirées le plus souvent de la situation ou des convenances personnelles des titulaires. Il ne nous a pas paru indispensable de rappeler ici des changements qui retarderaient notre exposé, déjà long, en ne nous donnant que les noms propres de ceux qui, successivement, ont commandé les compagnies, les bataillons et les divisions de la Garde nationale versaillaise.

(2) Ceux qui désireraient des détails plus circonstanciés sur la Garde nationale de cette époque peuvent consulter un livre curieux qui contient l'état nominatif des gardes nationales de deux mille cinq cents villes et villages. Il a pour titre : *Etat militaire de la Garde nationale de France*, contenant le tableau nominatif, l'état-major, officiers et bas officiers des troupes patriotiques de Paris, de la banlieue et de toutes les villes et gros bourgs du royaume; la couleur de l'uniforme, l'empreinte des boutons, les devises et emblèmes des drapeaux; dédié à M. de La Fayette. Paris, Garnery, libraire, quai des Augustins et rue Serpente, n° 17, 1789; 2 vol. in-12.

Jusqu'en 1790, chaque commune choisit elle-même la forme et la couleur des vêtements de sa garde nationale, ayant toutefois le bon esprit de copier assez fidèlement l'uniforme de la milice parisienne (1). Cependant, lors de la Fête de la Fédération, on remarqua la disparate des habits des fédérés, et l'Assemblée nationale, saisie par Le Chapelier, l'un de ses membres, décréta, le 19 juillet 1790, qu'à l'avenir il n'y aurait qu'une seule et même tenue pour toutes les gardes nationales.

Entre temps, Versailles avait deux fois réglementé la question. Très simplement, le 28 août 1789, et un peu plus en détail le 20 octobre suivant. A cette dernière date, on mit des plumes aux chapeaux des officiers et on changea les couleurs de la cocarde; de prime abord, il fut stipulé qu'elle serait de basin blanc, avec un nœud intérieur en bleu de roi; ensuite, on décida qu'elle serait blanche, bleue et rouge.

Mus par des mobiles divers (2), beaucoup de gardes nationaux firent la dépense de leur mise en uniforme, mais une quantité bien plus grande d'hommes continuèrent à venir aux exercices et prises d'armes sans tenue, décorés de la cocarde et portant

---

(1) Nous donnons ici copie du premier règlement pris à Versailles, le 28 août 1789, lequel décrit ainsi l'habillement et l'équipement de la nouvelle Garde : « Article 1er. L'habillement sera composé d'un habit de drap bleu de roi, à revers croisant sur la poitrine. D'une veste et culotte de drap blanc pour l'hiver, et de basin pour l'été. Les parements de l'habit seront à la marinière et de la même couleur. L'habit sera garni d'un passepoil blanc, ainsi que les parements, le collet et les pattes des poches. Il sera, ainsi que la veste, doublé de voile blanc. Le collet, de même couleur que l'habit, sera doublé et montant. Les boutons seront jaunes avec un soleil au centre, et autour, il y aura pour légende : *Garde nationale de Versailles.* Les pattes des poches seront droites et garnies de boutons. Le chapeau et la ganse unie, avec un petit bouton jaune portant le numéro de la compagnie. La cocarde sera de basin blanc avec un nœud intérieur en bleu de roi. Les guêtres seront blanches pour l'été et noires pour l'hiver. — Article 2. Les fusils seront uniformes, d'un même calibre, et armés d'une baïonnette. L'épée, le sabre et la giberne seront aussi uniformes et d'après le modèle qui sera donné. — Article 3. Les officiers porteront, les jours de service, l'épée avec ceinturon sur la veste. Le ceinturon sera garni d'une plaque de cuivre doré, avec médaillon semblable aux boutons de l'uniforme. Les sergents porteront l'épée avec ceinturon sous la veste. Les caporaux et fusiliers porteront sur leurs habits, en bandoulière croisée, le sabre et la giberne. Les ceinturons et bandoulières seront de buffle blanc et de la largeur de deux pouces. — Article 4. Les tambours seront habillés de la livrée de la ville, lorsqu'elle aura été désignée. — Article 5. Les gardes auxquels il sera fourni des armes pour faire le service seront tenus de les rapporter chez le capitaine de leur compagnie. »

(2) Il en est qui s'habillèrent afin de pouvoir remplacer pour de l'argent.

sur leurs habits, en bandoulière croisée, le sabre et la giberne (1).

M. l'abbé Vantroys, notre excellent concitoyen, possède une peinture du temps, représentant son arrière-grand-père en costume de lieutenant de notre Garde nationale (2). Nous le remercions de nous l'avoir communiquée, car les images rappelant Versailles ou ses habitants pendant la Révolution française sont excessivement rares.

Si, à défaut de tenue, la Garde nationale de Versailles avait eu du moins des fusils en nombre suffisant! Mais l'armement manquait, et il ne fut possible de le distribuer qu'avec une grande parcimonie. Les 30 juillet, 18 et 29 septembre 1789, 1,340 fusils furent répartis entre nos huit bataillous, à raison d'une trentaine par compagnie.

Toute sommaire que fût l'organisation ainsi réalisée, elle parut suffisante pour la présentation officielle, en vue de laquelle des démarches furent faites auprès du Roi.

Le 26 septembre, M. le comte d'Estaing, commandant général, se présenta à l'Assemblée générale de la ville, et ayant pris séance, annonça « que Sa Majesté recevrait les hommages respectueux de la municipalité demain, à l'heure de midi »; les membres de la municipalité se rendirent, en effet, au Château le 27 et se réunirent dans le salon d'Hercule, où « ils ont été avertis par un officier de la garde nationale qu'ils étaient attendus dans l'antichambre du Roi, appelée l'Œil-de-Bœuf; s'y étant rendus, ils ont été introduits dans la chambre de Louis XIV où ils ont eu l'honneur de rendre leurs devoirs respectueux à Sa Majesté ».

Le même jour et à la même heure, « les officiers de l'état-

(1) Le 12 septembre 1789, on demandait des hommes pour aller en escorte jusqu'à Louvres. La compagnie Thourillon, appelée à fournir le détachement qui devait être absent quatre jours, fit remarquer qu'il serait préférable et plus profitable pour elle d'employer son argent à l'achat de fusils. Elle ajoutait qu'aucun de ses fusiliers ne se trouvait en situation d'entreprendre ce voyage, n'ayant pas d'habit fait.

(2) M. Paulmier (Jean-Denis), né à Neauphle-le-Château, à Versailles depuis trente et un ans, était établi marchand épicier, rue Royale, n° 65. (Recensement de 1792.) Il devint capitaine peu après, car, à la date du 25 février 1792, un rapport nous apprend que, le 24 dudit mois, au spectacle, « un caporal et un garde national de la compagnie Paulmier ont quitté leur poste pour aller au théâtre et qu'ils ont désobéi au major lorsqu'il les a invités de reprendre leur poste ».

major de la garde nationale de Versailles, dit la *Gazette de France* (1), ont eu l'honneur d'être présentés au Roi dans la chambre de Sa Majesté. Le surplus de la garde nationale bordait la haie sur le passage du Roi, depuis son appartement jusqu'à la chapelle. La garde nationale s'est également trouvée sur le passage de la Reine lorsque Sa Majesté s'est rendue à la messe ».

Que durent penser les courtisans, les grands seigneurs attachés à la Cour, voyant toute cette roture entrer en armes au palais de Louis XIV, être l'objet d'une réception solennelle du Roi et de la Reine? Leur stupéfaction dut être grande, bien qu'atténuée par l'uniforme militaire des envahisseurs, par la présence d'officiers pour la plupart amis de la monarchie ; on ne revit pas alors le spectacle qui s'offrit à Louis XVI le 17 juillet, lors de son voyage à Paris, où « deux cent mille hommes, armés à la hâte de fusils, de piques, d'épées, de sabres, se formèrent en haie depuis la barrière de la Conférence jusqu'à l'Hôtel de Ville (2) ». Avec plus d'ordre en apparence, c'était la même marée populaire qui, ayant voulu monter et toujours montante, battait le pied du trône sur lequel siégeait un roi bon, mais irrésolu, qui ne savait ni arrêter, ni diriger la force encore soumise qui le devait bientôt renverser.

Quelques jours après la visite au Roi, le 30 septembre 1789, la Garde nationale recevait onze drapeaux et se rendait en grand appareil à l'église Notre-Dame pour les faire bénir. Trois de couleur blanche « avaient été donnés, l'un par la Reine, un autre par Monseigneur le Dauphin et le troisième par Madame, fille du Roi » ; à ce moment, aucune peinture n'avait encore été faite sur l'étoffe. Ce fut seulement le 11 octobre suivant que M. d'Estaing écrivit de Paris à M. Berthier père une lettre qui contient les passages suivants : « J'ai eu l'honneur, Monsieur, de mettre sous les yeux de la Reine la demande que vous m'avez chargé de faire au sujet de la peinture des trois drapeaux dont Sa Majesté a honoré la garde nationale de Versailles. Votre proposition est aussi approuvée que l'exactitude et la promptitude avec

(1) N° du 4 octobre 1789.

(2) *Histoire populaire de la Garde nationale de Paris*, Horace Raison. (Bibliothèque de la Ville.)

lesquelles vous aviez fait exécuter les ordres de la Reine lui ont été agréables.

. . . .

« La Reine décide, Monsieur, que les armes et le chiffre du Roi soient sur les trois drapeaux et à la première place; l'intention de Sa Majesté est qu'autour de son chiffre à elle, il y ait une inscription qui indique qu'elle se plaît à être appelée la première citoyenne de France; l'autre côté des drapeaux doit être comme celui des drapeaux de couleur et aux armes que la ville a adoptées.

« Je vous prie de faire soumettre par Monsieur votre fils et de ma part, à l'assemblée des capitaines et de l'état-major, ainsi qu'à la sanction de la municipalité, l'idée d'ajouter un mot à celui de citoyenne, qui indique ce que j'ai entendu dire par la foule des patriotes qui voyaient Sa Majesté caresser ses augustes enfants : ces honnêtes et respectables citoyens se réjouissaient d'avoir dans leur Reine une aussi bonne mère. Ne pourrait-on pas mettre autour du chiffre qui exprime Marie-Antoinette, après les mots : première citoyenne, et la meilleure des mères... »

Dans sa séance du 16 octobre 1789, l'Assemblée générale de la ville « a accepté par acclamation la proposition de M. le comte d'Estaing, et a fait réponse en conséquence à M. Berthier ».

Les huit autres drapeaux de la Garde nationale, destinés à chacun des bataillons, étaient un présent de M. Berthier père, gouverneur de l'hôtel de la Guerre. Ils étaient bleus et « peints à la face aux armes du Roi, avec la légende : La Loi et le Roi, et au revers aux armes de la ville encadrées par l'inscription : Garde nationale de Versailles ».

« Le corps municipal avait fait inviter à la cérémonie, par le président et les députés : l'Assemblée nationale, les différents corps militaires de la Maison du Roi, le ministre du département, les officiers du régiment de Flandre, des chasseurs des Trois-Évêchés et autres corps. Tous les membres composant le corps municipal se sont réunis sur les neuf heures du matin dans la salle du conseil de l'hôtel de la Guerre où ils ont été rejoints par M. le prince de Poix, gouverneur de cette ville..... A dix heures, M. le Commandant général et plusieurs officiers de l'état-major sont venus, avec un détachement de la garde et la musique militaire, prendre les drapeaux blancs et avertir le corps municipal. Le cortège s'est formé en sortant de l'hôtel de la Guerre : un détachement ouvrait la marche, la musique militaire le suivait, ensuite les drapeaux blancs, portés par le commandant et les deux lieutenants-colonels. Le corps municipal suivait et la marche était fermée par un autre détachement de la garde. Le cortège s'est rendu en cet ordre dans l'avenue qui longe la pièce d'eau appelée la pièce des Suisses, où toute la garde était rangée, et les drapeaux ont été placés en tête de la ligne. Un détachement a ensuite été avec la musique prendre les drapeaux destinés aux divisions et qui étaient restés à l'hôtel de la Guerre. Le cortège, arrivé dans ladite avenue, a passé devant la garde et, revenu à la tête de ladite garde, les drapeaux ont été remis entre les mains des huit porte-drapeaux de ladite garde par huit bas officiers invalides commandés par M. Berthier, gouverneur de l'hôtel de la Guerre..... Le cortège, ouvert par l'état-major, s'est ensuite mis en marche pour se rendre à l'église Notre-Dame en passant par la rue de l'Orangerie, celle de Satory, la place d'Armes et la rue Dauphine, toutes lesquelles rues étaient bordées par le régiment de Flandre sous les armes et par plusieurs détachements des chasseurs des Trois-Évêchés. Le corps municipal, ayant M. le Gouverneur et son président en tête sur la même ligne, suivaient immédiatement les huit drapeaux aux armes du Roi et de la ville. Arrivé à la principale porte de l'église, M. le Commandant général, M. le Commandant en second et le major général sont venus recevoir le corps municipal et l'ont conduit aux stalles du chœur, du côté de l'épître. Les officiers de l'état-major de ladite garde et le commandant général ont pris place dans les stalles côté de l'évangile. Quelque temps avant l'arrivée des drapeaux et du corps municipal, la députation de l'Assemblée nationale, composée de trente de ses membres, s'était rendue à l'église accompagnée d'un membre du corps municipal qui la conduisit à la place d'honneur qui lui avait été destinée dans le sanctuaire. A l'entrée de MM. les Députés et pendant leur marche dans l'église, les troupes leur avaient rendu tous les honneurs militaires qui leur étaient dus. Lorsque tout le monde a été placé, la cérémonie a commencé, la bénédiction des drapeaux a été faite

et la messe haute a été célébrée par Monseigneur l'Archevêque
de Paris, pendant laquelle la musique du Roi a exécuté plusieurs
motifs sous la conduite de M. Giroust, surintendant de la musique
du Roi. L'offrande a été faite d'abord par le corps municipal, ensuite par le commandant et les officiers de la garde. La cérémonie
a été terminée par le cantique *Te Deum*, chanté par la musique du
Roi. Pendant la cérémonie, Mme la comtesse de Gouvernet a
fait la quête et l'a remise au président pour en faire l'emploi que
l'assemblée désirerait (1). La cérémonie finie, le corps municipal a reconduit jusqu'à la porte de l'église MM. les Députés
de l'Assemblée nationale, auxquels le président a adressé les
remerciements de la municipalité.

« Le corps municipal s'est ensuite rendu dans la salle d'assemblée, où il a reçu Monseigneur l'Archevêque de Paris, M. de
Saint-Priest, ministre de la Maison du Roi, l'état-major général,
les députés des officiers et soldats de la garde nationale, les
députés des corps militaires. Les officiers du bailliage et toutes
les personnes invitées au repas que les membres de la municipalité avaient fait préparer dans une salle à côté. Pendant le
repas, le président a porté plusieurs santés. La première au Roi
et à la prospérité de la Nation. La seconde à la Reine et à la
famille royale, et les autres aux corps et personnes notables
invités. Cette dernière cérémonie finie, le corps municipal s'est
assemblé dans la salle ordinaire, où le présent procès-verbal a
été dressé. »

Si la naissance de notre Garde nationale fut quelque peu
insurrectionnelle, illégale ou irrégulière, on ne pouvait l'ac-
cueillir et la reconnaître avec plus de solennité. Toutes les autorités qui alors se partageaient le pouvoir, par des députations
ou des représentants qualifiés, la consacrèrent, lui permettant
ainsi de prendre légitimement sa place au grand jour de l'existence officielle.

---

(1) Compte fait de la quête, elle a produit la somme de 893 livres 6 sols
6 deniers.

II

Son attitude politique. — Ses commandants généraux.

Si les premières conceptions de l'Assemblée communale avaient été réalisées, les rangs de la Garde nationale versaillaise n'auraient été composés que d'un nombre très restreint d'hommes choisis avec le plus grand soin ; mais la population ne l'entendit pas ainsi. Elle voulut être inscrite tout entière sur les contrôles, à la seule condition, pour chaque garde, d'être domicilié. On écarta, sans ménagements, « tous gens en l'état de domesticité », mais, pour la classe laborieuse non domiciliée, on essaya de masquer l'éviction en recourant à un artifice oratoire. « Tous ouvriers et artisans non domiciliés, dit le règlement, devant être conservés pour les travaux nécessaires à la société, seront dispensés du service, mais il en sera fait un contrôle de réserve à l'effet de les appeler au secours commun, dans les cas urgents. » Il fallut cependant admettre quelques exceptions énergiquement imposées (1), exceptions malgré lesquelles la milice bourgeoise se trouva composée, en grande majorité, d'hommes attachés à la Cour, vivant du travail que donnait la royauté et son entourage, ou qui, résidant depuis longtemps à Versailles, avaient compris combien la présence du souverain était nécessaire à la prospérité commune. Une milice composée de gens animés de telles pensées ne pouvait qu'aimer Louis XVI, dont, d'ailleurs, chaque jour, chacun était à même d'apprécier la droiture et la charité. On ne saurait donc être surpris de voir que la Garde nationale versaillaise aimait le Roi et qu'elle rechercha avec empressement toutes les occasions de lui donner des marques de son réel attachement.

A peine organisée, la milice bourgeoise de cette ville fut invitée à offrir à Louis XVI (2), à l'occasion de sa fête, un bouquet que l'on qualifia de patriotique et qui l'eût été bien réellement

(1) Voir page 129.

(2) Voir page 69.

en effet : au lieu d'une gerbe de fleurs, les promoteurs avaient songé à offrir le produit d'une souscription ouverte dans toute la France, et que l'on espérait voir s'élever assez pour éteindre entièrement la dette nationale.

Ce projet généreux n'ayant pu être réalisé, la milice se borna, pour honorer le patron du Roi, à recevoir la Garde nationale parisienne en un joyeux banquet (1).

On se rappelle que la confection des drapeaux remis à nos bataillons fut l'occasion de décisions et d'actes très flatteurs pour le Roi et pour la Reine.

« En mai 1790, la Garde nationale versaillaise arrêta, dit le *Journal de Paris* (2), qu'une médaille d'or serait frappée (3) à l'occasion de la séance, à jamais mémorable, de Louis XVI à l'Assemblée nationale, le 4 février 1790. Cette médaille, de 23 lignes de diamètre, était ainsi composée : sur l'une de ses faces est fixé, dans l'entourage de deux branches d'olivier, cet endroit si touchant du discours du Roi : « Ce bon peuple qui « m'est si cher et dont on m'affirme que je suis aimé, quand « on veut me consoler de mes peines. » Sur l'autre face est un pélican se saignant pour ses petits, avec ce vers pour exergue :

Français, sous cet emblème adorez votre Roi.

« L'idée simple et heureuse de ce monument d'une juste reconnaissance et son exécution sont dus à M. Rousseau, sculpteur à Versailles, et capitaine de la Garde nationale de cette ville.

« L'hommage en a été fait au Roi, qui l'a reçu, avec un air de bonté et de satisfaction, des mains de M. Berthier, commandant en second, qui, à la tête d'une députation, a accompagné l'offrande de cette phrase : « Sire, la Garde nationale de Versailles, « pénétrée de respect et d'amour pour les vertus de Votre Ma« jesté, n'a pas cru devoir mieux les transmettre à l'admiration « de la postérité qu'en confiant au métal le plus durable un ex-

---

(1) Ce repas coûta 6,335 liv. 5 s. 4 d., qui furent réclamés aux compagnies, taxées chacune pour 148 livres qu'elles ne se montrèrent pas très empressées à payer : « Il est juste, répondit l'une d'elles, que cette somme ne soit exigible qu'après que tous les habitants se seront joints à la Garde nationale. »

(2) N° du 6 mai 1790.

(3) La Garde nationale en avait présenté le dessin à l'Assemblée générale de la ville, qui l'avait approuvé le 15 février 1790.

« trait de vos maximes et une image de vos actions paternelles. »

« La même députation a ensuite eu l'honneur de présenter une médaille d'or à la Reine, qui l'a reçue d'une manière non moins affectueuse. »

Enfin, le 3 juin 1790, M. le Commandant de la Garde nationale soumet à l'Assemblée générale de la ville, qui l'approuve, le projet de lettre suivant, destiné à M. de La Fayette : « Monsieur le Marquis, le Roi ayant décidé que sa garde à Saint-Cloud serait faite par un détachement de la milice parisienne, notre respect pour Sa Majesté nous fait un devoir de nous y conformer. Si Sa Majesté ne s'était pas expliquée à cet égard, sa garde aurait dû appartenir à notre département, et nous nous serions empressés d'y concourir avec la Garde nationale de Saint-Cloud (1); mais, d'après la volonté du Roi, nous ne pouvons que lui offrir une soumission respectueuse, en nous réservant de réclamer, dans toute autre circonstance, un service bien précieux pour nous. »

Louis XVI résidait à Paris depuis octobre 1789, et, frappés bien cruellement par son départ, les habitants de Versailles aspiraient ardemment après un retour bien désirable, que l'on pouvait espérer encore. Aussi l'attitude que prenaient nos concitoyens, en toute occasion, était comme une supplique permanente. Voyez nos souffrances, semblaient-ils dire, revenez en votre bonne ville, Sire, nulle résidence ne sera pour vous plus sûre, vous ne serez nulle part entouré d'une plus vive sympathie; ici, vous êtes respecté et chéri. Ils auraient pu ajouter, comme Figaro : Si l'on pouvait douter de notre cœur, « notre intérêt répondrait de notre fidélité ».

Pourtant, on aurait tort de croire que tout était à l'unisson dans l'esprit de nos concitoyens, et que les idées révolutionnaires n'avaient fait aucune incursion dans les rangs de notre Garde nationale. L'origine de la milice versaillaise la portait inévitablement à revoir toutes choses, comme elle avait corrigé, avant de les arrêter, les conditions de son organisation, puis réglé les détails du service qu'il faudrait assurer. Aussi, après s'être constituée, elle était demeurée un corps délibérant,

______

(1) La Garde nationale de Saint-Cloud avait demandé à être fédérée à celle de Versailles.

autant qu'une troupe armée gardienne de la paix publique et des
lois.

Elle avait des assemblées générales dont, fort sagement, le
règlement avait, de la manière suivante, limité le nombre des
membres : état-major général ; états-majors particuliers (1) ; tous
les capitaines ; un lieutenant, un sous-lieutenant (2), un sergent,
un caporal et un soldat de chaque bataillon ; les commissaires
aux revues ; enfin, le secrétaire général.

L'assemblée générale siégeait tous les lundis et extraordinai-
rement dans les cas urgents ou imprévus. Ses décisions sur les
affaires de sa compétence, en grande partie prévues au **règlement**, devaient être soumises à la municipalité et ne devenaient
exécutoires qu'après approbation.

Mais ces prudentes prescriptions étaient toujours méconnues ;
la Garde nationale se considérait comme en droit de tout connaître et de tout discuter. Des projets de natures fort diverses
étaient mis en délibération au cours des séances ; on analysait
les décisions et les actes de la municipalité, on jugeait le département, on allait jusqu'à interpréter les lois.

Les compagnies se réunissaient, elles aussi, prenaient des
arrêtés sur des questions dont elles n'avaient pas à connaître
et souvent émettaient des avis dissemblables sur un même sujet ;
elles commentaient les ordres reçus et parfois refusaient de les
exécuter.

La municipalité en ressentit de tels embarras, qu'un jour le
procureur général de la Commune s'écriait :

« ... Plusieurs compagnies de la garde nationale s'assemblent,
délibèrent et affectent hautement de méconnaître la loi constitu-
tionnelle concernant la force publique ; on motionne de toutes
parts, on prêche la désobéissance aux corps administratifs, on
dirait que nous sommes sans lois, sans magistrats, sans administration.

« Il est temps cependant de jouir des bienfaits de la Constitution, il est temps de faire cesser l'anarchie et de substituer la
volonté générale aux volontés particulières. »

____

(1) Les aides-majors de tous grades n'avaient pas voix délibérative aux assemblées, mais ils prenaient place au bureau.

(2) Les lieutenants, sous-lieutenants, bas officiers et gardes étaient nommés par
les compagnies pour siéger pendant trois mois.

D'un autre côté, les assemblées étaient publiques. On aurait pu s'en féliciter, si les assistants, la galerie, comme on l'appela parfois, avait su demeurer muette et calme ; mais elle intervenait à tout propos et sans aucune gêne, se mêlant directement aux débats.

Cependant, malgré, peut-être à cause de ses défauts, l'assemblée générale de la Garde nationale était devenue une puissance, une sorte de personnage important, auquel on faisait la cour ; elle recevait des visites et les rendait. La municipalité, le département lui envoyèrent des députations. A cette occasion, on échangeait des discours émaillés de protestations chaleureuses sur la fraternité et le zèle dont chacun brûlait pour le bien général. Beaucoup de ces protestations étaient loyales et sincères ; d'autres, plus intéressées, avaient surtout en vue l'accroissement du nombre des adhérents aux menées ambitieuses de leurs inspirateurs. Il est certain que tel fut le but de la délégation envoyée le 28 juin 1790 à la Garde nationale de Versailles par le Directoire du département. A la tête de cette administration était Laurent Le Cointre (1), personnage chicanier, libéral soupçonneux et inquiet, qui lors songeait à renverser le commandant de la Garde nationale, tout en faisant échec à la municipalité.

En résumé, les assemblées de la Garde nationale ne donnèrent jamais rien d'utile ; elles eurent, au contraire, pour résultat de diminuer l'autorité morale des officiers et d'affaiblir le sentiment de la discipline et du devoir.

L'Assemblée nationale, qui comprit les inconvénients et les dangers de ces réunions, les supprima par la loi du 12 décembre 1790, où se trouve cette disposition : « Tout corps armé ne pourra se réunir, à l'avenir, qu'au moyen d'une autorisation spéciale du Gouvernement. » La municipalité transmit cette loi au commandant de la Garde nationale, en le priant de s'y conformer, et, il faut le reconnaître à sa louange, la milice versaillaise s'inclina sans protestation, ni récrimination, donnant à tous le salutaire exemple du respect à la loi, primordial devoir de toute collectivité comme de tout homme civilisé.

____

(1) Voir *Laurent Le Cointre*, par P. Fromageot (*Revue de l'Histoire de Versailles et de Seine-et-Oise*, 1899).

Ce furent les amis de l'ancien régime qui, à Versailles, en 1789, jetèrent le trouble et l'inquiétude en l'esprit de notre Garde nationale, si bien disposée pour le Roi. Les courtisans, voyant dans cette troupe armée une menace et un danger pour leurs privilèges et leur influence, firent apercevoir le péril en le grossissant, et au lieu d'engager leur maître à capter la confiance de la nouvelle milice, ils le poussèrent à rassembler une force capable d'annihiler celle que la Nation venait de créer.

Versatile et faible, comme toujours, Louis XVI signa l'ordre d'appeler autour de Paris des régiments sur lesquels la noblesse, qui les commandait, croyait pouvoir compter. Au lieu d'agir ouvertement, en personne qui veut le bien public, on s'efforça de ne rien laisser paraître ; sans bruit, on fit venir successivement deux pelotons de cavalerie indispensables, affirmait-on, à la sécurité de la ville. Ce premier pas effectué sans protestations, M. de Saint-Priest. ministre de la Maison du Roi, écrivit au commandant général de la Garde nationale : « Vous n'ignorez pas, Monsieur le Comte, que l'on a eu ici à plusieurs reprises l'inquiétude que des gens armés ne vinssent de Paris troubler la tranquillité de Versailles. Cette inquiétude s'est renouvelée plus fortement hier, et je désire savoir de vous si la garde bourgeoise peut opposer une résistance suffisante ou s'il vous faut du secours. »

Si nous en croyons Emile de Labédollière (1), cette question tendancieuse aurait été soumise à toute notre milice, et « sur quarante-deux compagnies, vingt-huit l'auraient désavouée » : Cependant l'état-major, gagné à la cause de la Cour ou pris au piège, fit la réponse que l'on désirait. Le 18 septembre 1789, M. le comte d'Estaing, accompagné de députés des capitaines, vient à l'Hôtel de Ville où l'Assemblée générale de la Commune se trouvait réunie. Après avoir pris séance, M. le Commandant général a lu le réquisitoire dont la teneur suit : « Les députés soussignés, conformément à la délibération de l'assemblée des capitaines et de l'état-major de la Garde nationale de Versailles, et d'après la lettre de M. le comte de Saint-Priest, en date de ce jour, annexée en original à la présente réquisition, sont venus à l'effet de déclarer l'insuffisance de leurs forces, attendu les

____

(1) *Histoire de la Garde nationale.*

divers avis plus alarmants les uns que les autres qui se succèdent continuellement; et après avoir protesté qu'ils ne comptaient pour rien le sacrifice de leur vie, ils ont dû, pour le salut
des autres citoyens encore plus que pour le leur, notifier à l'Assemblée générale de la municipalité que, d'après la lettre de
M. le comte de Saint-Priest, il était indispensable pour la sûreté
de la ville, pour celle de l'Assemblée nationale et pour celle du
Roi, d'avoir le plus promptement possible un secours de mille
hommes de troupes réglées, qui seront aux ordres du commandant général de la Garde nationale de Versailles; lesdits députés sont venus en conséquence pour requérir de la manière la
plus forte et la plus positive la municipalité de demander au
Roi ce secours (1). »

L'Assemblée générale, « délibérant sur les motifs urgents
énoncés dans le réquisitoire ainsi que dans la lettre du ministre,
a arrêté unanimement que le salut public exigeait le secours
demandé de mille hommes d'infanterie française, lequel corps
sera sous les ordres immédiats du commandant général de la
ville et prêtera le serment prescrit par le décret de l'Assemblée
nationale du 10 août dernier.

« L'Assemblée a aussi arrêté que, dans tous les cas, l'activité
de ce corps sera déterminée de concert entre la municipalité et
la Garde nationale, qui conservera les postes d'honneur auprès
de la personne du Roi et de la famille royale. Elle a aussi arrêté
que ledit réquisitoire et ces présentes seront imprimés et
affichés ».

Il faut reconnaître qu'il était difficile d'être plus habile et de
mieux présenter, après l'avoir dorée, la traîtresse pilule que
l'on voulait faire prendre au public qui, en effet, ne comprit
rien, tout d'abord, aux actes qui s'accomplissaient. Les dispositions étaient si bien prises que, cinq jours plus tard, le régiment
de Flandre arrivait en cette ville « avec 2 pièces d'artillerie,
8 barils de poudre, 6 caisses de balles, 1 de mitraille et 6,986 cartouches (2) ». La municipalité et les officiers de la Garde nationale s'étaient portés à la rencontre du régiment qu'ils accompa-
gnèrent jusque sur la place d'Armes, où la troupe de ligne se

(1) Registre des délibérations de l'Assemblée générale de Versailles.
(2) Labédollière, *Histoire de la Garde nationale.*

forma en cercle. La municipalité et les officiers ayant été introduits au centre, reçurent le serment prêté dans les termes prescrits par le décret de l'Assemblée nationale.

La Cour se réjouissait, et le Roi, heureux de la satisfaction
qu'il voyait autour de lui, écrivit, le 24 septembre 1789, à M. le
comte d'Estaing : « Je vous charge, mon cousin, de remercier la
Garde nationale de ma ville de Versailles de l'empressement
qu'elle a marqué à aller au-devant de mon régiment de Flandre.
J'ai vu avec plaisir la liste que je vous avais demandée et que
tous vous ont accompagné. Témoignez à la municipalité combien
je suis satisfait de sa conduite; je n'oublierai pas son attachement et sa confiance en moi, et les citoyens de Versailles le
doivent à mes sentiments pour eux; c'est pour l'ordre et la
sûreté de la Ville que j'ai fait venir le régiment de Flandre, qui
s'est bien conduit à Douai et ailleurs; je suis persuadé qu'il en
sera de même à Versailles, et je vous charge de m'en rendre
compte.

« Signé : Louis. »

« Cette lecture faite, M. le Commandant général a été prié
par l'Assemblée municipale de porter aux pieds du Roi l'expression de son attendrissement et de sa reconnaissance la plus
respectueuse. Elle a prié instamment M. le Commandant général de vouloir bien faire le dépôt de cette lettre dans ses archives
comme un gage précieux de l'amour du Roi pour les citoyens
de sa ville de Versailles, et M. le Commandant général a répondu
que c'était le seul sacrifice qu'il lui était impossible de faire à
l'Assemblée, et qu'il espérait qu'elle daignerait l'en estimer
davantage. »

Quand de tels assauts de courtisanerie lui étaient rapportés,
la Cour, prête à croire ce qu'elle désirait, ne pouvait que se
rassurer, voire même se faire illusion et se griser. Tous les aver-
tissements passés étaient oubliés, l'avenir semblait souriant, la
voie dégagée, les obstacles aplanis. Ce fut certainement dans de
semblables dispositions d'esprit que, conformément à l'usage,
les gardes du corps se disposèrent à souhaiter la bienvenue aux
officiers du régiment de Flandre. Nous ne redirons pas ici les
péripéties si souvent racontées du banquet que vit, le 1er octobre 1789, la salle de l'Opéra du Château; les incidents, interprétés par d'habiles politiciens, portèrent un coup violent à la

confiance du peuple et de la Garde nationale. Bientôt, la noblesse comprit qu'il lui fallait renoncer aux grades que l'élection populaire lui avait conférés, quand chacun croyait pouvoir compter sur son patriotisme, sa valeur et ses talents militaires. MM. d'Estaing et de La Tour du Pin-Gouvernet, vivement attaqués après les journées des 5 et 6 octobre 1789, prirent, eux aussi, le parti de se retirer. La démission de M. d'Estaing est contenue en une longue lettre (1) adressée à l'assemblée des capitaines et de l'état-major de la Garde nationale, à la salle d'assemblée, au Grand-Commun de Versailles.

Quand on retranche de cette démission les protestations d'attachement, les vœux de bonheur, il ne reste plus guère que cette déclaration : « Celui que vous avez honoré de votre choix n'a pas été au-dessus du soupçon. »

Si la vie du comte d'Estaing, si ses moindres actes n'eussent laissé prise à aucun reproche, on comprendrait qu'une rumeur vague, que des propos imprécis l'aient laissé dédaigneux et qu'il se fût borné à briser silencieusement son épée ; mais ce n'est pas

(1) « Messieurs, j'aimerais à me voir dans le cas heureux d'avoir l'honneur de vous dire que celui que vous avez honoré de votre choix a dû être au-dessus du soupçon. Ce qui s'est passé ne le permet pas. Une juste surveillance est la sauvegarde comme le Berceau de la liberté ; ces deux titres rendent toute inquiétude si respectable, que les rigueurs mêmes de la défiance deviennent précieuses ; elles peuvent, dès lors, être considérées comme l'enfance du bonheur. Permettez-moi de sacrifier le mien, en m'efforçant encore de contribuer au vôtre. Ce n'est plus que par mes vœux qu'il m'est permis de m'en occuper.

« Vous n'aviez point, Messieurs, eu besoin de conseil, votre cœur et la raison vous avaient inspirés, dès le jour de la Saint-Louis (a). Puisse la même nomination pouvoir s'effectuer, puisse-t-elle être au moins tacite ! Les avantages en seraient inappréciables, et les possibilités me semblent devenues plus grandes. Je serais un intermédiaire qui les affaiblirait, j'ai senti que je me livrais trop au sentiment, à la véritable gloire, à celle de l'amour du bien, et à celle que l'on trouve à se rendre justice à soi-même, en désirant de rester votre commandant subordonné. Quelques réflexions m'ont fait concevoir les inconvénients, ils me frappent d'autant plus qu'ils n'existent que pour vous. Je vous supplie donc d'agréer, avec indulgence et bonté, mes regrets et ma démission.

« Je vous ai dû, Messieurs, la confiance d'une municipalité pour laquelle je conserverai toute ma vie la vénération la plus vraie, le respect inviolable ; daignez être l'organe de mes sentiments en donnant communication de ma lettre à MM. du corps municipal de la ville de Versailles, et recevez l'hommage de l'attachement et du respect avec lesquels j'ai l'honneur d'être,

« Messieurs,
« Votre très humble et très obéissant serviteur.
« Signé : ESTAING. »

(a) Allusion à l'offre généreuse faite d'aider à la libération de la dette nationale par des dons volontaires offerts au Roi comme bouquet, le jour de sa fête.

ainsi que la plupart des historiens apprécient l'ancien commandant général de notre Garde nationale. S'ils le représentent comme un soldat plein d'entrain et de courage (1), comme un officier aventureux, mais d'un mérite réel, ils lui reprochent aussi d'avoir manqué de caractère dans la vie civile, où il amoindrit son prestige en se faisant « patriote par calcul, sans cesser d'être courtisan par habitude (2) ». L'intérêt de sa bonne renommée voulait qu'il parlât au moins quand il sut que ses subordonnés l'accusaient ouvertement. La 10ᵉ compagnie du quartier Notre-Dame prit, le 19 octobre 1789, l'arrêté suivant : « Quant à la démission donnée par notre commandant général, elle sera acceptée après que M. le comte d'Estaing se sera rendu à la sommation qui lui sera faite de mettre au jour la conduite qu'il a tenue depuis que nous l'avons revêtu de nos pouvoirs. Faute par lui de se justifier des imputations ou au moins des doutes que jette sur lui l'abandon dans lequel il nous a laissés la nuit du lundi 5 de ce mois au mardi 6, son silence sera pour nous un aveu tacite de ses torts. »

Beaucoup, parmi ceux qui ont retracé les pénibles événements qui se déroulèrent à Versailles en ces deux tristes jours, reprenant l'accusation demeurée sans réfutation, reprochent à M. d'Estaing d'avoir manqué à son devoir, le 5 octobre 1789, en ne donnant pas d'ordres à la Garde nationale, en ne se plaçant pas à la tête des bataillons qu'il avait mission de diriger (3).

Bien que nous déplorions le silence de d'Estaing et qu'il soit permis de le voir désireux de ménager en même temps royalistes et révolutionnaires, il ne nous semble pas que le commandant en chef de notre Garde nationale mérita ce jour-là le blâme qu'on lui inflige.

Il serait injuste d'oublier que, les 5 et 6 octobre, d'Estaing n'a pas cessé, un seul instant, d'être à son poste. Dès la première nouvelle du péril, il court chez le Roi; sa présence est constatée

---

(1) En 1779, le comte d'Estaing, à la tête de ses grenadiers et décoré de son cordon bleu, emporta d'assaut le fort principal de l'île anglaise de la Grenade.

(2) Michaud, *Biographie universelle.*

(3) Voir *Histoire anecdotique des rues, places et avenues de Versailles*, par J.-A. Le Roi; — *Laurent Le Cointre*, par P. Fromageot (*Revue de l'Histoire de Versailles et de Seine-et-Oise*); — *Dernières années du règne de Louis XVI*, par François Hue; — *Biographie universelle*, par Michaud (Estaing).

dans la salle du Conseil, au milieu des secrétaires d'Etat, des gentilshommes et des officiers venus se mettre à la disposition du souverain ou prendre ses ordres (1).

M. le duc de Guiche, capitaine des gardes du corps, vit le commandant général sur la place d'Armes, vers 3 h. 1/2 du soir. D'Estaing venait notifier « qu'il était, de par le Roi, commandant de tous les postes militaires qui étaient à Versailles. Sur les 8 heures du soir, M. de Guiche reçut, par « M. le comte de Laval, ordre de M. d'Estaing de se retirer et de renvoyer chaque compagnie à son quartier ». A 2 heures du matin, M. de Guiche revit M. d'Estaing, qui lors était dans son lit, et reçut de lui « le conseil de se retirer au Grand-Trianon et d'y passer la nuit (2) ». A ce moment, M. de La Fayette, arrivé à Versailles entre 11 heures et minuit, avait seul le commandement de la force armée, commandement qu'il conserva toute la journée du lendemain, jusqu'au départ du Roi.

Quand, enfin, le triste cortège qui emmenait Louis XVI à Paris se mit en route, le comte d'Estaing était à cheval devant l'une des portières du carrosse royal. Il rendit compte de son départ à Messieurs de la municipalité, par lettre datée de Paris, 8 octobre 1789 (3).

Dans la journée du 5 octobre, d'Estaing n'avait pas oublié

(1) L. Batiffol, *Les Journées des 5 et 6 octobre* 1789, *à Versailles* (*Mémoires* de la Société des Sciences morales, des Lettres et des Arts de Seine-et-Oise, tome XVII, p. 49).

(2) Relation du duc de Guiche, capitaine des gardes du corps, dans *Fantômes et Silhouettes*, par le comte Fleury (Paris, Emile-Paul, éditeur).

(3) « Un des plus constants et des principaux articles du règlement, qui serait indubitablement consacré par votre sanction sans les douloureuses circonstances dans lesquelles nous nous trouvons. Une des dispositions que MM. vos commissaires ont le plus approuvée, portant qu'en cas d'absence de Sa Majesté elle sera suppliée de désigner ceux d'entre nous qui auraient l'honneur de l'accompagner, le Roi m'a promis de me présenter; j'ai, en conséquence du règlement, préféré à toute autre place celle de suivre Sa Majesté à cheval et comme ayant l'honneur de faire partie de sa garde. La sûreté de Versailles est dans de trop bonnes mains pour que cet objet ne soit pas parfaitement rempli; s'occuper du prompt retour de la famille royale, c'est travailler efficacement à la conservation de la ville, c'est satisfaire le cœur des citoyens, et je remplirai, en ne cessant pas un seul instant de m'occuper à y contribuer de toutes mes forces, la dernière partie de l'autorisation par écrit dont vous m'avez honoré... Augmenter le nombre des moyens par lesquels vous en serez instruits, c'est chercher à vous plaire, c'est vous prouver mon sincère attachement par l'endroit qui vous intéresse davantage.

« *Signé :* ESTAING (a). »

(a) Manuscrit, Bibliothèque de la ville de Versailles.

qu'il relevait de la municipalité, et dès qu'il fut avisé de la marche des Parisiens sur Versailles, il se présenta devant l'Assemblée
générale de la ville, de laquelle il reçut la réquisition suivante :

« L'Assemblée, instruite par M. le Commandant général qu'une
troupe considérable de gens des deux sexes, partis ce matin de
Paris, dirigent leurs pas vers cette ville, requiert M. le Commandant de la milice nationale de prendre toutes les précautions et
employer toutes les forces qui sont à sa disposition pour garantir de toute insulte le Roi et la famille royale, l'Assemblée
nationale et cette ville, même de repousser la force par la force,
après avoir néanmoins employé tous les moyens de douceur
pour maintenir la paix, et, dans le cas où Sa Majesté serait
forcée de s'absenter de cette ville, l'Assemblée charge M. le
Commandant de la ramener le plus tôt possible. »

Cette réquisition n'est ni un ordre, ni un blanc-seing ; si, en effet,
elle invite le commandant à employer la force, elle ne lui permet d'agir avec vigueur qu'à l'instant imprécis où tous les
moyens d'apaisement auront été épuisés. En réalité, la municipalité ne savait que faire, et on n'en peut douter quand on se
souvient qu'après avoir réquisitionné le commandant en chef,
elle donna à son sous-ordre, Le Cointre, l'ordre « de faire tout
ce qu'il jugera plus convenable pour la tranquillité ».

En toutes nos villes, en toutes nos provinces, les hésitations,
l'indécision des officiers et des administrateurs facilitèrent puissamment l'accomplissement des événements qui se déroulèrent
au commencement de la Révolution française.

Quand le Gouvernement ne montre pas avec netteté et fermeté la voie qu'il veut suivre, personne n'a d'initiative, chacun
s'arrête, perd un temps précieux, et finalement ce sont les événements qui décident.

Ce que l'on vit à Versailles, les 5 et 6 octobre, ne fut que la
répétition de ce qui se produisit à Paris dans la matinée du
14 juillet 1789, quand le peuple força l'entrée des Invalides et y
prit 28,000 fusils soigneusement emmagasinés. Des régiments
en partie étrangers étaient campés au Champ-de-Mars. « Le
peuple n'eût pu tenir contre de telles forces dans les larges
boulevards et les espaces découverts qui entourent les Invalides.

« Le commandant n'avait pas d'ordre et n'était pas sûr de ses troupes, pas même de tous les soldats étrangers. Il hésita (1)... »

Redisons-le, car rien n'est plus vrai, c'est jusqu'au Roi qu'il faut faire remonter le reproche d'avoir paralysé, par sa bonté, par son irrésolution habituelle, tous les serviteurs dévoués qui ne cessèrent de s'offrir à lui et de solliciter des ordres.

Comment comprendre, du reste, que l'on n'ait pris aucune disposition en vue d'événements depuis longtemps attendus?

A Versailles, la municipalité avait des indications qui ne laissaient place à aucune surprise. « Il ne faut pas en douter, disait Thierry de Ville-d'Avray, le 25 juillet 1789, Versailles est depuis plus de trois mois rempli de gens sans aveu ; et qui nous dira si, dans ce nombre, il n'y en a point qui nous préparent quelque affliction nouvelle. »

De son côté, « la Cour, aussi aveugle dans ses craintes qu'elle l'avait été dans sa confiance, dit Thiers, redoutait si fort le peuple, qu'à chaque instant elle s'imaginait qu'une armée parisienne marchait sur Versailles ».

Enfin, le jour même où l'événement se produisit, il était facile, même sans avoir rien ordonné à l'avance, de recourir à l'emploi de la force, si le Roi l'avait voulu. En dehors de la Garde nationale, que l'on pouvait laisser chez elle, il y avait à Versailles le régiment de Flandre, la garde suisse, 400 cavaliers, chasseurs et dragons, et enfin les gardes du corps, qui se seraient sacrifiés jusqu'au dernier si on le leur avait demandé. C'était plus que suffisant pour tenir en respect les femmes et le peuple venus de Paris, armés seulement « de piques, de haches et de bâtons ferrés (2) ».

On sait que Louis XVI était à la chasse quand on apprit ici la marche sur Versailles de la foule parisienne.

Un exprès fut dépêché au souverain, et des gardes du corps s'échelonnèrent sur la route pour protéger le retour.

Lorsque Louis XVI entra dans la salle du Conseil, où l'attendaient les grands officiers de la Couronne, tous se levèrent.

« En quelques mots, brièvement, on mit le Roi au courant de la situation, et on délibéra sur le parti qu'il y avait à prendre. M. de Narbonne, prenant la parole, fut d'avis qu'il fallait agir

---

(1) Henri Martin, *Histoire de France populaire*, tome III, p. 384.

(2) Thiers, *Histoire de la Révolution française*.

énergiquement et sans plus tarder. On n'avait qu'à lui donner les troupes qui se trouvaient à Versailles, avec quelques pièces de canon, et ce ne serait pas long de culbuter toute cette populace dans la direction de Paris. « Il faut, en outre, ajoutait-il, garder « les ponts de Sèvres et de Saint-Cloud. Ou elle renoncera à « son projet, ou elle passera par Meudon. Placé alors sur les « hauteurs, je la canonnerai et, avec de la cavalerie, je la pour- « suivrai dans sa fuite, de manière qu'il n'en rentrera pas un seul « à Paris. » Louis XVI réfléchit un instant, l'air attristé. Puis, en hésitant, il répondit que ce n'était pas possible, qu'il ne pouvait consentir à verser le sang de ses sujets, et que c'était par la clémence et la douceur qu'il fallait ramener tous les esprits égarés (1). »

Un peu plus tard, quand la troupe des femmes et du peuple fut sur le point de franchir les barrières de la ville, au prince de Luxembourg, capitaine des gardes, qui demandait des ordres, Louis XVI répondit en riant : « Eh! quoi, pour des femmes, vous vous moquez (2)! »

Après les incidents de la place d'Armes, le duc de Beauvau voyant que le Roi refusait obstinément d'utiliser les gardes du corps, insista pour qu'il les renvoyât, car il ne pouvait, dit-il, les exposer comme victimes, n'en voulant pas comme dé-fenseurs (3).

Enfin, c'est le Roi qui, dans la soirée du 5, résolut de ne rien entreprendre avant l'arrivée de La Fayette et de l'armée pari-sienne (4).

Ce n'est donc pas d'Estaing qui mérite le reproche de n'avoir donné aucun ordre aux troupes.

Peut-on, du moins, lui demander pourquoi il ne s'est pas mis à la tête de la Garde nationale, quelles raisons le portaient à douter de ses hommes?

D'Estaing, voulant connaître l'état des esprits, était venu sur la place d'Armes dans l'après-midi du 5 octobre. Là, il demanda au régiment de Flandre si l'on pouvait compter sur son obéis-

(1) M. Batiffol.
(2) Rivarol, tome IV, p. 293, *Œuvres complètes* (Bibliothèque de Versailles).
(3) M. de Guiche, Relation dans *Fantômes et Silhouettes*, par le comte Fleury.
(4) *Idem.*

sance, et il lui fut répondu que les soldats ne tireraient pas sur la nation (1).

« Si j'ordonne de faire feu, dit-il à un artilleur de la Garde nationale, le ferez-vous ? » et le canonnier répondit : « Non ! » avec des termes peu mesurés (2).

M. de Guiche dit, parlant des gardes nationaux de Versailles : « les propos horribles qu'ils tenaient..., les menaces continuelles qu'ils faisaient de mettre le feu aux canons qui nous prenaient en flanc, tout aurait dû nous donner quelque inquiétude (3) ».

Nous sommes en droit d'affirmer aujourd'hui, connaissant les agissements postérieurs du lieutenant-colonel Le Cointre, que d'Estaing aurait trouvé plutôt un révolté qu'un auxiliaire, en la personne de son subordonné (4).

Les subordonnés du commandant général, justement préoccupés d'une situation pleine de périls, devaient appeler l'attention de leur supérieur, insister même auprès de lui pour connaître les dispositions qu'il pouvait être nécessaire de prendre ; mais ces démarches faites, il ne leur restait qu'à attendre l'arme au pied. Le commandant général, seul responsable, n'avait à rendre compte qu'au Roi d'une inaction qu'en droit, personne n'avait qualité pour rompre. En fait, un inférieur, coupable quand il marche sans ordre, ne peut être excusé que si son intervention incorrecte a produit un grand bien. Or, si on regarde ce qu'a donné l'activité de Le Cointre (5), on voit que l'apparition de la Garde nationale n'a servi ni le Roi, ni la Révolution, que ce fut uniquement une cause de désordres et de colères que son colonel aurait évités, si, moins passionné, plus hiérarchique, il eût observé la réserve régulière de celui sous les ordres duquel il était placé.

(1) *Histoire anecdotique des rues et avenues de Versailles*, par J.-A. Le Roi.

(2) Note n° 7, en suite de *Misericordiæ* (Recueil de pamphlets, tome IV, Bibliothèque de la Ville).

(3) Relation déjà citée.

(4) Voir *Laurent Le Cointre, député de Seine-et-Oise à la Législative et à la Convention* (1742-1805), par P. Fromageot (*Revue de l'Histoire de Versailles et de Seine-et-Oise*, 1899).

(5) Le Cointre, lieutenant-colonel de l'une des divisions de la Garde nationale, réunit de son autorité privée les hommes sous ses ordres et les conduisit sur la place d'Armes où deux collisions se produisirent. Voir, sur l'attitude de Le Cointre, du 1er au 5 octobre, *Laurent Le Cointre*, par P. Fromageot.

Une partie seulement de la Garde nationale versaillaise avait suivi Le Cointre, et, dans les rangs, beaucoup d'hommes inquiets, mécontents ou mal disposés, ne tardèrent pas à rentrer dans leurs foyers (1). Ceux qui, jusqu'au soir, demeurèrent sous les armes étaient de fervents patriotes, se croyant sûrs de bien servir le peuple en surveillant les troupes de ligne et surtout les compagnies spécialement attachées à la personne du Roi (2).

On soupçonnait ces corps de vouloir étouffer les libertés naissantes, et c'était, on n'en saurait douter, pour surveiller et contenir les gardes du corps (3) que Le Cointre fit battre le rappel et prendre les armes à sa division.

Afin d'appuyer encore les faits que nous venons de relater et de bien montrer que notre Garde nationale contenait une minorité importante de libéraux songeant peut-être déjà à renverser la monarchie, nous ajouterons quelques détails extraits des procès-verbaux rédigés lors des séances tenues pour accepter la démission de MM. d'Estaing et de Gouvernet, et procéder à l'élection de deux nouveaux commandants généraux.

Notifiées aux compagnies, les dites démissions furent en général acceptées sans observations. A la réunion des majors (19 octobre 1789), on exprima le regret qu'éprouvait la Garde nationale de voir les circonstances obliger les deux commandants en chef à donner leur démission. Les compagnies Beaumont et Lecomte témoignèrent leur regret de perdre en M. d'Estaing un si bon général (4); mais la compagnie Jouanne, à laquelle appartenaient les deux Richaud et Le Cointre fils, par l'excès de sa sévérité, révèle la passion politique qui animait ses membres.

(1) François Hue, *Dernières années du règne de Louis XVI*.

(2) Le Cointre a, non sans peine, fait donner des munitions à ses gardes nationaux, a empêché le départ des voitures du Roi et a pris des mesures énergiques de défense en vue d'une attaque des gardes du corps. Voir *Laurent Le Cointre*, par Paul Fromageot (*Revue de l'Histoire de Versailles et de Seine-et-Oise*).

(3) Un capitaine aurait tenu ce propos à un officier des gardes du corps : « Si un seul coup de pistolet part de vos rangs, il y sera répondu par une décharge générale..... »

..... M. de Gouvernet ayant demandé aux gardes du corps pourquoi ils ne se retiraient pas, aurait ajouté : « La garde nationale ne reste sous les armes qu'à cause de vous. » (François Hue, *Dernières années du règne de Louis XVI*, Bibliothèque de Versailles.)

(4) Après les journées des 5 et 6 octobre, d'Estaing demeura à Paris et s'enrôla dans la Garde nationale de cette ville, où il servit comme simple grenadier. Il fut traduit au Tribunal révolutionnaire et condamné à mort le 28 avril 1794; il était âgé de soixante-cinq ans. (Michaud, *Biographie universelle*.)

« La compagnie, dit le procès-verbal, accepte avec plaisir les dites démissions sans remerciements. »

Aux élections, les compagnies ne donnèrent point la majorité à l'agitateur Le Cointre : 19 désignèrent La Fayette, 10 nommèrent Le Cointre, les autres dispersèrent leurs suffrages sur de Luines, de Villars et Le Roi ; la compagnie Bulard, inaccessible assurément aux excitations de la politique, déclara se rallier à la majorité. Pour le choix d'un commandant en second, 9 compagnies désignèrent Berthier, 6 Le Cointre, 6 de Villars, 5 déclarèrent s'en référer au vœu général, une ne nomma personne, les autres dispersèrent leurs voix sur 6 candidats divers.

Ces chiffres accusent trois courants bien définis : modérés, libéraux et..... indifférents. Les modérés étant les plus nombreux, M. de La Fayette devenait commandant en chef, et Berthier commandant en second.

Quelques mois seulement après tous ces incidents, le 21 juin 1790, une lettre contresignée Bailly menaça de jeter à nouveau le trouble dans les rangs de l'état-major général à peine reconstitué. « Cette lettre, dit le procès-verbal des assemblées générales de la Garde nationale, signée de La Fayette, contient la démission de ce général, conformément au décret de l'Assemblée nationale, qui restreint à un seul département le commandement général. Elle contient les regrets de M. de La Fayette d'être forcé à se séparer de nous et l'assurance qu'il sera à jamais nôtre frère d'armes. L'Assemblée, sensible à ce témoignage de l'estime et de l'amitié du héros de la France, a marqué tous les regrets qu'elle éprouve d'en être séparée, et M. le Président a proposé que l'Assemblée députe, vers M. de La Fayette, un membre de chaque grade pour lui faire part des sentiments de la Garde nationale, et a demandé, en outre, l'honneur d'être à la tête de la députation. »

Il fut fait ainsi, mais on dut songer à choisir un nouveau commandant en chef, et, dans l'incertitude où l'on était des droits de la Garde nationale, une députation se présenta le 29 juin 1790 à la barre de l'Assemblée nationale, pour être fixée à ce sujet. M. Berthier, commandant en second, rendit compte, le 5 juillet 1790, de cette démarche dans les termes suivants : « Le décret de l'Assemblée nationale du 30 juin dernier sursoit à toute nomination de commandant en chef, dans la ville de Versailles, jusqu'après le décret constitutionnel sur l'organisation des gardes nationales. Le poste où vos suffrages m'ont porté pour commander en second, sous ce vertueux défenseur de la vraie liberté, ce plus ferme appui de la Constitution, et qui nous est enlevé par une loi dont il a lui-même provoqué et réclamé la promulgation, ce poste devient pour moi, pendant quelques jours, un commandement en chef... »

On doit remarquer le peu d'importance de cet incident. En fait, La Fayette, toujours à Paris, n'avait été que le commandant nominal de la milice versaillaise. C'était, en fait, Berthier qui, tout en rendant compte fidèle à son supérieur, réglait et dirigeait seul tous les détails du service local.

Son commandement fut particulièrement difficile, sa troupe n'étant pas à ce moment suffisamment homogène et raisonnant trop avant d'obéir; comme nous l'avons vu au début de ce chapitre, elle délibérait, créant parfois de sérieux embarras à son général. « Le commandant Berthier gardait au sein de ces tribulations une attitude dont le calme nous étonne; il mettait à expliquer les mesures qu'il avait dû prendre une patience inépuisable : explications verbales, mémoires écrits, souvent imprimés, rien ne lui coûtait (1). » Il sut allier la modération à l'énergie, calmer les impatiences, adoucir les protestations qui, par leur trop de chaleur, auraient nui à la Garde nationale, à la municipalité et à la ville. La protestation dont il inspira la rédaction à la suite des événements des 5 et 6 octobre 1789 allie le tact à la modération, tout en indiquant la scission politique qui s'était produite au sein de la milice bourgeoise de cette ville.

Voici, d'ailleurs, cette protestation ou, comme on disait alors, l'arrêté pris par l'assemblée de l'état-major, le 21 octobre 1789, et que signèrent MM. Berthier, de Baleine, Rollet, de la Roche, Meunier et de Hillerin :

« L'assemblée de l'état-major et des officiers composant le comité de la garde nationale de Versailles, informée que la manière dont quelques journaux ont rendu compte des événements des 5 et 6 de ce mois est aussi incendiaire que calomnieuse;

« Considérant que la garde nationale n'a absolument rien à

____

(1) Laurent Hanin.

se reprocher dans la conduite qu'elle a toujours tenue, et **notamment** ces deux jours-là;

« Que les inculpations gratuites qui résultent de ces différents écrits sont d'autant plus aisés à réfuter qu'il est contre toute vraisemblance, comme il est contre toute vérité, que les habitants d'une ville honorée depuis un siècle de la résidence de ses souverains, d'une ville qui ne doit pour ainsi dire son existence politique qu'à la présence de son roi, d'une ville dont presque tous les citoyens tiennent par un service plus ou moins habituel, plus ou moins direct, à la personne même d'un monarque qu'ils ont vu naître, dont ils ont vu développer les vertus, d'un monarque qu'ils chérissent autant qu'ils le respectent, aient de plein gré voulu courir les risques de lui déplaire, en se portant à des voies de fait contre d'autres citoyens, contre des frères spécialement chargés de la garde de Sa Majesté;

« Considérant enfin que ces inculpations, comme toutes les délations calomnieuses et anonymes, ne méritent qu'indifférence et mépris; jalouse de se conserver l'opinion publique, qu'elle mérite par son attachement à l'ordre et à ses devoirs;

« Arrête qu'elle ne cherchera point à combattre des inculpations auxquelles elle ne pourrait répondre, sans mettre au grand jour les preuves les moins équivoques et les mieux constatées de sa conduite, preuves qu'elle a cru devoir recueillir, mais qu'elle aime à sacrifier en ce moment à l'harmonie et à l'union qui doivent régner entre toutes les classes de citoyens, tous également pénétrés d'amour pour la Patrie et pour le Souverain. »

Le Cointre trouva dès le mois suivant une nouvelle occasion d'essayer ses forces, usant de façon fort regrettable de l'influence très grande qu'il avait et dans les rangs de la Garde nationale et parmi la classe ouvrière. La municipalité ayant ordonné que tous les drapeaux, jusque-là demeurés chez les majors de bataillon, seraient apportés à l'Hôtel de Ville où on les conserverait, la division de Saint-Louis obéit sans récrimination. Le Cointre, au nom du quartier Notre-Dame, refusa de se soumettre à l'injonction du commandant général agissant sur ordre de la municipalité. Les péripéties de cette résistance étrange ont été relatées trop de fois (1) pour que nous ayons à y revenir. Disons

(1) Archives de la Mairie (antérieures à 1790), EE, 4-21.

seulement que cette quasi-révolte se termina par la soumission
du lieutenant-colonel, qui résigna son commandement (1), jurant
que dorénavant il n'accepterait plus aucune fonction élective.
Berthier sortit de cette nouvelle épreuve avec les félicitations
très vives de l'assemblée générale de l'état-major et des représentants de la Garde nationale. Voici la délibération prise à ce
sujet, sous la date du 12 novembre 1789 :

« M. le Commandant en second a rendu compte d'une députation que la Municipalité a envoyée ce matin pour lui témoigner combien ce corps était pénétré d'estime et de reconnaissance pour la conduite qu'il a tenue ces deux jours passés,
relativement au transport des drapeaux. M. le Commandant en
second a rapporté et cette démarche du corps municipal et les
témoignages qu'il en avait reçus à la conduite même de la
garde nationale. Alors, M. Hyvert, capitaine de l'une des compagnies de la deuxième division, a demandé la parole et, par un
discours aussi précis qu'énergique, a proposé que l'assemblée
votât des remerciements particuliers pour M. le Commandant
en second, dont la sagesse, l'activité, la prudence et la fermeté
avaient réussi à maintenir la paix et la tranquillité dans un
moment de crise si marquée. Il a proposé qu'une députation
fût spécialement chargée de porter à la Municipalité les vœux
de l'assemblée, et que l'arrêté de celle-ci, sancté et autorisé par celle-là, fût porté sur notre registre, y consacrât à
jamais la justice et la vérité de la reconnaissance qui anime en
ce moment tous les bons citoyens pour un chef qui développe
chaque jour des talents et des vertus au-dessus de son âge;
enfin fût solennellement remis par la députation à M. le Commandant en second, comme un gage qu'il puisse transmettre à
sa postérité de la justice authentique que ses concitoyens
aiment à lui rendre. La vérité et l'honneur avaient dicté ce discours. C'est dire qu'un transport unanime et universel en a fait
sur-le-champ adopter l'esprit, qui était déjà dans le cœur de tous.

« M. le Commandant en second a répondu avec un attendrissement qu'il a fait partager à l'assemblée, parce qu'il l'honore
autant que son chef (2). »

(1-2) Archives de la Mairie (antérieures à 1790), EE, 4-21.

Ces décisions flatteuses soulignaient les échecs de Le Cointre, qui, battu mais non découragé, réapparaissait dans la lice plus actif et plus entreprenant que jamais. Toute sa clientèle politique ameutée ne cessait de déblatérer contre Berthier. L'affaire si connue de Bellevue, occasionnée par le départ des bagages de Mesdames, tantes du Roi (1), fut une nouvelle et bien favorable occasion d'attaques, qui dépassaient en violence toutes les précédentes. Pourtant, en cette circonstance, Berthier n'agit qu'après un ordre du Roi, un décret de l'Assemblée nationale et un arrêté du département; de plus, avant de mettre ses grenadiers en mouvement, Berthier avait exigé, conformément à la loi, une réquisition de la municipalité. Le parti pris et la haine, méconnaissant toutes ces circonstances, ne laissèrent aucun repos au commandant général. Les sections furent saisies, une pétition signée de cent cinquante citoyens fut adressée au Roi; enfin, on alla jusqu'à l'émeute.

Le 24 avril 1791, le Conseil général de la Commune ayant solennellement remis des cravates tricolores aux drapeaux du régiment de Flandre, la fête fut subitement troublée d'une manière inouïe.

« La Garde nationale défilait; des voix séditieuses font entendre de toutes parts, parmi le peuple spectateur, ces cris : « A bas Villantroys (2)! à bas Berthier! » Les cris : « A bas Berthier! » continuent constamment parmi le peuple. Ils partent aussi du sein même de plusieurs compagnies au moment où elles passent devant le Conseil général. La fureur s'accroît, on remarque vis-à-vis le Conseil général même deux hommes sous les armes faisant la garniture; un d'eux, à nez camus, à grosses lèvres, front étroit, se distingue par son audace. Il ne cessait de pousser des cris séditieux. Lorsque le 19ᵉ régiment (3) défilait, cet homme invitait, pressait chaque compagnie de crier : « A bas Berthier! » M. le Maire s'étant avancé pour lui imposer silence, ce séditieux agite son fusil d'une manière menaçante.

« Le Conseil général se met en marche pour revenir à la

----

(1) Lire, à ce sujet, l'exposé de M. Georges Moussoir, dans *Le Conventionnel Richaud*, page 58; lire aussi *Laurent Le Cointre*, par P. Fromageot (*Revue de l'Histoire de Versailles et de Seine-et-Oise*).

(2) M. de Villantroys, capitaine de grenadiers, seconda M. Berthier à Bellevue.

(3) Régiment de Flandre, devenu 19ᵉ régiment d'infanterie.

Maison commune; des hommes, des femmes, des enfants en grand nombre l'entourent, le suivent tumultueusement, criant toujours avec acharnement : « A bas Berthier! » beaucoup de voix crient même alors : « Berthier, à la lanterne! »

« Près de l'Hôtel de Ville, une femme pousse l'impudence jusqu'à ramasser de la boue en menaçant le commandant.

« Enfin, la sédition a été portée à un point que le Conseil général a vu le moment où le passage de l'Hôtel de Ville allait lui être fermé, si des chasseurs à cheval ne fussent accourus au galop protéger sa rentrée (1). »

Le Conseil général tint immédiatement une séance au cours de laquelle les scènes pénibles dont on venait d'être témoin furent rappelées et commentées.

Berthier, qui jusque-là avait crânement tenu tête à l'orage, en tira la conclusion qu'il fallait faire rapidement juger sa conduite dans l'affaire de Bellevue, puisque telle paraissait être la cause de l'effervescence populaire; il ajouta que, s'il ne lui convenait pas d'abandonner son poste en de telles circonstances, il lui paraissait utile de s'en tenir éloigné pendant quelque temps, et il sollicita un congé de quinze jours, qui lui fut immédiatement octroyé.

Le Directoire du département rendit bientôt un jugement entièrement favorable à Berthier, qui s'était remis à la tête de nos bataillons, quand la nomination du commandant en chef de notre Garde nationale au poste d'adjudant général de la 17e division militaire l'obligea, le 20 juin 1791, à donner sa démission.

« La municipalité perdait un auxiliaire adroit, d'une infatigable activité, souple et dévoué, quelquefois compromettant, — dit Laurent Hanin, auquel nous empruntons ces lignes; — la Garde nationale, un commandant intelligent et jaloux de sa bonne tenue et de sa discipline; la population, un chef militaire qui lui semblait nourrir de mystérieux desseins, et dans lequel la cause populaire trouverait un défenseur peu certain, le cas arrivant où elle aurait besoin d'être défendue contre les ennemis de la Révolution..... »

« ..... Jamais les services d'Alexandre Berthier, soldat de

____

(1) Registre des délibérations. (Archives de la Mairie.)

l'Indépendance américaine, ni ses nombreuses et chaudes protestations de dévouement à la Révolution française, ne feront oublier qu'il a voulu être le prince de Neuchâtel, le prince de Wagram, maréchal de l'Empire. »

Nous aurions laissé dans l'ombre où il repose ce portrait qu'inspira la passion politique, si on ne le rencontrait dans un livre publié aux frais de la municipalité versaillaise. Or, il paraît difficile de croire que celle-ci a entendu s'associer à la critique partiale que fait l'auteur des actes de l'un des glorieux enfants de notre cité.

Le général Berthier, soldat excellent, officier d'état-major incomparable, fut toujours soumis aux lois; il aima son pays et l'armée avec une vive ardeur et, avec un soin jaloux, se tint à l'écart de toutes les politiques. Ses actes, à Versailles, sont d'une correction absolue; nous ne le voyons prendre en aucun cas une initiative fâcheuse; il se borne à exécuter adroitement les ordres qu'on lui donne.

Si, à Bellevue, il rompt la résistance illégale des libéraux, à l'armée, son devoir lui en faisant une obligation, il combat énergiquement les Vendéens royalistes. La bataille de Saumur (13 juin 1793) lui offrit l'occasion de prouver son dévouement. Bravant les plus grands périls, il eut trois chevaux tués sous lui. Il servit avec Custine, devint chef d'état-major de Kellermann, puis de Bonaparte, auquel il s'attacha. Il paraît que là est son grand crime. Berthier pouvait, après Louis XVI, servir la République, mais il lui était interdit, la République disparaissant, de rester dans les rangs de l'armée devenue impériale. Berthier, homme politique, aurait mérité notre mépris s'il eût constamment modifié ses opinions et ses principes pour conserver une fonction dans chacun des gouvernements qui se sont succédé en France, au cours de sa longue vie publique. Soldat, il demeura dans le rang, ne laissant rien paraître des rêves ambitieux qu'on lui prête. Le 1ᵉʳ janvier 1798, placé à la tête de l'armée chargée de prendre Rome, il écrivait à Bonaparte : « Je vous le demande en grâce, tirez-moi de ce commandement que je n'ai pas désiré.....; j'ai besoin de repos et encore plus de rentrer dans l'état de simple général..... Je vous l'ai toujours dit, le commandement de l'Italie ne me convient pas, je veux sortir des révolutions..... Je me battrai comme soldat tant que la Patrie aura des ennemis à combattre, mais je ne veux pas me mêler de la politique révolutionnaire..... » C'est bien là l'homme dont Clarke, envoyé par le Directoire pour examiner ce qui se passait à l'armée d'Italie, avait dit : « Il se mêle le moins possible de politique (1). »

Si, d'ailleurs, un reproche devait être fait à Berthier, ce serait bien plus, à notre sens, celui d'avoir abandonné Napoléon, qui l'avait fait prince et maréchal de France; mais, après avoir servi fidèlement l'Empire, s'inclinant devant les événements qu'il ne pouvait avoir la prétention de conjurer, il demeura dans l'armée sous la Restauration. Son adhésion à Louis XVIII commence par ces mots : « Fidèle à son serment, l'armée sera fidèle au prince que la Nation appelle au trône de ses ancêtres..... » C'est là incontestablement un manque absolu de foi politique, mais c'est là attachement à l'armée et surtout à la Patrie, qui doit être placée bien au-dessus de ceux qui la gouvernent et de laquelle il ne faut se séparer ni pour imiter Moreau, ni pour émigrer avec Condé.

Ce fut Le Cointre, l'antagoniste de Berthier, bien qu'il eût juré de n'accepter à l'avenir aucun mandat public, qui fut placé à la tête de la Garde nationale versaillaise; ses concitoyens, tant de fois agités par lui, le portèrent sur le pavois; et il se laissa faire, après, bien entendu, la petite résistance que ses serments antérieurs rendaient indispensable.

A cet instant, Le Cointre était simple garde, mais il avait été capitaine fin juillet 1789, et avait fait preuve, dans ce grade, d'un zèle et d'une énergie réels, en se chargeant de missions et d'escortes qui n'étaient pas sans dangers. Les services qu'il rendit, son empressement lui valurent d'être appelé, le 27 août suivant, comme major, au commandement de l'un des huit bataillons, puis en septembre de la même année d'obtenir le titre de lieutenant-colonel de la division du quartier Notre-Dame. Nous l'avons vu dans ce grade, agissant moins comme officier que comme libéral intransigeant, consulter non pas son devoir, mais ses aspirations politiques, et mettre son épée et ses troupes au service de ce qu'il croyait être, suivant l'expression de Laurent Hanin, l'intérêt de la cause populaire et la défendre contre

______

(1) *Biographie universelle, ancienne et moderne.*

les ennemis de la Révolution. Le Cointre avait donné sa démission après l'incident des drapeaux.

On doit reconnaître qu'il fut un excellent commandant général, apportant à la tête de la milice les qualités d'administrateur qu'il avait montrées pour la gestion de sa maison de commerce et de ses affaires personnelles. L'armement et l'instruction de la Garde nationale furent ses principales préoccupations et, pour obtenir les améliorations qu'il souhaitait, il fit de ses deniers personnels des avances pour la fabrication de piques et l'achat de fusils. Mais il demeura l'homme politique jaloux de son indépendance, voulant contrôler minutieusement les autres, et n'admettant pour lui-même ni examen, ni observations. La municipalité lui ayant reproché trop de largesse dans la distribution des cartouches, il donna sa démission le 8 octobre 1791.

On ne procéda pas de suite à de nouvelles élections. Perrot, major général, prit le commandement jusqu'au moment où lui-même fut élu, pour céder bientôt après l'emploi à Locard.

Enfin, le 23 ventôse an III, Charles Delacroix, représentant du peuple, en mission dans le département, prit l'arrêté suivant :

« Instruit de la nécessité de réorganiser l'état-major général et les états-majors des divers bataillons de la Garde nationale de Versailles, pour qu'elle puisse rendre à la République les services qu'elle en doit attendre, dans les circonstances difficiles où nous nous trouvons ; après m'être procuré des renseignements précis sur les citoyens les plus propres à remplir ces fonctions importantes, j'arrête que lesdits états-majors seront composés ainsi qu'il suit..... »

Locard, commandant sortant, était renommé, avec Bourdel pour adjudant général.

Les bataillons furent réunis sous leurs drapeaux au jardin de la Maison commune, le 29 ventôse, à 10 heures du matin. Instruits de cette réunion, les administrateurs du district et la municipalité quittent aussitôt le lieu ordinaire des séances du Conseil général, où ils étaient assemblés, pour se porter au centre du bataillon carré que forme la Garde nationale. Ils y arrivent au bruit des tambours et d'une musique guerrière. Là, en présence d'un assez grand nombre de personnes que la curiosité avait attirées, le citoyen Richaud, s'adressant à la Garde nationale, dit : « Citoyens, Charles Delacroix, représentant du peuple, commissaire dans ce département, a organisé l'état-major général et les états-majors de bataillon de la Garde nationale de Versailles. Vous êtes assemblés ici pour reconnaître ceux qu'il a appelés. » Il donne ensuite lecture des arrêtés de nomination. Les nouveaux officiers jurent de « maintenir la Liberté, l'Egalité, l'Unité et l'Indivisibilité de la République, la conservation des personnes et des propriétés, et de remplir avec zèle et justice les fonctions qui leur sont confiées, et de mourir, s'il le faut, à leur poste pour le maintien des Lois ». Le maire de la ville fait ensuite un discours, puis la troupe défile sans le moindre incident (1).

Où donc étaient tous ceux qui précédemment manifestèrent avec bruit, pour obliger Berthier à la retraite, retenir les drapeaux ou empêcher les bagages des tantes du Roi de quitter Bellevue? Qu'étaient devenus ceux qui, lors de l'organisation toute volontaire de la milice, avaient prétendu fixer à jamais les conditions de l'institution et conserver le droit de licencier le corps tout entier, quand les circonstances le permettraient? Les événements, les décisions législatives, la suppression des assemblées générales enlevèrent à la milice bourgeoise le rôle politique qu'elle prétendit jouer à certains jours et qui ne parut se perpétuer que par l'audacieuse activité de Le Cointre. Lui disparu ou désintéressé, et la Convention ayant, par sa volonté inébranlable, rompu toutes les velléités de rébellion, on ne vit plus d'interventions, de résistances irrégulières ou ridicules; la Garde nationale n'eut plus d'histoires, nous voulons dire plus d'aventures, plus d'événements fâcheux ou pénibles. Tout à fait remise, elle trouvait enfin la sérénité silencieuse qui convient à la force publique, mise par la Nation au service de la Loi.

III

Troupe. — Service. — Discipline.

Les milices bourgeoises imposées au Pouvoir exécutif (2) et

(1) Procès-verbal du 29 ventôse an III. Registre d'ordre de la Garde nationale. (Archives de la Mairie.)

(2) Voir page 128.

hâtivement formées en 1789 ne pouvaient être organisées d'après un plan uniforme, ni se trouver soumises à des règles semblables. Les fédérations, mettant en présence des détachements venus de provinces diverses, montrèrent les dissemblances défectueuses que le législateur se mit en devoir de corriger dès 1791.

A ce moment, on eut certainement la pensée que la Garde nationale pouvait devenir à elle seule l'armée tout entière. Dans tous les cas, partout où on le put, la milice bourgeoise fut dotée de cavalerie et d'artillerie.

A Versailles, pour toute cavalerie, le commandant se contenta de quelques fusiliers désignés à l'avance, avec ordre de se tenir prêts à monter à cheval au premier signal. Du reste, on ne pouvait espérer un escadron, voire même une compagnie, par l'impossibilité où l'on était de réunir assez d'hommes possesseurs d'une bête de selle et suffisamment exercés en équitation.

A cette époque, quand la municipalité envoyait à Paris, par exemple, un officier d'état-major ou une estafette, force était de recourir à l'obligeance des rares propriétaires de chevaux ou de réquisitionner (1) les maîtres de postes. C'est par de semblables moyens que l'on put atteler l'artillerie versaillaise. Ainsi la proclamation de la Constitution devant être solennisée par des salves, la municipalité pria, le 24 septembre 1791, M. Caruette, fermier à la Ménagerie, « de vouloir bien envoyer, le lendemain dimanche, quatre forts chevaux à l'Hôtel de Ville, à six heures précises du matin, pour le transport des canons ».

Artillerie.

Nonobstant cette pénurie, ce n'est pas seulement une batterie d'artillerie que la municipalité eut la prétention de mettre sur pied, mais une brigade composée de quatre compagnies encadrant chacune trente-deux canonniers servants (2).

On adopta l'uniforme prescrit par le décret du 28 juillet 1791,

____

(1) 14 août 1792. Réquisition à M. Roulier de donner à M. Guiguet, aide de camp, un cheval pour aller à Paris.

(2) Son drapeau fut béni à la cathédrale, en présence de la municipalité, le 4 décembre 1791.

« à la doublure près », dit le règlement. Cette doublure fut rouge avec deux retroussis ornés, l'un d'un canon aurore, l'autre d'un médaillon de pareille couleur, portant circulairement inscrits : *Constitution, Liberté, Egalité*, et au centre : *Veillez*. Le surplus de l'uniforme comprenait : épaulettes blanches à franges de laine entremêlées rouges et blanches ; veste bleue à manches lacées ; culotte bleue unie à boutons de pareille étoffe ; guêtres noires ou blanches suivant la saison ; la cocarde fut de tous points semblable à celle des troupes de ligne ; le chapeau fut bordé en laine ou en soie, avec ganse d'or et bouton de cuivre ; il était orné d'un plumet rouge surmonté d'un panache noir ; enfin, pour le corps de garde et la petite tenue, les hommes eurent un bonnet de police bleu au retroussis rouge, avec deux canons aurore en sautoir sur la plaque de devant qui était en laine blanche.

Tous les jours, un canonnier d'ordonnance se tenait au poste de l'Hôtel de Ville, depuis 9 heures du matin jusqu'à la retraite, afin de porter au chef de brigade les ordres concernant l'artillerie.

Ces ordres étaient notifiés à la troupe par billets individuels, ce qui ne dispensait pas chacun de l'obligation, dès que la charge était battue, de se rendre à l'Hôtel de Ville, point de ralliement des artilleurs.

En cas d'incendie, les canonniers âgés de quarante ans venaient en armes, les plus jeunes se rendaient en tenue de travail (1), pour concourir à l'extinction du feu.

On se rappelle que, le 5 octobre 1789, les bataillons dirigés par Le Cointre avaient avec eux, place d'Armes, deux pièces d'artillerie. Ces canons, amenés à Versailles par le régiment de Flandre (2), étaient passés, nous ne savons comment, de la troupe de ligne à la milice bourgeoise. La garde parisienne, maîtresse absolue en notre ville, s'empara des canons, laissés, sans doute, devant l'ancienne caserne des gardes-françaises, et les emmena dans l'attristant cortège qui, jusqu'à Paris, encadra la famille royale.

Dès le 15 octobre, la municipalité, qui n'admettait pas que

(1) Bonnet de police, veste et pantalon de coutil bleu.
(2) Voir page 154.

l'on pût dépouiller la milice versaillaise de son gros armement, envoya une députation auprès de Messieurs de la commune de Paris, mais sans obtenir satisfaction, puisque le 19 février 1791, l'Assemblée communale prenait la délibération suivante :

« Considérant qu'aujourd'hui toutes les parties de l'administration sont constitutionnellement organisées à Paris; que la municipalité de cette ville peut s'honorer par un acte de justice sans crainte que des volontés particulières puissent en contrarier l'effet, la municipalité de Versailles ne peut plus, sans blesser les intérêts qui lui sont confiés, résister aux vœux des citoyens qui réclament une propriété qu'on ne peut retenir sous aucun prétexte raisonnable.

« La municipalité arrête qu'elle réclamera de nouveau les deux canons auprès de la municipalité de Paris jusqu'à ce qu'elle obtienne satisfaction. »

Nous n'aurions pas souligné cet incident, peu intéressant en lui-même, si nous n'y trouvions une indication précise de ce que furent alors les administrations communales de la France. Petit gouvernement à peu près absolu sur son territoire, chaque municipalité demeurait isolée et impuissante à l'extérieur. Le pouvoir souverain, distrait par de gros soucis, désarmé et décentralisé jusqu'à l'excès, abandonnait les cités à elles-mêmes, demeurait sourd à leurs plaintes quels que fussent leurs raisons et leurs droits. La crainte immodérée de l'autocratie avait produit une telle désagrégation, que les communes durent avoir la sensation d'un recul jusque vers le moyen âge.

Nous n'avons rien qui nous permette d'affirmer que nos concitoyens sentirent cette marche rétrograde, bien qu'à ce moment nous les voyons inquiets, agités, puis disposés à consentir des sacrifices spontanés destinés à augmenter l'artillerie versaillaise, comme s'il eût fallu donner aux administrateurs communaux de plus puissants moyens de faire respecter les droits de la cité. La municipalité fut informée, le 29 avril 1792, « qu'il avait été déposé à l'état-major, par plusieurs citoyens, des objets de cuivre et en fer pour l'acquisition d'une pièce de canon; que, notamment, M. Vignon, entrepreneur des ponts et chaussées, avait donné pour la même destination un moufle et des essieux qui formaient une partie importante de cette souscription; que des citoyens venaient d'acheter, pour la commune, deux pièces de canon de 4, au prix de 6,924 livres; qu'ils avaient hâté cette acquisition, persuadés de l'urgente nécessité d'armer la ville de bouches à feu, et que la double souscription volontaire en argent et en nature produisit la somme susdite de 6,924 livres... ».

D'autres dons individuels furent consentis dans le même but à diverses époques. Nous avons indiqué, dans une autre partie de cette étude, que, le 5 février 1791, un sieur Lieuret avait offert, pour le service public, un canon qui servait de borne à sa maison (1). De telles libéralités enrichirent l'artillerie versaillaise d'engins encombrants, enviables pour un musée peut-être, mais que ne pouvait désirer une place dépourvue de remparts.

Le 14 janvier 1796, « un grand nombre de citoyens demandèrent au corps municipal que l'artillerie de cette ville soit augmentée par la fonte ou l'échange de deux bouches à feu qui, par la grosseur de leur calibre, étaient absolument inutiles à la ville et pourraient même être tournées contre elle ».

Est-ce pour parer à ce danger, ou pour obliger la municipalité à refondre les vieux canons, que précédemment une main malveillante agit dans l'ombre et le mystère? Nul ne saura jamais; cependant on apprit, le 23 février 1792, par un rapport du canonnier de planton, que les deux grosses pièces et l'obusier avaient été encloués. Emu, on s'élance..... heureusement, la visite faite sur-le-champ rassure en montrant que l'accident est sans danger, « parce que les clous étaient en fer ». Il fut du reste impossible de connaître les auteurs du méfait, ni de savoir à qui imputer le défaut de surveillance.

Le fait incontestable, c'est qu'alors l'artillerie perdit de vue les instructions que lui avait données l'état-major de la Garde nationale. Nous en retrouvons le sens et l'esprit dans la consigne suivante, spéciale à la maison d'arrêt : « Le commandant qui relèvera la garde ne s'emparera pas du poste sans examiner si les deux capotes sont en bon état, ainsi que les six fusils qui sont avec baïonnettes et fourreaux et les autres effets qui sont dans ledit poste. S'ils ne l'étaient pas, il en dresserait sur-le-champ procès-verbal signé de l'officier quittant le poste et de celui qui relève, pour être envoyé de suite à l'état-major. On connaîtra par ce moyen ceux qui les auront endommagés. »

____

(1) Voir page 19.

La municipalité connaissait les consignes, mais, en personne sage, elle arrêta, pour prévenir plus sûrement de **nouveaux** accidents, que toutes les pièces seront musclées, qu'il sera fait un hangar pour abriter et protéger l'artillerie. Malheureusement, elle n'ajouta pas : et tout son matériel roulant. Or, si loin de Falaise, le croirait-on, il fallut, dès que le hangar fut édifié, écrire : « M. le Commandant est prié et requis de faire remiser deux chariots demeurés exposés aux intempéries dans la cour de la Mairie ; leur conservation importe au service de l'artillerie. »

De cette inertie, de ce semblant d'indifférence, il ne faudrait pas conclure que les canonniers versaillais manquaient de zèle, que leur armement était devenu moins populaire que par le passé. Des démarches réitérées n'avaient cessé d'être faites, au contraire, auprès des pouvoirs publics, et satisfaction était enfin donnée à la Ville. Le 5 mars 1792, la municipalité fut informée que le Roi autorisait M. de Narbonne à faire délivrer à Versailles quatre pièces de canon de 4, qui devaient venir de Dunkerque à Douai. « Aussitôt que je serai informé de leur arrivée, disait le ministre, j'en donnerai avis, afin que la municipalité puisse envoyer à Douai, si elle le juge convenable, un détachement de la garde nationale composé de quinze hommes, commandé par un lieutenant, qui s'y rendront avec l'étape sur une route que j'adresserai (1). »

Dès leur arrivée, les quatre nouvelles bouches à feu furent munies de couvre-lumières et chacune d'elles reçut tous les ustensiles (2) que réclamait l'intérêt de sa conservation.

En résumé, Versailles, à cet instant, devait être en possession d'une douzaine de pièces de canon (3). Nous le croyons du moins, car, malgré de nombreuses investigations, il nous faut laisser le droit de l'affirmation au chercheur heureux qui trouvera le document capable de faire la lumière sur ce point intéressant. Ajoutons que, le document découvert, il faudra voir si

---

(1) C'est-à-dire avec une feuille de route.

(2) Achat décidé le 29 avril 1792.

(3) En plus de l'artillerie dont nous avons parlé, il y eut à Versailles des petites pièces et des petits canonniers. Ces petites pièces furent réquisitionnées le 24 mars 1793, pour tirer des salves à l'occasion de la plantation des arbres de la Liberté. Nous n'avons pas rencontré d'autres détails.

les fréquents départs de volontaires, de bataillons de la Garde
nationale envoyés tenir tête à l'étranger, ou rappeler à la raison
les révoltés vendéens, ne modifièrent pas sensiblement la situation du parc de l'artillerie versaillaise.

Ce ne fut cependant pas toujours aux dépens de l'arsenal
municipal que l'on mit aux mains de ceux qui partaient les
moyens de se défendre et de vaincre. Le 22 septembre 1792,
quand le 10ᵉ bataillon de la Garde nationale versaillaise se mit
en route pour la frontière, la compagnie de canonniers volontaires qui l'accompagnait reçut deux pièces de 4 avec affûts,
avant-trains et prolonges, plus un caisson et un chariot à munitions, avec les roues de rechange, les outils et les accessoires
indispensables. Ces deux pièces, qui avaient nom *la Pie* et *l'Ora-
cle*, furent achetées en vue du départ, avec tout l'attirail, par la
municipalité, à un sieur Vétilliard, ouvrier en voitures, 17, rue
Montbauron, pour le prix de 15,267 l. 6 d.

A l'origine, les compagnies de canonniers semblent s'être
composées d'hommes pleins de zèle et d'ardeur, que les premières
mobilisations affaiblirent sensiblement sans décourager ceux
qui restaient ; moins nombreux, ils suffisaient à la tâche cependant plus lourde. Après avoir partagé le service de ville avec les
autres compagnies d'élite (1), les canonniers trouvaient encore
le temps de se livrer à des exercices spéciaux, à des écoles à
feu (2) qui, en les instruisant, en les entraînant, faisaient des
débris laissés par les pertes successives un contingent militaire
d'une valeur encore fort appréciable.

Sans doute, le représentant du peuple délégué dans Seine-et-
Oise le comprit ainsi quand, le 19 germinal an II (3), il réquisitionna et fit mettre en route une compagnie de l'artillerie
versaillaise composée d'hommes très valides, armés et équipés.

---

(1) 6 fructidor an II. « La municipalité requiert le commandant de la Garde nationale de Versailles de donner les ordres nécessaires et les plus précis pour que
vingt-quatre canonniers se trouvent après-demain huit du courant au marché au
beurre, à l'effet par eux de maintenir l'ordre qui doit y régner. »

(2) Nous avons trouvé trace des distributions de munitions qui furent faites et,
à la date du 15 novembre 1792, l'ordre donné sur pétition de la troupe au garde-
magasin de l'artillerie « de délivrer trois mille cartouches, cent quarante gar-
gousses, ainsi que les mèches et lances à feu, pour qu'avant la mauvaise saison
il soit possible de faire encore un exercice à feu, tel qu'il a eu lieu dimanche
dernier ».

(3) 26 mars 1794.

Ce nouveau détachement rejoignit l'armée de Sambre-et-Meuse, dont il devint l'une des compagnies auxiliaires. **Nous le** croyons du moins, d'après un certificat daté de Coblentz, 11 messidor an V, lequel est ainsi conçu : « Le Conseil d'administration de la 6ᵉ compagnie d'artillerie auxiliaire (armée de Sambre-et-Meuse) atteste que les citoyens Roman, capitaine en second; Costeau, Camberand et Scapre, premiers canonniers, tous natifs de Versailles, ont péri dans une barque qui passait la Moselle de Tesbaq à Traben, ladite barque ayant coulé à fond sans qu'on ait pu porter secours à ceux qui la montaient, qui tous étaient de service, allant au grand parc de l'artillerie de l'aile droite. »

Cependant, faute de recrutement, la mobilisation des meilleures fractions de l'artillerie versaillaise finit par affaiblir l'arme à tel point que bientôt elle compta en trop grand nombre des hommes auxquels la bonne volonté ne manquait pas, mais dont l'âge et les infirmités avaient amoindri la force et l'activité. Aussi, quand en l'an III on s'occupa d'une réorganisation générale de la Garde nationale, il fut décidé qu'à l'avenir l'artillerie aurait seulement deux compagnies (1) qui devaient être armées aux frais de la République et demeurer à la disposition des autorités constituées contre les ennemis de la Patrie.

Cette réorganisation ne fit subsister l'artillerie versaillaise que fort peu de temps, puisque les canonniers disparurent le 2 germinal an IV, en même temps que les grenadiers et les chasseurs dont nous allons parler.

Petit Etat-Major. — Sapeurs-Pompiers.

Le régiment des gardes-françaises entrant tout entier dans la milice parisienne, y importa naturellement son organisation qui devint le type suivant lequel furent formés en toute la France les bataillons de la troupe nouvelle.

Versailles était trop à portée pour ne pas suivre l'exemple que donnait Paris, et, en effet, à mesure que grandit notre milice, on put voir apparaître tous les éléments constitutifs de l'ancien corps des gardes-françaises. Déjà nous avons présenté les com-

---

(1) Ces compagnies eurent chacune soixante hommes; c'était à peu près le même effectif que précédemment, mais les cadres étaient de beaucoup amoindris.

mandants généraux de la Garde nationale versaillaise; il nous paraît intéressant de ressusciter un instant le petit état-major : sapeurs, tambours et musiciens, pour leur demander de défiler ici en tête des compagnies d'élite, comme autrefois aux jours de grande revue.

Les sapeurs, choisis parmi les bûcherons et les charpentiers, devaient faciliter le passage en déblayant ou en ouvrant la route. Ils étaient armés d'un sabre à large lame, de pistolets et d'une hache à frappe solide. Leur costume les rendait imposants : bonnet à poil, ample tablier de cuir, sur la bavette duquel se détachait une barbe longue et touffue. Les hommes auxquels cet ornement naturel était refusé ne pouvaient prétendre aux honneurs de la hache, à moins que, par grâce spéciale, il ne leur fût permis de recourir au postiche ; on le fit ainsi plus tard dans la Garde nationale et dans les sapeurs-pompiers, qui en constituaient l'une des compagnies d'élite.

Nous avons eu en mains, il y a quelque trente années, une demande par laquelle une commune, sollicitant un secours pour compléter l'équipement de ses sapeurs-pompiers, faisait figurer au devis descriptif des objets qu'il était indispensable d'acheter : des fausses barbes pour les sapeurs porte-hache.

L'existence des sapeurs de la Garde nationale versaillaise, au cours de la Révolution française, nous est confirmée par quelques écrits du temps.

Un rapport présenté à la municipalité le 3 janvier 1791 signale un sieur Jean-Louis Pailleur, tonnelier, sergent de la compagnie Dubois, et sapeur, qui, par son attitude et sa fermeté, parvint à calmer le peuple ameuté contre la garde conduisant des prisonniers (1). « Je suis garde national, avait dit Pailleur, saisissant un séditieux, et tous sont de service quand il s'agit de maintenir la loi. »

On lit dans le règlement du 11 décembre 1790 : « Les sapeurs se rendent au lieu de l'incendie avec leurs haches. »

Déjà nous avons montré le rôle dévolu aux canonniers en cas de sinistre par le feu. Ne serait-il pas utile de suspendre un instant notre récit pour rappeler qui, en dehors de la Garde

---

(1) Ces prisonniers étaient des délinquants pris dans les bois de Marnes et de Vaucresson, où la garde avait été envoyée par réquisition de la municipalité.

nationale, avait plus spécialement pour mission de porter secours aux Versaillais en telle occurrence?

Sous l'ancienne monarchie et jusqu'au 1er décembre 1793, une compagnie de trente-sept pompiers, ayant son siège à Paris, et que commandait un sieur Deville, s'était chargée de veiller sur les châteaux du Louvre, des Tuileries et de Versailles. Un poste de cinq hommes, pensons-nous, composé d'un chef, d'un sous-chef et de trois pompiers, était détaché en notre ville, où il résidait. La liste civile accordait pour le service de Versailles une allocation annuelle de 8,836 livres.

Les pompiers de Paris se rendaient en ville quand un incendie s'y déclarait; la municipalité a consigné au procès-verbal de sa séance du 14 janvier 1791 que les pompiers du Château s'étaient distingués, rue d'Angiviller, au feu qui, deux jours auparavant, avait éclaté dans un immeuble appartenant aux héritiers Lavessière.

Le matériel de secours ne manquait pas à Versailles. Il y avait seize pompes au Château; on en comptait encore douze en parfait état dans les divers postes le 29 brumaire an II. Un magasin qui fut d'abord rue du Bel-Air, puis à la caserne des gendarmes, où habitaient les invalides, contenait cinquante sacs de cuir, deux pompes et autres ustensiles. Quand la liste civile fut supprimée, les pompiers parisiens, que la municipalité ne pouvait retenir, furent rappelés à leur corps. Après diverses études pour rechercher le parti qu'il convenait de prendre à Versailles, les fontainiers du Parc, déjà très au courant des moyens à employer en cas de sinistre, furent chargés, moyennant gratification, du maniement des pompes. Ce ne fut que beaucoup plus tard qu'une compagnie spéciale de pompiers fut créée en notre ville.

Ces quelques indications données, revenons aux sapeurs de la Garde nationale, un instant délaissés, pour montrer leur peloton bien aligné, la hache haut sur l'épaule, ouvrant majestueusement la colonne pour le défilé des bataillons versaillais.

Tout de suite après apparaît, le poing gauche sur la hanche, balançant en cadence sa longue canne enguirlandée, le tambour-major, le plus bel homme du régiment, que de tout temps l'on s'est plu à parer d'un brillant costume. Nos républicains versaillais, ennemis du faste, décidèrent que le sergent-major, chef des tambours, serait habillé à la livrée de la Ville (1), accordant pour tout luxe une plume jaune au chapeau. Outre son habillement, ce sous-officier eut une solde de 1,800 livres qui fut maintenue sans changement lors de la réorganisation de l'an III.

L'uniforme des tambours fut, comme celui de leur chef, à la livrée de la Ville. La municipalité leur servait une solde de 3 livres par jour et en outre leur remettait un habit, une culotte, des guêtres, un chapeau et des souliers dont la durée avait été fixée à deux années.

On sait combien les tambours sont populaires : ils marquent la cadence et relèvent le pas de la troupe; leurs batteries, dénuées d'harmonie, ne sont que bruyantes, et cependant elles mettent les gens en mouvement, attirent les gamins et la foule ; on pourrait croire qu'elles adoucissent le caractère au moins de ceux qui les exécutent, tant les tapins montrèrent en tout temps de bonhomie et de jovialité. Dans la Garde nationale, le tambour, soldat convaincu, veillait à la bonne tenue des hommes de sa compagnie, dont volontiers il entretenait l'équipement et les armes moyennant un léger salaire.

Souvent l'autorité civile l'appelait à son aide pour inviter, à son de caisse, les habitants à venir entendre les publications officielles que la loi ordonne de faire dans les rues, places et carrefours.

Pendant la Révolution française, bien qu'il y eût à Versailles treize tambours rétribués, leur emploi n'était pas une sinécure : distributions de billets pour les gardes, les exercices, les assemblées diverses; l'assistance aux parades, aux prises d'armes, la présence aux corps de garde, les rondes de nuit. « Le capitaine de ronde du nord, dit un ordre inscrit au registre spécial, prendra pour l'accompagner le tambour du Poids à la Farine; celui du sud, le tambour des Quatre-Pavés; ils délivreront un bon dans le courant de la journée au tambour de ces deux postes respectifs, pour avoir une chandelle qui sera délivrée à la Maison

______

(1) Par livrée, il faut entendre ici que les tambours de la Garde nationale portèrent sur les manches de leur habit des galons aux couleurs des armes de Versailles, qui étaient bleu et blanc. D'ordinaire, les couleurs de la livrée sont indiquées au titre de concession, mais nous ne pensons pas que notre ville ait obtenu de Louis XVI l'arrêt lui attribuant des armoiries.

commune, à l'effet de les éclairer dans leur ronde. » Il y avait
enfin l'école des tambours qui s'était installée dans la cour du
manège de la Grande-Ecurie, d'où on l'enleva le 29 juillet 1793,
comme étant trop voisine de la salle des séances du District
départemental. Si l'on peut sans rien savoir exercer certaines
professions, même libérales, il est impossible d'être tambour
si on n'a du talent, si on n'est resté assez longtemps à l'école
que le District éloigna de son voisinage. On en eut une preuve
quand nos tambours partirent tous pour la Vendée, avec les
gardes nationaux mobilisés (1); l'inexpérience des élèves qui
demeurèrent à Versailles fut cause d'erreurs que révèle l'aventure suivante.

Le 19 janvier 1793, le Conseil général de la Commune étant
assemblé, plusieurs personnes annoncent qu'elles ont entendu
battre la générale sur la place d'Armes.

Le président mande l'adjudant général qui s'y rend aussitôt.
Il annonce que le feu a pris dans le bâtiment dit le Garde-Meuble
de la République, et que le tambour de garde a battu indiscrète-
ment la générale.

Le Conseil général mande le commandant du poste de la
caserne et le tambour, pour être punis conformément à la loi relative au règlement de la Garde nationale.

Tous les deux se présentent; le commandant dit qu'il n'y a
plus de consigne affichée dans le corps de garde de la caserne,
qu'il ignorait ce que le tambour devait battre et qu'il lui a dit
seulement de sortir et de battre la caisse.

Le Conseil général, vu l'ignorance où était le commandant du
poste de la caserne, que la générale ne devait être battue qu'en
vertu d'un réquisitoire du corps administratif, et attendu l'âge du
tambour, arrête que, pour cette fois seulement, il ne lui sera
point infligé de peine, charge l'adjudant général de faire apposer
dans les différents corps de garde les règlements et lois relatifs à
la Garde nationale.

Cet incident laisse apparaître chez la Garde nationale un relâ-
chement que nous verrons progresser de jour en jour; comme
compensation consolante, nous rencontrons les autorités à leur
poste et la population attentive, signalant les irrégularités qui

(1) Tous les tambours revinrent sains et saufs après quatre mois de campagne.

apparaissent en la marche des services publics. Comme alors, nous devrions bien, au lieu de tempêter et de nous plaindre tout bas, ou pis encore, au lieu de solliciter par faveur ce que nous doivent des employés qui sont nôtres, puisque nous les payons, regarder, voir et signaler sans faiblesse comme sans acrimonie les écarts auxquels se livrent trop aisément certains de nos fonctionnaires publics. Tout le monde y gagnerait.

A la suite des tambours, venaient messieurs les musiciens, rangés derrière la grosse caisse et les cymbales ; et en effet, pour parfaire la Garde nationale, on lui avait adjoint, en janvier 1792, un corps de musique qui ne se faisait entendre qu'à certains jours, revues, solennités publiques, etc. En vendémiaire an V, toutes les ardeurs étant refroidies, on décida que dorénavant la musique ne serait plus composée que de douze exécutants, comprenant « quatre clarinettes, deux cors, deux bassons, deux petites flûtes, un cymbalier et une grosse caisse ». L'Assemblée municipale ajoutait qu'il serait à propos que le chef de ladite musique adoptât un instrument s'il voulait rester dans le corps, « afin de faire partie des douze musiciens instrumentiels ; autrement, ceux-ci se nommeraient un chef entre eux, qui aura soin de les faire assembler de temps en temps pour s'exercer et faire des répétitions dans un local qui leur sera donné à cet effet ».

Grenadiers et Chasseurs.

Nous avons eu l'occasion déjà de dire ce que fut à l'origine l'uniforme de la Garde nationale (1), et l'on a pu remarquer, à quelques ornements distinctifs près, une seule tenue pour toute la troupe ; mais au commencement de 1790, Versailles eut ses compagnies d'élite, grenadiers et chasseurs, qui se distinguaient par la grenade, l'épaulette verte et le cor de chasse. La grenade et le cor étaient le titre de noblesse que la municipalité remettait elle-même cérémonieusement aux compagnies en droit de les porter.

Le 21 février 1790, M. le Commandant en second de la Garde nationale de Versailles assemble, sur la place du jardin du Grand-Maître, les deux compagnies de grenadiers et les deux

(1) Voir page 142.

compagnies de chasseurs nouvellement formées. **Des compagnies du centre de la Garde nationale**, des compagnies de grenadiers et de chasseurs du régiment de Flandre avaient également été assemblées. Toutes les troupes présentes ayant « été mises en bataille, M. le Commandant s'est rendu, à la tête de l'état-major, à la salle de l'assemblée de la Maison commune, et l'Assemblée municipale est descendue sur le terrain au bas de la terrasse; ensuite, M. le Président a attaché la grenade à l'habit des capitaines, aux premier et dernier fusiliers de la première ligne de chaque compagnie de grenadiers, et le cor à l'habit des capitaines, à l'habit des premier et dernier fusiliers de la première ligne de chaque compagnie de chasseurs nationaux, au bruit de la musique du régiment de Flandre. Le corps municipal, toujours accompagné de M. le Commandant, de l'état-major et d'une garde d'honneur, étant remonté par l'escalier du milieu, sur la terrasse où des sièges lui avaient été préparés, les compagnies de grenadiers et chasseurs nationaux ont formé un bataillon carré auprès du dit escalier et ont prêté, ès-mains du commandant, le serment de se conformer au règlement fait pour ces quatre compagnies seules; ensuite les mêmes compagnies et les détachements du centre ont fait différentes évolutions en présence du corps municipal ».

A notre avis, on aurait tort de qualifier cette cérémonie de formalité oiseuse. Les grenadiers et les chasseurs, soumis à un règlement qui leur était particulier, avaient des obligations et des devoirs spéciaux que l'on ne payait pas; il n'était pas malhabile de stimuler le zèle de ceux qui assumaient la tâche en leur accordant une légère et bien peu coûteuse satisfaction d'amour-propre. Dans les circonstances difficiles, quand il s'agit de réprimer des troubles, d'empêcher le braconnage sur le domaine royal, d'entreprendre certaines expéditions extérieures qui, comme celle de Bellevue, ne furent pas toujours sans dangers, on fit appel aux compagnies d'élite, que l'on réunissait à la hâte en faisant battre la charge en toutes les rues. M. le Commandant en chef de la Garde nationale fit, pour le **27 mai 1790**, une affiche prévenant les citoyens « que la garnison devant prendre les armes pour la procession de la Fête-Dieu, ils ne doivent avoir aucune inquiétude lorsqu'ils entendront battre la générale ». On prévenait aussi qu' « ils entendront quelquefois battre la charge, batterie convenue pour rassembler MM. les grenadiers et chasseurs, et que cette manière de les rassembler étant un objet d'instruction, cette batterie ne doit même donner aucune espèce d'inquiétude ».

En diverses circonstances, la municipalité loua le zèle avec lequel les compagnies d'élite accouraient et accomplissaient les missions délicates qui leur étaient confiées.

Tout cependant n'était pas parfait dans ces compagnies, un peu trop pénétrées parfois de leur importance. Elles n'admettaient pas que l'on pût relâcher sans châtiment les gens arrêtés par elles, en un mot, que l'on pût dénouer ce qu'elles avaient lié.

Que de gens pensent ainsi, que le supérieur est tenu de suivre la voie ouverte par l'acte de son subordonné et se croient autorisés à ne plus rien faire quand celui qui les commande abandonne une piste sans qu'une sanction pénale soit intervenue.

On fit état de cette tendance et surtout du devoir où l'on croyait être d'établir l'égalité parmi les hommes, devoir accompli, pensait-on, quand on avait supprimé la marque extérieure d'une fonction, ou le souvenir d'un service rendu, et l'on supprima les compagnies d'élite.

L'arrêté du Directoire exécutif du 2 germinal an IV, rendu par application de la loi du 16 vendémiaire précédent réorganisant les gardes nationales, supprima les compagnies de canonniers, de grenadiers et de chasseurs. Il fut défendu à tout individu, sous les peines édictées par la loi, de porter à l'avenir les marques distinctives dont tant de gens étaient heureux et fiers de pouvoir se parer.

Si tous les hommes étaient uniformément intelligents, courageux et dévoués, l'égalité de traitement serait justice ; mais méconnaître les efforts individuels, ne compter pour rien les résultats obtenus, le gain rapporté à l'œuvre commune par le savoir, la persévérance, la perspicacité de quelques-uns ; assurer même traitement à tous les membres de la société, que ces membres soient onéreux ou productifs pour la collectivité, est sottise profonde, iniquité révoltante.

Malgré la différence énorme du sacrifice, quand le pays appelle ses enfants, que tous se lèvent et sans aucune exception s'exposent noblement à payer le barbare impôt du sang, soit ! Mais n'est-il pas insensé d'assurer mêmes grades à l'incapacité qu'à la valeur intelligente, semblables honneurs à la lâcheté qu'à la bravoure !

La récompense n'est pas le salaire auquel chacun peut prétendre en accomplissant son devoir, c'est la prime équitablement due à la surproduction, c'est la distinction décernée à celui qui s'élance quand les camarades demeurent indécis ou tremblants au fond du fossé.

Service.

Sans être un héros, il n'est personne qui, sur un ordre reçu, ne puisse se mettre en route et suivre les autres. Lorsque tout le monde part, si vive que soit leur douleur, les mères, les épouses, bien que la mort dans l'âme, courbent la tête devant l'inexorable destinée qui n'épargne personne.

En 1848, quand la Garde nationale de Seine-et-Oise fut appelée à Paris, « au secours de 40,000 hommes de troupes rangées, dit une caricature de Traviès », il fallait voir les femmes s'acharner après les traînards et, furieuses, les obliger à rejoindre la colonne. Plus de vingt années après, dans les villages, on montrait encore au doigt ceux qui avaient failli à leur devoir. « C'est un brave, disait-on d'un officier qui s'était caché en route, il a rapporté de Paris des épis de blé mêlés aux franges de ses brillantes épaulettes. »

Si dans l'armée le remplacement n'est pas meilleur que l'exemption, nous aurions tort, je crois, de dire qu'il en était de même dans la Garde nationale sédentaire quand il s'agit du service ordinaire. Et, en effet, quel inconvénient pouvait-il y avoir à ce que le commerçant, l'industriel, l'ouvrier aient pu, moyennant indemnité, mettre un collègue à leur place, pour se dispenser d'une corvée à peu près sans dangers (1) ? Le remplacé évitait une perte de temps, des ennuis quelquefois graves au point de vue professionnel. Le remplaçant trouvait, en un temps où le travail était rare, un moyen à sa portée de gagner 30 sols (2), taux auquel, en 1790, la municipalité avait fixé le prix du remplacement. Même il en fut qui trouvèrent que monter la garde

____

(1) Le remplacement fut considéré comme réglementaire. Le remplacé devait prévenir son capitaine ; le remplaçant être en uniforme ou vêtu proprement, mais toujours avec sabre et baudrier.

(2) Voir page 100.

était moins pénible que le travail manuel, puisque, dans le seul but de pouvoir remplacer, ils se firent confectionner un uniforme qui les transforma de fait en gardes nationaux soldés.

Le Directoire du district de Versailles fut trop fervent égalitaire pour toujours accorder les principes avec la saine raison. Oubliant que si le remplacé était souvent un riche inoccupé, c'était fréquemment aussi un laborieux préférant, au *farniente* du corps de garde, l'activité de la boutique ou de l'atelier, il supprima, le 9 germinal an III, la faculté du remplacement. « Considérant, dit-il, que cette faculté emporte avec elle des inconvénients majeurs, principalement celui de faire une distinction marquée entre le citoyen, ami du repos, qui s'exempte du service pour de l'argent qu'il a et le citoyen mal aisé qui est contraint de le faire parce qu'il n'en a pas... »

Nous avons un reçu imprimé qui atteste qu'un sieur Mariette a payé 1 fr. 75 pour la garde qu'il devait monter le 27 frimaire an X. L'éloquence de MM. du District n'avait produit qu'un bien mince résultat, puisque l'interdiction qu'ils avaient édictée se réduisait à une augmentation de 5 sols sur le prix à payer par le remplacé à son remplaçant.

On avait compris que si le service personnel est une obligation pour tous, on peut sans inconvénient, quand il s'agit d'exercices et de gardes à monter, laisser quelques facilités aux gens occupés; qu'il devait suffire que la Garde nationale sédentaire ait une instruction militaire qui lui permît de se tenir convenablement dans le rang et de marcher en cas de péril.

On n'aurait pas dû oublier que le service urbain nécessitait de fréquentes prises d'armes.

Outre les exercices, les gardes, les revues, la milice locale devait convoyer jusqu'au prochain gîte d'étape les armes, l'artillerie, les munitions, les denrées et les vivres; escorter la chaîne des forçats se rendant à Rochefort ou à Brest (1), les prisonniers venus de Bretagne, les détenus politiques du département. C'est notre Garde nationale qui conduisit à l'Abbaye, le 2 avril 1793, les suspects arrêtés par ordre du Comité de surveillance de la Convention et du Pouvoir exécutif.

La Garde nationale, qui aidait la gendarmerie, quand elle

____

(1) La dernière chaîne des forçats traversa Versailles le 3 août 1791.

n'était pas tout à fait substituée à elle, avait la tâche pénible d'assurer l'ordre et de veiller à la sûreté publique le jour des exécutions capitales, et, bien que l'on ait pu dire à ce sujet (1), il y en eut quelques-unes à Versailles au cours de la Révolution française. Le registre qui contient les ordres donnés à la Garde nationale nous apprend que, le mardi 7 août 1792, cinq condamnés par jugement criminel du jeudi précédent furent exécutés place Dauphine ; que, le 21 août de la même année, un nommé Durand eut la tête tranchée vers une heure ou deux de l'après-midi ; le 26 juillet 1794, le nommé Paul Abel, convaincu de trahison et de propos contre-révolutionnaires, fut exécuté dans la place de la Loi, en vertu d'un jugement du tribunal criminel, rendu la veille.

En ces circonstances, la Garde avait à « observer que les voitures ni les chevaux ne puissent obstruer la place ni l'entrée des rues, ni que personne ne puisse monter sur les échafauds avant ou après l'exécution ». Le 6 août 1796, la municipalité ajoutait : « M. le Commandant a dû être pénétré d'horreur de l'indiscrétion du public pendant la dernière exécution, qui s'est souillé du sang des exécutés. »

Notre milice était, on le voit, associée à tous les actes de la vie publique de la cité. Nous l'avons rencontrée aux jours tristes ; nous la retrouvons aux moments joyeux, fournissant des détachements pour rehausser l'éclat des cérémonies publiques, les proclamations solennelles, si nombreuses au cours de la Révolution française.

On demanda à la Garde nationale son concours dans les services administratifs et judiciaires : sentinelles à la porte du bureau des actes civils, afin de ne laisser entrer qu'une ou deux personnes à la fois avec leurs témoins ; à la geôle, lorsqu'il y avait des enquêtes et des interrogatoires.

La milice fut appelée à prendre les armes : pour accompagner, comme il était d'usage, pendant la quinzaine de Pâques (2), les prêtres portant la communion aux infirmes ; faire les honneurs à l'autel de la Patrie, sis à la pièce d'eau des Suisses, au temple de l'Eternel ; assister au départ des volontaires et des compagnies

---

(1) Voir page 112.

(2) Ce service fut supprimé en 1792.

mobilisées, et les conduire jusqu'aux limites de la commune ; veiller à la sûreté des voitures réquisitionnées et réunies à la Grande-Ecurie pour transporter rapidement les troupes envoyées en Vendée ; maintenir l'ordre à la porte des boulangers, aux instants où la famine sévissait le plus rigoureusement.

Sur réquisition de municipalités dont les forces étaient insuffisantes, la Garde nationale versaillaise se montra non seulement à Bellevue, mais à Brunoy, aux environs de Limours, à Rambouillet (1) et jusque dans le district de Pontoise. Le 10 août 1792, ordre fut donné à notre milice de détacher quinze cents hommes et deux pièces de canon « pour se porter immédiatement dans la partie du terrain qui forme demi-lune immédiatement après le pont de Saint-Cloud, et, étant là, attendre et n'en pas désemparer sans le réquisitoire de MM. Germain Legris et Maupin, commissaires nommés par les assemblées administratives réunies, lesquels commissaires, ajoutait le réquisitoire, sont actuellement en députation auprès de l'Assemblée nationale pour offrir des secours à nos frères de Paris ».

En l'an IV, la sécurité publique n'existant plus, le Directoire exécutif arrêta (2) qu'il serait formé, dans chaque commune, une colonne mobile composée du sixième des gardes nationaux. A Versailles, d'après les états d'effectifs qui furent dressés, la colonne mobile dut se composer de quatre compagnies, qui se mirent en mouvement sous le commandement en chef de M. Marescot. Les colonnes mobiles avaient pour mission de protéger les voyageurs, les courriers de dépêches, les paisibles habitants des campagnes, de repousser et détruire les brigands et les assassins.

A ces services, qui étaient sans conteste dans les attributions de la Garde nationale, on ajouta des corvées pour le salpêtre, pour ramasser des feuilles et des herbes propres à faire du salin,

---

(1) A la suite de l'expédition de Limours et de Rambouillet, la lettre suivante fut écrite à la Garde nationale de Versailles le 31 mars 1792 : « Le Directoire du département, qui a déjà éprouvé les heureux effets de la prudence et du courage de la Garde nationale de Versailles, me charge de lui témoigner sa reconnaissance pour les nouvelles preuves de zèle que les braves citoyens de cette ville viennent de donner dans l'expédition de Rambouillet et de Limours, et de lui remettre une expédition de l'arrêté qu'il a pris pour les féliciter. » (Archives de Seine-et-Oise, L I^m 306.)

(2) Voir page 122.

pour couper et rentrer la moisson, battre en grange, etc., etc.

Si, dans les moments difficiles, la masse des gardes nationaux se dévoua, on conçoit qu'à certains moments, et surtout quand il ne fut question que de fêtes et de parades, ceux qui avaient des affaires et une maison à surveiller et à conduire aient montré quelque tiédeur.

Armement.

D'un autre côté, rien, en dehors de la satisfaction que donne le devoir accompli, ne pouvait faire naître ou entretenir le désir de servir. Le costume, bien que peu brillant, aurait suffi, si tout le monde l'avait porté ; mais chacun se présentait dans la tenue de sa profession habituelle, et l'armement, capable de séduire, mais toujours défectueux et incomplet, ne se composait plus guère finalement que de piques disgracieuses et incommodes.

Les fusils que l'on eut au moment de la première organisation appartenaient en propre aux gardes nationaux (1) ou provenaient d'achats, de dons du Roi, de réquisitions, si l'on peut qualifier ainsi des actes comme ceux que nous allons signaler.

Le 21 septembre 1790, la compagnie Beaumont, de garde au Petit-Montreuil, arrêta une caisse de fusils qui, après avoir été transportée chez le capitaine, fut pillée par le peuple. La municipalité, traduite en justice, se résigna, après enquête, à payer à un sieur Gaspard, armurier à Saint-Germain, 500 livres, valeur attribuée aux armes saisies.

On apprit, le 20 octobre 1790, que plusieurs gardes de la compagnie Bluteau avaient en mains, sans que l'on sût par quel moyen, des fusils ayant appartenu à M. de Polignac.

Une voiture, venant de Roanne, s'étant arrêtée en ville pour effectuer quelques livraisons, fut fouillée. On y trouva deux caisses d'armes de chasse à destination de Rouen ; les gardes nationaux s'en emparèrent.

Ces procédés révolutionnaires n'enrichirent pas sensiblement l'arsenal de la milice bourgeoise, qui ne put arriver à posséder un nombre de fusils égal à l'effectif des bataillons. Après bien

---

(1) En 1792, deux cent quarante-quatre citoyens, un instant désarmés au moment du départ des volontaires que l'on voulait munir de fusils, réclamèrent les fusils qui leur appartenaient et qu'on leur rendit.

des efforts, on dut se résoudre à répartir les armes recueillies par portions égales dans les compagnies. Elles étaient conservées aux corps de garde ou chez les capitaines; les hommes les prenaient là chaque jour et devaient les remettre aussitôt le service effectué (1).

Par une suite non interrompue d'efforts et de démarches, la municipalité parvint à ajouter de temps en temps quelques unités nouvelles à son avoir primitif. Mais il fallut à la hâte armer les volontaires, les fractions mobilisées de la Garde nationale, que la protection des frontières réclamait instamment, et, chaque fois, les meilleurs fusils partaient. En l'an II, la portion de la milice demeurée sédentaire ne comptait plus que cent cinquante-deux armes à feu réparties entre les divers corps de garde, où elles demeuraient en dépôt (2).

Ce n'était pas seulement à Versailles que les fusils étaient rares. A Paris, dès la création de la Garde nationale, pour parer à la pénurie générale, la municipalité ordonna la fabrication de cinquante mille piques, et ce fut avec une ardeur presque fébrile que les travailleurs se mirent à l'œuvre. Des piques, des piques! clamait la foule. Un siècle plus tard, aux premières heures de la guerre néfaste, ce même cri frappa nos oreilles... Pleins de foi en la valeur française et remplis d'illusions, on se figurait que des lances arrêteraient la masse profonde d'ennemis puissamment

(1) Voir les articles 7 et 8 du règlement de la Garde nationale. (Archives de la Mairie.)

(2) D'après le registre d'ordre de la Garde nationale, les fusils possédés étaient ainsi répartis :

Palais national	6		*Report.*	48
Maison commune	9		Hôpital de l'Orient	4
Département	2		Caserne	6
Grand-Montreuil	2		District	2
Grille du Grand-Montreuil	2		Grille de l'Orangerie	4
Boulevard de l'Egalité	2		Grille Satory	2
Poids à la farine	6		Quatre-Pavés	6
Grille Voltaire	2		Marché au blé	2
Maison de justice	6		Patte-d'Oie	6
Maison d'arrêt	6		Avenue de Paris	6
Grille du Dragon	3		Maison de détention	6
Grille de la Liberté	2		Hôpital Pelletier	4
A reporter.	48		Total.	96

Il restera cinquante-six fusils à la municipalité pour les échanger, afin de donner le temps de les nettoyer et raccommoder.

armés qui s'avançait. Nos pères, moins amollis que nous l'étions plus tard, pouvaient le croire avec moins d'invraisemblance. Disons cependant qu'en réclamant des piques, les fougueux politiciens de 1789 songeaient surtout à mettre la nation en mesure de tenir en respect ce que l'on appela les ennemis de l'intérieur. Ce n'était certainement pas pour occire les Prussiens que le palefrenier de M. Moreau couchait avec sa pique (1). Ce fut mue par un tout autre sentiment qu'une Versaillaise fit écrire la lettre suivante à MM. les officiers municipaux : « Une jeune citoyenne patriote de ma section souhaite assister à notre fédération, mais d'une manière qui caractérise le patriotisme. En conséquence, elle me témoigne le désir qu'elle a d'être armée de cette arme nommée pique, si redoutable à nos ennemis, et de vous en faire la demande de sa part.

« Je me flatte, Messieurs, que vous voudrez bien accéder à son vœu et lui en délivrer une sous ma responsabilité.

« Signé : VODÉ. »

Il y eut alors à Versailles, comme partout en France, un parti ultra-révolutionnaire, traînant à sa suite tous les miséreux, tous les gens sans aveu, parti qu'il eût été fort dangereux de laisser s'armer et que les gens d'ordre, si passionnés qu'ils fussent pour les idées d'émancipation et de liberté, redoutaient profondément (2). Le 12 mars 1791, M. Chambert fit rapport à l'Assemblée municipale qu'un « particulier ayant rencontré le nommé Jean Ravaille, taillandier, portant une hallebarde, est venu en faire la déclaration au Bureau municipal; que le sieur Ravaille ayant été mandé, il a répondu que cette hallebarde lui avait été commandée par le sieur Bourgeois, cordonnier, rue de Bourbon (3), lequel lui en avait donné le dessin en papier; qu'il en avait fait une aussi pour un appelé Pierre, aussi cordonnier et garde national, compagnie Dubois, lequel n'a pas voulu la

---

(1) Voir page 100.

(2) On ne tenait pas à voir des armes aux mains de la population. Le 15 janvier 1790, un sieur Gilles Piette demanda la permission d'établir en cette ville, rue Maurepas, maison Forestié, un dépôt de fusils pour en faire la vente en détail. L'Assemblée générale de la Commune refusa la permission, tant à cause des circonstances que parce que cette permission porterait atteinte aux droits des communautés d'arts et métiers.

(3) Aujourd'hui rue Richaud.

prendre parce qu'il désirait qu'elle fût conforme à celle du sieur Bourgeois; qu'il n'est pas à sa connaissance que ses confrères en aient fait, mais qu'il a entendu dire à plusieurs gardes nationaux, dont il ne connaît ni les noms, ni les compagnies, qu'ils en avaient acheté au faubourg Saint-Antoine, à Paris... Le fait dont je viens de vous rendre compte, ajoutait M. Chambert, n'est point indifférent, il peut faire craindre pour la tranquillité publique. Comment découvrir les intentions de ces personnes? ». Après un assez long débat, l'Assemblée municipale chargea le Bureau de faire ce qui sera en lui pour découvrir les personnes qui auront acheté des piques.

La crainte que manifesta la municipalité en cette circonstance n'était pas chimérique, aussi l'on peut affirmer que ce fut elle qui paralysa la municipalité. Il était bien facile de se procurer des piques en grand nombre, et cependant ce fut seulement en 1792 que l'on en fit fabriquer. Une souscription publique ouverte le 28 février ayant produit 100 l. 10 s., on commanda quatre cents lances aux serruriers de la ville.

Quelques jours auparavant, MM. les officiers municipaux avaient pris l'arrêté suivant pour prévenir les dangers qu'ils redoutaient :

« Considérant que si la Constitution, en appelant les citoyens à sa défense, ne prescrit point la nature des armes dont ils peuvent se servir, il est du devoir des municipalités d'en diriger l'usage et de veiller à ce que tous obéissent aux mêmes chefs et marchent sous les mêmes drapeaux;

« Considérant que la loi ne permet d'être armés qu'à ceux qui sont inscrits sur les registres des gardes nationales;

« Considérant qu'il importe à la sûreté des personnes, à la conservation des propriétés et à la tranquillité publique que tous les citoyens qui se dévouent au service de la Patrie soient connus, afin de pouvoir discerner les malveillants;

« Le procureur de la Commune ayant été entendu, désirant calmer les inquiétudes que l'on pourrait concevoir;

« **Arrête :**

« 1° Tous les citoyens inscrits sur le rôle des gardes nationales qui voudront se munir de piques seront tenus d'en faire leur déclaration au greffe de la municipalité;

« 2° Il sera apposé un poinçon et un numéro sur chaque **pique**, et il sera donné au propriétaire un certificat d'inscription;

« 3° Toutes personnes qui seront rencontrées ainsi armées dans les rues, carrefours ou places publiques, et qui n'auraient pas leur certificat, seront, par ce seul fait, considérées comme suspectes et conduites devant l'un des juges de paix, lequel aura un double du registre d'inscription;

« 4° Toutes personnes inscrites ou non ne pourront se former en patrouilles, en compagnies particulières, ni obéir à d'autres chefs qu'à ceux de la Garde nationale, ou même se réunir sous leur commandement sans leur consentement exprès. »

Au mois d'octobre suivant, la municipalité se disposait à concéder par voie d'adjudication la fabrication de mille piques, et déjà ses affiches étaient apposées, quand le Directoire lui écrivit, sous la date du 8 octobre 1792 :

« Le Directoire est informé, citoyens, que vous êtes au moment de terminer une adjudication de mille piques, dont vous avez besoin pour armer la Garde nationale de votre commune.

« Il me charge de vous informer qu'il a reçu des soumissions pour une quantité notable de ces armes.

« Que les fonds alloués par l'Assemblée nationale sont insuffisants pour parvenir à couvrir ces dépenses et que, sans doute, la portion qui vous appartient dans la répartition de 5,000,000 de livres est trop faible pour acquitter le prix de ces mille piques.

« Il vous prie, en conséquence, citoyens, de suspendre, quant à présent, cette adjudication, et il vous assure qu'il comprend la ville de Versailles dans la répartition des armes qu'il fait fabriquer pour le nombre que ses besoins exigeront. »

On aurait pu alors, toutes les mesures de prudence étant prises et le magasin mieux garni, distribuer des armes aux gardes nationaux avec moins de parcimonie (1); mais l'arme nationale, comme on qualifia la pique, n'eut pas l'heur de plaire et on ne vit que rarement nos gardes nationaux la porter fièrement ou

---

(1) Le 13 juillet 1792, la municipalité confia six piques à chacun des capitaines pour armer, pendant le temps de service seulement, les hommes de sa compagnie qui n'avaient point de fusil. Le capitaine s'engageait expressément de représenter et de faire rapporter à la Maison commune lesdites piques, faute de quoi, dit le reçu, « je pourrai être poursuivi judiciairement, mon intention étant de me soumettre à la responsabilité la plus entière ».

effectuer les cent pas devant la guérite du corps de garde. Il fallut ordonner (1) « que les citoyens qui n'ont pas de fusil pour monter la garde soient tenus de la monter armés de piques, qui sont les armes nationales, et non avec le sabre sur l'épaule, ce qui montrerait un dédain pour la pique ».

A tous moments, des plaintes, nées de l'antipathie générale, se produisaient sous des formes souvent inattendues.

Le 10 brumaire an II, le commandant de la Garde nationale communique au Conseil général de la Commune « une lettre à lui adressée par Pourdet, commandant en chef du 1er bataillon, tendant à obtenir la permission de faire couper le manche des piques à une longueur convenable, afin que les factionnaires puissent les faire entrer dans leurs guérites pendant la rigueur de l'hiver. Le Conseil arrêta que chaque capitaine pourrait en faire couper douze à la longueur de 6 pieds.

Le 25 frimaire de la même année, une députation de la section des Sans-Culottes, le croirait-on, déposa sur le bureau du Conseil général un arrêté tendant à inviter la municipalité à faire distribuer à chaque capitaine de la Garde nationale le nombre de fusils nécessaires pour le service des postes de la ville. Le maire répondit à la députation que la municipalité, « attentive à ce qui peut assurer la tranquillité publique, s'occupe en ce moment de la demande qui lui est faite par la 9e section ».

Discipline.

De tout temps, en effet, avec un empressement qu'il faut reconnaître, l'Administration municipale et l'état-major s'efforcèrent d'accorder à la Garde nationale tout ce qui pouvait la satisfaire. On sent que la désirant disciplinée et souple, elle l'eût voulue d'allure irréprochable, sachant que la manière de se présenter rachète dans une certaine mesure ce que l'uniforme a d'incomplet ou de défectueux. Tous les jours, à la garde montante, le major du bataillon de service passait la revue; il se montrait plus sévère pour le détachement destiné à la garde du Château et veillait attentivement à ce que la « tenue en soit décente ».

(1) Le trentième jour du premier mois de l'an II.

Malgré la pénurie des ressources, la Ville dépensait pour sa milice plus de 30,000 livres chaque année.

Une école d'instruction militaire, à laquelle étaient attachés deux sous-officiers d'infanterie de ligne, soldés spécialement pour ce service, avait été instituée à l'Hôtel de Ville et où, durant deux heures d'abord, puis ensuite pendant quatre heures, les hommes pouvaient venir s'exercer.

Tout alla bien tant que l'on sentit la nécessité de veiller l'arme au bras. Petit à petit, l'enthousiasme tomba. Tous les gens de cœur, tous ceux qui aimaient la bataille, tous les amis de la cocarde étaient partis, volontaires ou réquisitionnés, soit spontanément, soit sous la pression des sollicitations instantes et réitérées des sections. Ceux qui étaient encore là, dénués de goûts militaires, attachés à leur foyer, à leur profession, devenue productive, en étaient arrivés à ne plus répondre qu'à contre-cœur aux appels de la Garde nationale.

Le ministre de la Police générale disait, le 5 ventôse an IV : « Pourquoi faut-il que je sois forcé de vous rappeler les devoirs qui vous sont imposés? Toujours le même amour de la Liberté vous anime, et cependant une insouciance fatale semble avoir remplacé votre antique et généreux dévouement. »

Il y eut dès l'origine des refus d'obéissance, mais alors c'était une exception; en l'an IV, les manquements étaient tels, que le général commandant la 1re division de l'intérieur écrivait au commandant de la Garde nationale : « Plusieurs plaintes m'ont été portées, citoyens, sur les négligences avec lesquelles votre garde fait le service; hier (17 brumaire an IV), seize hommes manquaient à la garde montante, et la nuit ils désertent les postes qui leur sont confiés. »

Il eût fallu à la tête de nos bataillons un homme ferme, armé de pouvoirs suffisants, ne transigeant en rien sur les questions de discipline. Il aurait fallu aussi que les chefs, à tous les degrés de la hiérarchie, aient été choisis avec attention parmi les gardes possédant les connaissances indispensables pour commander dignement. Mais on avait tant souffert de l'absolutisme du pouvoir que l'on écartait avec un soin jaloux tout ce qui était de nature à consolider l'autorité du supérieur. On se rappelle la proposition acceptée par la Garde nationale de ne maintenir les officiers que six mois en fonctions, afin que chacun pût devenir chef à son tour (1). Le choix de chefs insuffisamment instruits ou inintelligents était cause d'aventures qui ôtaient au service tout son sérieux et contribuaient à en désaffectionner les hommes.

Le 28 brumaire an V, l'état-major de la Garde nationale sédentaire reconnut l'abus de donner le mot d'ordre à des citoyens qui ne savent pas lire et qui le portent à des camarades pour le leur déchiffrer.

Le 27 thermidor an II, une patrouille du poste des Quatre-Pavés est arrêtée par les citoyens du poste de l'Abondance. « La sentinelle a crié : Halte-là! caporal hors la garde viens reconnaître patrouille! et aussitôt le commandant du poste est sorti avec deux fusiliers; il s'est avancé, et le commandant de la patrouille des Quatre-Pavés lui a donné le premier mot et il attendait le second, mais le commandant du poste de l'Abondance a exigé les deux mots. On lui a répondu que l'officier d'une patrouille arrêtée donnait toujours le premier mot et que celui qui l'arrêtait rendait le second; il lui a même été observé qu'un capitaine dans sa ronde, on lui donnait le premier mot d'ordre et qu'il rendait le second, mais il a répondu que, dans son poste, il était plus qu'un capitaine et que si on ne voulait point donner le second mot, il allait consigner la patrouille à son poste, ce qui a été fait. »

Comment espérer que la troupe prenne au sérieux un service exécuté dans de telles conditions!

Si l'homme sentait mieux combien l'accomplissement de tous ses devoirs importe au bien général et par contre-coup au sien propre!... Malheureusement, quand rien ne le stimule, ni ne le retient, il suit la seule impulsion de son égoïsme et néglige tout le reste. Cette vérité, banale et vieille comme le monde, n'éclaire pas et n'arrête jamais toute une légion de théoriciens qui affirment que l'homme, né vertueux, le demeurerait s'il n'avait le contact des lois sociales qui le gênent et l'oppriment. Ces idées, plus fausses à mesure que le législateur se montre plus égalitaire et plus philanthrope, pouvaient hanter l'esprit de nos pères, trompés par les souffrances endurées au cours des luttes soutenues pour l'émancipation commune; ils ont pu croire que les

____

(1) Voir page 139.

abus d'autorité, que les iniquités passées avaient troublé certains esprits faibles, faciles à ramener par une douce remontrance ; dans leur pensée, une réprimande était déjà peine grave ; que certainement nul ne récidiverait quand on lui aurait fait remarquer que méconnaître les ordres reçus au nom de la loi, c'est violer le serment volontairement juré le jour de la Fédération ; que, dans tous les cas, nul n'irait jusqu'à encourir la honte de ne plus pouvoir porter le noble uniforme de la Garde nationale et surtout s'exposer à l'ignominieuse privation des droits du citoyen actif.

Attendu, dit l'Administration centrale du département dans son arrêté du 19 ventôse an quatrième, « attendu que les armes que la Patrie a confiées à ses enfants ne doivent pas rester oisives, l'homme lâche et insouciant, qui refuse de les employer à la défense commune, étant indigne de les porter, elles lui seront redemandées, s'il continue à être sourd à la voix de la Patrie, et remises en des mains qui sauront en faire usage contre les brigands et les assassins ».

Le 14 juin 1790, la Garde nationale passait avec son drapeau. Un Suisse de faction, au lieu de saluer, comme il le devait, tourna les talons. Son chef, informé, demanda à la Garde nationale le genre de punition qui devait être infligée au coupable. La milice répondit que la sentinelle suisse devait être repentante déjà, sentant que sa mauvaise action lui avait « attiré la haine de ses officiers et de ses camarades ».

Le 19 avril 1790, un nommé Puret est accusé, étant de garde, sur la menace que lui a faite son supérieur de le faire enfermer au violon pour manque de subordination, de l'avoir mis en joue et de l'avoir envoyé faire f..... L'état-major décida que le major commandant le bataillon de Puret lui ferait, à la tête de sa compagnie assemblée, les reproches qu'il s'était attirés par sa conduite et qu'il lui serait enjoint d'être plus circonspect à l'avenir.

Que l'on ne nous accuse pas de vouloir ridiculiser les excellentes intentions qui animaient les autorités locales et l'état-major de la Garde nationale. Loin de vouloir répudier leurs moyens généreux, il nous serait agréable d'en constater l'efficacité. Nous savons d'ailleurs qu'il est une élite d'hommes qu'une paternelle admonestation peut maintenir ou même ramener à la saine observation de leurs devoirs. Malheureusement, dans les exemples suivants, nous rechercherons en vain la moindre trace de cette vertu native que l'on prête si généreusement à notre espèce ; nous ne trouverons pas davantage cette crainte salutaire de mal faire qu'aurait dû éveiller le repentir et la honte, fruits des remontrances bienveillantes tant de fois infligées. Alors, cependant, les hommes ont reconquis la liberté, ils savent que les lois qu'ils violent ne sont plus inspirées par le despotisme et pour le seul bien des privilégiés.

Il est fait lecture au Comité municipal d'un procès-verbal dressé le 3 août 1790, à 10 heures du soir, par le sieur Lefèvre, commissaire de police, en présence de deux notables adjoints, à l'occasion d'un cheval volé ; dans lequel procès-verbal il est dit : que le commissaire et les deux adjoints se sont transportés à la Grande-Écurie pour avoir des renseignements sur ce vol ; qu'arrivés près de la guérite, ils s'étaient aperçu qu'il n'y avait point de sentinelle ; qu'introduits dans la cour, ils étaient entrés dans un corps de garde non éclairé et dans lequel dormaient un caporal et plusieurs soldats qui ne se sont éveillés qu'après avoir été appelés plusieurs fois ; qu'ayant demandé au caporal pourquoi il n'y avait point de sentinelle, il a répondu que c'est parce qu'un monsieur de la Garde nationale qui avait deux épaulettes et qu'il ne connaît point était venu lui dire qu'il était inutile de laisser des sentinelles.

Le 7 brumaire an IV, le concierge du Muséum a rendu compte au Conservatoire, dans sa séance d'hier, de l'inexactitude du service de la Garde nationale. Le 4 de ce mois, à 10 heures du soir, les sentinelles de Versailles ont été relevées et n'ont été reposées qu'à 8 heures du matin. Hier, à minuit, dans une ronde faite par le citoyen Damarin, il a de même trouvé les postes sans factionnaires ; sur-le-champ, il est entré au corps de garde et a requis le commandant du poste de les faire replacer, ce qui a été fait...

La 4ᵉ compagnie du 4ᵉ bataillon de la 2ᵉ section, le 17 octobre 1789, considérant que M. Barège, l'un des sergents, a refusé trois fois de suite de faire son service et qu'il ne se présente jamais à aucune assemblée, a jugé qu'il ne pouvait plus servir dans cette compagnie qu'en qualité de fusilier.

Le 27 janvier 1791, un rapport du directeur des Aides apprend à l'Assemblée municipale qu'une fraude ayant eu lieu le 21, le poste de l'avenue de Saint-Cloud, sauf le commandant, a refusé de prêter main-forte aux commis.

Les 4, 7 et 8 prairial an III, des hommes sont signalés au District comme ayant refusé d'aller en détachement pour protéger les convois de subsistances.

Mais, pour finir, écoutons un rapport que le chef de brigade de la Garde nationale fit, le 11 messidor an IV, aux administrateurs de la Commune :

« La générale s'est fait entendre hier dans tous les quartiers de la ville, les citoyens ont été prévenus au son de la caisse et, dans beaucoup de compagnies, par billets, qu'ils eussent à se rendre le 10 au lieu de rassemblement de leur bataillon pour la célébration de la fête de l'Agriculture. Toutes ces précautions ont été inutiles. Un très petit nombre de citoyens ont daigné se rendre à la générale et seulement une heure après l'époque fixée ; le cortège était déjà sur la place d'Armes lorsque les débris des trois bataillons sont arrivés. Cette insouciance des citoyens vous donne la mesure des secours que vous devez attendre d'eux ; dans un soulèvement, ils abandonneraient leurs magistrats au couteau des assassins sans réfléchir sur les suites.

« Cette insouciance, aux yeux des bons citoyens, est une infraction à la loi, un délit que les magistrats ne doivent point tolérer et contre lequel la loi sur la discipline des gardes nationales a dû prononcer. Dans les citoyens qui ont manqué hier, il en est de plus coupables les uns que les autres, quoique le délit soit le même.

« L'officier doit donner l'exemple. Dans plusieurs compagnies, il ne se trouvait qu'un ou deux officiers. Dans le 3ᵉ bataillon, le capitaine Lemoine et le sergent Daffaires formaient la compagnie entière ; il y a eu des compagnies qui n'ont point paru. »

Nous croyons avoir suffisamment mis en lumière l'état de lassitude, l'affaissement général dans lequel était tombée la milice bourgeoise. Il faut reconnaître que la faute n'en est pas à la troupe seule ; la municipalité, les pouvoirs publics ont, en l'espèce, une large part de responsabilité. Quand on demande au peuple un concours de tous points gracieux, il faut savoir limiter les corvées strictement à celles qu'exige l'intérêt public. Or, on avait multiplié démesurément les prises d'armes; la générale ou la charge étaient battues pour de fausses alertes, pour des parades inutiles, pour des fêtes commémoratives, des solennités allégoriques dont la fréquence et le peu d'attraits avaient blasé tout le monde. La politique intervenant avait associé la Garde nationale à des perquisitions, à des arrestations, à des actes dont parfois la partialité était évidente. On avait senti le ridicule ou l'odieux des mesures qui avaient si malheureusement succédé au grand mouvement réformateur de 1789.

D'un autre côté, l'application du décret du 28 prairial an III, en dispensant du service ordinaire les nécessiteux, les ouvriers, certaines catégories de fonctionnaires, avait considérablement réduit l'effectif de la Garde nationale versaillaise. Elle ne comptait plus que quatre bataillons de chacun huit cents hommes, avec lesquels on était dans l'impossibilité d'assurer l'ancien service. La municipalité s'efforça d'y remédier en invitant le District à établir des portiers aux différentes grilles de la ville, à confier la garde des prisons à des gendarmes ou à des troupes de ligne, afin de réduire le nombre des postes à occuper par la Garde nationale. Quand on eut introduit toutes ces modifications, il se trouva encore que le roulement du service, entre les hommes inscrits aux contrôles, exigeait, tous les huit jours, la présence de chacun d'eux à l'un des postes de la ville.

Et l'effectif diminuait si rapidement qu'en 1798 les pertes subies avaient réduit notre Garde nationale à trois bataillons.

En septembre 1797, Pichegru voulut réagir contre cette désagrégation qui s'était produite dans toute la France; il déposa, dans ce but, un projet de loi qui eût replacé la milice dans la situation où elle se trouvait en 1791, mais ses efforts étant restés vains, la Garde nationale demeura inerte et brisée.

Bonaparte, tout-puissant, aurait pu la faire revivre, mais les partis, en cherchant à s'appuyer sur elle, avaient rendu la milice bourgeoise suspecte aux hommes politiques; demeurée d'ailleurs la nation armée qui raisonne, elle ne pouvait plaire à quiconque ambitionne le pouvoir absolu. L'organisation qu'elle reçut au commencement de l'Empire équivalait à une suppression. La mère de notre armée moderne fut laissée dans l'ombre précisément à l'heure où les régiments qui émanaient d'elle brillaient avec le plus d'éclat, écrasant, en de gigantesques luttes, les cohortes européennes les plus belles et les plus solides. On ne se souvint de la milice bourgeoise qu'au déclin de l'épopée napoléonienne ; alors l'étranger avait une fois encore franchi nos frontières. Elle accourut au premier appel, sans une hésitation, pour, dans un mouvement héroïque, témoigner à nouveau qu'elle était réellement digne de son nom de Garde nationale !

Chapitre III. — La Municipalité.

I

Coup d'œil en arrière.

Quand, au lieu d'un modeste village, Louis XIV voulut une ville autour de son Palais, il n'eut qu'à manifester son désir pour voir immédiatement les hôtels et les maisons sortir de terre et, en peu de temps, donner à Versailles l'étendue et l'aspect dignes de la résidence habituelle d'une Cour somptueuse.

En vue de stimuler les zèles en son entourage, le Maître concéda gratuitement des places à bâtir détachées du domaine royal, comme le fut, au fur et à mesure de l'extension urbaine, le sol des rues et des promenades publiques.

La grande quantité d'emprises effectuées ainsi, presque à la même époque, sur les biens de la Couronne, fut considérée comme un fait anormal. On oublia que partout les bourgs et les villages se sont créés et développés suivant un mode absolument semblable (1), et il n'en pouvait être autrement. La terre appartenant au seigneur, c'était à elle qu'il fallait prendre les places à bâtir, le sol des voies publiques et des divers édifices à usage commun des habitants.

Qui examine sans idée préconçue, reconnaît que Versailles ne se singularise que par sa création récente et son expansion rapide.

---

(1) Le roi Louis XV ayant bâti un château à Saint-Hubert, dans la forêt de Rambouillet, voulut, lui aussi, qu'un village s'installât tout auprès. M. J. Maillard, dans son intéressante « Histoire du château royal de Saint-Hubert » (*Mémoires de la Société Archéologique de Rambouillet*, 1905, tome XVIII, page 74), dit que la première distribution de terrains à bâtir remonte au 2 septembre 1760, et il nomme les sept bénéficiaires de cette distribution.

Cependant, quelques esprits obstinément prévenus considèrent encore notre ville comme une cité tout à fait exceptionnelle, dont le sol bâti ou affecté à des services communaux n'aurait pas cessé d'être propriété particulière du souverain ou de l'Etat.

Son fondateur pouvait avoir cette pensée, mais depuis lors ses divers successeurs, qui ont suivi les événements, qui ont vu les propriétés particulières passer de main en main par une longue succession de contrats onéreux, auraient dû sentir combien s'est transformé le statut personnel des immeubles et de la Ville.

La manière du Grand Roi offrait trop d'avantages et d'attraits pour que ses successeurs ne continuassent pas à l'appliquer. Comme par le passé, tout, à Versailles, *intra* ou *extra muros*, fut considéré comme à la disposition de Sa Majesté qui, sans gêne, modifia toutes choses selon son caprice ou sa convenance. On emprisonna, dans les murailles du grand Parc, des héritages particuliers; on disposa de la maison des gens du commun pour loger les personnes de qualité; on modifia les conditions, les prix des baux à loyers.

Point ne fut utile de recourir à l'expropriation, que nul, du reste, n'avait encore inscrite dans nos lois. Le pouvoir y suppléait fort aisément par des arrêts laconiques devant lesquels chacun, si mécontent qu'il fût, avait la prudence de s'incliner humblement. Ces pratiques déplorables ont actuellement disparu, et cependant l'Etat, se couvrant d'armes que lui-même a fabriquées, se donne le droit de reprendre ce qui fut autrefois non pas seulement donné, mais vendu à nos pères. Et, en effet, ce n'est pas gratuitement que la Ville a obtenu des fontaines, des édifices communaux, voire même des rues; elle a largement payé le prix des terres, le montant des mémoires de travaux exécutés à son intention, par les sommes importantes exigées de ses habitants à titre de concours pour l'entretien de la Ville.

On sait qu'en 1716, le Roi affecta spécialement aux dépenses, non pas seulement du Château, mais aussi de la Ville, les droits d'aide et de pié fourché réunis en 1745 aux droits d'entrées établis à cette époque. L'octroi constitué de la sorte produisit, notamment en 1788 : 1,083,792 l. 15 s. 9 d. Déduction faite des frais de toutes natures, il resta net 961,108 l. 18 s. 6 d., qui furent encaissés sans aucune réserve par le Trésor royal. Cette somme considérable pour l'époque était composée en grande partie de taxes locales spécialement imposées à la population pour l'entretien de la Cité.

En ce temps-là, tout le monde à Versailles connaissait cette situation particulière, et jamais les officiers royaux ne contestèrent que c'était le Trésor royal qui devait acquitter, sur les revenus du domaine de Versailles, toutes les dépenses faites dans l'intérêt particulier de la Ville (1).

Le registre des délibérations de l'Assemblée communale relate de nombreux faits qui appuient surabondamment notre affirmation. Nous citerons seulement le suivant qui nous a paru plus particulièrement concluant : Le 18 février 1790, « M. Emard (2) ayant représenté que les dépenses qu'il avait faites et que celles qu'il présumait avoir à faire pendant les trois premiers mois de cette année pourraient s'élever à environ 6,000 livres, l'Assemblée lui a donné un mandat de pareille somme à recevoir chez M. Faucon, receveur du domaine de Versailles.

« Il a été arrêté que M. Emard payera des fonds qu'il recevra de M. Faucon le montant d'un mémoire réglé par M. Perrot pour frais de déménagement de la Municipalité et pour journées d'ouvriers employés à la destruction et reconstruction d'une baraque dans l'hôtel du Grand-Maître. »

Il est de la dernière évidence que le produit considérable de l'octroi, touché par le Roi, aux lieu et place de la Ville, n'a jamais été absorbé (3) par les dépenses faites ainsi chaque année, en y ajoutant même la valeur des terrains, peu nombreux du reste,

---

(1) On lit dans une délibération prise par la Municipalité à la date du 27 juillet 1790 : « 1° Que le revenu du domaine de Versailles consistait dans le produit des droits domaniaux et dans le produit des impositions indirectes ;

« 2° Que le produit des impositions indirectes n'a jamais été versé dans le Trésor public, pas même en partie, mais que tout était affecté aux dépenses du château et de la ville de Versailles ;

« 3° Que Sa Majesté ayant toujours été chargée des dépenses de la Ville, Versailles, qui n'éprouvait aucun besoin, n'avait par conséquent aucun intérêt à se créer un revenu particulier, qu'elle n'aurait pu d'ailleurs s'en occuper, n'ayant jamais eu d'officiers publics avant la fin de 1787, temps où il fut créé une municipalité dont les soins étaient bornés à la répartition de l'impôt. »

(2) Greffier de la Municipalité.

(3) Il importe de rappeler qu'en plus de l'octroi, les habitants de Versailles supportaient une contribution pour assurer le balayage, l'enlèvement des ordures ménagères et l'éclairage des rues de la Ville.

sur lesquels furent édifiés les rares bâtiments à usage spécial des services municipaux.

Si, d'ailleurs, notre Cité a profité d'emprises faites sur le domaine royal, celui-ci a été largement compensé par l'acquisition de propriétés qui ont été payées grâce à l'important rendement des impôts que les Versaillais eurent à subir. Ainsi, notamment en 1760, l'Artoire, propriété sise près des étangs de Saint-Hubert, en la forêt de Rambouillet, fut acquise, moyennant 28,000 livres, que le comte de Noailles paya sur le domaine de Versailles (1).

On peut affirmer sans témérité qu'il y eut d'autres acquisitions dont les prix furent acquittés de la même manière.

Nos pères, qui avaient vu, n'eurent ni doute, ni hésitation; ils considérèrent sans cesse que le Roi, qui encaissait les revenus de la Cité, devait supporter les dépenses annuelles, acheter les terrains dont la Ville avait besoin, quitte à se les procurer où il voulait et aux conditions les plus avantageuses pour sa cassette. Le 23 août 1789, l'Assemblée générale de la Commune agit sous l'empire de semblables pensées. A la recherche d'un immeuble où elle pût installer « des bureaux, des greffes et des salles d'assemblées », elle demanda l'hôtel des gardes de la porte du Roi; il sera possible ainsi, ajoutait la Municipalité, « d'éviter au Gouvernement une dépense considérable pour une construction d'Hôtel de Ville ».

Ce ne sont pas les Versaillais d'autrefois qui auraient imaginé la distinction subtile qui admet comme principe que le Roi a pu puiser à pleines mains dans les caisses publiques, fusse pour jeter l'argent par les fenêtres, mais qu'il n'a pu transmettre à la ville qu'il administrait la propriété de la moindre parcelle de terre, en échange de l'argent qu'il recevait.

L'Etat savait tout cela, et, cependant, sans rendre l'argent reçu, il a conservé les immeubles demeurés en la garde du Roi, maire de Versailles.

Quand cette ville obtint son administration distincte, comment ne s'est-il trouvé personne pour sentir qu'une liquidation loyale s'imposait; comment les agents du Domaine purent-ils

____

(1) *Le Château royal de Saint-Hubert*, par J. Maillard (*Mémoires de la Société Archéologique de Rambouillet*, année 1905, page 74).

mettre la main sur tout le patrimoine de la Cité? On les a vus, malgré des dispositions légales, retenir des places et des promenades publiques; conserver par de subtiles distinctions les fontaines érigées pour l'alimentation des habitants; demeurer, malgré des faits évidents, propriétaires de bâtiments, de bureaux construits dans le but unique d'abriter les employés d'octroi. Nous avons dit déjà (1) que l'Etat compatissant veut bien nous louer, à beaux deniers comptant, les bureaux d'octroi qu'il a pris, puisque ces constructions ont incontestablement été édifiées avec l'argent des habitants de Versailles.

II

Première Municipalité.

Les membres de notre première Municipalité ne purent protester, car l'arrêt qui les nomma ne leur donnait nulle qualité pour réclamer (2). Leur entrée en fonction ne précéda du reste que de quelques mois la Révolution française, dont les grands événements détournèrent leur attention et ne leur laissèrent pas le loisir d'aviser. Ils ne trouvèrent d'ailleurs ni documents, ni guides, personne, avant eux, ne s'étant soucié des intérêts communs à la collectivité versaillaise.

Les grands attachés à la Cour qui construisirent autour du Château ne voulurent qu'être agréables au Roi; les commerçants, les artisans, les manouvriers qui suivirent, ne se hâtèrent qu'en vue des bénéfices à réaliser. D'un autre côté, il semble que généralement les communes, désenchantées des libertés entrevues, n'avaient plus foi en des franchises aussitôt reprises qu'octroyées, qu'elles s'étaient découragées et abandonnées à un état de dépendance à peu près absolu (3). Versailles n'était pas en situa-

----

(1) Voir page 19.

(2) Les administrations municipales qui se succédèrent à Versailles depuis la Révolution française se montrèrent, de tous temps, d'une timidité excessive pour faire valoir les droits de la Ville. On craignait de blesser le Maître, de provoquer son courroux et de nuire à la Cité.

(3) A la fin du xiii° et au commencement du xiv° siècle. — « Ouvrez le Recueil des ordonnances du Roi; vous verrez tomber, à cette époque, je ne sais combien de chartes qui avaient fondé l'indépendance des communes et toujours par l'une des forces que je viens de mettre sous vos yeux, par la force d'un adversaire

tion de donner le signal du réveil, et ce fut seulement en 1787 qu'en haut lieu on aperçut enfin la communauté importante qui vivait aux abords du Palais. Le Roi en ayant été informé prit, le 18 novembre 1787, un arrêt (1) accordant à Versailles une administration semblable à celles déjà créées dans les différentes villes de l'Ile-de-France.

La nouvelle administration eut pour rouage essentiel une assemblée générale composée : du gouverneur de Versailles, président, du bailli ou du lieutenant au bailliage, du procureur de Sa Majesté audit bailliage, des curés des trois paroisses, de représentants (2) élus (3) à raison de quatre pour chacun des huit quartiers en lesquels la Ville fut divisée pour cet objet, et enfin d'un greffier.

Aussitôt son élection, l'Assemblée générale procéda à trois scrutins pour le choix :

1° Du syndic du Corps municipal ;

2° D'un député à prendre parmi les quatre représentants de chaque quartier ;

3° Du greffier qui aurait à écrire et enregistrer les délibérations de toutes les assemblées, sans voix délibérative.

Le syndic et les huit députés de quartier devaient composer le Conseil municipal ; ils étaient « autorisés à faire dresser les rôles des impositions royales et autres autorisées dans ladite ville pour l'illumination, le nettoyage, l'enlèvement des immondices et autres dépenses locales ».

Voyant cette maigre pitance de liberté, les profonds réformateurs modernes, qui loin de tout péril crient à gorge déployée :

trop inégal, ou par l'ascendant d'un protecteur trop redoutable, ou par une longue série de désordres intérieurs qui découragent la bourgeoisie de sa propre liberté et lui font acheter, à tout prix, un peu d'ordre et de repos. » (Guizot, *Histoire de la civilisation en France.*)

(1) « Sa Majesté, est-il dit dans le préambule, voulant faire participer les habitants de la ville de Versailles aux avantages dont elle a fait jouir tous ses sujets,... et étant informée que cette ville n'a pas de corps municipal..... »

(2) Etaient éligibles, parmi les habitants ayant droit de suffrage, tous ceux vivant noblement, les procureurs, les notaires, les chirurgiens et ceux des cultivateurs payant plus de 100 livres d'impositions foncières ou personnelles, enfin les marchands des quatre principaux corps de commerce.

(3) Etaient électeurs, tous les habitants demeurant dans l'une des trois paroisses de la Ville, âgés au moins de vingt-cinq ans et payant 20 livres au moins d'impositions foncières ou personnelles. Les pères pouvaient être substitués par leurs fils âgés de vingt-cinq ans.

« Tout ou rien ! » ne manqueront pas de rire bien fort. Ils ne savent pas qu'antérieurement les bourgs et les villages auxquels on octroyait un corps municipal n'obtenaient qu'une sorte de représentation purement honorifique, puisque les villes et les communautés n'avaient été dotées d'aucune organisation qui leur permît de s'administrer. C'était déjà grande faveur que d'obtenir le droit de veiller à l'équitable répartition des impôts.

Sagement inspirés, les premiers administrateurs versaillais firent avec reconnaissance le premier pas en vue duquel Louis XVI voulait bien, si peu que ce fût, entre-bâiller la porte des franchises urbaines. Quiconque a suivi ces hommes avisés les loue et les admire, parce qu'ils furent les ouvriers de l'heure difficile et que leurs actes successifs les montrent, bien que très attachés au Roi, recherchant, faisant naître au besoin l'occasion d'élargir l'insuffisant espace laissé à leurs vives aspirations libérales.

Partout, du reste, la bourgeoisie intelligente et instruite manifestait de semblables tendances. La Cour le voyait, et sentant la marée montante, prenait des précautions, opposait des obstacles qui, loin de refroidir, stimulaient le zèle et l'ardeur des réformateurs.

Pour constituer les collèges électoraux versaillais (1), l'arrêté de 1787 n'appela qu'un nombre très restreint de bourgeois ; il y avait chance ainsi de n'avoir que des élus dévoués à la monarchie.

Plus de la moitié des quarante-huit députés furent choisis parmi les tenanciers d'emplois au Château ou chez les princes ; il y avait parmi eux des commis de ministères, des officiers du Roi, des conseillers du Roi, le libraire, le linger, le chirurgien, le premier valet de chambre du Roi, le chirurgien et l'apothicaire de Monsieur, l'huissier de la chambre de Madame Adélaïde.

On n'a pas perdu de vue qu'en outre, l'Assemblée communale était pourvue, comme membres de droit, du bailli, du procureur

---

(1) « Les élus du Conseil général, dit Laurent Hanin, dont on avait extrait les huit membres du Comité municipal, étaient l'œuvre de huit scrutins isolés où n'avaient concouru en moyenne que trente électeurs, et pour la Ville deux cent quarante-deux habitants seulement. Que pouvait-on craindre raisonnablement d'un corps électoral réduit à ces minces proportions ? » (*Histoire municipale de Versailles.*)

du Roi, des curés des trois paroisses, et, comme président, du gouverneur de Versailles, grand seigneur dont l'autorité pouvait, sans grand effort, annihiler les tentatives forcément timides des esprits trop entreprenants.

L'Assemblée générale, ainsi composée, choisit pour syndic Thierry de Ville-d'Avray, premier valet de chambre du Roi.

Sa Majesté n'avait donc rien à redouter de la nouvelle Municipalité qui, toute dévouée à sa personne, était d'ailleurs sans pouvoirs et sans argent. D'un autre côté, bien que le président et le syndic puissent voir aisément le Roi, l'Assemblée versaillaise ne pouvait rien présenter directement. Comme les municipalités des plus modestes villes, il lui fallait prendre la filière, se subordonner (1) à l'Assemblée provinciale de l'Isle-de-France siégeant à Saint-Germain-en-Laye (2).

Ainsi enserré, il n'était pas aisé de marcher vite vers le mieux. Cependant, la Municipalité versaillaise n'hésita pas. Dès sa première séance, elle se reporte au règlement pour le revoir. Elle ne veut, dit-elle, « ni en altérer le sens, ni en méconnaître les dispositions », mais certaines interprétations et quelques dispositions additionnelles seraient bien nécessaires. Elle exprime aussi le désir, « vu l'importance et la population de la ville de Versailles qui tient, dit-elle, un des premiers rangs parmi celles du royaume et qui est honorée du séjour de nos rois, que le syndic du Comité eût le titre de Maire ou de Président du Comité » (3); et toujours très soumis, les représentants versaillais ajoutent : « sans que le titre pût, dans aucun cas, conférer aucun pouvoir, aucune autorité, prérogatives ou préséances autres que ceux qui lui sont attribués par le règlement ». Nos solliciteurs savaient très bien que le titre, qui ne semble rien par lui-même, donne la situation morale qui, tôt ou tard, attire et fixe des droits et des attributions nouvelles. C'était procéder comme la tache d'huile qui gagne lentement, mais sûrement, et finit par tout envahir.

---

(1) Versailles n'était rien dans la hiérarchie administrative d'alors. Elle fut chef-lieu de canton et de district de département par décret du 15 janvier 1790, promulgué le 4 mars suivant.

(2) Seine-et-Oise était divisé en deux départements : Corbeil et Saint-Germain.

(3) Le syndic fut autorisé à prendre le titre de consul le 9 avril 1788, puis de maire le 11 juillet 1789. Ce dernier titre fut porté pour la première fois par Thierry de Ville-d'Avray, le 23 juillet 1789.

Dès le 11 juillet 1789, jour même où le Roi permettait au président du Comité municipal versaillais de se qualifier Maire, « Sa Majesté, par des considérations particulières, a cru devoir s'expliquer provisoirement et d'une manière plus précise sur les fonctions et les pouvoirs attachés à ladite place de Maire. A quoi voulant pourvoir, ouï le rapport, le Roi étant en son Conseil, a ordonné et ordonne que le Maire de ladite ville de Versailles sera à l'avenir spécialement chargé de la correspondance avec le secrétaire d'Etat de sa Maison, et aura la liberté de lui désigner celui des députés qu'il jugera à propos pour le représenter ».

Le Comité et l'Assemblée générale n'étaient pas demeurés inactifs en attendant cet important succès ; par des empiétements successifs, ils étaient arrivés à oublier à peu près toutes les dispositions réglementaires desquelles ils tenaient leur existence. On vit, en effet, la Municipalité s'occuper de questions de police, obtenir le déplacement du bureau des messageries (1), procéder au numérotage des maisons, se préoccuper de la mendicité, créer un bureau de charité, proposer l'établissement d'un collège renfermant autant d'enseignement que ceux de l'Université de Paris, et qui pourrait procurer aux étudiants les mêmes avantages. Sans se demander si elle a qualité, la Municipalité proteste avec énergie, parce que, malgré ses représentations, le Roi a donné l'ordre de pourvoir, sans délai, à l'assiette du logement de deux cent vingt-huit gardes du corps ; et, à ce sujet, le Comité n'hésite pas à entrer en conflit avec la maison militaire du Souverain ; s'il cède finalement, c'est après avoir pris la délibération suivante, tout à la fois ferme et digne : « 1° Que, par provision, le Comité municipal, plein de respect pour l'ordre du Roi, s'y soumettra, se réservant néanmoins d'en donner communication à tous les représentants qui seront, dès demain, assemblés à midi précis ; 2° qu'il sera fait des représentations les plus fortes sur cette innovation et sur les inconvénients de ce logement ; que MM. Loustaunau et Ménard sont nommés commissaires à l'effet de solliciter l'exécution de la parole donnée par le ministre la Guerre (2) et de suivre tout ce qui sera re-

----

(1) Il était rue de Satory.

(2) M. Loménie, comte de Brienne, avait assuré que le logement imposé n'aurait lieu que pour cette fois-ci seulement, et il avait assuré qu'il en donnerait l'assurance par écrit au Comité.

latif à cet objet. » Et, tactique habile, tout en parlant haut en faveur des habitants, nos édiles s'empressent de rendre des services aux administrations royales, acceptant des tâches délicates et ardues pour le logement des notables, puis des représentants aux Etats généraux, tâches toujours remplies avec intelligence et célérité.

Que d'améliorations auraient réalisées ces administrateurs aussi habiles qu'entreprenants, si les événements révolutionnaires, mêlant la politique aux affaires, et menaçant la royauté, n'étaient venus paralyser les élans de la Municipalité! Ses membres gênés, obligés de choisir entre leur attachement pour le Roi et leur amour pour la liberté, eurent des hésitations qui se manifestèrent surtout au lendemain de la prise de la Bastille. Nous en avons constaté les effets quand le peuple exigea la constitution des gardes nationales (1).

Le 3 août 1789, Thierry de Ville-d'Avray, invoquant l'état de sa santé, donna sa démission; le bailli, le procureur du Roi, les trois curés et le prince de Poix, sentant la défiance qu'ils inspiraient, cessèrent de paraître aux réunions, désertant le poste où leur souverain les avait placés. Les membres élus de l'Assemblée communale furent avertis, par la rumeur publique, qu'eux aussi semblaient n'être plus en communion de sentiments avec la population.

Dans sa séance du 21 août 1789, il fut « représenté par un des membres de l'Assemblée que les murmures qui se répandent dans la ville contre la Municipalité, les plaintes non fondées de diverses classes de citoyens, différents mémoires présentés par MM. les officiers de la garde bourgeoise, ne laissent plus aux députés et aux représentants d'autre parti à prendre que celui de remettre leurs pouvoirs entre les mains des citoyens qui les ont nommés et leur offrir leurs démissions.....

« Sur quoi, la matière mise en délibération, l'Assemblée reconnaissant la vérité des faits qui viennent d'être exposés, a adopté unanimement la proposition. En conséquence, déclare par ces présentes qu'elle remet entre les mains de ses concitoyens tous les pouvoirs qui lui ont été confiés lors de sa nomination, les prie de former incessamment les assemblées préli-

____

(1) Voir page 133.

minaires indiquées par l'article 10 du règlement du 18 novembre 1787... que cependant, pour ne point interrompre les objets d'administration qui lui ont été confiés, elle continuera ses fonctions jusqu'à ce que la nouvelle nomination ait été faite.

« Délibère en outre qu'expédition de la présente délibération sera remise à M. le prince de Poix, en sa qualité de président de l'Assemblée générale, et qu'elle sera imprimée et affichée en cette ville. »

Cette révolution locale, malgré l'intérêt qu'elle présente, a été à peine signalée. Cependant, au grand jour, l'Assemblée communale modifia profondément les règles qui avaient sanctionné sa naissance et assuré son fonctionnement normal; de plus, en descendant du pouvoir, se substituant au Roi, ce fut elle qui, de son autorité privée, convoqua un collège électoral considérablement augmenté pour nommer une assemblée communale uniquement composée de membres élus. Nos conseillers municipaux se savaient d'accord avec la population et, pour eux comme pour nombre de gens, la puissance souveraine s'était déplacée; elle était allée du Roi à ses sujets. Si l'Assemblée nationale légiférait, la Nation, obéissant à ses soudaines inspirations, prenait des décisions aussi vite exécutées que rapidement conçues. Témoin d'irrégularités et de bouleversements incessants, le Roi demeurait inerte et muet; les grands qui n'avaient pas d'ordres s'effaçaient, déplorant leur dangereuse inaction. D'abord hésitants, les magistrats municipaux se rassuraient peu à peu et demeuraient à la tête de mouvements séditieux qui les avaient saisis et entraînés. Les idées de droit étaient tellement troublées, qu'à Versailles, la Municipalité, après sa démission et sa réélection révolutionnaire, écrivait au prince de Poix pour lui faire connaître les événements et lui annoncer, comme s'il se fût agi d'un fait régulier et normal, l'élection de la nouvelle Assemblée communale.

S'il est facile de comprendre les agissements populaires et les mobiles qui les suscitaient, on comprend moins aisément la résignation du Roi et de son entourage; pour ne prendre qu'un exemple, montrons le prince de Poix, évincé en août 1789, venant à la Municipalité le 7 février 1790 pour faire « présent de la carte du département de Versailles, dans laquelle les districts étaient désignés de couleurs différentes ».

Cette résignation du Pouvoir ne pouvait provenir que d'une faiblesse extrême ou d'une sotte ironie, puisque, si l'affranchissement était aussi complet qu'on était en droit de l'espérer au point de vue politique, l'esclavage demeuré entier quant à l'administration, à la police et aux finances, condamnait l'Assemblée communale à la plus déplorable dépendance inactive. De plus, quand enfin la loi brisera définitivement toutes les entraves, l'Etat, successeur des rois, s'il est contraint de ne plus toucher aux revenus de la Cité, ne rendra aucun compte de sa gestion et, ainsi que nous l'avons dit déjà, mettra la main sur tout le patrimoine municipal. Il était nécessaire de rappeler ces faits avec insistance, puisque leurs conséquences vont peser lourdement sur les premières municipalités élues au cours de la Révolution française.

III

Municipalité d'août 1789.

Le 29 août 1789, les citoyens domiciliés, convoqués par la Municipalité, se réunirent dans leurs quartiers respectifs, à l'effet d'élire les membres d'une nouvelle assemblée communale qui, pour conserver au moins un semblant de légalité, s'appuie encore sur l'arrêt de 1787, modifié jusqu'à être méconnaissable.

Satisfaits des franchises que la faiblesse du Pouvoir avait laissé prendre et, sans doute, voulant que la révolution locale heureusement accomplie ne laissât dans la population ni ombre, ni amertume, les électeurs, après de longues discussions en leurs collèges, nommèrent à nouveau, sans aucune exception, les députés démissionnaires qui, d'ailleurs, s'étaient acquittés de leur tâche ingrate avec autant de zèle que d'intelligence.

Ce digne exemple obligeait l'Assemblée générale de la commune, qui, dès sa première réunion, le 3 septembre 1789, prit la décision suivante : « Considérant que le vœu des habitants exprimé dans les procès-verbaux dressés dans les districts, les 29 et 31 du mois dernier, rappelle également M. Thierry de Ville-d'Avray aux fonctions de maire dont il avait donné sa démission ; que, depuis son élection à cette place... il a rempli ses fonctions avec un zèle peu commun ; qu'il n'a pas dépendu de lui que la Ville obtienne des grâces particulières, très avantageuses aux citoyens ; que, pendant l'hiver dernier, il a multiplié les secours de tous genres, répandus avec une espèce de profusion sur les classes indigentes ; qu'ainsi il serait intéressant pour la Ville qu'il voulût bien révoquer la démission qu'il a donnée et reprendre ses fonctions.

« Pourquoi il a été arrêté unanimement qu'il lui serait fait une députation pour le prier de retirer sa démission et venir reprendre ses fonctions. »

Deux jours après, le président de l'Assemblée rendait compte que la députation avait vu M. Thierry de Ville-d'Avray, lequel s'était montré on ne peut plus sensible à la démarche faite auprès de lui ; qu'il aurait repris ses fonctions avec un véritable empressement, mais que l'état de sa santé le mettait dans l'impossibilité absolue de se charger à nouveau de la mairie de Versailles.

Sans attendre la réponse de l'ancien maire, la nouvelle Municipalité s'était assemblée pour se constituer et régler l'ordre de ses travaux.

Son premier soin fut de déclarer « que les nouvelles marques de confiance que les membres de la Municipalité venaient de recevoir de leurs concitoyens leur imposaient la loi de continuer des fonctions qui leur avaient été rendues d'une manière si honorable ; qu'ils ne pouvaient en témoigner mieux leur sensibilité et leur reconnaissance qu'en se livrant avec tout le zèle et toute l'activité dont ils sont capables aux différens qui pourront contribuer à l'avantage de la Ville ».

Puis ils décidèrent « que l'Assemblée de la Ville sera composée de tous les représentants et suppléants nommés (1).

« Que, dans le cas où M. Thierry persisterait dans la démission qu'il a donnée de la mairie, il sera sursis à l'élection d'un maire jusqu'après le décret de l'Assemblée nationale qui doit régler la formation des municipalités.

« Qu'il sera procédé dès aujourd'hui à l'élection d'un président par intérim de l'Assemblée générale (2), dont les fonctions,

(1) Plus de Comité municipal.

(2) Le même jour, en effet, M. Clausse a été élu à la majorité et déclaré président.

qui seront les mêmes que celles du maire, ne dureront que pendant un mois, après lequel le président sera renouvelé.

« Tous les mémoires, lettres et paquets adressés à la Municipalité seront remis et ouverts par le président pour les distribuer aux bureaux qu'ils concerneront.

« Tous les membres de la Municipalité seront divisés en quatre bureaux, sous la dénomination suivante :

« Le premier sera chargé de concourir par ses bons offices, avec les commissaires du Roi, pour les approvisionnements de la Ville.

« Le second, d'utilité publique.

« Le troisième, des impositions.

« Le quatrième, de permanence de sûreté dont l'objet sera de maintenir un concert parfait entre la Garde nationale et la Municipalité. »

Nombre de dispositions étaient prises ensuite sur le fonctionnement et les attributions des divers bureaux. Puis il était arrêté que le commandant de la Garde nationale aurait séance dans l'Assemblée générale ; que celle-ci, indépendamment des réunions particulières que pourraient demander les bureaux, serait nécessairement convoquée au moins une fois les premiers jours de chaque mois.

Combien il y a loin de ce programme à celui de 1787. Ce n'est pas encore l'ampleur qu'accorderont les législations futures, mais c'est un pas immense fait vers l'émancipation communale. Désormais, Versailles a une municipalité qui réellement la représente, une municipalité composée d'hommes dévoués, ayant donné dans le passé des preuves non équivoques de leur amour du bien public. Déjà nous les avons suivis, contribuant puissamment à la bonne organisation de la milice bourgeoise, présidant les opérations préliminaires, les cérémonies d'installation, choisissant des armoiries (1) pour orner les drapeaux à remettre aux bataillons.

Ils se montreront pleins de zèle, soit qu'ils cherchent un local qui puisse devenir l'Hôtel de Ville (2), soit qu'ils veuillent obte-

---

(1) Voir *Les Sceaux et Armoiries de Versailles* (*Versailles Illustré*, numéro du 20 décembre 1898).

(2) La Municipalité devait recevoir l'hospitalité dans l'appartement du consul ou

nir l'établissement d'une petite poste à Versailles et dans les paroisses environnantes; soit qu'ils se préoccupent de chasser les vagabonds, les mendiants, les colporteurs, les filles de mauvaise vie, ou bien qu'ils aient le souci de protéger, après le départ de la Cour, les bois, les propriétés royales, afin que Louis XVI, après le retour duquel à Versailles tout le monde aspire, retrouve son domaine en aussi bon état qu'il l'a laissé.

Mais le Roi continue à encaisser les revenus de la Ville, n'accordant pas la moindre allocation, ou, comme on le disait alors, pas même la modeste dotation, indispensable pourtant à l'acquittement des menus frais de l'administration urbaine. Pour montrer à quel point cette absence de ressources fut désastreuse et paralysa les représentants de la Cité, nous ne pouvons mieux faire que de rappeler les difficultés nées de l'épouvantable disette qui sévit avec tant de rigueur au début de la Révolution française. Cet événement considérable agita trop profondément les populations et leurs représentants pour que nous n'en retracions pas au moins les principales péripéties, qui mettront en pleine lumière les causes de l'impuissance qui annihila une assemblée qui, à ses débuts, s'était montrée active, résolue, entreprenante et bien avisée.

IV

Famine de 1789.

Malgré de fréquentes intempéries, la récolte donnait encore d'assez belles espérances, quand, le 13 juillet 1788, un violent orage, ou plutôt un immense ouragan de grêle, s'abattit « depuis la Normandie jusqu'à la Champagne, dévastant soixante lieues

bien en une salle mise provisoirement à sa disposition en l'hôtel du Garde-Meuble, rue des Réservoirs. Le 23 août 1789, l'Assemblée générale faisait remarquer que, depuis son établissement, elle se trouvait dans l'impossibilité de vaquer facilement aux opérations qui lui sont confiées, faute d'un local commode pour y diviser des bureaux, des greffes et des salles d'assemblée, et elle sollicitait pour le bien du service, vu la multitude des affaires que les circonstances renouvelaient chaque jour, qu'on voulût bien lui accorder l'hôtel des gardes de la porte du Roi et ses dépendances, qui lors était abandonné; cet hôtel, ajoutait l'Assemblée, « convient à cet objet, étant placé entre les deux quartiers, sera commode aux membres de l'Assemblée et aux habitants pour pouvoir s'y rendre; les dépendances faciliteront infiniment les établissements de bienfaisance que la Ville pourrait y fonder ».

du pays le plus fertile et causant un dégât de 100 millions (1) ». Le curé d'Hattonville, en Beauce (2), a noté sur le registre des baptêmes, mariages et sépultures de sa paroisse que la tourmente « a parcouru, en moins de deux heures, toute l'étendue du pays depuis Châteaudun, ou quelques lieues en deçà, jusqu'auprès de Versailles ..... saccagé Etampes et ses environs ..... semblant avoir pris à tâche de choisir et d'écraser, de préférence, les paroisses et les cantons dont les moissons promettaient le plus ou plutôt les seules qui donnaient quelques espérances, car tout le terrain qu'il a épargné, toutes les contrées qu'il a respectées (3)..... n'ont produit qu'un blé court, déchaussé, clair, avorté, étouffé d'amarante, de coquelicot et de toutes sortes d'herbes, si bien qu'à en évaluer rigoureusement la totalité, excepté quelques très petits cantons privilégiés, on ne craint pas d'avancer qu'elles n'ont guère produit au delà de deux setiers au setier (4), suivant la manière de compter du pays (5) ».

A leur rareté excessive, les produits de la récolte de 1788 ajoutaient la plus mauvaise qualité : « A Chevreuse, l'orge est germée et d'odeur infecte ; il faut, dit un employé, que les malheureux soient bien pressés par la faim pour la prendre, ... autour de Paris, les grains manquent ou sont gâtés (6). »

Pour mettre le comble à la misère générale, un froid extrême apparaît de très bonne heure et sévit sans relâche. « Le précoce et terrible hiver qui exerce sur nous ses cruelles rigueurs depuis le 4 octobre 1788, dit le curé d'Hattonville (7), mais surtout dans toute sa force et avec un redoublement progressif depuis le

---

(1) Taine, *La Révolution*, tome Ier, p. 4.

(2) Hattonville, aujourd'hui hameau de la commune d'Allainville (Seine-et-Oise).

(3) « Ces contrées, ensevelies sous une nappe presque universelle et continuelle d'eau stagnante, dépouillées pour la plupart de leur superficie de terre végétale, par des torrents réitérés et multipliés, piochées à même par des nuées innombrables de corbeaux pendant près de six mois, desséchées ensuite, brûlées et dévorées par une sécheresse, une chaleur excessive pendant les deux mois et demi suivants, ces contrées, disait le curé d'Hattonville, n'ont produit qu'un blé court. »

(4) C'est-à-dire 7 hectolitres 1/2 à l'hectare.

(5) Les notes du curé d'Hattonville ont été recueillies par M. Coüard, archiviste de Seine-et-Oise, et publiées dans les *Mémoires de la Société Archéologique de Rambouillet*, année 1905, page 249.

(6) Taine, *La Révolution*, tome Ier, p. 6.

(7) Relation déjà citée.

21 novembre, nous a régalés, le premier jour de la présente année 1789, d'un demi-pied de neige..... Le jour des Rois et les deux jours suivants, temps clair, avec un froid excessif et tel que peut-être on n'en ressentit jamais dans ce climat, puisque le thermomètre descendit jusqu'à 19, 20 et 21 degrés au-dessous de la glace..... Depuis le 20 novembre précédent, la gelée est tellement entrée et concentrée dans les bâtiments et dans les lieux les plus clos et les mieux calfeutrés, que le feu le plus fort et le mieux entretenu n'a pu rien garantir de ce qu'elle pouvait endommager..... » Les fruits, les produits conservés sont atteints et en grande partie perdus. Un progrès incessant fait monter le prix du blé de 17 à 18 livres, qu'il valait avant l'orage du 13 juillet, jusqu'à 32 et 33 livres, mesures de Dourdan, pour continuer son évolution et atteindre, en juillet et août 1789, le prix inabordable de 55 et 56 livres (1) le septier.

« Dès le printemps de 1789, la famine était partout et, de mois en mois, elle croissait comme une eau qui monte (2) » ; le peuple n'aurait pu lutter contre elle, si les pouvoirs publics, si les autorités locales n'étaient intervenues et n'avaient déployé le plus grand zèle.

A Versailles, la Municipalité dut demeurer spectatrice impuissante des souffrances de la population. Ainsi qu'elle le constata le 11 août 1789, son titre constitutif ne lui octroyait aucun pouvoir légal pour se charger de l'approvisionnement de la Cité. En outre, déjà nous l'avons dit et répété, l'Assemblée communale était sans argent et sans droit pour s'en procurer, le Roi disposant seul de tous les revenus communaux.

Cette situation étrange, très peu connue, à peine remarquée, a souvent empêché de bien mettre à leur place certaines responsabilités assez lourdes. Thiers (3), relatant les événements des 5 et 6 octobre 1789, dit : « Dans cette nuit où les torts sont si difficiles à fixer, la Municipalité eut celui de ne pas pourvoir aux besoins de cette foule affamée, que le défaut de pain avait fait sortir de Paris et qui n'avait pas dû en trouver sur les routes. »

____

(1) Notes du curé d'Hattonville.
(2) Taine, *La Révolution*.
(3) *Histoire de la Révolution*.

Henri Martin (1) a écrit : « La plupart des femmes et les bandes d'hommes armés qui s'étaient jointes à elles restèrent. On leur avait promis du pain pour les faire partir. La municipalité de Versailles, qui n'avait pas été changée comme celle de Paris et qui était du parti de la Cour, eut la maladresse de ne pas tenir parole. »

Remarquons, tout d'abord, que, le 29 août 1789 (2), la Municipalité avait été transformée et que si elle était demeurée vivement attachée au Roi, ce sentiment ne pouvait avoir aucune influence sur les déterminations qu'elle prit le 5 octobre ; c'est bien à tort, selon nous, qu'elle est incriminée par les deux éminents historiens. La promesse de donner du pain fut faite par le lieutenant-colonel Le Cointre, presque révolté (3) ce jour-là, mais qui, quoi qu'il en soit, n'avait nulle qualité pour parler au nom des officiers municipaux, bien empêchés de se procurer le pain qu'il leur était impossible de payer.

C'était au Roi, administrateur de la Cité, ou à ses officiers, détenteurs des deniers communaux, à pourvoir à l'alimentation des Parisiens affamés venus à Versailles le 5 octobre (4).

Il semble que la Municipalité, qui avait conscience de la situation fausse dans laquelle le Pouvoir l'avait placée, eut le pressentiment des événements ; elle déclarait, dans un procès-verbal rédigé le 3 août 1789, « qu'elle avait le plus grand intérêt à faire savoir que, n'ayant jamais été chargée directement ni indirectement de la subsistance de la Ville, elle ne pouvait être considérée comme responsable des approvisionnements qui pourraient manquer ».

Cette responsabilité incombait, en effet, entièrement aux ministres du Roi, qui, tout en s'occupant des affaires publiques, donnaient tous leurs soins à l'approvisionnement de Versailles

______

(1) *Histoire de France.*

(2) Voir page 215.

(3) Voir page 162.

(4) Quelques jours auparavant, le 12 septembre 1789, le premier lieutenant des gardes suisses ayant demandé cinquante paillasses pour le couchage des hommes de son détachement, la Municipalité délibéra qu' « attendu l'impuissance où est la Ville de faire aucune dépense, ne jouissant aucunement des revenus qui doivent lui appartenir, la demande sera portée au Ministre de la Maison du Roi pour y pourvoir ».

et s'en occupaient incessamment, en même temps du reste que de l'alimentation de toutes les provinces.

La France tout entière n'aurait pu vivre sans l'appui du Gouvernement, sans les louables efforts de Necker, revenu au pouvoir en août 1788. « Par la confiance qu'il inspira, il parvint non seulement à faire face aux besoins ordinaires, mais à se procurer 70 millions pour acheter des grains à l'étranger, et répandre de grands secours pendant le dur et long hiver qui suivit la mauvaise récolte de 1788. Il fit interdire l'exportation des grains hors du royaume et encouragea l'importation par des primes (1). » On stimula l'approvisionnement des marchés locaux, en accordant des commissions (2) aux négociants, en passant avec eux des marchés, leur assurant des bénéfices (3) modestes, mais certains. A Versailles, les boulangers reçurent une indemnité qui était encore de 9 livres par sac de farine en octobre 1789. Le 8 dudit mois, M. de Necker écrivait à la Municipalité : « Le Roi continuera encore quelque temps d'accorder à vos boulangers l'indemnité de 9 livres par sac de farine, mais, comme elle est un peu forte, je dois vous faire observer que Sa Majesté attend de votre zèle pour la chose publique que vous la réduisiez (4) à mesure que cela sera possible et que vous la supprimiez aussitôt que vous croirez pouvoir le faire sans danger (5). »

Les boulangers qui, comme on le voit, continuaient à s'approvisionner eux-mêmes, entreposaient leurs farines au Poids-le-Roi. Les grains achetés par les commissaires royaux (6) étaient

----

(1) Henri Martin, *Histoire de France.*

(2) Le 16 novembre 1789, l'Assemblée municipale délibère que la commission qui serait accordée aux boulangers chargés d'acheter des grains sur les marchés pour alimenter les moulins à bras sera de 5 sols par septier, sauf à y ajouter les frais de voitures pour le transport.

(3) 17 novembre 1789. Un sieur Dupont le jeune est chargé d'acheter des blés aux environs de Saint-Quentin. Voir la note ci-dessous.

(4) Il avait été convenu le 11 août 1789, sur la demande du syndic des boulangers : 1º que les boulangers feraient, jour par jour, la déclaration de la quantité de farine qu'ils recevaient; 2º que, d'après cette déclaration, le Comité fixerait l'indemnité à allouer pour les couvrir de la différence du prix de la farine au prix du pain.

(5) Lettre manuscrite. (Bibliothèque de la Ville.)

(6) Le 11 août 1789, M. de Montaran est commissaire du Roi et chargé des détails relatifs aux subsistances. Le 17 octobre 1789, le sieur Bizot, chargé d'acheter des

mis en réserve aux magasins organisés aux écuries et dans le manège de M. le comte d'Artois (1).

Le magasin des écuries d'Artois devait être bien pourvu, car, le 6 octobre 1789, en quittant Versailles, la garde nationale parisienne emporta plus de 1,800 septiers de grains provenant soit de convois interceptés, soit de magasins où on les tenait en réserve jusqu'à ce qu'ils eussent été convertis en farine (2) et que l'on cédait ensuite aux boulangers.

A cette époque, il n'y avait plus à Versailles qu'un moulin à vent établi butte de Picardie (3). Afin de suppléer au rendement insuffisant de cette usine, vingt-quatre moulins à bras, pour le fonctionnement et l'alimentation desquels deux cents hommes étaient occupés chaque jour, avaient été installés au manège des Grandes-Écuries, où ils demeurèrent en activité jusqu'au commencement de janvier 1790 (4). Le 5 de ce mois, Necker écrivait à MM. les officiers municipaux (5) : « Je vous prie de veiller à ce que les ouvriers que j'ai consenti que vous continuassiez d'occuper encore quelques jours à l'atelier des moulins à bras soyent, le plus promptement possible, employés au curement du canal. Mon intention étant que le travail des moulins à bras cesse dans ce moment-ci, et qu'il ne soit repris qu'en cas d'absolue nécessité. »

Comme on le voit, c'était bien le Roi et ses ministres qui, à Versailles, administraient et réglaient tous les détails de l'exis-

---

grains pour l'approvisionnement de la Ville et de prendre soin du dépôt de ces grains et du blé aux écuries de M. le comte d'Artois, déclare qu'il entend discontinuer la commission dont il avait été chargé par le Gouvernement.

(1) Situés rue Saint-Martin.

(2) Cette farine n'était pas toujours de bonne qualité; le 8 janvier 1790, le syndic des boulangers déclare à la Municipalité qu'il y aurait danger à faire du pain avec la farine seule du Gouvernement. Il lui a été ordonné de prendre de cette farine et de la mêler le plus possible.

(3) MM. les membres de l'Assemblée communale (Comité d'utilité publique) songèrent à en faire construire d'autres et ils prirent, le 15 septembre 1789, une délibération exposant leurs vues. Le Roi donnerait le terrain nécessaire, que la Ville louerait à des citoyens chargés de la construction. La Municipalité toucherait le loyer, faible d'abord, mais élevé plus tard. On doterait ainsi la Ville de moulins et d'un revenu.

(4) Les boulangers chargés d'acheter les grains pour alimenter les moulins à bras recevaient 5 sols par septier, en rapportant la mercuriale du marché où ils avaient acheté.

(5) Lettre manuscrite. (Bibliothèque de la ville de Versailles, n° 71.)

tence urbaine. La Municipalité n'intervint qu'après le départ de la Cour, mais ne fut, même à cette époque, qu'un auxiliaire agissant avec la timidité propre aux gens subordonnés à une puissance supérieure : Necker écrivait le 8 octobre 1789 : « Je pense qu'avec l'indemnité que le Roi accorde aux boulangers et les ressources que votre marché et les achats qui ont été commissionnés au sieur Bisot pourront vous fournir, vous aurez un moyen suffisant pour assurer la subsistance de vos habitants. Il m'est impossible de vous donner, dans ce moment, une personne à demeure auprès de vous pour cet objet. Votre zèle, vos lumières et votre patriotisme qui me sont connus me font espérer que vous pouvez vous suffire par vous-mêmes, et que vous trouverez, parmi vos concitoyens, des personnes assez éclairées pour vous seconder dans les dispositions que vous jugerez convenables de faire. Cependant, pour calmer vos inquiétudes, j'envoie M. Amabert à Versailles pour vous donner, momentanément, tous les renseignements dont vous pourrez avoir besoin, en le chargeant de concerter avec vous les précautions à prendre pour assurer la comptabilité relative aux grains qui vous ont été fournis par le Gouvernement, ou qu'il vous procurera par la suite. Je ne puis, dans l'état actuel des choses, que m'en rapporter à votre sagesse et à votre prudence pour tous ces objets, et vous assurer du plaisir que j'aurai à concourir pour tout ce qui pourra dépendre de moi à votre satisfaction et à la tranquillité de la ville de Versailles. »

En suite de cette lecture, on est disposé à croire que les officiers municipaux de notre ville ont enfin recouvré la gestion effective des finances de la Cité. Deux citations, extraites de lettres manuscrites signées Necker, prouveront que notre Assemblée communale est demeurée le modeste auxiliaire déjà présenté par nous comme agissant au nom et pour le compte du Roi :

« J'espère, disait le ministre, le 30 décembre 1789, que, conformément à ce que M. de Montaran vous a mandé de ma part, vous aurez bien voulu nommer un de vos membres pour surveiller l'emploi des blés, issues et riz qui sont actuellement dans les magasins de Versailles. Il est indispensable de faire faire un inventaire de tous les approvisionnements et ustensiles ou sacs existant dans le manège ou les magasins, de constater les quantités de grains que vous avez fait acheter (1) et qui ne vous sont pas encore parvenus, de faire payer les boulangers qui redoivent à l'Administration, d'établir un ordre pour les livraisons des blés que vous ferez faire aux meuniers et pour le rapport de leurs farines ou issues, ainsi que pour la vente de tous ces objets. Je compte sur tous vos soins....., etc. »

Le 5 janvier 1790, Necker écrivait : « A l'égard des approvisionnements qui existent tant dans les greniers des écuries de Mgr le comte d'Artois que dans le manège, j'ai donné des ordres pour leur conservation et pour la conversion des grains en farines. Ces différents approvisionnements ne seront employés qu'à subvenir aux besoins de votre Ville, et j'aurai très volontiers égard à toutes les représentations que vous croirez devoir me faire à ce sujet. » Le ministre donne ensuite des indications pour « que les recouvrements négligés soient promptement faits ». Il prie, en terminant, les officiers municipaux de veiller à ce que les receveurs se conforment le plus promptement possible aux ordres donnés, et à ce que les officiers de justice donnent tous leurs soins aux poursuites qu'il serait nécessaire de faire contre les débiteurs.

Ces instructions précises guidaient admirablement nos officiers municipaux, mais, les habituant à n'agir que sur un ordre venu d'en haut, leur ôtaient toute initiative, toute décision rapide et énergique. On en jugera par le récit suivant, par lequel nous terminerons cette première partie de notre étude sur la municipalité versaillaise.

Arrivant à la porte de l'hôtel de la Municipalité le 7 janvier 1790, les officiers municipaux y trouvèrent une foule de personnes des deux sexes qui, très excitées, demandaient à grands cris la réduction du prix du pain. Le président de l'Assemblée donna l'assurance que, de suite, la question allait être examinée,

---

(1) Le 17 novembre 1789, l'Assemblée communale avait autorisé M. Niort, président du Comité des subsistances, de prendre tous les moyens nécessaires pour faire venir des grains à Versailles. — Un marché fut passé avec un sieur Dupont (Charles) le jeune, qui s'engageait à faire à Saint-Quentin et aux environs les achats de blé qu'il lui serait possible de se procurer. Dupont devait recevoir 50 sols par septier, tant pour la commission que pour le transport, frais d'arrivage au bateau et tous autres frais y relatifs jusqu'au port Marly. Le blé était acheté au prix de la mercuriale. — Le 23 janvier 1790, ordre formel était donné au sieur Dupont de cesser ses achats.

et que, dès le lendemain matin, le pain serait vendu au plus bas prix. Ces paroles ne calmèrent point l'effervescence populaire, et les cris, redoublant au contraire, réclamaient une décision immédiate et la tarification pour le soir même du pain à 24 sols les douze livres. Obligés de s'exécuter immédiatement, les officiers municipaux se livrèrent à des calculs qui établirent que, pour ne pas mettre les boulangers en trop grande perte, il était de toute impossibilité de descendre au-dessous de 33 sols. Informée de cette décision, la multitude, loin de s'y conformer, insista, toujours à grands cris, pour la taxe de 24 sols indiquée par elle. Après deux heures de discussion stérile, et la garde de l'hôtel ne se trouvant pas suffisante pour dissiper la multitude, il fut enfin arrêté que le soir même le tambour annoncerait, dans toute la ville, le plus beau pain à 24 sols les douze livres (1).

Puis, la multitude satisfaite s'étant retirée, l'Assemblée, n'ayant aucun moyen d'assurer l'exécution de la décision qu'elle venait d'être forcée de prendre, et comprenant surtout les dangers de l'exemple pour la capitale, adressa immédiatement copie du procès-verbal de la séance à M. le Président de l'Assemblée nationale, à M. le premier Ministre des Finances et à M. de Saint-Priest, avec prière de prendre de suite un parti sur la position critique où se trouvait l'Assemblée, et indiquer aux officiers municipaux leur conduite ultérieure.

Le lendemain, M. Lefèvre, commissaire de police, rendait compte d'un fait plus grave encore : « Au marché au blé, le peuple força les fermiers à donner le blé au prix qu'il fixa lui-même, de sorte que grand nombre de fermiers s'en allèrent, laissant leur blé sur le carreau (2). »

Ces succès de la multitude mutinée ne furent pas de longue durée. Les délégués revenus de Paris le 9 janvier, après avoir reçu les instructions de l'Assemblée nationale, de M. de Saint-

---

(1) Le syndic des boulangers a été chargé de tenir registre, conjointement avec l'adjoint de sa communauté, de la quantité de cuissons qui seront faites par jour, chez chaque boulanger, afin de connaître la perte que chacun éprouvera, étant obligé de donner le pain à 24 sols les douze livres.

(2) Ce même jour, 8 janvier, M. Berthier, gouverneur de l'hôtel de la Guerre, proposa, pour faciliter les moyens d'entretenir le prix du pain à 2 sols la livre, d'inviter les citoyens aisés de cette ville à payer leur pain 4 sols la livre. Il envoyait 600 livres pour aider à payer le troisième sol dont on avait soulagé la veille la population malheureuse.

Priest et de M. de La Fayette, rappelèrent que la Municipalité avait le devoir de rétablir le prix du pain à 3 sols la livre, et à employer, pour assurer l'arrêt, toute l'autorité qui lui était donnée par les décrets de l'Assemblée nationale. En conséquence, « l'Assemblée générale ayant pris connaissance des troubles arrivés en cette ville le soir du 7 janvier, des violences qui ont forcé le petit nombre d'officiers municipaux qui ont pu se réunir à donner l'ordre de vendre le pain au-dessous de sa véritable valeur; considérant qu'un ordre arraché par contrainte est nul et ne peut subsister; que le prix des grains et farines, qui détermine celui du pain, ne permet pas que les choses restent dans l'état actuel...; que le pain blanc de la première qualité continuera d'être vendu 36 sols les douze livres ou 3 sols la livre, et le pain bis blanc sera vendu sur les marchés des deux paroisses à raison de 24 sols les douze livres ».

Défense était faite de se présenter dans les boutiques pour demander du pain au-dessous des prix fixés; il était interdit aussi de faire des attroupements sous peine d'être poursuivis comme perturbateurs du repos public.

L'exécution de cet arrêté était confiée à la Garde nationale, à laquelle il fut notifié à 11 heures du matin. A 2 h. 1/4, M. le Commandant, suivi d'un grand nombre de capitaines et d'officiers, vint déclarer à l'Assemblée que la plus grande partie des compagnies, composées d'ouvriers et gens de remplacement, déclaraient hautement qu'elles ne souffriraient point que le pain blanc fût fixé à 3 sols la livre, que ces gens menaçaient même de tourner leurs armes contre leurs officiers si on voulait les forcer à marcher pour la publication de l'arrêté.

Les officiers de la Garde nationale s'étant retirés, l'Assemblée, après une longue discussion, décida à l'unanimité qu'il y avait trop d'inconvénients à exécuter l'arrêté pris le matin, et elle autorisa M. le Commandant à déclarer aux troupes et à faire publier dans la ville que provisoirement il ne sera fait qu'une seule espèce de pain qui sera payé par tout le monde à raison de 30 sols les douze livres (1).

---

(1) Le 29 janvier 1790, Necker écrivait à la Municipalité : « Ce n'est que d'après des bases qui n'ont pas varié que, lors de la dernière insurrection qui s'est faite à Versailles, vous vous êtes déterminés, Messieurs, à fixer le prix du pain à 2 s. 6 d., en autorisant les boulangers à mélanger de la farine bise avec de la blanche.

A 4 heures, M. le Commandant fait connaître que la **Garde** nationale était disposée à obéir au dernier arrêté.

Mais, à 4 h. 1/2, un aide de camp vint annoncer de la part du commandant qu'il ne pouvait plus contenir la multitude qui criait qu'elle voulait le pain blanc à 2 sols.

Se voyant dans l'obligation d'agir, la Municipalité arrêta unanimement que la loi martiale serait publiée et les drapeaux rouges déployés. Aucun des officiers municipaux ne s'étant présenté pour publier la déclaration portée en ladite loi, le sort, auquel on eut recours, désigna MM. Girault et Pinon, qui avaient accepté la dure mission, quand un aide de camp vint avertir que le peuple commençait à se retirer. Il fut sursis à la sortie des drapeaux rouges et, sur les 6 heures, le calme était parfaitement rétabli.

L'Assemblée communale s'empressa de rendre compte des événements et de prier à nouveau MM. les Ministres du Roi de lui indiquer sa conduite ultérieure.

Quelques jours après, le 30 janvier 1790, l'Assemblée générale revenait à nouveau sur ses déterminations précédentes.

« Considérant, dit-elle alors, que le pain de première qualité se vend 36 sols les douze livres, tant dans la ville de Paris que dans tous les lieux voisins;

« Considérant qu'elle n'a pas le droit de forcer les boulangers à faire le sacrifice de leur fortune, vérité reconnue par tous les citoyens honnêtes;

« Considérant que, depuis que le pain se vend au-dessous de

Il est surprenant, d'après cela, qu'ils se prétendent dans l'impossibilité de subvenir à l'approvisionnement de cette ville, et si, comme cela paraît constant, il y a mauvaise volonté de leur part, vous seriez, ce me semble, fondés à les contraindre d'autorité à pourvoir à la subsistance de vos concitoyens. Je ne m'oppose cependant pas à ce que vous fassiez usage des ressources que vous avez pour y suppléer, mais je crois devoir vous faire observer qu'elles sont bien faibles, et que si vous êtes obligés de fournir seuls à la consommation, elles ne vous procureront qu'un secours momentané; d'après cela, et vu les abus et les inconvénients qui résultent d'ordinaire de la liberté donnée aux boulangers de faire des mélanges, il serait sans doute plus à désirer qu'il fût possible de rétablir le prix du pain à 3 sols, puisque, lorsqu'il était à ce prix, vous vous trouviez abondamment pourvus de farines, sans être obligés d'avoir recours à votre approvisionnement de précaution; mais, avant de vous prêter à cette démarche, il faudrait vous assurer qu'elle n'occasionnera pas de nouvelle insurrection ou que vous serez en état de la réprimer si elle se manifeste. C'est ce sur quoi je ne puis que m'en rapporter à votre prudence. » (Manuscrit, Bibliothèque municipale de Versailles.)

sa véritable valeur (1), les approvisionnements de farine ont cessé et que, si on ne rétablit l'ordre, il est à craindre que la Ville ne manque de subsistances ;

« Que si les membres qui composent cette Assemblée font à leurs concitoyens le sacrifice de leur temps, de leurs soins et de leur repos, ils ont aussi le droit d'attendre l'exécution des arrêtés qui sont fondés sur les règles immuables de la justice et de l'équité, seule récompense qu'ils puissent et qu'ils veuillent se promettre... »

En suite de ces considérations, se trouve une nouvelle tarification prévoyant la fabrication de deux pains de qualité différente.

Mais le peuple, fatigué, s'inclinait difficilement : des propos séditieux étaient tenus, des émeutes (2), des mutineries se produisaient fréquemment, nécessitant des arrestations parmi les perturbateurs. Ce ne fut que vers le 18 février 1790 que l'abondance des farines et du pain, reparaissant, mit un terme aux souffrances des habitants. La récolte de 1789 ayant été bonne, comment expliquer qu'il eût fallu un si long temps pour assurer l'alimentation populaire ?

Le peuple ne s'irritait pas sans raison ; il devait avoir conscience que la famine qui persistait alors pouvait n'être que factice et provenir « de manœuvres criminelles dont la cupidité n'était pas la seule, ni même la principale cause (3) ».

Nous ne pouvons que plaindre la municipalité versaillaise, sur laquelle retombait le ressentiment de la foule. Les événements, les menus faits que nous venons de retracer nous la montrent sans argent, sans pouvoirs, condamnée à rapporter piteusement le lendemain des décisions que la multitude lui avait dictées la veille, contrainte enfin à demeurer flottante et ballottée entre les deux forces qui lors se disputaient le pouvoir souverain.

---

(1) La diminution du prix du pain attirait en cette ville beaucoup de gens des communes voisines, qui l'enlevaient par charrettes. La Municipalité donna la consigne de ne laisser sortir aux barrières pas plus d'un pain de 12 livres par personne.

(2) Ces émeutes eurent un résultat inattendu : faire renvoyer la Municipalité du Garde-Meuble, hâter la création d'un hôtel de ville.

(3) Henri Martin.

V

Législation de 1789.

Tout était à concevoir et à régler lorsqu'en 1789 l'Assemblée nationale voulut organiser l'administration publique des paroisses et des provinces de France. Ce que nous avons déjà dit de la municipalité versaillaise peut s'appliquer à peu près sans retouche à la presque totalité des villes et des bourgs. Les chartes concédées çà et là, presque toujours incomplètes, ne consacraient jamais absolument l'indépendance de la cité; simples tolérances ou privilèges, différents d'une localité à une autre, applicables à un seul quartier ou à certaines classes d'habitants, elles amélioraient dans une mesure si faible les conditions de l'existence commune qu'à peu près partout les bénéficiaires y avaient renoncé ou les avaient laissé tomber en désuétude.

« Il est évident, dit Guizot dans son *Histoire de la civilisation en France*, que ces mots : une ville, une commune, une charte de commune, nous trompent en nous faisant attribuer aux institutions et aux destinées municipales de cette époque une unité, un ensemble qui leur manquaient absolument... Concevons le moyen âge dans sa bizarre et vivace variété, ne lui attribuons jamais nos idées générales, nos organisations simples et systématiques... »

Les avantages que concéda Louis XVI, en 1787, ne constituèrent qu'un rudiment d'organisation. Cependant, les villes lui durent une représentation, un corps municipal légalement constitué qui, choisi par le peuple, devait fatalement un jour obéir à la puissante impulsion des foules.

En l'absence de règles fixes, d'instructions précises, les fonctionnaires, les administrations publiques n'étaient guère mieux ordonnés que les provinces et les paroisses (1). La diversité de jurisprudence, la confusion des pouvoirs administratif et judi-

---

(1) La jurisprudence, différente d'une localité à l'autre, permettait l'application de pénalités variables suivant l'état de noblesse ou de roture du coupable; transmise par la tradition, elle n'avait, du reste, qu'une valeur d'interprétation subordonnée à l'appréciation, voire même au tempérament de l'officier royal chargé de l'appliquer.

ciaire s'ajoutant à l'incohérence générale, avaient faussé les esprits. Ainsi à Versailles, en 1790, un arrêté de police urbaine, réglementant le stationnement des voitures de place, ordonne que les cochers qui n'obéiront pas soient conduits en prison ; par contre, la Municipalité décidait parfois la mise en liberté de prisonniers détenus en vertu de décisions émanant d'une autre autorité.

L'un des bienfaits de la législation nouvelle fut de faire disparaître cette confusion des pouvoirs en défendant aux juges, « à peine de forfaiture, de troubler de quelque manière que ce soit les opérations des corps administratifs, ni de citer devant eux les administrateurs pour raison de leurs fonctions (1) ».

La loi des 12-20 août 1790, § 1er, interdit aux corps administratifs d'empiéter sur le domaine judiciaire ou législatif, faisant remarquer que toute entreprise sur l'une ou l'autre de ces fonctions porterait l'atteinte la plus funeste aux principes de la Constitution.

Le bon sens public sentit bien vite la nécessité de se conformer à ces sages prescriptions. Mais, jusque-là, notre Municipalité, providence de tous, fut par cela même, par instants, fort empêchée de donner satisfaction aux désirs étranges qui lui étaient exprimés.

Un entrepreneur de concerts, désireux de persuader le Conseil général de la Commune qu'il ne trompait pas le public, amena devant l'Assemblée un artiste nommé Joquet qui, pour convaincre les officiers municipaux, exécuta une cantate qui fut écoutée et vivement applaudie par le Conseil et le public. Les membres de l'Assemblée, ici, pouvaient à la rigueur se prononcer et juger d'après l'impression reçue, mais ils furent souvent heureux de pouvoir utiliser l'abri commode que leur offrait la législation nouvelle.

En 1794, notamment, ils opposèrent leur incompétence à une jeune fille qui, devenue mère, voulait que le Conseil général de la Commune obligeât son séducteur à l'épouser.

Bien vaste était le champ des réformes à effectuer par les représentants du peuple. Les anciennes divisions administratives (2), sorties l'une après l'autre de la confusion où les inva-

______

(1) Loi des 16-24 août 1790, article 13.

(2) Les divisions administratives existant sous l'ancien régime étaient, en général, de trois espèces : les provinces ou divisions militaires, les divisions ecclésiastiques et les généralités.

sions et les conquêtes avaient plongé la nation, se trouvaient d'inégale importance quant à leur étendue et à leur population ; elles étaient établies sans ordre ni dispositions clairement conçues et ordonnées.

L'Assemblée constituante les remplaça par des divisions nouvelles qui furent appelées départements (1).

Le département fut divisé en districts, au nombre de trois au moins et de neuf au plus ; les districts, en cantons d'environ quatre lieues carrées, et enfin ces derniers, en communes ou municipalités.

Le département, le district et la commune eurent chacun une administration distincte, le canton en fut seul dépourvu. Il avait été créé pour être le siège des assemblées primaires (2) et pour rapprocher des populations certaines institutions qui ne pouvaient exister simultanément dans toutes les communes.

Le département et le district eurent un conseil général (3), qui se subdivisait en conseil de département (4) ou de district (5) et

---

(1) Voir les lois des 22 décembre 1789, janvier et février 1790. — Le mot département avait autrefois la signification de : action de partager, de départir.

(2) Les assemblées primaires étaient composées des citoyens actifs des communes ; c'était en leur sein que les électeurs étaient élus, à raison de un par cent citoyens actifs inscrits. Elles se réunissaient au chef-lieu de district.

Le district était aussi le siège des réunions des électeurs du département.

(3) Le Conseil général de département se composait de trente-six membres renouvelables par moitié tous les deux ans ; ils étaient nommés en trois scrutins de listes doubles par les électeurs du département et devaient être choisis de manière à ce que chaque district fût représenté par deux membres au moins. Ils étaient élus pour quatre ans et rééligibles pour quatre nouvelles années ; ensuite, ils ne pouvaient être réélus qu'après un intervalle de quatre ans. Une fois élus, ils étaient irrévocables et ne pouvaient être destitués que pour forfaiture jugée. Les bureaux du département occupaient, depuis l'an II, la maison du grand-veneur, dite le « Chenil » ; ce local étant trop resserré, les archives furent transférées au palais national avec tout ce qui appartenait à la préfecture et à la sous-préfecture (an IX).

Le Conseil général de district fut composé de douze membres soumis au même mode d'élection que les membres de l'administration de département ; ils devaient être choisis parmi les citoyens éligibles de tous les cantons du district. Il siégea d'abord rue Dauphine, puis rue des Réservoirs, au nouveau Gouvernement.

(4) Le Conseil de département se composait des membres du Conseil général, moins les membres du Directoire, soit vingt-huit membres. Il était chargé de fixer les règles de chaque partie de l'administration, d'ordonner les travaux, les dépenses du département ; recevait les comptes de la gestion du Directoire.

(5) Le Conseil de district se composait des membres du Conseil général du district, moins le Directoire, c'est-à-dire de huit membres. Il ne s'occupait que de préparer les demandes à faire et les matières à soumettre à l'administration de département dans l'intérêt du district. Il s'occupait aussi de disposer les moyens d'exécution.

en directoire (1). L'administration de département et l'administration de district élisaient leur président (2).

Les communes eurent aussi un conseil général comptant quatre subdivisions : les notables (3), le corps municipal (4) élu au scrutin de liste par les citoyens actifs (5), le Conseil municipal (6), enfin le Directoire ou Bureau (7). Le maire, élu par les

(1) Le Directoire du département était toujours en fonctions pour l'expédition des affaires. Il se composait de huit membres du Conseil général élus par cette assemblée pour quatre ans et renouvelables par moitié tous les deux ans.

Le Directoire du district était chargé de l'exécution dans le ressort du district, sous la direction de l'administration de district ; il se composait de quatre membres élus par l'administration de district pour quatre ans, rééligibles par moitié tous les deux ans.

(2) Ce dignitaire n'avait pas d'attributions spéciales. Son unique tâche était de présider le Conseil général, le Conseil de département ou de district et le Directoire.

(3) Le nombre des notables était double de celui des membres du corps municipal. Les notables n'avaient pas d'attributions spéciales, mais formaient, avec le corps municipal, le Conseil général de la commune. Ils étaient appelés à délibérer sur toutes les questions intéressant le patrimoine et les finances municipales : acquisitions ou aliénations d'immeubles ; impositions extraordinaires pour dépenses locales ; emprunts ; travaux à entreprendre ; emploi du prix des ventes des remboursements ou recouvrements ; procès à intenter ; procès à soutenir dans le cas où le fonds du droit était contesté. Les notables, comme les membres du corps municipal, étaient élus au scrutin de liste par les citoyens actifs, pour deux ans, renouvelés par moitié chaque année.

(4) Le corps municipal comptait, savoir :

3 membres, y compris le maire, dans les communes au-dessous de 500 habitants ;

6, y compris le maire, dans les communes de 500 à 3,000 habitants ;

9, de 3,001 à 10,000 habitants ;

12, de 10,001 à 25,000 habitants ;

15, de 25,001 à 50,000 habitants ;

18, de 50,001 à 100,000 habitants ;

21, au-dessus de 100,000 habitants.

Le corps municipal prenait les délibérations nécessaires à l'exercice des fonctions du corps municipal, à l'exception de celles relatives à l'arrêté des comptes du Bureau, le Conseil en étant chargé.

(5) Les citoyens actifs devaient : 1° être citoyens français ; 2° être majeurs de vingt-cinq ans ; 3° être domiciliés dans le canton depuis un an ; 4° payer une contribution directe de trois journées de travail ; 5° n'être pas en état de domesticité, c'est-à-dire serviteurs à gages.

Ils avaient le droit de prendre communication sans déplacement des comptes et délibérations ;

D'appeler des décisions du corps municipal à l'administration de district ;

De poursuivre devant les tribunaux, après en avoir obtenu l'autorisation de l'administration du département, les officiers municipaux qui auraient commis des délits d'administration ;

De se réunir sans armes pour pétitionner, à la seule condition d'en prévenir les officiers municipaux.

(6) Le Conseil n'était pas l'objet d'une élection spéciale ; il se composait du corps municipal, moins le maire et le Bureau. Il était chargé de vérifier, une fois tous les mois, les comptes du Bureau.

(7) Le Bureau n'exista pas dans les communes ayant moins de cinq cents habi-

citoyens actifs, malgré son titre de chef du corps municipal, n'avait pas d'autres attributions que celles dévolues aux **divers** membres du Bureau, dont il faisait partie de droit.

Près de chacune des administrations furent placés un procureur et son substitut. Ni l'un ni l'autre n'avait voix délibérative, mais ils devaient défendre les intérêts et suivre les affaires du département, du district ou de la commune. Aucune décision n'était prise par les diverses assemblées qu'après avoir entendu l'avis du procureur ou de son substitut (1).

Pour compléter cette organisation complexe, on adjoignit à chaque administration un secrétaire-greffier et un trésorier nommés par le Conseil général, qui avait qualité pour les changer.

En résumé, le département, le district et la commune eurent chacun une administration composée de trois ou de quatre corps délibérants. L'un de ces corps détenait le pouvoir exécutif, mais nulle part le devoir d'agir ne reposait sur une seule tête. Un membre de l'une ou l'autre de ces assemblées, pas plus que l'un des présidents, pas plus que le maire, n'avait qualité, quel que soit l'événement, pour ordonner ou s'opposer, si prévoyante, si sage qu'ait pu être son initiative.

Il fut jugé néanmoins que toutes ces précautions ne sauvegardaient pas encore suffisamment les libertés publiques, qu'il était indispensable, pour que les divers administrateurs ne puissent mener à bien aucune entreprise liberticide, que la durée des pouvoirs conférés par les électeurs fût très limitée. On stipula que le maire ne demeurerait en fonctions que deux ans, pourrait être réélu pour un même temps, mais ensuite ne pourrait être choisi à nouveau qu'après un intervalle de deux années. Les

---

tants. Le maire en avait les attributions. Partout ailleurs, le Bureau se composait du tiers des membres du corps municipal, compris le maire, membre de droit. Le Bureau élu par le corps municipal était chargé de tous les soins de l'exécution, bornée à la simple régie.

(1) Le procureur de la commune et son substitut étaient nommés pour deux ans ; le procureur pouvait être réélu une seconde fois pour deux années, puis ensuite d'année en année ; le substitut ne pouvait être réélu que d'année en année. Le département eut un procureur-syndic, et le district un procureur généralsyndic ; l'un et l'autre étaient élus au scrutin individuel par les électeurs du département ou du district, sans pouvoir être réélus ensuite qu'après un intervalle de quatre ans. Ils prenaient séance aux assemblées sans voix délibérative. Aucun rapport ne devait être fait, aucune délibération ne pouvait être prise sans que l'un et l'autre n'aient été entendus.

membres du corps municipal et les notables nommés pour deux ans devaient être renouvelés par moitié chaque année.

L'application de ces prescriptions eut pour résultat d'écarter rapidement les précédents administrateurs et de priver les assemblées délibérantes d'hommes déjà rompus aux affaires ; mais, par contre, elle appela un plus grand nombre de citoyens à gérer les affaires et les intérêts communs, elle put contribuer par suite au développement des connaissances théoriques et pratiques du plus grand nombre, et ainsi élever le niveau intellectuel et moral de la société française.

Les lois publiées de 1789 à 1791 définissent avec la plus grande précision le double caractère de l'autorité qui doit être exercée dans chaque subdivision territoriale par les corps administratifs. Toutes leur attribuent deux espèces de fonctions : les unes propres à la circonscription et exercées dans son intérêt particulier, les autres dépendant de l'administration générale de l'Etat et déléguées par le pouvoir central aux diverses administrations.

Les subdivisions territoriales, individualités ayant une existence propre, ont en effet besoin d'être représentées par des administrateurs qui agissent en leur nom et prennent en mains leurs intérêts.

En tant que fractions de l'Etat, les diverses parties du territoire ont des devoirs à remplir, des charges à supporter, et, à ce point de vue, il est indispensable que le pouvoir central rayonne jusqu'à elles, de manière à leur rappeler leurs obligations, à les soutenir dans leurs défaillances, en un mot, à les rattacher vigoureusement à la grande famille nationale.

Voici l'énumération des attributions accordées par la loi de 1789 aux administrations communales (1) :

Fonctions propres au pouvoir municipal : Régie et adminis-

---

(1) L'administration de département reçut les pouvoirs suivants :

1º Sous l'inspection du Corps législatif, et en vertu de ses décrets : répartition et assiette des contributions directes ; recouvrement et versement desdites contributions ; paiement des dépenses incombant au département sur le produit des mêmes contributions ;

2º Sous l'autorité, l'inspection et avec l'approbation du Roi : toutes les parties de l'administration générale du royaume, et notamment : assistance publique ; police des mendiants et des vagabonds ; salubrité ; sûreté et tranquillité publiques ; instruction publique ; emploi du fonds d'encouragement à l'agriculture et à l'industrie ; conservation des propriétés publiques, forêts, rivières, chemins ; direction

tration des biens des établissements et des revenus communaux. Direction, exécution des travaux publics à la charge de la communauté. Règlement et paiement des dépenses locales acquittées sur les deniers communaux. Police locale. Tranquillité de la commune. Propreté des rues, salubrité et santé publique. — Fonctions déléguées : Répartition et perception des contributions directes. Direction des travaux publics dans le ressort de la municipalité. Régie, surveillance et inspection des propriétés et édifices publics.

On a remarqué assurément que le législateur ne prévoit que la régie des revenus ; il ne paraît pas avoir songé à mettre aux mains des officiers municipaux les moyens de suppléer à l'absence ou à l'insuffisance des recettes communales.

Cette omission fut, à la vérité, réparée dès l'année suivante, mais elle laissa durant quatorze ou quinze mois notre Municipalité dans la position d'impuissance que nous lui avons vue depuis sa création.

Versailles demeurait sans argent : n'étant propriétaire d'aucun bien, n'ayant pas d'hypothèque à offrir, cette ville ne pouvait ni aliéner, ni emprunter. Profondément atteints dans leur fortune et dans leurs affaires, ses habitants, dans un état déplorable, disent les rapports du temps, n'auraient pu supporter des charges nouvelles ; c'était péniblement déjà qu'ils acquittaient les taxes d'octroi et la contribution pour l'éclairage des rues et l'enlèvement des ordures ménagères.

Jusqu'au 1er juillet 1790, si la Municipalité se trouva sans revenus, elle se vit aussi sans besoins, car le Roi prélevait sur le produit de l'octroi le montant de toutes les dépenses urbaines.

A compter de l'instant où les officiers de la Couronne cessèrent de percevoir les taxes aux barrières, ils laissèrent les dépenses au compte de la Ville, qui ne pouvait que s'incliner, car c'était justice. Les représentants de la Cité n'auraient rien

---

et confection des travaux publics ; entretien, réparation et reconstruction des édifices nécessaires au service des cultes religieux ; service et emploi des milices et garde nationales.

Le district était appelé à participer à toutes les fonctions des administrations de département dans le ressort de chaque district, sous l'autorité interposée des administrations de département.

regretté si le produit de l'octroi leur avait été laissé dans son
intégralité. Mais la loi, applicable à toutes les communes, pres-
crivait le versement au Trésor public de 10 sols par livre per-
çue ; c'était faire passer d'un trait de plume la moitié du revenu
des mains du receveur de la Cité en celles des agents de l'Etat.
Or, le revenu de l'octroi, amoindri (1) considérablement déjà
à la suite du départ de la Cour, avait continué à baisser avec
le chiffre de la population, et le prélèvement de 10 sols, c'est-
à-dire de 50 p. 100, ne laissait plus assez pour assurer l'équi-
libre budgétaire.

Après de longues négociations, nos édiles, dont on voulut
bien écouter les doléances, obtinrent de l'Assemblée nationale
une allocation toute gracieuse que l'on appela dotation et qui,
pour une année, fournit aux finances locales la somme suffisante au complet acquittement des dépenses.

Il était impossible que cette situation anormale se prolongeât,
puisqu'elle ne permettait à Versailles de vivre qu'avec le secours
de l'Etat.

Avant la Révolution française, lorsque le produit des biens
d'une commune ne donnait pas un revenu égal au montant des
dépenses locales, la municipalité demandait l'autorisation d'imposer certaines taxes que l'on mettait en recouvrement quand le
Roi les avait octroyées. Ces taxes, fort différentes d'une localité
à une autre, ne pouvaient être maintenues par l'Assemblée nationale, qui, en les supprimant par décret du 19 février 1791, invita
les communes à choisir et à voter d'autres impôts destinés à
remplacer l'ancien octroi.

Nos administrateurs eurent ainsi la voie ouverte pour l'avenir, mais, tout en s'y engageant, ils ne crurent pas devoir renoncer, au moins sans un effort, à l'espérance de voir Versailles
dotée d'une subvention annuelle de l'Etat. Ils prétendirent, non
sans quelque apparence de raison, que la Nation devait prendre
à son compte une partie des charges locales.

Le budget de 1791 évalue les charges de la Cité à environ

---

(1) Dans un rapport présenté au Conseil général le 27 juillet 1790, il est dit :
« Les six premiers mois de la présente année n'ont donné, déduction faite des
frais, que 228,495 l. 6 s. 11 d. ; en supposant les six derniers mois égaux aux six
premiers, cette année ne présentera donc qu'un revenu de 456,991 l. 13 s. 10 d. »

302,000 livres (1) : 152,000 livres pour les services municipaux et 150,000 livres pour assurer la marche régulière des établissements de bienfaisance (2). L'Hôpital-Hospice, l'Infirmerie disait-on en ce temps-là, était une création de Louis XIV, dont les charges avaient été accrues par Louis XV et par Louis XVI. Ce dernier monarque avait fidèlement acquitté les 150,000 livres dues annuellement jusqu'au moment où les revenus de la Couronne furent remplacés par une liste civile. L'Assemblée communale observait que l'Etat, continuateur des rois, avait les mêmes obligations que ses prédécesseurs; le fait étant incontestable, il n'y avait, d'après elle, qu'à le sanctionner par une loi (3).

Sans attendre la décision ainsi provoquée, la Municipalité, conformément au décret du 19 février 1791, constitua le comité chargé de présenter, dans la huitaine, ainsi qu'il fut fait du reste partout ailleurs, les projets d'impositions destinés à remplacer l'octroi supprimé.

Nous ne pouvons, nonobstant l'intérêt de la question, rechercher ici les taxes ou contributions auxquelles on recourut, ni raconter les hésitations, les longs tâtonnements de cette heure première; rappelons, pour donner idée du labeur accompli, que ce fut seulement sous le Directoire que législateurs et administrateurs arrêtèrent enfin le système des contributions directes

---

(1) L'évaluation est ainsi faite :

Garde nationale	39,351 livres.
Police	14,100
Enlèvement des boues et éclairage des parties vagues de la Ville.	8,500
Assemblée des treize sections.	3,000
Entretien ordinaire des aqueducs, chaussées, bâtiments	40,000
Collège	20,000
Municipalité, bureau de la Mairie.	26,920
Total.	151,871 livres.

Nota. — L'éclairage et l'enlèvement des boues des principales parties de la ville se fait au moyen d'un rôle annuel qui s'élève à 48,000 livres et n'est pas compris dans les prévisions énoncées plus haut.

(2) Résumé des prévisions :

Infirmerie.	90,000 livres.
Frais divers.	15,000
Charité des trois paroisses.	25,248
Ecoles gratuites.	19,800
Total.	150,048 livres.

(3) Cette sanction ne fut jamais accordée. Le budget communal dut seul pourvoir aux dépenses annuelles de l'Hôpital-Hospice.

avec les moyens et la procédure encore en usage de nos jours, au moins dans la plupart des grandes lignes.

En donnant aux administrations locales le pouvoir de gérer et d'administrer les biens du département ou de la commune ; en leur laissant le soin de diriger les travaux publics, le législateur, s'inspirant d'une sage prévoyance, institua la tutelle administrative, c'est-à-dire qu'il voulut, avant toute exécution, que le Département fît sanctionner ses décisions par le Corps législatif, que le Conseil général de la commune, le Corps municipal et le Bureau fissent approuver leurs délibérations par l'Administration départementale.

Il restait à assurer aux administrations la force que pourrait exiger l'exécution des décisions régulièrement prises et sanctionnées. Nous nous demandons pourquoi cette faculté fut refusée au département, pourquoi les municipalités obtinrent seules le droit de requérir la force publique ?

Ainsi, le pouvoir appelé à contrôler le corps municipal ne put attendre la force à mettre au service de ses décisions que de la commune dont il était le tuteur.

Ces combinaisons, enchevêtrant les pouvoirs, devaient inévitablement faire éclater des conflits, rendus plus imminents encore par la différence d'origine des diverses assemblées administratives.

Composé de personnes plus pénétrées des maximes révolutionnaires et aussi d'allures plus démocratiques, le district de Versailles, dès son entrée en fonctions, prétendit correspondre avec la Municipalité par simples avis qu'aurait portés un commissionnaire spécial.

L'Assemblée communale, qui avait conservé de son frottement avec la Cour quelques usages protocolaires, exigea l'envoi de lettres écrites dans la forme usitée précédemment ; elle déclara qu'en dehors, elle ne se considérerait pas comme régulièrement saisie des affaires.

Ainsi se révélaient, dès les premiers pas, l'esprit et les tendances de chaque assemblée. Il n'y eut cependant par la suite que deux heurts d'une certaine gravité.

Le 14 août 1790, la Municipalité était prévenue, par des bruits publics, que, le 1er septembre suivant, les huit paroisses renfermées dans l'enceinte du Grand Parc devaient se réunir pour une chasse générale ; elle s'empressa d'en rendre compte à l'Assemblée nationale pour lui manifester ses craintes.

Ce n'était pas à tort que les officiers municipaux s'alarmaient, puisque, les 1er et 2 septembre, des braconniers se répandirent dans toutes les paroisses du Grand Parc en nombre si considérable, qu'une seule municipalité en compta jusqu'à six cents sur son territoire.

Le Directoire du département était la cause initiale de ce débordement, car une de ses délibérations autorisait tous ceux dont les propriétés étaient enclavées dans le Grand Parc à chasser sur leur terrain, défendant aux gardes-chasses et autres conservateurs de les y troubler.

Toujours imbu de son espérance du retour de Louis XVI, le corps municipal invoquait, pour faire respecter le domaine du souverain, un décret du 30 avril 1790 stipulant « qu'il sera pourvu par une loi particulière à la conservation des plaisirs du Roi » et contenant « défense de chasser dans le Grand Parc et de détruire le gibier ».

La Garde nationale, les troupes de ligne furent requises pour faire respecter cette défense formelle.

Aussitôt, le Directoire en fit état pour dénoncer ce qu'il appela « l'infraction la plus formelle aux décrets de l'Assemblée nationale, la violation des propriétés, de la liberté des droits sacrés de l'homme », et il s'écriait : « On arrête, on garrotte, on emprisonne, on frappe à coups de sabre, on tire à balle sur les citoyens habitant ce qu'on appelle improprement le grand parc de Versailles. On traite ici les hommes comme des bêtes fauves. » Malgré ces récriminations émouvantes, satisfaction fut donnée à la Municipalité.

Précédemment, nous avons raconté les menaces, les sévices dont fut victime, en 1791, Berthier, commandant général de la Garde nationale. Nous avons dit aussi que le promoteur de ces manifestations fut Le Cointre, membre du Directoire. Quelques sections, excitées par les discours de cet homme politique violent, de ce démolisseur obstiné, prirent la tête du mouvement ; on vit là le moyen de contraindre le corps municipal à convoquer toutes les sections qui seraient appelées à se prononcer sur l'éviction de Berthier. La Municipalité refusa énergiquement, avec une certaine fierté même, puisqu'elle déclara que, « chargée des intérêts de la Ville, elle n'avait besoin des leçons de personne pour se déterminer à y parvenir ». Les sections portèrent la question jusqu'au chef du pouvoir exécutif, qui donna raison à la Commune.

Peu après, Le Cointre ayant quitté le Directoire, les **deux** administrations se rapprochèrent, sanctionnant solennellement leur paix. La Municipalité, ayant réorganisé l'aumônerie, adressa son travail au Département, qui, par l'organe de son président, adressa des remerciements avec des vœux pour le succès de l'institution. La Municipalité, demeurée en séance, se rendit au Département pour remercier à son tour, et elle consigna dans son procès-verbal qu'elle fut reçue de la manière la plus obligeante.

VI

Municipalité de 1790.

Les lois dont nous venons d'exposer brièvement l'esprit et le mécanisme furent promulguées en décembre 1789. Un recensement de la population ayant été effectué, les citoyens actifs se rendirent, en février 1790, dans leurs sections respectives, pour désigner ceux d'entre eux appelés à composer le Conseil général de la Commune. Alors, nul ne chercha à influencer le corps électoral; on ne connaissait pas encore la candidature officielle du pouvoir ou des comités. Poussant la délicatesse jusqu'au scrupule, la Municipalité dont les pouvoirs expiraient, tenant compte des représentations qui lui étaient faites, arrêta, par amour de la paix, qu'elle renonçait à faire l'ouverture des sections et elle chargea de ce soin des citoyens de la Ville immédiatement désignés par elle.

Cependant, presque un tiers (1) des anciens membres de la pré-

---

(1) Furent élus : *maire*, Coste; corps municipal : Bougleux, Tavernier, Girault, Chambert, Verdier, Leroy, Alain Gervais, Ducro, de Malmain, Jouanne, Millien, Ménard, Schuldtz, Delatombe, Hausmann, Flotte, Leroy, Dutillet, de Villars; *notables :* Amaury, Sirop, Coquerel, Lainé, Blaizot, Cornu, Peignet, Leclerc, Thibaut, Marie de Bogneville, Lebon, Berrurier, Huard, Babois, Niort, Bournizet, Lainé, Ris, Duparc l'aîné, Richaud, Bertrand, Raffenaud de Lille, Hanault, Vauchelle, Goudel, Gastellier, Haracque, Bunel, Letailleur, Gravois, Clausé, Rollet fils, Cuiller, Fouacier, Forestier; *procureur de la Commune*, Guillery; *substitut*, Milon; *secrétaire greffier*, Desclozeaux.

cédente Municipalité furent réélus dans l'un ou l'autre des groupes dont se composait le Conseil général. Aussi le prince de Poix, auquel on donna connaissance du résultat des votes, écrivit-il le 1ᵉʳ mars 1790 : « Je vous remercie, Messieurs, d'avoir bien voulu me faire part de la nomination du procureur-syndic de la Commune et de son substitut. C'est avec un véritable plaisir que je vois la municipalité de Versailles, une des mieux composées du Royaume. Le Roi en a paru fort satisfait hier au soir. J'espère que vous voudrez bien m'adresser la liste des notables. »

Ce serait une erreur d'en conclure que les habitants de Versailles, rebelles aux idées nouvelles, insensibles aux aspirations qui animaient la bourgeoisie et le prolétariat, étaient demeurés royalistes irréductibles. Comme dans tant d'autres localités, il y avait en cette ville deux courants, que déjà du reste nous avons rencontrés opposés l'un à l'autre dans les rangs de la Garde nationale ; les Versaillais d'alors n'étaient pas assez aveugles pour se compromettre aux yeux des libéraux qui, de jour en jour, devenaient plus nombreux et plus puissants ; mais Versailles avait tant souffert du départ du Roi, ses habitants étaient si persuadés, on nous pardonnera de le redire encore, que le retour de Louis XVI ramènerait le mouvement et la vie si brusquement suspendus, que chacun appelait cette heure réparatrice comme le terme certain de la misère et des privations communes. La Municipalité, fidèle interprète des sensations de ceux qu'elle représentait, ne négligea aucune occasion de manifester les sympathies de la Cité pour le Roi (1). Tant qu'il y eut chance de le voir revenir au Palais, on évita avec un soin jaloux tout acte qui au-

---

(1) 25 août 1790. — Les officiers municipaux et les délégués de la Garde nationale se rendent au château de Saint-Cloud pour, à l'occasion de la fête patronale de Louis XVI, « présenter à Sa Majesté le respect, l'amour, l'attachement et la fidélité inviolable des habitants de Versailles ». (Registre des délibérations ; Archives de la Mairie.)

12 mars 1791. — « M. le Maire a annoncé que le Bureau, aussitôt qu'il a été instruit de la maladie du Roi, a arrêté qu'il sera envoyé tous les matins un aide de camp pour prendre de M. Duras le bulletin de la maladie. » (Même registre.)

19 mars 1791. — La convalescence du Roi étant annoncée, « le Bureau, voulant prévenir les vœux du Conseil municipal, a écrit à M. le Curé de Notre-Dame et à MM. les marguilliers de la même paroisse pour que demain, 5 heures, il soit chanté un *Te Deum*..... M. le Commandant est requis d'ordonner une garde d'honneur pour les corps administratifs et pour le Conseil général, et de faire tirer le canon dans la place d'armes ». (Même registre.)

30 décembre 1791. — Une députation est désignée pour présenter au Roi l'hommage de la Commune à l'occasion du renouvellement de l'année. (Même registre.)

rait pu inciter à penser que notre Ville avait pris son parti d'une absence désolante et ruineuse.

Le *Journal général de France* a inséré, à la date du 15 juillet 1790, la lettre suivante : « Monsieur, je suis bonne mère, bonne patriote et très attachée à mon Roi ; vous pensez qu'à tous ces titres, j'ai pris la plus grande part à la mémorable journée du 14..... Je ne vous parlerai que de l'effet qu'a produit sur moi la vue d'un département que j'ai reconnu pour être celui de Seine-et-Oise, dont le chef-lieu est Versailles. La beauté et l'excellente tenue de cette troupe m'ont moins frappée que l'obligeance peinte sur le front de chaque individu et surtout son amour pour le Roi. Un couplet qu'on m'a assuré avoir été composé pendant la marche était chanté à l'unisson..... sur l'air : *Vive Henri IV !*

> Vive Louis seize,
> Louis le Bienfaisant ;
>   Il est bien aise
> Quand son peuple est content.
>   Aimons Louis seize,
> C'est un prince charmant. »

A la fin de 1790, la municipalité versaillaise résistait encore à ceux qui, escomptant leurs vifs désirs, voulaient effacer partout les fleurs de lys, les marques de la puissance des grands. Le 30 décembre de ladite année, un sieur Pacou rappelle, dans une pétition, que l'Assemblée nationale a ordonné la suppression des armoiries et des signes de féodalité. « J'ai été frappé, disait le pétitionnaire, de voir que le cachet de la municipalité est blasonné. On y voit fleurs de lys, coqs, couronnes, etc..... »

L'Assemblée communale décida qu'il n'y avait pas lieu à délibérer ; que la loi n'enjoignant pas de faire détruire les armoiries de manière à ce qu'il n'en reste aucun vestige, il sera toujours temps de s'occuper de la forme du cachet de la Ville quand il y aura lieu de le remplacer.

Ce fut seulement après la mort du Roi, quand tout espoir fut évanoui, que l'attitude générale se modifia. Voulant sans doute effacer le souvenir de leur tiédeur passée, administrateurs et administrés s'agitent pour affirmer leur foi républicaine et leur civisme, attachant une haute importance à des actes presque puérils ; on vit alors des citoyens demander à la Municipalité, aux sections en leurs séances, l'incinération publique de papiers, de brevets coupables d'avoir dans leurs vignettes décoratives des signes de féodalité ou la signature de personnes mises hors la loi, telles que La Fayette. Ce fut à cet instant une véritable rage de destruction qui fit courir les plus sérieux dangers aux œuvres d'art et aux édifices publics qui offraient à la vue quelques emblèmes du culte ou de la royauté. Alors furent anéantis quantités de souvenirs, de détails, de preuves qui eussent fait le bonheur des historiens modernes.

Les drapeaux suspendus aux églises de cette ville ne furent point épargnés : on ne pouvait tolérer les « armoiries et autres marques de despotisme et de servitude » que leurs plis ne pouvaient cacher suffisamment. On s'acharna contre les chiffres, les écussons, les images et les portraits qui ornaient les palais, les églises, les anciens hôtels des nobles et des princes.

Fort heureusement, les fonctionnaires préposés à la conservation de nos monuments confièrent à des ouvriers expérimentés le soin de faire disparaître ce qui était capable de troubler la quiétude des patriotes. Ce fut à Versailles un travail long et coûteux. « Ces ouvrages, dit un rapport du 28 floréal an II (1), s'étaient faits jusqu'à présent à la journée, ainsi que d'autres démolitions; je ne vous dissimulerai pas que, par leur multiplicité et par la disette de bras que nous éprouvons, ils ne deviennent fort longs et fort coûteux, car quoi qu'il y en ait déjà beaucoup de détruits, à peine s'en aperçoit-on, tant ils se répètent. Il semble même qu'à mesure qu'on les extirpe, à mesure ils pullulent. »

Le 12 ventôse an IV, un sieur Dutens aîné, artiste peintre à Versailles, réclamait le paiement de trois mémoires d'ouvrages « pour avoir effacé toutes les fleurs de lys, couronnes, titres et inscriptions relatifs à la royauté, avoir repeint les tons à l'effet, raccordé toutes les parties décorées avec soin, ainsi que plusieurs parties d'ornements retouchés : au Garde-Meuble, à l'Opéra, au Palais (2) ».

Deux artistes, Dejoux et Rousseau, étaient occupés « à faire

____

(1) Archives de Seine-et-Oise, Q, Versailles-Mélanges.
(2) *Ibid.*, Q, Grand-Trianon.

disparaître le caractère de la tête du ci-devant Louis XIV », ainsi que tous attributs tendant à la royauté (1).

La plupart des noms donnés à nos rues rappelaient le **Roi**, la **Reine**, les princes, les saints honorés par l'Eglise ; il fallait de toute urgence « défanatiser » la ville. « Il n'y a plus de rue Saint-Louis, dit le *Spectateur français* (2) ; sachez que la République a divisé cette ville en deux parts, qu'elle a donné l'une à la Grèce et l'autre à Rome ; la rue que vous cherchez a reçu le nom de Caton ou de Publicola ; le quartier que nous quittons est illustré des noms célèbres d'Athènes ou de Sparte, tels que ceux d'Aristide et de Lycurgue (3). »

Le besoin de tout modifier était si vif que l'on proposa de changer le nom de la ville, qui s'appellerait « Berceau de la Liberté ». La Municipalité eut la sagesse de souffler sur les rêves des quelques exaltés auteurs de la proposition, en décidant fort habilement, le 13 janvier 1794, « qu'il n'est pas de l'intérêt de la commune de laisser tomber dans l'oubli une ancienne dénomination que les habitants ont éternisée en méritant le décret qui consacre que Versailles a bien mérité de la Patrie ».

Ce ne fut pas toujours avec la même sagesse et dans un langage empreint d'autant de noblesse que le corps municipal décidait ou formulait son opinion.

On lit dans une pétition, présentée en 1793 au Comité de Salut public : « Il n'est aucune commune qui ne bénisse la destruction de la tyrannie, le juste supplice du dernier tyran, et qui ne fasse des vœux pour le triomphe et l'affermissement de la République une et indivisible. »

Sans doute, il y a là des formules quasi officielles, presque obligatoires ; mais il semble que tout soit original et voulu dans le discours suivant, prononcé le 22 septembre 1793, par le maire de Versailles, à l'une des séances de l'Assemblée populaire et fraternelle. La réunion était tenue dans l'une des salles du Palais national, sous la présidence du député Delacroix, où le Conseil général de la Commune s'était rendu en corps.

---

(1) Archives de Seine-et-Oise, Q, Versailles-Musée.

(2) Bibliothèque de la Ville.

(3) Nous prions ceux de nos lecteurs qui voudraient avoir les noms portés successivement par les rues de Versailles de vouloir bien se reporter à la liste qu'a publiée M. Albert Terrade, dans l'*Annuaire du Tout-Versailles*.

« Citoyens frères et amis. Il est beau le jour où les amis de l'égalité et de la liberté s'installent dans le palais du plus grand despote du monde. Il est bien glorieux pour vous, généreux habitants de Versailles, de pouvoir établir une société de frères et d'amis dans ce lieu naguère infecté par la haine et l'envie, enfants de tous les crimes.

« C'est aux députés de la Convention nationale que vous le devez; les représentants d'un peuple libre portent avec eux tous les pouvoirs et tous les caractères respectables..... Ce matin, ils vous provoquaient à la colère contre nos ennemis..... ils auraient fait sentir leur puissance aux lâches, s'il s'en fût trouvé parmi nous..... Ce soir, ils stimulent l'amitié..... ils prononcent des paroles de paix et vous offrent le baiser fraternel..... Dans peu de temps, ils auront fait éclore ici l'honnêteté, fruit du travail et de l'étude.

« Elles sont sublimes les fonctions de représentants d'un peuple régénéré; il me semble voir toutes les volontés en une seule, tous les individus ne formant qu'un seul être pour le bonheur de tous.

« Elles sont importantes toutes les fonctions déléguées par le peuple, mais il est très difficile de les bien remplir..... plaignons ceux qui ne le peuvent pas et pulvérisons ceux qui ne le veulent pas. »

La Municipalité fut installée cérémonieusement le 7 mars 1790, en présence des citoyens invités et requis de concourir à la prestation solennelle du serment civique. Rigoureusement vêtus d'un costume noir, les nouveaux élus furent présentés au peuple par les officiers municipaux sortants. Des discours furent prononcés; le maire couronna le buste du Roi, que deux citoyens avaient apporté à ces fins sur la place d'Armes; un *Te Deum,* le *Domine salvum fac regem* furent chantés par le clergé des trois paroisses, auxquels s'étaient joints les révérends pères Récollets; la Garde nationale, les troupes de ligne défilèrent devant le buste du Roi. « Le soir, à la nuit, la façade de l'Hôtel de Ville fut illuminée, et, dans le tympan du fronton, un transparent rappelait ces mots prononcés par le Roi : « Eclairé sur « ses véritables intérêts, le peuple qu'on égare, ce bon peuple « qui m'est cher et dont on m'assure que je suis aimé quand on « veut me consoler de mes peines. » Plusieurs fois dans la

journée, des salves furent tirées par l'artillerie et par les boîtes
de la Ville. Constamment associé à la cérémonie, le peuple ne
cessa de pousser de chaleureuses acclamations. »

VII
Prédominance des sections.

Ces solennités, les manifestations enthousiastes des assistants
emplissaient d'espérance, tous les nuages semblaient dissipés ;
les officiers municipaux choisis avec soin paraissaient capables
de bien diriger la barque communale, on avait oublié que la
plupart d'entre eux avaient fait partie de l'assemblée faible et
hésitante de l'année précédente ; d'ailleurs, pleine de confiance
en elle-même, la foule se serait plutôt réjouie qu'affectée d'une
mollesse qui l'autorisait à intervenir et semblait lui permettre de
réaliser sa prétention, peut-être juste mais irréalisable, de diriger et de gérer directement les affaires publiques. Les sections,
qui n'auraient dû s'assembler qu'au cours des périodes électorales, ne devaient pas tarder, en s'imposant petit à petit et sous
divers prétextes, à se tenir à peu près en permanence, malgré
les efforts de la Municipalité que présidait M. Coste. On comprend
que le maire redoutât la consolidation d'une force naissante
qui, le plus souvent, soutiendrait l'opposition qui déjà s'essayait
au sein du Conseil général.

Le 3 janvier 1791, en assemblée municipale, nous apprend le
registre des délibérations, « M. le Maire a dit que dans plusieurs
circonstances M. Guignard avait mis le plus grand empressement
à seconder les bontés dont le Roi n'a cessé de donner des
marques à cette ville ; que tout récemment il avait employé ses
bons offices pour faire obtenir à la municipalité les ustensiles
qui ont servi au curement du canal, ce qui, au rapport de M. Gas-
telier, peut valoir plus de 6,000 livres et ce qui sera un grand
secours pour la classe infortunée de cette ville ; qu'il croit convenable d'écrire à M. Guignard une lettre de remerciements, et
il a fait lecture du projet de la lettre qu'il proposait d'écrire. Un
membre a dit que l'on ne doit pas de remerciements à un ministre pour avoir fait son devoir ; que, d'ailleurs, il ne convient
pas à la municipalité de manifester de regrets sur la retraite d'un
ministre qui avait perdu la confiance de la nation, et il a voté

pour qu'il ne soit pas écrit. Un autre a appuyé cette opinion, mais par un autre motif; il a dit que de tels remerciements attribueraient aux bons offices de M. Guignard ce que l'on doit seulement aux bontés du Roi. Un troisième s'étend longuement sur le sujet et finalement déclare qu'il est digne de la municipalité de marquer sa gratitude à M. Guignard au moment où il n'est plus à portée de lui rendre les mêmes services... »; et c'est la solution à laquelle s'arrêta l'Assemblée. Déjà exposée à tant d'objections, et contrainte à insister pour obtenir l'accomplissement d'un acte de pure courtoisie, on comprend que le président de la Municipalité ait essayé d'enrayer le mouvement qui se dessinait. Déjà divisé, le pouvoir exécutif communal, même en cas d'accord entre les diverses personnes qui avaient qualité pour l'exercer, ne pouvait compter que sur la Garde nationale, force essentiellement révolutionnaire.

« Elle participe comme peuple aux opinions, aux passions qu'elle doit contenir comme garde civique, suivant partout, par faiblesse ou par entraînement, les mobiles impressions de la foule. Comment les hommes sortant des clubs, où ils venaient d'approuver, d'applaudir et souvent de souffler la sédition dans des discours patriotiques, pouvaient-ils, changeant de cœur et de rôle à la porte des sociétés populaires, prendre les armes contre les séditieux? Aussi étaient-ils spectateurs, quand ils n'étaient pas complices des insurrections (1). » Les appréhensions de la municipalité versaillaise étaient donc pleinement justifiées.

L'existence des sections se manifesta d'abord par des pétitions, puis par l'envoi de commissaires ou délégués qui, osant beaucoup au cours des réunions tenues par les corps administratifs, s'arrogèrent le droit de prendre une part directe aux débats, interpellant, donnant des conseils, menaçant et finalement imposant des décisions qui n'auraient pas été prises en dehors de leur intervention. Thiers nous fait connaître les causes de cet empiétement dans son *Histoire de la Révolution française*, quand il relate comment, en juin 1789, les députés du clergé se joignirent à Messieurs du tiers état : « Chaque jour amenait de nouvelles réunions, et l'Assemblée voyait accroître le nombre de ses membres. Des adresses arrivaient de toutes parts, exprimant le

____

(1) Lamartine, *Histoire des Girondins*.

vœu et l'approbation des villes et des provinces. Mounier suscita celle du Dauphiné. Paris fit la sienne et le Palais-Royal lui-même envoya une députation que l'Assemblée, entourée encore de dangers, reçut pour ne pas s'aliéner la multitude. Alors, elle ne prévoyait pas les excès; elle avait besoin, au contraire, de présumer son énergie et d'en espérer un appui... »

Notre Municipalité n'avait pas les mêmes raisons d'encourager l'intervention populaire; mais les autres villes, l'Assemblée nationale, le Roi lui-même s'inclinaient : il fallait bien vouloir ce que nul n'essayait d'empêcher.

Les treize sections (1) de Versailles, après avoir quelque temps cherché leur voie, finirent par se réunir quand il leur plût.

Leurs séances se tenaient dans des locaux spéciaux (2) que la Ville meublait d'un bureau, d'une table, de sièges, qu'elle décorait de drapeaux, et souvent du buste d'un philanthrope.

Pour acquitter le prix des locations, les menus frais de balayage, de chauffage, de chandelle, etc., le budget de 1791 avait prévu une somme de 3,000 livres. Par lui-même, ce fait eût suffi à légitimer les réunions des sections; elles ne tardèrent pas à connaître de toutes les affaires qu'il leur plût d'appeler ou de retenir. Dorénavant, du reste, nul n'essaya de contester la suprématie de leurs prérogatives. La Municipalité, le District, le Département sanctionnèrent surabondamment leur droit d'intervenir

---

(1) Un décret de l'Assemblée nationale du 14 décembre 1789 avait ordonné le recensement des habitants de chaque ville et décidé que chacune fût divisée en autant de sections qu'il y aurait de fois 4,000 âmes. — A Versailles, la paroisse Notre-Dame (26,384 habitants) eut 7 sections; la paroisse Saint-Louis (20,348 habitants) eut 5 sections; la paroisse Montreuil (3,403 habitants) eut 1 section. Les sections furent réduites à 9 par arrêté du représentant du peuple Ch. Delacroix (29 frimaire an II).

(2) Ces locaux, qui ne furent pas toujours les mêmes, ont été :
1re section (de la Liberté) : vieille église.
2e   —   couvent des religieuses Augustines.
3e   —   (des Droits de l'Homme) : salon Dumesnil, rue Neuve.
4e   —   (de l'Humanité) : auditoire du bailliage, enclos de la Geôle.
5e   —   chapelle des écuries de la Reine.
6e   —   salle d'exercice des pages, Grande-Ecurie.
7e   —   Mission de la Paroisse.
8e   —   Menus-Plaisirs, salle du clergé.
9e   —   charniers de l'église Saint-Louis.
10e   —   bureau des jurés-priseurs, rue de l'Orangerie.
11e   —   église des révérends pères Récollets.
12e   —   hôtel de la Guerre.
13e   —   église Saint-Symphorien.

en toutes choses, en les consultant, en discutant avec elles après en avoir avisé la population. Parmi nombre de cas, citons le 8 mars 1793 : « Le commandant de la garde nationale est requis de commander seize fusiliers, deux officiers et huit tambours pour annoncer l'ouverture des sections relativement au recrutement de l'armée. » Si ce cas paraît insuffisamment démonstratif, ajoutons que la Municipalité se rendait en corps, après s'être fait annoncer publiquement, près de chacun des treize groupes électoraux. Le 13 mai 1793, par exemple, « le citoyen Locard est requis de commander le nombre de tambours nécessaires pour proclamer dans toutes les parties de la ville que la municipalité se rendra le lendemain dans les sections, à onze heures du matin ».

Toujours très ostensiblement et officiellement, les sections assistaient aux solennités, aux fêtes publiques, où elles se rendaient chacune précédée de sa bannière.

Quiconque a suivi sans opinion préconçue les événements hérissés de difficultés qui surgirent alors, reconnaît qu'en l'absence des sections, les administrations locales n'auraient pu donner au pouvoir central l'appui et surtout réunir les ressources qu'il lui fallait rapidement et en abondance.

En mai 1793, un emprunt de 3,500,000 livres ayant été décrété en vue de subvenir aux frais d'équipement des volontaires de la Vendée et aux besoins de leurs familles, on dressa la liste des propriétaires de la commune, avec indication de la taxe à payer par chacun d'eux, d'après son revenu. Le total de ces taxes fut de 61,661 l. 5 s. pour l'ensemble de la ville. Qui donc, en dehors des sections, aurait pu opérer la rentrée immédiatement exigible de cette somme importante et obtenir en sus, à titre de souscription volontaire, 7,137 l. 19 s. 5 d.? Qui donc, en dehors des sections, aurait eu assez de force persuasive pour amener sous les drapeaux, avec l'apparence de volontaires, le nombre d'hommes à fournir pour chaque levée ; pour provoquer des dons assez importants d'effets, de linge ; pour réunir les ouvriers des divers métiers réclamés par les réquisitions de l'armée ?

Voici une adresse datée du 30 floréal an II (19 mai 1794), qui, tout en montrant lés sections en pleine activité, laisse voir que les électeurs avaient conscience des services importants qu'elles ne cessaient de rendre :

« Citoyens,

« La commune de Versailles, vous le savez, a tout perdu par la Révolution française, mais ses pertes étaient nécessaires au bonheur de tous, et persuadée que l'intérêt particulier doit s'évanouir devant l'intérêt général, elle a oublié ses maux.

« Peut-être des intrigues ont jeté la défaveur sur Versailles, mais la Convention est trop juste pour faire retomber sur la commune les fautes de quelques individus.

« Electrisée par le génie de la Liberté, cette commune n'a cessé de faire les plus grands efforts en hommes, en argent et en objets d'équipement.

« Enfin, en arrachant des entrailles de la terre la foudre qui pulvérisera les tyrans.

« Déjà deux cavaliers sont sortis du sein de la Société populaire de Versailles.

« Aujourd'hui, ses treize sections réunies vous en présentent sept tout armés qui brûlent de se mesurer avec les esclaves des despotes.

« Daignez agréer cette offrande avec autant de plaisir que Versailles en éprouve à le faire.

« Voilà la seule récompense que puissent ambitionner des républicains. »

Le registre des délibérations de la 4ᵉ section ajoute : « Vu le peu de temps que durent les sections et l'impossibilité de présenter en un si court espace les sept cavaliers à toutes les sections, votre Comité a arrêté que tridi prochain prairial, dix heures du matin, les cavaliers précédés d'un trompette et de leurs deux instituteurs, et accompagnés de quatre commissaires de votre Comité, sortiraient des grandes écuries et parcoureraient au pas toute la commune, afin que chacune puisse les voir.

« Chacun de vos cavaliers a un beau cheval bien équipé, habit, veste, culotte, surtout, manteau de drap, et dont la culotte est garnie de cuir noir, trois chemises, trois paires de bas, trois mouchoirs, deux cravates de soie noire, un chapeau garni de sa plume, une paire de souliers, une paire de bottes, une culotte et une paire de gants de daim, sabre et pistolets.

« Votre Comité vous propose, par mon organe : 1° d'arrêter ou rejeter l'adresse rédigée par vos commissaires et ceux de la Société ;

« 2° Que les 2,072 l. 8 s. 3 d., montant du reliquat de vos collectes, resteront entre les mains d'un trésorier, à la nomination de votre Comité, pour être distribués, à raison de 30 livres par mois, à chaque épouse des cavaliers mariés ;

« 3° Et enfin que votre Comité est autorisé à présenter quintidi prochain vos cavaliers à la Convention. »

Cette proposition fut acceptée à l'unanimité. On ne pourrait qu'admirer sans réserve, si les sections, secondant les efforts du Conseil général de la Commune, n'avaient émis par instants des prétentions exagérées, si elles n'étaient allé jusqu'à se persuader que notamment les officiers municipaux ne devaient rien entreprendre sans leur assentiment. Cet état d'esprit devait porter les sections à surveiller l'Assemblée communale. Et, en effet, le 25 brumaire an II, la 4ᵉ section désignait Rainville et Arnoult pour assister au Conseil général de la Commune aux lieu et place de Legorgen et Puigeron, précédemment délégués. Ces délégués rendaient compte aux sections, qui manifestaient leur opinion sans aucun ménagement, blâmant les fonctionnaires, prononçant leur destitution après les avoir passés « aux haricots », selon l'expression usitée alors, c'est-à-dire après les avoir soumis à l'épreuve d'un scrutin pour lequel les haricots remplaçaient les bulletins de vote. Le 18 novembre 1790, le Conseil général du département étant en séance, « une députation de la 7ᵉ section de Versailles ayant demandé audience a été introduite ; un de ses membres a fait lecture d'une délibération par laquelle cette section improuve le discours prononcé par le maire de Versailles à une des séances du Conseil (1) ».

Nous savons que la décision de la 7ᵉ section fut prise sous l'influence d'un orateur tenace dont elle épousa le ressentiment. Il devait en être ainsi inévitablement, puisque, la plupart du temps, les résolutions furent prises en des réunions tumultueuses, ou bien à la suite de débats passionnés au cours desquels les vieilles rancunes avaient tant de facilités pour se donner carrière. A toutes époques, en ces circonstances, la saine raison n'étant point entendue, ce sont ceux qui crient le plus fort, ce sont les audacieux qui dominent et imposent leurs volontés à la majorité craintive. Ce fut seulement en la troisième

(1) Registre des délibérations. (Archives de Seine-et-Oise.)

année de la République que Charles Delacroix osa réglementer par l'arrêté suivant la tenue des séances sectionnaires.

« Considérant, dit-il, que le jour paraît destiné par la nature aux réunions sociales dans lesquelles les citoyens discutent leurs intérêts communs, et que la nuit rappelle l'homme à des réunions moins nombreuses mais plus intimes, à jouir au sein de sa famille des doux épanchements de l'amitié ; que les assemblées politiques tenues la nuit sont nécessairement plus tumultueuses, soit parce que les citoyens n'y apportent pas toujours la maturité, le sang-froid qu'elles exigent, soit parce qu'elles prêtent davantage à la malveillance qui parvient à dérober dans l'obscurité ses manœuvres perfides ; qu'il est surtout nécessaire d'éviter tout ce qui peut compromettre la tranquillité publique dans une commune que quelques scélérats obscurs ont réussi, il y a peu de jours, à livrer à l'anarchie et aux désordres les plus contraires à ses vrais intérêts ;

« J'arrête ce qui suit :

« Article 1er. — Les assemblées de sections de la commune de Versailles seront tenues, à compter de ce jour, tous les décadis, depuis neuf heures du matin jusqu'à midi précis.

« Article 2. — Les présidents et secrétaires des sections seront tenus, sous leur responsabilité personnelle, d'employer le temps nécessaire à la lecture des lois nouvelles et de celles des anciennes lois qui intéressent le plus au maintien de l'ordre social et de la tranquillité publique.

« Article 3. — La séance de décadi trente frimaire sera ouverte par la lecture de l'adresse de la Convention nationale aux Français, afin de pénétrer tous les citoyens de cette commune des sentiments d'union, de fraternité et de justice qu'elle respire.

« Article 4. — La Municipalité se rendra à midi au temple dédié à l'Eternel, pour célébrer la fête décadaire par des hymnes, des chants patriotiques et des discours sur les devoirs et les droits de l'homme réuni en société. »

. . . .

Le ministre de l'Intérieur donna par la suite des instructions pour la célébration des fêtes publiques. Elles appartenaient au décadi, jour consacré au repos. Les administrateurs devaient se rendre en costume à l'endroit choisi pour la réunion des citoyens, pour donner lecture des lois, des actes de l'autorité, des affaires générales de la République, et pour célébrer les **mariages**; **les instituteurs** et les **institutrices** devaient y conduire leurs **élèves**; des jeux, des exercices gymnastiques avaient lieu les jours de ces réunions décadaires.

« Il était recommandé que l'appareil des temples décadaires fût simple et imposant, et annonçât leur destination. Un autel de la Patrie devait y être élevé; l'enceinte devait être décorée d'emblèmes civiques; la Déclaration des droits et des devoirs du citoyen y devait être placée de manière à pouvoir être lue de tous les assistants; le temple décadaire devait être orné de bustes d'hommes célèbres, de tableaux et d'emblèmes relatifs à la liberté; il devait y régner l'ordre, le calme et la décence nécessaires pour donner à cette assemblée une majesté imposante.

« Les principes de morale que les magistrats devaient se proposer d'inspirer au peuple dans les assemblées décadaires n'étaient point exclusifs d'idées religieuses; ils devaient s'attacher à montrer l'idée républicaine reposant sur la base de toutes les religions, sur la morale la plus pure, la croyance d'un Dieu juge des bons et des méchants; la tolérance universelle et la pratique des vertus considérées avec raison comme l'essentiel des cultes et le plus digne hommage pour la Divinité.

« Sur la demande de la commune de Versailles, l'administration centrale du département décida que l'ancienne église Notre-Dame serait mise provisoirement à sa disposition pour servir de temple décadaire, qu'elle se chargerait en conséquence de prendre toutes les mesures nécessaires pour l'exécution des lois des 11 prairial an III et 13 fructidor an VI (1). »

Les dates que nous rapportons disent que la Terreur est passée, que des idées de tolérance sont venues tempérer la fougue des premiers jours; qu'en un mot, le Pouvoir central est plus écouté, mieux obéi. Mais notre récit nous a trop rapidement entraîné et il nous faut revenir à notre point de départ, c'est-à-dire à l'instant où nul n'aurait pu assurer le calme des réunions sectionnaires, ni leur imposer l'heure du jour où il y eût le moins de chances de voir transformer le plus petit incident en un brandon de discorde. Pour satisfaire aux demandes des officiers munici-

---

(1) Rapport de M. Véron, ancien archiviste de la mairie de Versailles. (Manuscrit.)

paux, les sections avaient à faire connaître l'état de fortune ou d'indigence, à donner leur avis sur les opinions politiques, le dévouement des habitants aux idées révolutionnaires, à se prononcer sur l'attribution des secours, la délivrance des certificats de civisme, toutes questions brûlantes sur lesquelles les esprits trop prompts s'enflammaient au cours du débat public qui précédait la rédaction de la décision à prendre. L'ardeur de tous, soit aux sections, soit au Conseil général de la Commune, amenait des scènes touchantes et enthousiastes. Le 9ᵉ jour, 2ᵉ mois de l'an II, « le président du Conseil général de la Commune fait lecture d'un arrêté par lequel la seconde section dite des Droits de l'Homme, après avoir reconnu le civisme du citoyen Bucciarelly Joséphiny, l'un de ses membres, né dans les Etats du Pape et domicilié en cette ville depuis vingt ans, l'a, d'une voix unanime, admis au bienfait de l'hospitalité en observant les conditions prescrites par le décret du 6 septembre dernier, relatif aux étrangers domiciliés en France.

« Le Conseil général, se rappelant les preuves de civisme qu'a constamment données le citoyen Joséphiny dans toutes les circonstances qui ont pu lui en procurer l'occasion,

« Arrête qu'il apostillera l'arrêté de la 2ᵉ section qui, en l'admettant au bénéfice de l'hospitalité, conserve un patriote de plus à la commune; applaudit à cet acte de justice et d'humanité qui prouve de la manière la plus authentique que la reconnaissance n'est pas, comme quelques-uns l'ont prétendu, un sentiment étranger aux républicains.

« Le président a, au nom de l'assemblée, donné ensuite l'accolade paternelle au citoyen Joséphiny, qui la reçoit au milieu des applaudissements universels et qui termine cette scène en chantant cette hymne patriotique que les républicains entendent toujours avec un nouvel intérêt et dont le refrain, que les auditeurs répètent avec transport, est :

> Nous ne reconnaissons, en détestant les Rois,
> Que l'amour des vertus et l'empire des lois. »

A d'autres instants, le spectacle était bien différent :

« Le 10ᵉ jour, 2ᵉ mois de l'an II, Louis-Antoine Courtat se présente à la 4ᵉ section pour obtenir une attestation de civisme... Plusieurs membres dénoncent son incivisme... Courtat, furieux, menace le citoyen Rouget, l'un des opposants, de lui envoyer des coups de bâton... Le président le rappelle à l'ordre, il **persiste**... le trouble augmente, Courtat se montre vindicatif. Le président est obligé de se couvrir... et, sur la demande d'un citoyen et conformément au vœu de l'assemblée, le président ordonne audit Courtat de demander excuse ou qu'il le fera traduire devant le juge de paix ; il se rend aux ordres qui lui sont prescrits et demande excuse à l'assemblée. Plusieurs membres observent que c'est non seulement à l'assemblée, mais aussi au citoyen Rouget, qui est l'offensé. Le citoyen Rouget, satisfait de l'excuse faite à l'assemblée par Courtat, se présente à lui, l'embrasse, et la faute est oubliée. »

Bien que les réunions des sections fussent publiques, quelques électeurs entendaient y avoir leurs places réservées.

Le 25 frimaire an II (15 décembre 1793), « plusieurs citoyens se plaignent de ce que les citoyennes et les citoyens sont mêlés indistinctement dans le local, ce qui gêne aux délibérations. L'assemblée arrêta qu'il y aurait un ruban tricolore qui ferait la ligne de démarcation des citoyens avec les citoyennes ». On voit que les préoccupations de la politique n'empêchaient pas les sections de voiler la rigueur de leurs décisions sous une forme gracieuse ; elles savaient aussi se montrer accueillantes et aimables.

Le 10ᵉ jour, 2ᵉ mois de l'an II (31 octobre 1793), « une députation de jeunes citoyennes, précédée de la citoyenne Batel, institutrice, apporte à la 4ᵉ section le fruit de leurs travaux, consistant en charpie et bandes de linge pour le service des défenseurs de la Patrie blessés en combattant contre les ennemis de la liberté. Une des jeunes citoyennes (Victoire Lacommune) remet l'offrande sur le bureau et dit : « Une jouissance bien douce pour « nous, c'est de remédier aux maux qui affligent les héros qui « combattent pour consolider notre liberté chérie ; c'est pour-« quoi, citoyens, nous vous offrons le fruit de nos travaux et « nous continuerons, étant persuadées que l'on ne peut mieux « employer son talent qu'en travaillant pour la patrie. » Les citoyennes qui ont apporté l'offrande sont Thérèse Camate, Cécile Simon, Sophie Lacommune et Adélaïde Réguel. Le président leur répond : « Jeunes citoyennes, s'il est doux pour vous de « remédier aux maux qui affligent nos frères d'armes, il est

« aussi bien doux pour nous de vous voir venir à leur secours ;
« nous voyons en vous de jeunes citoyennes travailler de bonne
« heure à l'humanité et à la vertu. »

Conformément au vœu de l'assemblée, dit le procès-verbal, « le
président donne le baiser fraternel à l'institutrice et aux jeunes
citoyennes ».

La poésie déiste, elle aussi, avait droit de se produire au sein
des sections, témoin le morceau suivant, que dit un jeune enfant
à la 4ᵉ section, le 15 nivôse an II :

> O toi dont je bénis et conçois l'existence,
> Toi qu'adore mon cœur, sans que ma main t'encense,
> Grand Dieu, si désormais la terre est ton autel,
> Si le mur de ton temple est l'enceinte du ciel,
> Si la France te sert ainsi que tu dois l'être,
> C'est qu'entre l'homme et toi tout vient de disparaître,
> C'est qu'il s'élève enfin jusqu'à son Créateur.
> La dignité de l'homme ajoute à ta grandeur.
> Protège, tu le dois, notre liberté sainte ;
> Sur nos fronts élevés reconnais ton empreinte.
> Ainsi l'homme est sorti de tes puissantes mains.
> Ne souffre pas, ô Dieu, qu'on change ses destins.
> Veille au milieu de nous, conserve à la Patrie
> Le roc vainqueur des flots et des vents en furie !
> Que l'éclair sillonnant, que la foudre en éclats
> Partent de la Montagne et ne l'ébranlent pas !
> Donne à l'égalité que tu créas toi-même
> Ce charme, ces douceurs qui sont le bien suprême.
> Contre nos ennemis nous ne t'invoquons pas ;
> Dans nos vaillantes mains est le sort des combats.
> N'as-tu pas au Français commandé le courage ?
> Vaincre : c'est t'obéir ; sa gloire est ton ouvrage (1).

On y aimait aussi les fêtes de famille, les repas en commun
frugalement servis.

Le 8 nivôse an II (samedi 28 décembre 1793), on adopta la
motion d'un citoyen de la 4ᵉ section qui demanda que, décadi
prochain, il soit célébré, entre tous les citoyens et citoyennes de
la section, une fête fraternelle qui consisterait à se réunir dans
un local convenable pour manger à la gamelle. Cette proposition ayant été acceptée, « quatre électeurs furent délégués pour

(1) Registre des délibérations de la 4ᵉ section. (Archives de la Mairie.)

17

demander à la Municipalité comme lieu de réunion une partie du temple de la Raison ; mais le local demandé n'étant pas destiné pour cet objet, on accepta l'un des corridors de l'évêché... Un citoyen fit remarquer, puisqu'il y a des corridors en haut et en bas, on pourrait partager avec la 3ᵉ section ; mais pour répondre à son honnêteté, l'on ne devrait pas choisir, mais tirer au sort. Ce qui ayant été arrêté, l'on a mis dans un vase des billets, sur l'un desquels était écrit *haut* et sur l'autre *bas*. Un député de la 3ᵉ section a tiré le premier et le sort a donné à sa section le local d'en haut ; celui d'en bas est resté à la 4ᵉ.

« Alors, quantité de citoyens se sont empressés d'offrir des tables, des chaises, des lustres, des bras de cheminée, des lumières, des violons, enfin toutes les choses nécessaires. — Toutes ces offres ont été acceptées...

« Il a été arrêté que l'on inviterait tous les corps armés présentement à Versailles d'assister par députation qui serait de deux hommes par compagnie. En conséquence, on a nommé douze commissaires pour aller aussitôt faire ces invitations...

« Ils sont aussi chargés de faire demain les honneurs aux personnes invitées et auront pour marque distinctive un ruban tricolore au bras gauche.

« Il a été aussi nommé une commission de vingt-quatre citoyens pour recevoir et placer demain matin les tables et autres ustensiles offerts par les citoyens...

« Ils auront pour marque distinctive un ruban tricolore au bras droit.

« Lorsque tout le monde sera placé, les deux commissions se réuniront et ces trente-six citoyens serviront le dîner.

« Quelqu'un a proposé de ne laisser entrer qu'avec sa carte de section... mais il a été arrêté que tous les citoyens seraient bien venus... »

Le lendemain :

« A sept heures du matin, les commissaires nommés hier se sont réunis avec le secrétaire à l'évêché. D'autres citoyens sont venus prendre part au travail ; d'autres, offrir ce qu'on pouvait avoir besoin. Enfin, pour inscrire au procès-verbal tous ceux qui ont concouru à rendre cette fête agréable, il faudrait en quelque sorte faire la liste de tous les citoyens de la section ; aussi en très peu de temps toutes les dispositions ont été faites.

« Ensuite, les commissaires ont arrêté entre eux que les viandes et le pain que chacun apporterait seraient déposés dans la première salle en entrant, et le vin et la chandelle dans la seconde.

« Toutes les familles se sont rendues avec chacune leur dîner qu'elles ont déposé dans lesdites salles, de manière que tous les dîners partiels n'en ont plus formé qu'un seul qui devait servir à la grande famille, dont chaque membre a été prendre place indistinctement et sans choix à celle qu'il trouvait vacante, en sorte que tous les citoyens aisés ou non étaient à l'unisson.

« Cependant, malgré la grandeur du local et la grande quantité de tables, il ne s'est pas trouvé de place pour tout le monde; alors les hommes qui y étaient placés se sont empressés de quitter leurs places pour les offrir aux femmes. Les seuls députés des corps armés ont été invités à rester à celles qui leur étaient assignées.

« A trois heures après midi, le président, placé à peu près au centre, a donné ordre au tambour de faire un roulement; c'était le signal du service. Aussitôt, les commissaires ont apporté le dîner et en ont garni les tables.

« Le président a porté six santés qui ont été répétées par tout le monde :

« La première a été à nos frères, les vainqueurs de Toulon;

« La seconde, à la Fraternité;

« La troisième, à la Montagne de la Convention nationale;

« La quatrième, à toutes les armées de la République;

« La cinquième, à tous les peuples libres;

« Et la sixième, à la mémoire des journées des 14 Juillet et 5 Octobre 1789 et 10 Août 1792.

« Aussitôt après le dîner, les tables disparurent et firent place aux divers amusements auxquels les citoyens se livrèrent pendant qu'on illuminait; alors, ceux de la 3e, de la 4e et même des autres sections se visitèrent et prirent part réciproquement aux amusements de chacun. On dansait dans plusieurs endroits, dans d'autres on chantait des chansons patriotiques et des hymnes à la Liberté. Le refrain de l'hymne des Versaillais :

> Nous ne reconnaissons, en détestant les rois,
> Que l'amour des vertus et l'empire des lois,

fut surtout celui que l'on répéta le plus souvent. La gaîté

franche, les marques d'amitié et de fraternité furent les plus beaux ornements de cette fête, et ce n'était qu'avec peine que l'on voyait approcher le moment de se séparer.

« Les commissaires et le secrétaire s'étant ajournés au lendemain matin pour rendre aux citoyens les divers ustensiles qu'ils avaient prêtés, tout fut rendu, excepté quelques bouteilles qui se trouvèrent cassées par accident.

« Ainsi se termina cette fête dont tout le monde parut content.

« Comme il restait beaucoup de pain et de chandelles, les commissaires arrêtèrent de tout transporter dans la salle du comité de la section..... L'assemblée, consultée sur le parti à tirer des restes, arrêta qu'ils seraient remis aux citoyens de la section qui sont membres de la maison de secours, pour être délivrés aux pauvres domiciliés dans son arrondissement. »

A part son originalité, cette fête rappelle admirablement les mœurs de cette époque plus patriarcale, où les habitants d'une même localité, d'un même quartier aimaient à se voir, à se rencontrer, et coudoyaient sans la moindre hésitation leurs voisins de situation plus modeste; nous avons eu l'occasion de le remarquer déjà en racontant les usages d'un village de notre département (1). Il nous semble que ces dispositions conciliantes rendaient l'entente facile et que jamais de graves dissensions ne se seraient produites si des politiciens ardents, si des sociétés remuantes, stimulant les indécis, n'avaient provoqué et augmenté la soif de revendiquer et d'obtenir.

VIII

Sociétés populaires.

Il nous faut placer en tête des sociétés populaires le Comité central des sections, composé de treize délégués, un par quartier, qui commença à fonctionner en septembre 1792. Il examinait les questions, les vœux à présenter de concert, à la Municipalité, au Département, mais perdait malheureusement un

______

(1) *Un Village : Saint-Martin-la-Garenne (Seine-et-Oise)*, par L.-A. Gatin. (Bibliothèque de la Ville.)

temps précieux en discussions stériles. Nombre de propositions « n'étaient considérées par ceux qui avaient pris l'initiative de la motion que comme matière à dissertations philosophiques, bonnes à exercer les capacités oratoires de quelques-uns, la curiosité naïve des autres, fort peu susceptibles en tous cas d'être converties en formules pratiques (1) ».

Si ce Comité, pénétré de l'importante mission qui lui était confiée, s'était consacré à la coordination des efforts isolés, au choix judicieux des décisions à réclamer des pouvoirs publics, il eût ajouté beaucoup à l'influence et à la force des sections. Il semble, à Versailles du moins, s'être désintéressé ou bien s'être effacé devant les sociétés populaires et les clubs qui déjà s'étaient emparés du rôle. Sous la pression des événements et grâce à la complaisance, à la faiblesse des pouvoirs publics, ces sociétés, composées de ce que les collèges électoraux avaient de plus remuant, étaient devenues de réelles forces dirigeantes.

« Les sociétés patriotiques qui se formaient de toutes parts, dit Henri Martin, s'affiliaient les unes après les autres à la société de Paris. En peu de temps, cent quarante villes furent associées. Les Jacobins comptèrent jusqu'à deux mille quatre cents clubs de villes et de villages. Tout cela se mouvait comme un seul homme. »

Il a existé à Versailles deux sociétés de ce genre dont nous ne dirons que peu de mots, leur histoire en cette ville ayant été écrite par notre excellent confrère M. Moussoir, au travail duquel nous engageons nos lecteurs à se reporter (2). Nous ne relaterons ici que deux incidents assez curieux parmi la grande quantité de faits que nous avons rencontrés au cours de nos recherches.

En septembre 1793, les représentants Délacroix et Musset, délégués en Seine-et-Oise, recevaient le rapport suivant, rédigé en vue d'assurer un local où puisse se réunir l'une des sociétés versaillaises :

« En conséquence des ordres qui m'ont été remis de la part des représentants du peuple, à l'effet de faire disposer le local

(1) Nous avons tenu à citer cette remarque faite par M. Laurent Hanin, grand admirateur des sections.

(2) *Petit Versaillais.*

dit le Reposoir, pour y installer provisoirement la Société des Amis de la Liberté, désignée par le nom de Sans-Culottes, je me suis transporté dans ce local, avec quelques-uns de ces bons patriotes, et nous avons d'abord été frappés par les statues de deux rois, mal faites et mal placées ; ensuite par des figures peintes, dont les attributs sont antirépublicains, mais peuvent s'échanger facilement en symboles plus heureux.

« Nous avons aperçu, çà et là, des fleurs de lys qui peuvent disparaître à peu de frais.

« Enfin, le retable de l'autel, loin de nuire à l'établissement que l'on propose, semble fait exprès pour recevoir le siège du président et le bureau des secrétaires, avec de légers changements ; une grande niche sert de fond à cet autel factice ; un piédestal, simulacre de tabernacle, y peut servir à recevoir le buste du plus grand philanthrope, apôtre de la liberté, de Rousseau ; des gradins, des tribunes offrent des places variées pour les sexes et pour les âges, et ce local, jadis consacré à de vaines cérémonies, servirait enfin à propager l'amour de l'ordre, de la liberté, et la sainte égalité aurait enfin son temple (1)..... »

Ce document nous a fait assister à la transformation assez originale d'un édifice religieux, tout en confirmant la bienveillance, la sollicitude même que le Gouvernement avait vouées aux sociétés populaires. Le document suivant va nous montrer le changement radical qu'amenèrent les événements de Thermidor ; on sent que la Convention, ayant ressaisi le pouvoir, n'ayant plus rien à redouter d'en haut, va se prémunir contre les ardeurs populaires et refréner la force dont dorénavant elle a plus à craindre qu'à espérer.

La Société dite de la Vertu des Sans-Culottes de Versailles, qui lors siégeait à l'Opéra, se vit notifier l'arrêté suivant, que Charles Delacroix signa à la date du 26 frimaire an III (16 décembre 1794) : « Instruit que la Société populaire de Versailles a été trop souvent, dans les derniers temps, le théâtre de débats scandaleux qui tendraient à l'avilissement des autorités constituées, et qui même paraissent avoir préparé l'émeute excitée dans cette commune à l'occasion du renchérissement du pain,

____

(1) Archives de Seine-et-Oise. Représentants du peuple députés en Seine-et-Oise.

renchérissement nécessaire et fondé sur la loi ; que cette société a même accueilli une pétition qui lui a été faite sur le même objet et en a fait la matière d'une de ses délibérations, depuis que ces troubles sont apaisés, sans qu'elle ait été arrêtée par la crainte de les renouveler ; qu'elle n'a rempli qu'imparfaitement, après s'être fait longtemps attendre et d'une manière illusoire, vis-à-vis de l'administration du district, la loi du 25 vendémiaire concernant le tableau des membres qui la composent ; qu'elle ne s'est pas même mise en devoir d'y satisfaire à l'égard de la **Mu**nicipalité, ce qui a mis cette autorité constituée dans l'impossibilité d'exécuter l'article 7 de ladite loi et à soustraire les membres de la Société populaire à la censure utile et fraternelle de leurs concitoyens ;

« Considérant qu'autant les sociétés populaires sont utiles lorsqu'elles sont réunions approuvées, composées de vrais républicains attachés au succès de la Révolution, plutôt pour elle que pour eux-mêmes, plus curieux de faire du bien que de faire du bruit ; autant elles sont nuisibles lorsqu'elles s'écartent des principes, que leur tribune est livrée à des déclamations vagues, à des propositions désorganisatrices : J'arrête que les séances de la Société populaire de Versailles sont suspendues et que le scellé sera apposé sur ses papiers, le tout provisoirement et jusqu'à ce qu'il ait été par moi pourvu à son épuration ou qu'il ait été autrement statué par la Convention nationale, en ses Comités de Gouvernement (1). »

Cet acte rigoureux ne fut qu'une réédition de ce qui se passa à Paris le 10 novembre précédent. A cette date, malgré les vociférations et les protestations bruyantes que firent leurs affiliés, hommes et femmes, les Jacobins avaient vu les Comités et la Convention fermer la porte de la salle où ils avaient coutume de se réunir. C'était la fin du despotisme des sociétés populaires et des sections, mais ce ne fut pas l'affranchissement des autorités locales, qui virent seulement déplacer le siège de leur dépendance, oscillant de bas en haut.

Avant de rechercher comment les administrations départementales et communales, énervées par la constitution de leur organisme originel, demeurèrent inertes, incapables d'une action

______

(1) Archives de Seine-et-Oise. Représentants du peuple députés en Seine-et-Oise.

prompte et virile qui les aurait rénovées, nous devons ici nous arrêter un instant ; il nous faut dire, aussi rapidement qu'il est possible, comment les officiers municipaux, vigoureusement secondés par les sections et aussi par le gouvernement révolutionnaire tout-puissant, parvinrent à réduire au minimum les souffrances nées de la famine qui sévit à nouveau, de 1792 à 1795. Relater ce qui se passa en cette dure circonstance, c'est rendre hommage au zèle, à l'activité de ceux qui assumèrent la tâche ardue de procurer à la population versaillaise le pain et les denrées de première nécessité qui firent alors absolument défaut.

IX

La Famine (1792-1795).

Au cours des années 1792 à 1795, alors que la disette sévit avec tant de rigueur, il semble que généralement l'on ne se rendit pas un compte exact des causes qui la produisirent et la maintinrent avec tant d'intensité et de persistance. On ne voulut voir que des machinations inspirées par les ennemis de la Révolution, oubliant volontiers l'insuffisance des produits du sol, le défaut à peu près absolu de sécurité et de confiance.

Cependant, l'attention avait été appelée sur la situation réelle. Appréciant la moisson rentrée en 1791, un sieur Dambert, citoyen actif de Dourdan, écrivait au Directoire du département : « Il ne faut pas se le dissimuler, Messieurs, la récolte, belle en apparence, à cause de la quantité d'empaillements qu'elle a présentée, n'offre pas la moitié des productions de 1790. »

Le Journal du curé d'Hattonville en Beauce, cité précédemment, constate qu'en 1791, « à la suite d'un hiver à peu près nul et sans gelée sensible, sans pourtant être trop pluvieux, un printemps modéré, mais sans chaleur, un commencement d'été à peu près semblable et accompagné de pluies fréquentes, avaient donné aux blés et à toutes espèces de grains un accroissement périodique qui donnait les plus belles espérances, lorsque, le 11 juin, veille de la Pentecôte, et les cinq jours suivants, est survenue une gelée de plusieurs lignes de glace chaque jour, qui a saisi tous les grains. De là, pour 1791, une récolte des plus minces après les plus belles apparences ».

La récolte de 1793 fut plus mauvaise encore. Un recensement ordonné par la loi du 11 septembre de ladite année donne les évaluations suivantes pour le district de Versailles : Population, 91,441 habitants, pour chacun desquels il y a lieu de prévoir 3 septiers, ce qui donne pour la consommation d'une année 280,968 septiers. La récolte ayant produit 124,545 septiers, desquels il convient de déduire un quart, à réserver pour les semailles, il ne restait disponibles que 93,409 septiers; d'où un déficit de 187,569 septiers.

Entravé déjà par les mouvements et les opérations militaires aux frontières et dans les provinces soulevées, trouvant les routes endommagées, voyant ses convois exposés à être englobés dans des bagarres, réquisitionnés ou pillés, le commerce renonçait aux importations qui l'exposaient à des risques, à des pertes à peu près certaines, sans grandes chances de recueillir un gain compensateur.

A l'intérieur, les affaires n'apparaissaient pas sous un aspect plus séduisant; ceux qui s'y livraient antérieurement reculaient, épouvantés par les importantes avances d'argent qu'exigeaient les achats en gros, par suite du renchérissement excessif des marchandises et du prix élevé des transports. « Le travail manquait aux ouvriers, le luxe avait disparu avec la sécurité qui les fait naître; les riches affectaient l'indigence pour échapper à la spoliation; les nobles et les prêtres avaient emporté dans leur fuite ou enfoui dans les caves, dans les jardins, dans les murs de leur demeure, une partie considérable de l'or et de l'argent monnayé... Pour suppléer à l'or et à l'argent qui semblaient avoir tari tout à coup, l'Assemblée constituante avait créé une monnaie en papier sous le nom d'assignats (1)... », papier rapidement discrédité (2) par son abondance, par la quantité de faux glissés dans la circulation, par la variabilité constante de la différence entre la valeur nominale de l'assignat et son prix admis dans les transactions commerciales.

Malgré le soin que l'on eut de laisser les cultivateurs à leur charrue (3), les réquisitions d'hommes et de chevaux avaient

(1) Lamartine, *Histoire des Girondins*.
(2) Voir page 68.
(3) Voir page 128, en note.

diminué le nombre des bras et des bêtes de trait. En l'an III; les charrois étant devenus presque impossibles (1), il fallut obtenir que le blé attendu d'Evreux fût transporté à Versailles par les services auxiliaires de l'armée. On obtint cette faveur à titre transitoire, moyennant une rémunération de 10 sols par quintal.

Les marchés étaient moins que sûrs. « Des émissaires occultes, des bandes armées parcouraient les villes et les bourgs où se tenaient les marchés, y semaient des bruits alarmants, y provoquaient le peuple à taxer le grain et les farines, y désignaient les marchands de blé sous le nom d'accapareurs; l'accusation perfide d'accapareur était un arrêt de mort. La crainte d'être accusé d'affamer le peuple arrêtait toute spéculation du commerce et contribuait bien plus qu'une pénurie réelle à la disette sur les marchés. Il n'y a rien de si rare qu'une denrée qui se cache. Les magasins de blé étaient des crimes aux yeux des consommateurs de pain (2). »

Les mesures administratives et de police prises sur les routes, à l'entrée et à l'intérieur des villes, chez les fermiers et les marchands, par leur sévérité intransigeante, par la rigidité de leur application, entravaient et paralysaient l'essor de ceux qui, malgré tout, se seraient peut-être risqués encore (3).

En mars 1792, des voitures chargées de blé se dirigeant sur Versailles, à qui elles étaient destinées, furent arrêtées par les gardes nationaux de Neauphle-le-Château. Un blâme ayant été infligé à la milice coupable, l'évêque du diocèse fut prié de faire lire, au prône des messes paroissiales, le récit de la faute commise, avec mention de la peine appliquée.

Le 18 juin 1793, des farines achetées à Chartres pour l'alimentation de Versailles furent arrêtées à Rambouillet; la municipalité de notre ville s'en plaignit et invita le Directoire du département à donner des ordres capables d'assurer la libre circulation des grains.

Le 27 floréal an III (16 mai 1795), Versailles se vit dans l'obligation d'envoyer le sieur Gervais, aide de camp, pour faire arriver une voiture de farine saisie par la commune de Raiseux.

(1) Voir page 66.
(2) Lamartine, *Histoire des Girondins.*
(3) Voir page 67.

Comme le dit Taine, « chaque petit centre s'est contracté pour accaparer l'aliment ».

Pourtant, par des adresses, par des appels pressants, les administrations locales s'étaient efforcées d'éclairer le peuple sur ses devoirs, d'accord, en la circonstance, avec ses intérêts.

Le Directoire du département écrivait le 9 mars 1792 : « Des ennemis du peuple et des lois ont égaré quelques habitants de nos campagnes ; ils ont forcé d'autres, par la terreur, à s'associer à leurs complots et à leurs brigandages. Il n'y a plus ni liberté, ni sécurité dans plusieurs de nos marchés... Tous se réuniront pour réprimer, pour punir les auteurs de la misère publique ; ils emploieront pour le faire les moyens autorisés par la justice et par les lois ; les marchés seront approvisionnés sans violence. L'homme laborieux ne perdra point le temps qu'il doit au travail,... dans des courses séditieuses, dans des rassemblements qui le conduisent au crime... La paix, la paix seule et l'observation exacte des lois peuvent ramener parmi nous le travail, l'abondance et le bonheur... »

Au mois d'octobre de la même année, le Conseil général du département recommandait « aux districts, aux municipalités et aux citoyens d'employer tous les moyens qui sont en leur pouvoir pour maintenir la sûreté nécessaire pour soutenir et encourager un commerce qui les alimente ».

Toutes les adjurations demeuraient vaines ; la foule, affamée et trompée par les bruits en circulation, se persuadait qu'elle seule pouvait conjurer les événements, et presque partout elle recourait à la menace et à la violence.

A Versailles, en 1792, deux fermiers injuriés, ayant perdu six minots et deux sacs, déclarent au Conseil municipal qu'ils ne pourront revenir que nonobstant protection. La population fut avertie que l'on arrêterait dorénavant quiconque troublerait l'ordre par des cris et des menaces. Des postes et des sentinelles en armes furent placés sur les marchés, et les sections déléguèrent chacune deux de leurs membres pour assister les représentants de la Municipalité.

Le 5 frimaire an II (25 novembre 1793), le Conseil général de la Commune est prévenu, par un arrêté de la Société populaire de la Vertu des Sans-Culottes, « que des citoyens forcent les marchands qui apportent leurs denrées au marché à leur livrer leurs marchandises au prix qu'ils veulent et même les emportent sans payer; qu'il se commet des dilapidations... pour éviter ces abus, la Société a nommé vingt commissaires... chargés de surveiller les denrées... ».

« Hier (1), écrivait le lieutenant de gendarmerie résidant à Dourdan, j'ai reçu une réquisition pour me rendre au marché de Saint-Arnoult avec trois brigades; il y avait cent hommes de volontaires avec leur pièce de canon. »

Malgré ce luxe de précautions, les sévices se renouvelèrent et même s'aggravèrent, puisque les perturbateurs, pour éluder les défenses et tromper la surveillance des agents et des gardes sortant des murs, se portèrent au-devant des approvisionneurs; la Municipalité prenait, le 14 avril 1794, un arrêté dont nous extrayons les passages suivants : « Informée que des citoyens et des citoyennes mal intentionnés et instigués par des malveillants,... se permettent de monter sur les voitures qui arrivent les jours de marchés, se jettent sur les paniers de somme, se rendent au-devant des marchands, sur les routes qui conduisent à Versailles; qu'enfin plusieurs personnes vont jusqu'à piller les marchandises exposées sur le carreau, et à les emporter même sans les payer... Fait défense de continuer, à peine d'être déclaré suspect. » Cent cinquante gardes nationaux furent détachés en quatre pelotons, assistés de deux membres du Conseil municipal revêtus de leurs insignes, avec mission de surveiller les abords des barrières et de réprimer des abus « qui obstrueraient bientôt les canaux qui alimentent la ville, en dégoûtant les citoyens des communes environnantes de l'approvisionner ».

Après tant de faits probants, comment les administrations locales, comment les sections, constamment instruites des causes qui amenaient ces difficultés chaque jour renaissantes, permettaient-elles que l'on continuât à n'accuser que la malveillance et la cupidité de gens dont rien ne révélait les agissements coupables? Pourquoi était-ce la voix du peuple, tourmenté par la faim, aveuglé par la misère, qui seule était écoutée? Comment ne comprenait-on pas que cette voix pleine d'angoisses eût été moins âpre sans les excitations d'agitateurs qui poussaient à

______

(1) 3 avril 1792.

réclamer violemment l'application de mesures injustes et arbitraires?

Le 29 brumaire an II (19 novembre 1793), un sieur Duroy prétend que les disettes éprouvées proviennent de la malveillance de ceux qui récoltent les denrées et qui refusent de les porter aux marchés. Il veut que les biens de tous ces gens-là soient mis en régie.

Le 21 juin 1793, la première section fait connaître qu'elle a nommé des commissaires, « prêts à marcher chez les fermiers à la première réquisition des corps administratifs, à l'effet de les forcer, ainsi que tout dépositaire de grains et farines, à approvisionner les marchés ». Chose triste à constater toujours, en pareil cas, celui qui souffre ne voit que le récalcitrant; tout ce qui a montré de l'empressement, de la générosité disparaît, quand il n'est pas englobé dans l'animadversion générale. Il était cependant des hommes sachant faire taire leur égoïsme, sacrifier leur intérêt au bien général. De ce nombre fut un nommé Lenchire, fermier à Porchefontaine, qui, en 1792, se présenta spontanément devant le Conseil général de la commune de Versailles. « Citoyens magistrats, dit-il, ayant connaissance des sollicitudes que vous avez sur l'approvisionnement du marché au blé pour demain, je viens vous offrir d'y faire conduire trois voitures de blé, c'est tout ce que j'ai de battu en ce moment. Je ferai battre et moudre le reste afin d'en faire du pain pour les pauvres de cette commune. Je vous demande seulement sûreté et protection pour les personnes que je commettrai à la vente de ce blé. »

Le 25 nivôse an III, le Directoire du district affichait les noms des agriculteurs qui avaient envoyé volontairement au magasin de Versailles tout ce qu'ils avaient de grains disponibles audessus de l'absolu nécessaire pour leurs besoins du moment, et déclarait que tous avaient bien mérité de leurs concitoyens.

On aurait donc grand tort de jeter indistinctement la pierre à tous les fermiers; il était parmi eux d'excellentes personnes auxquelles, du reste, les difficultés de l'existence échéaient autant qu'à l'habitant des villes. Ce que nous affirmons va être confirmé par les observations suivantes, inscrites par des officiers municipaux sur les mercuriales qu'ils dressaient et envoyaient périodiquement aux administrations départementales. On y trouve tout d'abord, pour la plus grande satisfaction des accusateurs, de quoi démontrer la mauvaise volonté des cultivateurs qui, comme on le prétendit souvent, tenaient leurs prix élevés, refusaient de céder leurs grains en échange d'assignats, ne portaient jamais au marché la totalité de leurs céréales disponibles. Mais, pour bien juger il faut tenir compte de l'insécurité des routes et des marchés, de la baisse constante du papier-monnaie, du manque de bras et de moyens de transports, de la nécessité où était le fermier de conserver du grain pour sa nourriture, pour ses semailles, pour acquitter ses loyers et ses contributions, payables partie en argent et partie en nature; de plus, il ne faut pas oublier qu'à cette époque difficile, quand un homme était connu pour fermier, il ne pouvait rien acheter sans grains ou farines; il y avait encore et par surcroît les blés réquisitionnés, à tenir en réserve pour être livrés périodiquement; dans ce cas étaient ceux emmagasinés en vue de l'alimentation de la ville de Paris; les réquisitions faites dans ce but ont été d'une gêne si grande pour Versailles, que nous devons entrer en quelques détails à leur sujet.

Un coup d'œil jeté sur une carte de Seine-et-Oise permet de vérifier que notre ville, quand elle n'eut que des moyens de transports restreints, ne pouvait tirer les grains nécessaires à son alimentation que de la Normandie, du Vexin et surtout de la Beauce, sa féconde voisine. Les marchés d'Evreux, de Mantes, d'Etampes et de Chartres, abondamment approvisionnés, auraient été des sources plus que suffisantes, si Paris, au ventre énorme, n'avait fait le vide tout à l'entour. Envelopper la capitale est une situation précieuse quand la récolte abonde, mais elle est des plus dommageables quand les denrées sont rares. En telle occurrence, toute lutte est impossible avec la puissante cité, dont les ressources et les moyens d'action sont immenses, et qui est assurée de l'appui et du concours (1) des pouvoirs publics.

Serait-il possible, en effet, sans de réels dangers, que le Gouvernement laissât clamer la faim à des milliers d'hommes re-

---

(1) Le ministre de l'Intérieur écrivait, le 13ᵉ jour de brumaire an second (3 novembre 1793), à MM. les administrateurs du district de Versailles : « Citoyens, je suis instruit que vous apportez des entraves dans les opérations des commissaires aux subsistances pour l'approvisionnement de Paris en refusant de vous charger de leur comptabilité... Si je me trompais dans mes conjectures et que de nouvelles entraves de votre part arrêtassent le cours de ces opérations importantes, je serais contraint d'user de toute la sévérité qu'exigerait une pareille conduite. »

muants et résolus qui, s'ils façonnent admirablement, s'ils font, pour ainsi dire, vivre la matière, ne pouvant l'extraire de leur sol, doivent, ainsi que le blé qu'ils transformeront en pain, le tirer des terres sises hors de leurs murailles? Au cours de la Révolution française, des députés spécialement délégués parcoururent les provinces et accaparèrent tout le grain qu'il leur fut donné de rencontrer. Quand les envoyés de Versailles, qui ne pouvaient acheter qu'en vue des besoins courants, se présentèrent à leur tour, ils se heurtèrent, notamment à Chartres et à Étampes, à la porte close de magasins emplis de blés tenus sous réquisition par ordre des commissaires de la Convention. A cet instant, Versailles vit donc son voisin, gros mangeur, faire rapidement le vide et, par une concurrence invincible, rendre plus sensible encore la pénurie des céréales. Les magasins de la ville de Paris, les achats faits en gros pour le compte de l'État, des districts ou des communes, les convois importants qui en étaient la conséquence donnaient corps aux bruits d'accaparements et inspiraient des plaintes souvent violentes. « Je me sens obligé, dit l'une d'elles(1), de vous représenter, au nom de plusieurs milliers de baïonnettes, que nous n'avons et ne voulons faire aucun mal à personne, mais que nous défendons notre pain au péril de notre vie. Quoi, nous voyons nos blés s'en aller à nos yeux, les granges sont presque vides et il ne vient point de blé au marché... Je vous entends, vous allez dire que la récolte a été petite; mais l'on ne peut nous en faire accroire, nous voyons ce qui se passe, nous voyons le blé aller par voitures et les magasins qui regorgent et les marchés vides... Dites que nous sommes les esclaves de la nation, et que la nation, c'est les fermiers et les accapareurs... Nous sommes résolus de mourir plutôt d'un coup de canon que de mourir de faim... »

Saisis de crainte, ou plutôt dominés par l'impérieuse voix populaire, pressés de rechercher les accapareurs que l'on voyait partout dans l'ombre, de s'assurer que personne ne détenait frauduleusement des céréales ou des marchandises de première nécessité, les pouvoirs publics ordonnèrent des recensements, vérifiés ensuite par des visites domiciliaires sévèrement pratiquées (2).

(1) Lettre anonyme (Arch. de Seine-et-Oise, L Im, 308) mise à la poste à Essonnes.
(2) Voir page 54, arrêté du Conseil général de la Commune, du 15 octobre 1793.

Le consommateur de pain vit opérer, surveilla même ces recensements, ces perquisitions par les magistrats qu'il avait choisis, par les commissaires qu'il nomma en ses sections, sans abandonner son idée fixe. C'étaient le cultivateur et le négociant coalisés qui détenaient malicieusement les grains pour ne les céder qu'à des prix cruellement majorés. « Les denrées, est-il dit dans une lettre adressée au Département (1), ne coûtent pas plus à fabriquer que les années précédentes, comme toutes autres choses, beurres et œufs... ce serait d'envoyer des commissaires avec main-forte dans les lieux de ces gens-là et les forcer, en taxant leurs marchandises, à les amener au marché... ces gens de la campagne ne méritent pas que l'on ait aucun égard... »

Une députation de citoyens et de citoyennes de Versailles se rendit à la Convention nationale, le 1ᵉʳ mai 1793, pour demander la taxe des grains (2), que le Conseil général de la Commune avait également réclamée le 18 avril précédent (3).

Satisfaction fut donnée au vœu public, manifesté en tous lieux avec la plus vive énergie. Pourtant, les lois qui successivement édictèrent la mesure ne vécurent, on le peut dire, que l'espace d'un matin, puisqu'elles ne furent appliquées que du 4 mai 1793 au 4 nivôse an III (24 décembre 1794), avec tous les décrets fixant le maximum du prix des grains et des diverses marchandises de première nécessité.

Nous n'avons ni le temps, ni l'espace qu'il faudrait pour rechercher et exposer l'économie et les effets du maximum, que, sans plus ample examen, nous considérons comme une mesure plutôt mauvaise. Disons seulement qu'après comme avant lui, les halles demeurèrent désertes (4) ; qu'après comme avant lui,

---

(1) Lettre anonyme (Archives de Seine-et-Oise, L Io), fonds Vatel-Bernard.

(2) Voir page 53.

(3) Archives de Seine-et-Oise, L Iᵐ, 321.

(4) Le 25 juin 1793, il n'avait pas été apporté au marché de Versailles un seul sac de blé.

Les marchés aux grains diminuaient toujours d'importance; celui du 18 nivôse (7 janvier 1794) ne fut pas même ouvert. Il n'y avait que 60 septiers de blé et 6 d'avoine pour 1,500 demandeurs; on l'ajourna au deuxième de la décade suivante. Le 27 du même mois, 140 sacs de blé et 3,500 acheteurs, dont plus de la moitié ne purent rien emporter, quoique la distribution ait été faite à raison d'un boisseau par personne. Le 2 pluviôse (23 janvier 1794), on compta 2,000 deman-

les administrations ne cessèrent pas un moment d'être dominées par cette pensée obsédante : il existe des denrées cachées que nous devons rechercher, sans égards pour le détenteur même à titre légitime ; les administrations, ainsi que le peuple, en étaient même venus, depuis longtemps déjà, à se persuader que le producteur n'est pas propriétaire de sa récolte. « Celui qui est pourvu de grains, dit le Conseil général du département (30 novembre 1792), ne doit s'en considérer que comme le dépositaire ; il n'est que la malveillance qui puisse resserrer les grains et produire la disette au milieu de l'abondance. » On sent que ces considérations sont le prélude des mesures violentes auxquelles le Conseil général va se résoudre ; et, en effet, il continue : « Le nombre des charrues de chaque fermier, indiquant naturellement la mesure que chacun doit fournir, chaque fermier et cultivateur sera tenu de porter aux marchés publics chaque semaine trois septiers de blé, froment, méteil ou seigle, ou un sac et demi de farine par chaque charrue, et d'en justifier. »

Faites trop longtemps après la moisson et visant aussi bien le cultivateur heureux dans sa récolte que le fermier moins favorisé, ne rendant personne responsable de la non-exécution, ces réquisitions ne donnèrent pas les résultats que l'on en devait attendre. Mais la famine persistant, on obligea, les années suivantes, les cantons agricoles à venir en aide aux régions industrielles qui ne pouvaient être suffisamment pourvues ; et, dès la rentrée des récoltes, on frappa collectivement des districts entiers, en rendant les officiers municipaux personnellement responsables.

Ainsi, le 23 fructidor an II (9 septembre 1794), la Commission du commerce et approvisionnement de la République fit réquisition aux districts de Mantes, de Montfort-le-Brutus et de Dourdan de fournir, pour l'approvisionnement de la commune

deurs pour 55 septiers de blé et 9 d'avoine. Enfin, le 8 pluviôse, on constata l'apport de 102 septiers, mais pour un nombre incroyable d'acheteurs.

24 pluviôse an II (12 février 1794). — Un mémoire remis par les administrés du district de Versailles aux membres de la Commission des subsistances exposait que le marché de Versailles était tellement dénué de grains qu'il arrivait ordinairement que 1,000 à 1,200 personnes s'en retournaient sans avoir fait aucune provision.

de Versailles et des cantons de Sèvres et Marly, 20,000 quintaux de grains (1).

Le 9 brumaire an III (30 septembre 1794), la même Commission décidait qu'il serait accordé au district de Versailles, pour l'approvisionnement des mêmes villes et cantons, 7,000 quintaux de grains à fournir par les districts : de Dourdan, 3,500 quintaux ; de Montfort, 1,000 quintaux ; d'Evreux, 2,500 quintaux.

Le district de Versailles fut invité, lui aussi, à frapper les communes de son arrondissement en possession de céréales, et il prit à cet effet l'arrêté suivant :

« Vu l'arrêté de la Commission du commerce et approvisionnement de la République en date du 1er frimaire, par lequel le district de Versailles est requis de faire fournir par les communes agricoles de son arrondissement cinq mille quintaux de grains, savoir : trois quarts froment, un quart méteil, seigle ou orge, pour l'approvisionnement de la commune de Versailles et des cantons de Sèvres et Marly ;

« L'Administration, ouï l'agent national, arrête ce qui suit :

« Article 1er. — Les communes dénommées en l'état annexé à la minute du présent fourniront cinq mille quintaux de grains.

« Article 2. — Ces cinq mille quintaux de grains seront fournis dans l'espace de trois décades, à compter du premier frimaire présent mois, et seront payés au taux maximum fixé par la loi du 19 brumaire.

« Article 3. — Immédiatement après la réception de leurs réquisitions, les municipalités fixeront le contingent que chaque possesseur de leur arrondissement devra fournir en proportion de ce qu'il en possède, et expédition de l'état de répartition sera envoyée sans délai à l'Administration.

« Article 4. — Il sera nommé quatre commissaires qui se rendront sur-le-champ dans les communes qui leur seront désignées, à l'effet d'y presser le battage des grains et leur livraison dans le magasin des subsistances du district.

« Article 5. — Les municipalités et agents nationaux des communes réquises demeureront personnellement responsables des retards qui pourraient être apportés à l'exécution du pré-

(1) Archives de Seine-et-Oise, L IIm, 75.

sent arrêté, conformément à la loi du 14 frimaire, sur le Gouvernement révolutionnaire (1). »

Les officiers municipaux, pour couvrir leur responsabilité, conformément à l'invitation qu'ils en avaient reçue, se retournèrent vers leurs administrés, imposant à chacun partie de la quotité réclamée à la commune :

« De par la loi, Nous, Maire et officiers municipaux de la commune de Saint-Martin-la-Garenne, en vertu de la réquisition du 29 messidor, requérons le citoyen Georges Breton, fils de Jacques, de tenir prêt trente livres de seigle, pour le 16 du présent mois, et si le citoyen contrevient à la dite réquisition, il sera regardé comme suspect et traité comme tel. Délivré en notre maison commune, le 10 thermidor, 2ᵉ année républicaine (2). »

Nous avons dit déjà qu'être désigné comme suspect, c'était se trouver placé dans une position fort dangereuse, et cependant les réquisitions ne furent pas toujours obéies. « J'observe, écrivait l'officier municipal, le 13 ventôse an III, que les cultivateurs d'Ablis n'ont point fourni, à l'exception du citoyen Lefèvre qui en a fourni un septier deux minots, qui fait le total de sa réquisition. Je fais cette observation afin d'inviter l'agent national à me faire part des moyens convenables pour pouvoir procurer du pain aux citoyens de notre commune, ainsi qu'aux boulangers, qui ne peuvent s'en procurer et qui se plaignent que les cultivateurs ne veulent point leur en vendre, ni même leur en faire le prix. Ils paraissent même se rayer des réquisitions et invitations que leur a faites la municipalité (3). »

Centre entièrement agricole, Ablis n'avait aucun intérêt à se défaire hâtivement des produits de la récolte, et ses sections, complices complaisantes, demeuraient muettes et inactives.

On voit à quelles difficultés multiples se heurtaient les administrations locales, chargées d'approvisionner les communes de leurs circonscriptions.

Le district de Versailles y parait de son mieux. Ses commis-

<hr>

(1) Archives de Seine-et-Oise, L II⁴, 75.

(2) Collection particulière de M. Isidore Breton, cultivateur à Saint-Martin-la-Garenne (Seine-et-Oise).

(3) Archives de Seine-et-Oise, L Iᵐ, 321.

saires ambulants parcouraient les cantons, recherchant les grains à vendre, signalant les obstacles, indiquant les mesures capables de les surmonter, mesures que les administrations s'empressaient de prendre ou de prescrire. Quelques communes n'ayant pas assez de bras pour effectuer les travaux de la moisson, battre les grains et satisfaire aux réquisitions, le District prit, à la date du 15 fructidor an II (1er septembre 1794), un arrêté ordonnant à Versailles et à quelques localités voisines de mettre en réquisition deux cent quatre-vingt-quatre citoyens, qui auraient à battre et à nettoyer les grains. Ces citoyens devaient se tenir prêts pour partir au premier ordre et se rendre alors où on les enverrait, munis de fléaux autant que possible (1).

Quand le District avait pu ainsi obtenir des grains, il en prenait livraison, en assurait l'arrivage jusqu'à son magasin de Versailles, puis en opérait la distribution, selon les besoins de chacune des communes dont il assurait l'alimentation.

Malgré le labeur considérable qui lui échéait, le Directoire du district semble avoir écouté et suivi avec bienveillance les réclamations qui lui furent présentées. Nous avons rencontré notamment une dispense accordée à un sieur Corby, cultivateur à Villacoublay, de verser, au magasin de Versailles, 5 quintaux 68 livres de grains. Le sieur Corby affirmait qu'il n'avait pas en sa possession une quantité de grains suffisante pour attendre la moisson; qu'au moment du recensement, il comptait trouver ce qui lui manquait dans la récolte d'une pièce de terre ensemencée de meilleure heure et dont la maturité devait être hâtive, mais qu'une grêle tombée le 23 prairial an III (11 juin 1795), détruisant tout, avait mis ses espérances à néant.

Que de détails, que de questions complexes ! Et cependant, jusqu'à ce moment, nous avons seulement essayé de donner une idée des difficultés qu'il y eut à surmonter pour acheter les grains et les amener jusqu'aux magasins des villes et des districts.

Les diverses administrations que nous avons vues à l'œuvre avaient d'autres gênes, puisque la force des choses faisait d'elles des acheteurs de grains en quantité considérable et pour des sommes qui n'étaient pas à leur disposition. Il leur fallut obtenir des prêts, des avances de fonds qu'elles demandaient

____

(1) Archives de Seine-et-Oise, L IIᵐ, 75.

aux habitants des villes ou qu'elles reçurent des pouvoirs publics.

Le 14 pluviôse an III (2 février 1795), le Conseil général de la commune de Versailles décida que chaque citoyen serait invité à prêter une somme proportionnée à ses facultés, laquelle lui serait exactement rendue dès que les boulangers pourraient se procurer les farines nécessaires (1).

Le 8 ventôse an III (26 février 1795), le Comité de Salut public autorisa la Commission des approvisionnements à faire tenir à l'administration du district de Versailles une avance de 600,000 livres, à employer en achats de grains.

L'avance faite par le Comité de Salut public fut répartie entre les communes du district, à proportion de leur population, pour recevoir leur part quand elles le demanderaient. 300,000 livres furent attribuées à Versailles, obligée de les employer en achats de grains, à distribuer ensuite avec toute l'économie « qui doit animer un chef de famille envers les membres qui la composent (2) ». Les fonds mis ainsi à la disposition de notre ville devaient être reversés dans la caisse du district, « à mesure qu'ils rentreraient par la vente des subsistances achetées (3) ».

D'ailleurs, la Municipalité se trouvait constamment en comptes avec le District, que les événements avaient faits marchands de grains ou farines. Ces reversements subissaient parfois de longs retards, la Commune ayant pris la louable habitude d'examiner attentivement les comptes qui lui étaient présentés et réclamant parfois des éclaircissements qui ne lui parvenaient pas toujours très rapidement. « Vous continuez, écrivait la Municipalité aux administrateurs du district, le 14 nivôse an II (3 janvier 1793), vous continuez, dans les états que vous

____

(1) Malgré l'état de détresse de la plus grande partie des habitants, les souscriptions pour l'emprunt s'élevèrent, en peu de temps, à la somme de 200,000 francs. Le 28 floréal an VIII (18 mai 1800), cette somme n'était pas encore remboursée. Le Comité des subsistances ayant proposé à cette date de rendre lesdites sommes, le maire fit observer : 1° que le terme n'est pas encore échu; 2° que la loi de germinal an VIII oblige les communes à se pourvoir des sommes nécessaires pour l'achat des subsistances; 3° que les citoyens Delacroix et André Dumont, représentants du peuple, successivement en mission dans le département de Seine-et-Oise, ont arrêté que l'excédent du prix du pain sera imputé tant sur la somme prêtée par le Comité de Salut public que sur l'emprunt fait par le Conseil général.

(2) Archives de Seine-et-Oise, L II^m, 75.

(3) *Ibid.*

adressez, à porter les farines sur le pied de 70 livres le sac, sans seulement nous instruire si vous avez daigné prendre nos observations en considération.

. . . .

« Il paraît impossible que la Municipalité paye 70 livres le sac de farine, tandis que vous savez qu'elle ne le fait payer aux boulangers que 64 livres, afin de maintenir le pain au taux où il est maintenant.

« Si la Municipalité doit vous payer le sac de farine 70 livres, il faut qu'elle le fasse payer au même prix aux boulangers, et alors il est de toute justice d'augmenter le prix du pain, ce qui le porterait de 2 l. 7 s. à 2 l. 8 s. les 12 livres (1).

« Or, est-il de la prudence d'augmenter le prix du pain tandis surtout que la qualité est bien inférieure à ce qu'elle était ci-devant ? Cette conduite serait impolitique et contraire même aux vues des administrations.

« Il est donc bien clair que si la Municipalité paye le sac de farine 70 livres, elle perdra 6 livres sur chaque sac, ce qui, sur la fourniture de 100 sacs environ par jour, fait un objet de 600 livres par jour et environ 200,000 livres par an.....

« Nous sentons bien qu'il faut que l'Administration du district se couvre de ses frais de voitures, de magasins ; nous vous avions déjà, dans notre lettre du 14 brumaire, indiqué que nous pensions que le moyen le plus sûr pour y parvenir serait de faire une taxe sur les citoyens aisés ; que ce soit ce parti que vous adoptiez, ou tel autre que votre sagesse vous suggérera, toujours faut-il que vous preniez un parti à cet égard pour trouver le moyen de couvrir la Municipalité du déficit convenu que fera la différence de

(1) Précédemment, le pain avait été taxé à 50, puis à 42 sols les 12 livres. Cette taxe, fixée par la Municipalité, mettait les boulangers en déficit, déficit dont on les couvrait par une indemnité, variable suivant les cours. Elle fut de 12 livres pour chaque sac de farine trouvé chez les boulangers le 11 mai 1793. Le nombre des sacs avait été, à cette date, porté en des états dressés par les commissaires chargés de faire des visites domiciliaires chez les boulangers.

An III. — Dans quelques communes des environs de Versailles, le pain se payait alors sur le pied de 40 sols la livre. C'était, en effet, ce qu'il valait, eu égard au prix des farines ; mais comme il était impossible d'augmenter le prix du pain à Versailles sans occasionner les plus grands malheurs, la Municipalité invita le représentant Delacroix à prendre un arrêté qui maintînt pour Versailles le prix du pain au taux où il était alors, c'est-à-dire 6 sols 3 deniers la livre. Ce prix fut maintenu successivement jusqu'au 30 floréal an III et jusqu'au 1er messidor suivant, pour dernier délai, suivant arrêté du représentant Delacroix. (M. Véron.)

70 livres que vous voulez bien faire payer la farine à 64 livres qu'elle vend aux boulangers.

« Mais comme vous, nous devons un compte très public à nos administrés dans une affaire aussi importante que celle des subsistances ; permettez-nous les observations suivantes :

« D'abord, il paraît démontré par l'expérience qu'il ne faut que 7 minots de blé en poids de 250 livres le septier pour faire un sac de belle et bonne farine du poids de 325 livres. Or, 7 minots de blé au prix de 35 livres le septier de 250 livres ne valent que 61 l. 15 s. ; donc, 61 l. 15 s. de blé doivent faire un sac de belle et bonne farine du poids de 325 livres.

« Ce calcul change encore depuis le décret qui ne permet pas de tirer plus de 15 livres pesant de son par quintal ; il en résulte que 400 livres pesant de froment doivent rendre actuellement 340 livres de farine, ce qui fait un sac de farine de 325 livres pesant et 15 livres pesant en son. Or, 400 livres pesant de blé ne font que 6 minots 1/2, et 6 minots 1/2 au prix de 35 livres le septier ne valent que 56 l. 17 s. 6 d. ; donc, 340 livres de farine ne doivent plus valoir que 56 l. 17 s. 6 d.

« Vous verrez par ce calcul bien simple combien il y a loin de 56 l. 17 s. 6 d. les 340 livres pesant de farine à 70 livres les 325 livres.

« Et remarquez encore, citoyens, que le calcul est fait sur la farine de pur froment et que le prix doit décroître sur les farines mélangées de seigle et orge, telles que celles que nous mangeons depuis longtemps.

« Il est aisé de se convaincre par le calcul qu'en mélangeant, comme on le fait depuis longtemps, un tiers d'orge et seigle, le prix du sac de farine ne devrait pas excéder 52 à 53 livres.

« Comment voulez-vous, citoyens administrateurs, que nous proposions à nos concitoyens de payer 70 livres une denrée qu'ils savent aussi bien que nous, et peut-être mieux que nous, ne valoir que 52 à 53 livres ?

« Nous vous invitons donc à faire un nouveau travail sur cet objet ; appelez des personnes instruites sur la matière, sans doute, elles confirmeront ce que nous disons.

« Nous ignorons si vous payez la farine à raison de 20 livres le quintal, prix décrété par la Convention, mais vous reconnaîtrez sans doute que ce prix ne pourrait avoir lieu que pour la farine de première qualité et non point pour la farine mélangée de seigle et orge, et même ce prix ne peut plus avoir lieu depuis la loi qui défend d'extraire plus de 15 livres pesant de son par quintal.

« Il sera juste de payer les frais de voitures et de magasins; cela cessera d'être fort embarrassant lorsque la denrée sera remise à son prix, et la municipalité de Versailles se fera un plaisir de concourir aux mesures que vous adopterez à cet égard (1). »

L'active intervention du District ne dispensait pas la Municipalité d'intervenir et d'opérer parallèlement. On aurait été en droit de la taxer de négligence si elle était demeurée inactive et comme indifférente au malheur public. Aussi, et bien que la Ville fût dotée déjà de quatre corps délibérants, le Conseil général constitua un Comité de subsistances composé de membres de la Municipalité et de commissaires désignés par chacune des treize sections. Ce comité devait aider à l'achat des denrées qu'il fallait se procurer en vue de parer à l'insuffisance des quantités fournies par le District; il devait aussi se préoccuper de la mouture, de la bonne fabrication du pain par les boulangers (2), de son équitable distribution, enfin veiller à la rentrée des sommes à provenir de la vente des farines.

Tant que la pénurie ne fut pas excessive, on put se borner à stimuler l'activité des boulangers et des marchands de grains et farines en protégeant les opérations qu'ils effectuaient; le 10 brumaire an II (31 octobre 1793), le Corps municipal espérait encore que les boulangers de Versailles parviendraient à s'approvisionner sur les marchés soit du département, soit de l'intérieur. Pour encourager leurs efforts, le Conseil général promit, à titre

(1) Archives de Seine-et-Oise, L II^m, 75.

(2) Le nombre des boulangers était limité. Il était défendu à chacun d'eux de quitter son poste avant d'en avoir prévenu la Municipalité trois mois à l'avance, à peine de 2,000 francs d'amende; et, en effet, le 4 prairial an III, le citoyen Pinchaut, boulanger, ayant représenté que, ne pouvant continuer son état, il allait le quitter, il lui fut répondu par l'Assemblée municipale que le délai imparti courait à compter de ce jour.

La jurisprudence en matière de boulangerie, dit Laurent Hanin, était alors fort singulière. Voici un citoyen Mottet qui demande à ouvrir une boulangerie. Que lui répond-on? « Qu'il serait injuste d'ôter à un ancien boulanger la farine qu'on donnerait à un nouveau »; et c'est cette doctrine qui prévaut devant la Municipalité par le mérite de cette autre considération, « que le nombre des boulangers autorisés à exercer doit se régler, non sur le nombre des consommateurs, mais sur la plus ou moins grande abondance de la matière première ».

d'indemnité de transport, 3 sols par lieue et par quintal jusqu'à et y compris 6 lieues, et 5 sols au delà de 6 lieues, pour tous les grains ou farines importés dans la commune de Versailles. Il était accordé, en outre, une prime de 15 sols par sac de 325 livres dont les boulangers parviendraient à s'approvisionner en sus de leur consommation journalière.

Tous les sacs de farine ainsi primés devaient être mis en dépôt à la halle commune. Les mêmes allocations étaient accordées aux citoyens non boulangers qui, munis de commissions, procureraient des grains et farines pour la consommation de la ville.

Le Conseil général ajouta que les boulangers qui apporteraient des subsistances à la commune seraient déclarés avoir bien mérité de leurs concitoyens, et leurs noms honorablement inscrits sur les registres du Conseil général et proclamés dans toute la ville. En outre, il devait être décerné une récompense civique à celui qui se serait le plus signalé pour les intérêts de la cité.

Nonobstant ces avantages pécuniaires, ces stimulants d'amour-propre, les boulangers ne tardèrent pas à « se déclarer dans l'impossibilité d'approvisionner en farines (1) ».

Réduite à ses seuls moyens d'action, la Municipalité expédia des représentants partout où il pouvait y avoir chance de rencontrer des grains. Ses délégués parcoururent les environs de Chartres, d'Evreux, se rendirent jusqu'au Havre ; d'autres visitèrent le district d'Etampes (ventôse an III, mars 1795) sans résultat ; les cultivateurs, tous grevés de réquisitions pour Paris, ne possédaient pas un sac de blé disponible. Quelques commissaires purent néanmoins réaliser quelques acquisitions, à un tel prix toutefois qu'il eût fallu vendre le pain 15 sols la livre.

Ne sachant plus que faire, la Municipalité s'adressa au Comité de Salut public (8 germinal an III, 28 mars 1795). « Nous n'avons pas une once de farine, écrivait-elle, nos concitoyens font entendre les plaintes du besoin, ils versent des larmes amères, mais la tranquillité règne encore parmi nous ; nous la conserverons si vous accueillez notre juste demande. » La réponse fut plus que décourageante : « Nous sommes vivement touchés, citoyens,

(1) Manuscrit de la Bibliothèque municipale de Versailles.

de la position pénible où vous vous trouvez, mais l'état de dé-
nûment où est Paris en ce moment ne permet pas d'en détourner
la moindre quantité de grains. » Il fut pourtant décidé (1) « que,
dans tous les districts où des approvisionnements seraient faits
pour Paris, le représentant du peuple donnerait à Versailles,
sur les rentrées journalières, la partie qui peut lui revenir, dans
la proportion de sa population avec celle de Paris ». On put, par
ce moyen, gagner prairial (mai 1795), moment où la situation
devint plus critique encore. Le 1er de ce mois, le Comité des
subsistances rendit compte que le District avait fourni 85 quintaux 25 livres de farines, ce qui donnerait pour le lendemain le
quarteron de pain à chaque individu. On pouvait espérer la
même ration pour les jours suivants jusqu'au 11, jour où l'on
apprit qu'il n'était arrivé la veille aucune farine au magasin du
District. De son côté, la Municipalité, malgré ses diligences,
n'ayant rien pu se procurer, c'était la disette absolue en perspective.

Ce fut à nouveau le Comité de Salut public qui sauva la population versaillaise, en lui accordant de quoi ne pas mourir de
faim et l'indispensable pour se soutenir jusqu'à la prochaine
récolte, encore éloignée de quelques mois. On était au 12 prairial, et il fut ordonné : « 1° qu'il fût livré du magasin de la commune d'Etampes, aux commissaires de la commune de Versailles, la quantité de 80 quintaux de farine par jour, et ce
pendant quatre jours consécutifs; qu'il fût également livré à la
commune de Versailles 100 quintaux de grains des magasins de
la commune de Paris existant à Chartres et pareille quantité
chaque décade sur les grains du même district. »

Ces allocations n'étant pas suffisantes, le représentant Delacroix intervint, et le 16 germinal, il écrivait à la Municipalité
que la fourniture à la demi-livre de pain était assurée pour le 17,
et qu'il ne négligerait rien pour l'assurer les jours suivants (2).

Déjà nous avons dit, au cours de cette étude (3), à quelle
intensité furent portées les privations et la misère de nos malheureux concitoyens, qui, sans bois sur l'âtre, sans viande, sans

(1) 21 nivôse an III.

(2) Voir Rapport de M. Véron, archiviste de la Mairie. (Archives municipales.)

(3) Voir page 66.

légumes secs, ne pouvaient prétendre qu'à quelques onces de mauvais pain.

Nous avons apprécié au prix de quels efforts la Municipalité obtint le rare aliment qu'elle surveillait afin que, du moins, ce que l'on avait profitât en son entier à la cité. Les boulangers, par un arrêté du 9 frimaire an II (29 novembre 1793), avaient été invités à ne délivrer du pain qu'aux citoyens domiciliés et munis de cartes; à défaut d'exécution, un nouvel arrêté fut pris quelques jours après (26 frimaire an II); nous en extrayons les passages suivants : « Considérant que la plupart des boulangers, toujours rebelles aux arrêtés du Conseil général, vendant, malgré les défenses qui leur ont été faites, le pain destiné pour les citoyens de la ville aux habitants de la campagne ;

« Considérant, en outre, que ce n'est qu'à la faveur de la nuit que les boulangers malveillants trompent la surveillance des magistrats en vendant leur pain aux habitants des campagnes, dès trois et quatre heures du matin, ce qui est constaté par les saisies qui se font aux différentes sorties de la ville (1) ;

« ... Il sera fait expresse défense aux boulangers de vendre du pain à qui que ce soit avant huit heures du matin, sous peine de 50 livres d'amende... »

Malgré ces défenses, malgré la surveillance activement exercée aux portes de la ville, que l'on croyait rigoureusement closes, la manne attendue avec une impatience fébrile, sans cesse amoindrie par des détournements, n'était accordée qu'en rations réduites à une demi-livre ou même à un quarteron. Les distributions, minutieusement réglementées, s'effectuaient sous l'œil vigilant de la force armée. Le 3 juillet 1793, le Conseil général requérait le commandant de la Garde nationale « de désigner deux hommes par compagnie qui se réuniront, à cinq heures du matin, aux postes qui leur seront désignés, pour se transporter ensuite à la porte des boulangers pour y maintenir l'ordre et la distribution du pain ».

Sans cette précaution essentielle, des désordres se seraient certainement produits aux jours où la population, rationnée à l'excès, devait encore subir la gêne des nombreuses formalités

_____

(1) Le 29 novembre 1793 notamment, il fut saisi par la Garde nationale 60 livres de pain à l'une des portes de la ville.

édictées par l'arrêté suivant que prit le Conseil général de la Commune à la date du 15 septembre 1793 :

« Art. 1er. — Chaque citoyen fera à sa section la déclaration des individus de son ménage, en distinguant les âges, et la quantité de pain qu'il lui faut pour sa consommation journalière.

« Art. 2. — Il sera donné tous les mois à chaque chef de famille une liste ou taille imprimée, signée des commissaires *ad hoc* de sa section, divisée en autant de bandes ou cases que le mois contiendra de jours, portant le nom du citoyen, ses qualités, profession et demeure, la quantité de pain qu'il aura déclaré lui être nécessaire et le boulanger chez qui il aura l'intention de se fournir (1).

« Art. 3. — Les sections donneront connaissance à la Municipalité des déclarations qu'elles auraient reçues, de l'état des listes ou tailles qu'elles auront délivrées et de la quantité de pain que chaque boulanger aura à fournir journellement, afin de déterminer le nombre de sacs de farine qu'il sera nécessaire de lui fournir.

« Art. 4. — Tout citoyen aura la faculté de faire changer sur sa liste le nom de son boulanger, en en prévenant trois jours d'avance sa section, qui en donnera avis sur-le-champ au Comité de subsistances.

« Art. 5. — Les boulangers seront tenus de cuire la nuit, comme précédemment, pour que les premières fournées puissent être délivrées à cinq heures du matin.

« Art. 6. — Depuis cinq heures du matin jusqu'à midi inclusivement, il ne sera délivré de pain qu'aux personnes munies des listes ou tailles et dans la quantité qui y sera portée. Le boulanger, en délivrant cette quantité, sera tenu de retrancher la case du jour de la livraison.

« Art. 7. — Passé l'heure de midi, les boulangers auront la faculté de vendre du pain à tout citoyen de la ville indistinctement, et la Municipalité pourvoira à ce que cette livraison extraordinaire puisse se faire; cependant, il pourra en distribuer au petit poids et à toute heure de la journée aux passants.

« Art. 8. — Les campagnes du voisinage, qui sont dans l'usage

____

(1) Nous avons eu la bonne fortune de retrouver une de ces listes ou taille imprimée, dont nous sommes heureux de pouvoir donner ici le spécimen.

APPROVISIONNEMENT DE PAIN

POUR LE MOIS GERMINAL,

An quatrième de la République Française, une & indiv.

[handwritten: Cinquième]

[handwritten:] Denis Boullanger, distribuera à _Franck_
Deserteur Etranger Rue St Martin

Section — C. — N.° 2 f 1 — pour _une_ personnes.

le premier.		1/2
le deux.		1/2
le trois.		1/2
le quatre.		1/2
le cinq.		1/2
le six.		1/2
le sept.	6 mai	1/2
le huit.	7 mai	1/2
le neuf.	8 mai	1/2
le dix.	6 mai	1/2
le onze.	6 mai	
le douze.	1/2	
le treize.	1/2	
le quatorze.	1/2	
le quinze.	1/2	
le seize.	1/2	
le dix-sept.	6	
le dix-huit.	6	
le dix-neuf.	1/2	
le vingt.		
le vingt-un.	1/2	
le vingt-deux.	1/2	
le vingt-trois.	1/2	
le vingt-quatre.	1/2	
le vingt-cinq.	1/2	
le vingt-six.	1/2	
le vingt-sept.		
le vingt-huit.		
le vingt-neuf.	1/2	
le trente.	1/2	

[N.° _]

Le Citoyen _Lamarche, maçon_
demeurant Rue _Lorient_ — N.° 1 6
pour — individus prendra
livres de Pain par jour, chez le Citoyen
André Boulanger, Rue de
Lorient N.°.
Pour trois Mois.
Délivré au Comite de la Section
de l'hospice, le 6 _floréal_
de l'an troisième de la République une &
indivisible. _Masson_

[signatures]

d'acheter leur pain à Versailles, pourront être assimilées à ceux
de la ville pour cette fourniture, mais ils seront tenus d'apporter
une attestation de leurs municipalités respectives, qui consta-
tera qu'ils n'ont chez eux ni grains, ni farine, qu'il n'y a aucun
boulanger dans leur commune, le nombre et l'âge des individus
de leur ménage et leur consommation journalière. Cette attestation sera renouvelée tous les quinze jours. A cet effet, le District
sera invité d'envoyer aux municipalités circonvoisines, pour être
remises par elles aux citoyens de leur arrondissement, des modèles de listes ou tailles en papiers pareils à ceux pour les sections de Versailles, afin d'établir la même uniformité dans la
distribution du pain.

« Art. 9. — Si un citoyen, après avoir obtenu de sa section une
liste ou taille, venait à recevoir du grain ou de la farine pour
cuire lui-même son pain, il serait tenu de rapporter ladite taille
à sa section, qui préviendrait le boulanger de la cessation ou
interruption de la fourniture.

« Art. 10. — Tout citoyen qui est dans l'usage de cuire son
pain sera tenu d'en faire sa déclaration à sa section et de la
quantité de farine qui lui est nécessaire.

« Art. 11. — A l'expiration de chaque mois, aucun citoyen ne
pourra obtenir de sa section une nouvelle liste ou taille qu'en
rapportant ce qui lui sera resté de la précédente.

« Art. 12 et dernier. — Il est enjoint à tout boulanger de se
conformer au présent règlement, et, en cas de contravention, il
sera condamné, pour la première fois, à 100 livres d'amende. »

Quelques semaines après la mise en vigueur de cet arrêté, on
s'aperçut que nombre de citoyens parvenaient à éluder les prohibitions et les défenses, ou n'apportaient pas dans leurs déclarations toute la sincérité, toute la modération que les circonstances commandaient. Le Conseil général de la Commune,
voulant rendre la surveillance plus étroite, décida, le 11 novembre 1793, « que les treize sections seront convoquées extra-
ordinairement dans le jour, à l'effet d'organiser un comité de
six membres, qui serait chargé de recevoir et d'enregistrer les
déclarations des citoyens, de délivrer les cartes et tailles à
chaque chef de ménage; enfin, d'envoyer au Comité des subsistances de la Municipalité l'état des tailles délivrées, d'indiquer
la quantité de pain que chaque boulanger aura à fournir par

section, afin de déterminer le nombre de sacs de farine qu'il sera nécessaire de leur procurer ».

Ce luxe extrême de précautions, cette quantité considérable de commissaires ne donnèrent pas à l'Administration municipale de renseignements suffisamment exacts sur les besoins de chacun, car le Conseil général se croyait obligé de légiférer à nouveau le 29 novembre 1793 (1).

« Ouï, dit-il, le rapport qui lui est fait par son Comité des subsistances, duquel il résulte que les déclarations qui ont été faites aux comités civils des treize sections portent la consommation journalière à 57,229 livres de pain, ce qui équivaut à 140 sacs de farine par jour, tandis qu'il est constant que 100 à 105 sacs suffisaient lorsqu'il n'avait pas encore été pris de mesures répressives pour empêcher l'enlèvement du pain par les habitants des communes voisines ;

« Considérant que les principales causes de l'excédent demandé vient, d'une part, de ce que beaucoup de personnes, soit par des motifs de crainte ou par malveillance, se sont fait enregistrer pour une plus grande quantité de pain que celle ordinairement nécessaire à la consommation d'eux et de leur maison ;

. . . .

« Que, malgré les amendes prononcées tous les jours d'audience par le tribunal de police municipale contre plusieurs boulangers, il s'en trouve toujours qui ne veulent pas se soumettre à marquer leurs pains..... dont l'objet était de reconnaître.....

« 1° Les boulangers qui livreraient du pain de faux poids ;

« 2° Ceux d'entre eux qui, ne mêlant pas les farines qui leur sont fournies du magasin du département, font de plusieurs sortes de pain ;

« 3° Enfin, pour connaître les boulangers qui, au mépris de l'autorité du département, donneraient du pain aux citoyens des campagnes voisines et qui, par cette mesure, font payer aux administrés de cette commune l'excédent du prix du pain supporté par les sols additionnels des contributions.

. . . . »

Le Conseil général arrêtait ensuite diverses dispositions et

____

1) 9 frimaire an II.

décidait finalement : « Les boulangers qui contreviendraient
à l'un des articles ci-dessus seraient punis par une amende de
50 livres pour la première fois; ladite amende sera appliquée
par le tribunal de police municipale. La peine sera double en
cas de récidive et les jugements seront imprimés et affichés aux
frais desdits boulangers. »

A aucune époque on ne vit autant ordonner ou réglementer;
la Garde nationale, les sections, c'est-à-dire tout le monde dé-
ploya un zèle, une ardeur infatigable pour assurer l'exécution
des décisions des pouvoirs publics, des administrations locales,
et il n'apparaît pas qu'il en résultât le moindre bien.

C'est que la volonté et la force ne sont capables de surmonter
les obstacles et de vaincre que si elles sont guidées par la raison,
qui recherche les causes et montre où il est utile de frapper. On
ne décrète ni l'abondance, ni la confiance; on les fait naître en
assurant la sécurité, en se montrant respectueux des droits de
tous; s'il est nécessaire de sauvegarder l'intérêt du peuple, il
ne faut pas que les arrêts rendus soient empreints de partialité
et constituent des entraves à la libre pratique des transactions
commerciales. D'autres rechercheront les erreurs de ce genre
commises alors; dans cette étude, nous avons voulu seulement
donner une idée de la détresse cruelle qui assaillit nos pères de
1792 jusqu'au moment où il fut possible de recueillir la moisson de 1795, qui ramena le calme avec l'abondance.

En thermidor an III, les membres composant le Directoire du
district de Versailles écrivaient aux maires, agents nationaux et
juges de paix de leur arrondissement :

« Nous touchons au moment si désiré de la récolte des fruits
précieux de la terre. Déjà le laborieux agriculteur se console
de ses fatigues à l'aspect de ses sillons dorés. Bientôt, l'allégresse
et la reconnaissance de ses concitoyens lui feront intérieurement
oublier le souvenir de ses sueurs. C'est à vous, citoyens magistrats, à seconder ses pénibles efforts, c'est à vous, qui êtes les
dépositaires de la force publique, à le protéger et à défendre ses
propriétés : elles sont celles de la Nation entière; elles devien-
dront celles de chacun de vos administrés par un échange mu-
tuel ou par la voie d'un commerce légitime.....

« Nous sommes instruits que, dans les campagnes, il se commet des délits atroces et dignes de l'animadversion des lois;

que des hommes profondément scélérats se portent sur les **biens** de la terre, arrachent ou coupent les épis jaunissant, en **remplissent** des sacs et les ravissent à leurs vrais possesseurs.....

« Vous êtes autorisés à augmenter le nombre des gardes champêtres..... et à mettre sur pied la garde nationale. Vous pouvez exiger d'elle qu'elle fasse des patrouilles fréquentes.

« Tous les bons citoyens doivent se succéder dans ce service et dénoncer les auteurs de délits au juge de paix (1)..... »

La crainte de manquer était telle que chacun se montra plein d'empressement et de zèle. Des patrouilles sillonnaient les plaines, et la récolte sur pied gardée avec sollicitude jusqu'à sa complète maturité. Puis, on mobilisa des équipes de travailleurs, comme on avait fait déjà les années précédentes, pour couper la moisson, battre les grains et les transporter aux moulins, et bientôt apparut le terme des privations si longuement et si patiemment endurées.

X

Décentralisation excessive.

Si nous n'avions voulu bien mettre en évidence jusqu'aux menus faits de l'action administrative, quelques analyses succinctes des arrêtés pris alors en si grand nombre auraient pu suffire ; mais il fallait donner la forme et la teneur des ordres, des prohibitions, puisqu'il en ressort ce fait évident : la Municipalité ne put rien mener à bien sans faire appel aux sections, sans les associer à son œuvre délicate et ardue. Qu'il s'agisse de recenser la population, d'évaluer la quantité de farine indispensable chaque jour, de rechercher et d'acheter les grains, de surveiller les marchés, d'assurer l'exécution des décisions prises pour les distributions de vivres, rien ne paraît réalisable sans le concours de commissaires délégués par la population, qui, il le faut reconnaître, sauf quelques défaillances passagères aisément réprimées, se montra constamment digne des plus grands éloges

(1) Archives de Seine-et-Oise, L I^m, 32.

par son endurance calme et résignée. Les délégués des sections, constamment sur pied, associés sans relâche aux travaux
de la Municipalité, méritent incontestablement une mention des
plus honorables, non seulement pour leur labeur, mais pour l'appui moral qu'ils donnèrent aux officiers municipaux. Leur
exemple imposa la résignation dans la détresse et le dénuement
général vainement combattus.

On vit réellement à cet instant le gouvernement du peuple par
le peuple, et, à ne considérer que l'attitude sage et dévouée des
sections, aidant à préparer la défense nationale, agissant pour
combattre la disette, on est tenté de regretter que le législateur
n'ait pas donné une existence effective à un rouage d'une telle
force stimulante. Mais il est des ombres profondes qui atténuent,
si elles n'effacent en leur presque totalité, les regrets éprouvés de
prime abord.

Et, en effet, quand il fut question de police et d'administration générale, les sections, dont nous venons de proclamer
les services, ne négligèrent aucune occasion de se montrer fron-
deuses, insoumises et presque rebelles. Sans prendre garde à
ce qui importait au bien-être de la nation, on les vit alors suivre
leurs seules inspirations; agir sans se soucier du trouble que
leurs actes apportaient à l'existence populaire; jeter sans une
hésitation le soupçon, père de la défiance, qui inquiète et
trouble les esprits; déconsidérer le pouvoir choisi par elles, qui,
déjà sans force, sans autorité, s'inclinait, disparaissait, comme
enseveli dans sa notoire impuissance.

Cependant, le peuple ne fut pas plus mauvais alors que précédemment; il lui manqua seulement un guide autorisé, des chefs
assez forts pour le maintenir dans la bonne voie, pour le
convaincre qu'en dehors du respect des lois, aucune société ne
peut vivre et prospérer.

La législation de 1789, confiant le pouvoir exécutif à plusieurs
collectivités superposées, enlevait au mérite individuel toute raison de se produire, détruisait l'émulation, la force impulsive et dirigeante. Dans une assemblée délibérante, les plus zélés, les gens
de cœur et d'intelligence discutent volontiers; mais n'ayant aucune qualité pour agir, n'ayant aucun intérêt à le faire, ils ne
cherchent nullement à se mettre en avant, préfèrent prendre place
derrière la majorité impersonnelle et, dès lors, irresponsable.

Qui donc, dans des circonstances difficiles et périlleuses, **ayant** la faculté de s'associer des collaborateurs, consentirait à **se** séparer d'eux pour faire montre d'initiative, d'intelligence ou de courage, s'il ne peut en revenir ni honneur, ni profit?

On vit les membres des directoires et des bureaux de ce chargés agir en conformité des décisions prises à la majorité des voix exprimées, mais on ne les vit jamais prendre une résolution de quelque gravité sans en avoir référé aux assemblées dont ils relevaient.

En temps ordinaire, nul inconvénient à ce que les représentants de la population délibèrent longuement avant de s'arrêter à un parti; il en est tout autrement sous la menace d'événements graves que peut seule prévenir ou atténuer une sage résolution promptement exécutée.

Depuis longtemps déjà, le régiment de Flandre, devenu demi-brigade d'infanterie, tenait garnison à Versailles. Les événements qui s'étaient succédé, et surtout la disette pendant laquelle la troupe avait pu distribuer quelques vivres aux indigents, avaient établi des rapports d'amitié entre les soldats et les habitants de la Cité.

Le 27 avril 1791, dès le matin, le régiment ayant reçu l'ordre de partir, se disposait à prendre route pour sa destination nouvelle. La population, avertie de proche en proche, court se mêler aux soldats, déclarant qu'elle s'opposera au départ qui la désespère.

Il est 7 heures du matin, des officiers municipaux sont à la Maison commune; on les prévient, mais, dans des circonstances aussi graves, ils ne veulent prendre sur eux aucune détermination. Leur action se borne à convoquer d'urgence le Conseil général de la Commune.

Bientôt, les abords de l'Hôtel de Ville sont assaillis par une foule toujours grossissante et de plus en plus mutinée, avec laquelle le maire et plusieurs officiers municipaux parlementent sans succès.

A 9 heures, l'assemblée n'est pas encore au complet. Cependant, on délibère. Les uns veulent que le régiment soit requis de rester; d'autres pensent, au contraire, qu'il est du devoir de la Municipalité de tenir la main à ce que les ordres donnés reçoivent leur entière exécution.

Malgré toute sa bonne volonté, la Municipalité, qui ne sait à quel parti s'arrêter, envoie demander des instructions au Département. Les membres de cette administration qui, sans doute, sont aussi fort perplexes, viennent presque aussitôt se joindre à Messieurs de la Commune pour conférer avec eux sur les mesures à prendre. On délibère à nouveau. L'assemblée décide alors qu'il y a lieu de réunir toutes les forces militaires dont la Ville dispose, y compris la Garde nationale ; la divergence d'opinions reparaît quand il s'agit d'arrêter les moyens à employer pour assurer l'exécution de cette décision. Quelques-uns sont d'avis de faire prévenir à domicile les commandants des compagnies ; d'autres demandent que la charge ou la générale soit battue.

A une heure, on est unanimement d'avis que force doit rester à la loi, et l'on décide enfin... qu'une proclamation va être rédigée et lue aux habitants, afin de leur rappeler leurs devoirs. Il avait fallu six heures de délibérations pour trouver cette solution héroïque.

A ce moment, les soldats dispersés ont, grâce aux efforts de leurs officiers, rejoint leurs compagnies, et le régiment réuni est prêt à partir. La Municipalité court se mettre bravement à sa tête et le conduit jusqu'aux portes de la ville, écartant la multitude malgré les menaces qu'elle profère, recevant sans reculer la grêle de pierres que la foule, toujours mécontente, fait pleuvoir de tous côtés.

Ainsi qu'ils le prouvaient en ce moment, ce n'était certainement pas la crainte d'un danger personnel qui avait fait hésiter les officiers municipaux si longtemps le matin. Trop nombreux pour se mettre d'accord, ils avaient discouru au lieu d'agir et, ce qui arrive presque toujours, ils s'étaient trouvés dans la nécessité de se laisser diriger par les événements.

En la circonstance, à part de légères blessures reçues par les membres de l'Assemblée communale et un retard de quelques heures, tout finit bien, puisque, en définitive, les ordres du Pouvoir central furent exécutés. Cependant, supposons que l'avis un instant émis au sein du Conseil général ait prévalu et que le Corps municipal ait requis le régiment de rentrer dans ses casernes, sur qui le chef de l'Etat eût-il fait peser la responsabilité de la non-exécution de ses ordres ? Quelle peine aurait-il pu infliger d'ailleurs, en admettant qu'il prît la résolution de sévir contre tous les officiers municipaux également coupables?

La Constitution ne mettait aux mains du Pouvoir exécutif aucun moyen coercitif, car on ne saurait faire état du droit de suspension ou de révocation, subordonné, en l'espèce, à la sanction du Corps législatif. En admettant que ce corps eût approuvé, le collège électoral, qu'il aurait fallu consulter ensuite, n'aurait pas manqué de réélire l'administrateur suspendu ou révoqué. En pareille occurrence, les foudres vengeresses du Pouvoir glissent sans atteindre le mutin; toujours celui que l'on veut frapper se relève, grandi dans l'opinion publique qui le sanctifie et le replace immédiatement sur le pavois.

Il est à peine utile de faire remarquer ici que l'affaiblissement du Pouvoir exécutif, dont nous venons de montrer l'évidence, fut voulu par l'Assemblée nationale.

Dominés par la crainte qu'après leur séparation, la Constitution ne fût foulée aux pieds; que, par un coup de main de ses partisans, la royauté, retournant brusquement en arrière, ne parvînt à restaurer le pouvoir absolu qui avait si lourdement pesé sur la nation, les représentants avaient voulu que tous les rouages administratifs fussent exclusivement dans les mains des communes et du peuple, suffisamment armés pour résister avec efficacité à tous les empiétements.

Taine, avec la vigueur et le talent qui le caractérisent, a ainsi rendu cette pensée : « Voici donc le vrai souverain, l'électeur garde national et votant; c'est bien lui que la Constitution a voulu faire roi à tous les degrés de la hiérarchie : il est là avec son suffrage pour déléguer l'autorité, et avec son fusil pour en assurer l'exercice. »

C'est bien, en effet, sur l'électeur que comptaient les délégués de la Convention pour surveiller les fonctionnaires de tout rang.

Delacroix et Musset, représentants du peuple délégués en Seine-et-Oise, au lendemain de leur arrivée à Versailles, lançaient une proclamation pour inviter les membres des administrations et les officiers municipaux à être plus que jamais assidus à leur poste. « Dans un moment de tempête, disaient-ils, tous les matelots doivent être à la manœuvre ; celle dont est battu le vaisseau de l'Etat est plus violente que jamais » ; et ils terminaient par cette prescription : « Tous les citoyens et principalement les sociétés populaires sont invités, au nom de la loi et de l'intérêt commun, à exercer la surveillance la plus active pour l'exécution de la présente proclamation (1). »

Voulant prévenir le retour de l'autocratie, on était tombé dans un mal plus grand, l'anarchie, contre laquelle il fallut bientôt réagir avec une énergie presque farouche.

XI

Dictature de la Convention.

A cet instant de son existence, la France vit ameutée contre elle la foule menaçante des mécontents : situations et intérêts sacrifiés, espérances, ambitions politiques déçues. L'émancipation du peuple, la suppression des cultes, renversant des préjugés invétérés, froissant des sentiments profonds, avaient éveillé des haines, produit des revendications, que la noblesse, appuyée par l'Europe coalisée, que le clergé, appuyé par l'aristocratie de certaines provinces soulevées, voulaient assouvir ou soutenir. Pour résister à tant d'ennemis acharnés, il fallait écraser tout ce qui levait la tête, déployer une énergie que rien n'entrave, qui ne recule devant aucun sacrifice, une volonté indomptable qui utilise ou sacrifie impitoyablement tous les ressorts qu'il lui faut nécessairement faire jouer ou paralyser.

Il fallait un pouvoir immédiatement obéi, plus autoritaire, plus absolu que celui que l'on venait d'abattre ; il fallait aussi, au moins pour un instant, violer la Constitution, oublier les lois libérales laborieusement élaborées par l'Assemblée nationale, la Constituante et la Législative.

La Convention prit la dictature, et pour être en mesure de l'exercer partout, délégua des députés dans chaque département avec des pouvoirs illimités.

Le représentant Charles Delacroix fut désigné pour se rendre sur-le-champ dans le département de Seine-et-Oise.

---

(1) Archives de Seine-et-Oise. — Représentants du peuple députés en Seine-et-Oise.

Un autre député, Musset, partagea avec Charles Delacroix la tâche d'administrer Seine-et-Oise, et nous devons reconnaître qu'il était difficile de le faire avec plus d'équité et de modération.

Toutefois, l'un des premiers actes des délégués fut d'apporter des modifications à la composition des diverses assemblées dont se composait l'Administration communale de Versailles. L'arrêté pris à ce sujet le 30 septembre 1793 enjoignait aux personnes désignées (1) pour remplacer les membres de la Municipalité de se rendre à leur poste dans les vingt-quatre heures, à peine d'être réputées démissionnaires et d'encourir la rigueur des lois. Les représentants du peuple déclarèrent dans leur arrêté qu'ils n'entendaient pas inculper le civisme des anciens membres de la Municipalité en prononçant leur destitution, ni les considérer comme suspects; qu'ils avaient seulement cédé à la nécessité de donner à l'Administration municipale l'énergie et l'activité que les circonstances exigent.

Comme il arrive presque toujours quand le Pouvoir sait vouloir, le Conseil général de la Commune, au vu de l'arrêté des députés, s'inclinant, avait pris, le 25 septembre 1793, la délibération suivante : « Considérant que la Convention nationale a investi ses commissaires envoyés dans les départements de pouvoirs illimités, même à l'effet de renouveler les administrations si les besoins de la République l'exigent; empressé de donner à ses concitoyens l'exemple de la soumission et de l'obéissance due aux lois, arrête que l'arrêté des représentants du peuple en date du 23 septembre, présent mois, sera registré au greffe de la Municipalité et que le Conseil général se fera un devoir de correspondre avec l'Administration du département, établie par les représentants du peuple comme administration provisoire, jusqu'à ce que des circonstances plus heureuses aient rendu aux

----

(1) L'ancienne Municipalité fut remplacée ainsi qu'il suit : *maire* : M. Gravois; *procureur* : M. Montardier; *substitut* : M. Devienne; *officiers municipaux* : MM. Pacon, Gouffet, Remilly, Villemouté, Lhermite, Bluteau, Bonnet, Loiseleur, Perrot, Morel, Châtenai, Denis Facquet, Coustillet, Doinville, Rosquin; *notables* : MM. Montjardet, Gillet, Charbonnier l'aîné, Couturier, Loir, Tissot fils aîné, Maupin, Lenormand jeune, Peton, Pidoux, Val fils, Bunoux jeune, Dervaux, Lebaux, Roussel, Verdier, Berthault, Bancet, Camus, Sorel, Tissotonde, Zavini, Burdet, Laplauche, Touai, Brun, Thierry, Cordevant, Vavielle, Tisserand, Darvy, Lemarié, Pidoux oncle, Muvy, Gobert, Bastier.

administrés du département l'exercice du droit, assuré par la
Constitution, de nommer ses administrateurs. »

A compter de ce moment, les fonctionnaires nouvellement
choisis, les institutions révolutionnaires nouvellement installées, la Municipalité soigneusement épurée, ne pensent et n'agissent que sous l'impulsion du chef redouté délégué par la Convention, lequel, dorénavant, va régler jusqu'aux moindres détails
de la vie départementale et communale.

« Charles Delacroix, représentant du peuple, en mission dans
le département de Seine-et-Oise,

« Instruit que nombre de citoyens pauvres se trouvent dans
l'impossibilité de se pourvoir de bois et souffrent des rigueurs de
la saison ; considérant que l'intention de la Convention nationale,
interprète du vœu du peuple qu'elle représente, est d'aider par
tous les moyens possibles les citoyens à résister aux rigueurs
qu'elle n'a pu ni prévoir, ni empêcher ;

« J'arrête ce qui suit :

« Article premier. — Il sera établi un poêle dans le local de
chacune des sections de la commune de Versailles, ou dans tout
autre local le plus commode situé dans chaque section ou à
portée d'icelle.

« Article 2. — Ce poêle sera chauffé aux dépens de la République ; l'Administration du district fera fournir à cet effet une
corde de bois par décade, et plus s'il est nécessaire.

« Article 3. — La salle sera éclairée d'un réverbère, aussi aux
frais de la République, depuis quatre heures et demie jusqu'à
neuf heures du soir.

« Article 4. — L'Administration du district pourvoira aux dépenses ci-dessus.

« Article 5. — La Municipalité désignera dans chaque section
quatre hommes recommandables par leurs mœurs, leur probité,
pour en surveiller alternativement la salle.

« Article 6. — Ils seront chargés de la police..., revêtus de
l'autorité nécessaire pour expulser momentanément ou pour
toute la saison...

« Article 7. — Ils seront invités à faire autant que possible des lectures intéressantes qui puissent instruire les citoyens **réunis** et les aider à oublier les rigueurs de la saison.

« Article 8. — Ils auront les clefs (1)...

« 4 pluviôse an III. »

Affranchi de toute gêne (2), le député délégué en Seine-et-Oise allait droit au but. Les pauvres de Versailles ont froid, il les chauffe, mettant au compte de la République les dépenses d'assistance incombant au budget communal. Les dangers que courait la Patrie ne pouvaient être conjurés que par des prodiges que la Convention accomplit à force d'énergie, en violant la loi, oubliant un instant de poursuivre l'œuvre grandiose de la Révolution française.

Notre municipalité, qui n'avait ni les sentiments, ni le genre d'activité qu'exigeaient les circonstances, disparut dans la tourmente, et nul ne peut ni s'en étonner, ni le regretter. Absorbés par l'obligation de conjurer les calamités publiques, noyés, dominés par les sections, par les sociétés populaires qui les entravaient, qui leur ôtaient toute liberté d'action, les officiers municipaux, quelles que pouvaient être leur intelligence et leur initiative, n'eurent ni le pouvoir, ni les moyens de réaliser ce qu'ils avaient pu rêver de bien pour la Cité.

On a beaucoup parlé et l'on parle encore de décentralisation

---

(1) Archives de Seine-et-Oise. — Représentants du peuple députés en Seine-et-Oise.

(2) Il nous paraît intéressant de donner ici la formule employée en nivôse an III par l'agent national du district de Versailles pour la nomination des fonctionnaires :

« Citoyen, la voix du peuple, ta moralité, tes connaissances, ton amour pour l'ordre et la justice t'ont fait appeler à une honorable fonction dans la commune.

« Le Représentant du peuple en mission dans ce département a confirmé ce choix, et il t'invite, au nom de la Patrie, si longtemps déchirée par les factions, à faire le sacrifice d'un peu de repos pour concourir à fermer sa plaie.

« Tu n'as rien à redouter ni à craindre, l'homme probe maintenant est apprécié.

« Imite nos soldats belliqueux : entre aussi hardiment dans la carrière administrative qu'ils marchent sous les drapeaux de la victoire.

« Je t'invite à te trouver décadi prochain 30 ventôse, onze heures du matin, au chef-lieu de ton canton pour y prêter le serment exigé par la loi.

« Songe que la Patrie t'appelle et que l'honneur te commande. Souviens-toi que celui qui refuse de servir sa patrie, dans le poste où il peut lui être utile, est un mauvais citoyen, indigne de jouir de ses bienfaits.

« J'attends tout de ton zèle.

« Salut et fraternité.

« *Signé* : BIZARD. »

(Archives de Seine-et-Oise, L II^m, n° 75.)

administrative. Peut-être est-il possible, en effet, d'étendre à nouveau les libertés communales et de donner une plus large part à l'intervention populaire. Nous souhaitons qu'avant tout nouveau pas en avant, les réformateurs étudient notre histoire administrative au cours des premières années de la Révolution française et s'en inspirent.

Ils acquerront la certitude que confier le pouvoir à des collectivités, le diviser à l'infini, c'est l'anéantir; que, sans une autorité puissante et respectée qui la contienne et la guide, la foule demeure abandonnée à toutes les excitations intéressées ou malveillantes, exposée à ses propres entraînements, à des résolutions souvent généreuses, parfois iniques ou funestes, parce qu'elles sont toujours exécutées aussi vivement qu'inspirées, sans que nul ait eu le loisir de voir, d'entendre et de juger.

Ils sentiront la nécessité d'une loi équitable, largement libérale, qui fixe la règle commune; le besoin d'une volonté ferme et vigoureuse qui applique cette règle à tous sans jamais fléchir devant aucune considération de sentiment ou de personne. Le peuple qui travaille, le peuple qui vit de son épargne veut l'égalité de traitement; il comprend l'utilité de la main qui gouverne avec force, il aime la sentir, parce qu'elle maintient dans la bonne voie en conseillant, en réprimant les écarts, parce qu'elle assure à tous la sécurité et à chacun la possibilité de jouir sans trouble du fruit de ses travaux et de sa prévoyance.

QUATRIÈME PARTIE

Le Palais, les Parcs.

Chapitre Ier. — Le Palais.

Une société d'artistes et de gens de lettres, relatant leur
voyage dans les départements de France, disent à propos de
Versailles : « Quelques observations font sourire le philosophe :
telle est la distribution fortuite des bâtiments qui se succèdent
avant d'arriver à ce que l'on appelle la cour de Marbre. D'abord,
le palais des chiens et celui des chevaux. Vient ensuite la tente
figurée des gardes; plus en avant, le logement des ministres;
enfin, celui du Monarque. Cette distribution n'est-elle pas l'emblème des barrières qui séparent toujours la vérité des rois? Des
chiens! Des gardes! Des courtisans! Le trône enfin; on l'aurait
fait exprès, on n'aurait pu mieux faire (1). »

A plus d'un titre, ces remarques, empreintes d'une certaine
originalité, provoquent, en effet, le sourire. Celui qui les a faites,
ne songeant qu'aux rapports du souverain avec ses sujets, n'a
pas compris Versailles, créé à l'usage personnel d'un roi fastueux;
il n'a pas senti que nul, peut-être, ne voulut l'isoler, le séparer
du peuple; on ne chercha qu'à lui créer un milieu où seraient
accumulés les nombreux accessoires d'une vie quasi théâtrale,
d'une existence où, toujours en scène, celui qui tient le premier
rôle est l'esclave d'une étiquette étroite, réglant sa tenue, ses
paroles et jusqu'à ses moindres gestes. On donna à ce captif

---

(1) *Voyage dans les départements de France par une Société d'artistes et de gens
de lettres.* (Bibliothèque de la Ville.)

de la fantaisie protocolaire une prison aimable, un château luxueux, dans un cadre admirable, avec vue sur une ville qui semble attendre et solliciter le déploiement somptueux de la pompe souveraine. Pourquoi s'étonner de rencontrer tout d'abord le palais des chiens ou plus exactement les équipages de chasses; puis, aux abords de l'habitation royale, les grandes et les petites écuries, de vastes manèges, des gondoles et des gondoliers venus de Venise, des casernes monumentales où reposent à l'aise d'élégants mousquetaires, de brillants gardes du corps; des édifices abritant les menus plaisirs, un jeu de paume, une salle de musique et de danse, un opéra enfin?

Faut-il rappeler qu'à l'utile on avait uni l'agréable; que Versailles possédait pourvoirie, étape, grenier à farines, halles abondamment approvisionnées, et maints établissements presque oubliés de nos jours, mais dont le souvenir est conservé par de nombreux documents et par des plans excellents (1)?

Non loin de toutes ces installations, la demeure altière du souverain se dressait pour dominer toutes les autres, exprès abaissées et comme prosternées aux pieds du souverain maître. Nous qui sommes debout et pouvons regarder, dirigeons-nous vers le Palais pour nous rendre compte de son aspect au moment où vont prendre fin le règne et la vie du malheureux Louis XVI.

La Cour du Palais.

En avant, la vaste cour était séparée de la place d'Armes par la belle grille que l'on admire encore aujourd'hui; en avançant, on était arrêté, à quelques mètres du Château, par une seconde grille en ferronnerie, de travail et d'ornementation semblables à la première. Celle-ci, par ses deux extrémités en lignes droites, clôturait la cour des Princes et la cour de la Chapelle; sa partie médiane décrivait une courbe partant des angles intérieurs de chacune des ailes du palais Louis XIII pour s'avancer et s'ouvrir à peu près à l'endroit où est assise mainte-

(1) Voir le plan dressé par Paul Favier (*Mémoires de la Société des Sciences morales, des Lettres et des Arts de Seine-et-Oise,* tome XVII, année 1893, p. 101). Bibliothèque de Versailles.

nant la statue équestre de Louis XIV (1). De chaque côté de cette ouverture étaient deux loges ou corps de garde supportant chacun un groupe de pierre : *La Paix*, de Tuby, et *L'Abondance*, de Coysevox (2).

Pour tout ornement, l'avant-cour avait les murs formés de balustrades qui servent de garde-fou aux terrasses ménagées le long des bâtiments dans lesquels logeaient les secrétaires d'Etat (3). Ce fut seulement quand il créa le Musée, consacré à toutes les gloires de la France, que Louis-Philippe, malencontreusement inspiré, donna ordre d'apporter les énormes statues faites en 1828 et placées alors sur les piles du pont de la Concorde qu'elles menaçaient d'écraser.

Sous l'ancienne monarchie, l'avant-cour était, la plupart du temps, encombrée de piétons, de chaises à porteurs, de voitures ; on était beaucoup plus à l'aise dans la cour Royale, puisque seuls les carrosses gratifiés des honneurs du Louvre avaient droit d'y entrer : on ne franchissait, en effet, la seconde grille qu'autorisé à se présenter chez le Roi.

Quiconque voulait se rendre au Parc devait, d'un côté, traverser la cour de la Chapelle, puis emprunter le passage ouvert au rez-de-chaussée du Palais, sous le salon d'Hercule, sur l'emplacement de l'ancienne chapelle. De l'autre côté, le vestibule du fond de la cour des Princes n'existant pas, il fallait pénétrer dans le Château par la porte du grand corridor où sont aujour-

(1) Cette statue fut érigée par le roi Louis-Philippe.

(2) Ces deux œuvres reposent actuellement sur le mur en façade de la place d'Armes.

(3) Les écoles centrales du département de Seine-et-Oise, instituées par décret du 18 germinal an III, furent installées dans les deux ailes du Château dites ailes des Ministres, sauf la physique et la chimie expérimentale qui furent provisoirement enseignées dans le logement de la ci-devant femme de Stanislas Xavier. (Archives de Seine-et-Oise, Q, Versailles.)
Ces écoles n'occupèrent qu'une partie des ailes, car le 3 nivôse an IV, le commissaire des guerres écrivait aux administrateurs du département : « Je vous préviens, citoyens, que, vu l'encombrement où se trouvent toutes les casernes de cette commune, nous emploierons demain une partie des ailes des Ministres à loger le 3e bataillon de la légion de police-infanterie, qui a servi ci-devant à loger les hommes de la réquisition. » (Archives de Seine-et-Oise, Q, Versailles, Château.)
La même année (4 nivôse an IV), Le Roy, inspecteur des bâtiments, écrivait : « C'est aussi l'établissement provisoire du Tribunal de Commerce dans l'aile des Ministres dont vous avez connaissance, qui ne consiste qu'en pose de bâtis à hauteur d'appui provenant de la démolition de l'ancien club et où il n'y a pas eu pour trois jours de travail. » (Archives de Seine-et-Oise, Q, Grand-Trianon.)

d'hui les statues des grands personnages et sortir sur le **Parc** en franchissant une porte ouverte au bas du grand escalier des Princes.

Un arrêté pris le 14 thermidor an II par le Directoire du district de Versailles, homologué par le représentant du peuple Crassous, modifia, ainsi qu'il suit, les cours du Palais : « L'Administration arrête que sans délai le citoyen Le Roy, inspecteur des bâtiments nationaux, 1° fera abattre les grilles et murs d'appui de la ci-devant cour Royale et de celle dite des Princes ; 2° qu'il donnera son avis sur la possibilité de placer l'horloge du palais national au centre de cet édifice ; 3° qu'il fera dépaver la cour de Marbre (1), lesquels marbres seront remis dans les magasins de la Nation et remplacés par un pavé ordinaire ; 4° qu'il fera dépaver la cour dite Royale, à la réserve d'une chaussée de passage du levant au couchant et du nord au midi, et le surplus semé en quatre carrés de verdure (2); 5° qu'il fera poser des bornes de l'encoignure de l'aile neuve à celle du midi, dans la largeur de la cour dite Royale, lesquelles bornes seront prises sur la place d'Armes, au carré d'exercice des ci-devant Suisses, et lesdites bornes garnies de distance en distance d'une barre ou chaîne de fer ; 6° le nom de la ci-devant cour Royale (3) sera changé en celui de cour des Arts et Sciences, celui de la cour de la Chapelle supprimé et remplacé par celui de passage du Nord, et celui de la cour des Princes par celui de passage du Midi ; 7° le ci-devant corps de garde sur la grille sera abattu et la conduite d'eau supprimée ainsi que le pavillon provi-

(1) La cour de Marbre, plus élevée alors de cinq marches, était pavée de carreaux de marbre noir et blanc.

(2) Le 4 messidor an IV, un sieur Marchand, propriétaire de plusieurs béliers et brebis espagnols, demanda la permission de faire paître dans la cour du Château lesdits animaux jusqu'à ce qu'il fût en possession d'une ferme qu'il avait soumissionnée. (Archives de Seine-et-Oise, Q, Versailles, Château.)

(3) « Vu la délibération du District de Versailles, du 21 messidor, portant que les signes de royauté existant encore à Versailles sous les noms de cour Royale, cour des Princes et d'un cadran indicateur de la mort du tyran doivent être réduits et remplacés par des signes qui rappelleront au peuple que cette demeure est destinée à sa jouissance et à devenir l'asile des arts et des sciences ;

« Adoptant le rapport sur lequel est fondée ladite délibération, j'ai arrêté que ladite délibération sera exécutée dans son entier d'après les plans indiqués dans le rapport.

« Corbeil, 9 thermidor an II.

« Signé : A. CRASSOUS. »

soire de l'horloge nationale; 8° il sera ouvert aux deux côtés de chaque grille des portes des rampes dites de la Chapelle et de la Surintendance des grilles de passage pour les fêtes nationales, et les frontons et couronnements de ces deux grilles seront supprimés et remplacés par une barre de traverse, de manière qu'elles puissent se relever en cas de nécessité; 9° les fers et matériaux provenant de ces destructions de signes de royauté seront remisés dans les magasins de la Nation pour être, comme les autres, employés à la fabrication des armes et au service de la marine.

« Sera copie du présent envoyée au Département et au citoyen Le Roy (1), inspecteur des bâtiments nationaux, avec invitation audit inspecteur de redoubler de zèle, de telle sorte que le cortège de la fête du dix août prochain puisse traverser, en ligne directe, d'une rampe à l'autre, en faisant abattre les barres en planches de la partie nord et commencer l'enlèvement de la grille dite Royale par le côté du midi (2). »

Pour compléter notre description, copions le procès-verbal de la fête célébrée le 2 pluviôse an VI pour la plantation d'un arbre de la Liberté au centre de la cour du Château, sur l'emplacement qu'occupe le piédestal de la statue équestre du fondateur de Versailles (3) :

« L'Administration du Musée spécial de l'École française s'est réunie à dix heures du matin. Ont été présents les citoyens Gibelin, président; Duplessis, Dardel, Huvé, administrateurs, et Damarin, secrétaire. Les employés du Musée ont fermé le cortège.

« D'après l'invitation et l'indication de l'Administration municipale, elle s'est rendue au Département, où toutes les autorités constituées s'étaient assemblées; elle s'est jointe à elles et les a suivies au Jeu de Paume.

---

(1) Cet inspecteur mérite qu'on le loue, car il s'efforça de sauver de la destruction les œuvres artistiques menacées. En ce qui concerne la grille de la cour Royale, il demanda, le 5 fructidor an II, l'autorisation de transporter les guérites qui en flanquaient l'entrée au débouché de l'avenue de Paris bordant les trottoirs en alignement des Grandes et Petites-Écuries. « Les deux groupes qui les surmontent ne contiennent, ajoutait-il, aucun attribut de féodalité; ils correspondraient avec ceux de l'avant-cour et ne manqueraient pas de faire bon effet. » (Archives de Seine-et-Oise, Q, Versailles, Château.)

(2) Archives de Seine-et-Oise, Q, Versailles, Château.

(3) Bibliothèque de la Ville, I L J 7.

« Tout le cortège s'est ensuite rendu dans l'une des principales salles du ci-devant château des rois, devenu palais national et dans lequel sont assemblés les chefs-d'œuvre des arts produits par les maîtres français dans tous les genres.

« Là, en présence du peuple réuni en foule et applaudissant à l'envi, le président du Département, après quelques paroles d'exécration, a brisé en mille morceaux un sceptre et une couronne préparés à cet effet.

« Le citoyen général ayant ensuite formé, dans la cour, une haie de militaires, de gardes nationaux autour du jeune chêne destiné à être le signe de la Liberté et orné de rubans tricolores, l'Administration du Musée, soutenue par la majesté de l'Assemblée, qui concourait, par sa présence, à embellir la fête, est entrée dans le cercle au son des instruments qui emplissaient les airs de la douce mélodie républicaine.

« Le citoyen Gibelin..... fit un discours se terminant par : Vive l'arbre chéri ! Vive la République !

« Ces acclamations répétées avec élan par la multitude innombrable qui emplissait la place, et mêlées à l'éclat des instruments guerriers, ont terminé la cérémonie. »

L'Extérieur du Palais.

Des voix autorisées affirment et à leur suite nous devons reconnaître que certaines transformations heureuses, que le mélange intelligent des styles ont parfois donné plus de charme, plus de sveltesse à des édifices dont le caprice ou le délabrement exigeait le remaniement ou la restauration. Ce n'est pas cette impression que l'on éprouve quand, de la place d'Armes, on regarde le palais de Versailles. M. Arthur Chuquet déclare que c'est « une laide construction (1); que si elle impose, c'est par l'étendue de la façade et non par la régularité, par la noblesse du style. Pierre le Grand l'appelait un pigeon aux ailes d'aigle ». Les deux pavillons massifs conçus par Gabriel, en augmentant la masse centrale, ont amoindri la portée de la cri-

____

(1) *Versailles en 1790 (Mémoires de la Société des Sciences morales*, 1896, n° 2, page 78). Bibliothèque de Versailles.

tique du Czar, mais ont ajouté à la confusion des lignes et des styles.

Quand éclata la Révolution française, l'une des ailes du Château était encore ce que Louis XIII l'avait faite, c'est-à-dire que la face regardant la place d'Armes se composait d'une sorte de portique à six colonnes doriques surmontées d'une terrasse montant au niveau de l'étage pratiqué dans les combles. L'aile parallèle avoisinant la chapelle avait été abattue et l'on avait commencé à édifier sur son emplacement l'un des pavillons Gabriel qui, en 1789, ne s'élevait qu'à hauteur d'entablement. Cependant, la reine Marie-Antoinette y avait déjà fait installer une petite salle de théâtre (1) qui emplissait tout le rez-de-chaussée, ne réservant aucun passage qui permît de se rendre directement de la chapelle en la cour de Marbre.

L'Intérieur du Palais.

A l'intérieur, les grands appartements, dont nous dirons plus loin l'utilisation momentanée, ne subirent aucune modification sensible, mais ils furent dépouillés du mobilier abondant et somptueux qui les garnissait.

La fuite de Louis XVI et son arrestation à Varennes autorisèrent l'Assemblée nationale à considérer les biens de la famille royale comme abandonnés, et pour leur sauvegarde, l'apposition des scellés fut ordonnée et successivement effectuée dans toutes les demeures royales et princières. Elle eut lieu le 21 juin 1791 au palais de Versailles (2). Dès avant cette date, et notamment pour l'installation de Louis XVI et de sa famille aux

(1) Voir page 88.

(2) L'Assemblée municipale nomma des commissaires qui apposèrent les scellés, savoir :

22 juin 1791. — Hôtel du Contrôle général, rue de la Surintendance; petite maison de Monsieur; garde-robe du Roi; bureaux des Bâtiments du Roi; hôtel de la Surintendance; château de Mme d'Ossun; garde-meuble de la Couronne; château de Versailles; hôtel du Gouvernement, bureau de la Recette générale de la Couronne.

23 juin. — Hôtel du garde-meuble de Monsieur, rue de l'Orangerie; maison de Madame Elisabeth, avenue de Paris.

24 juin. — Bureaux de la Guerre, de la Marine et des Affaires étrangères; écuries de Monsieur, avenue de Paris; écuries de M. le comte d'Artois, rue d'Artois; Grand-

Tuileries, des meubles furent transportés de Versailles à Paris, occasion pour nos pères de vives appréhensions et de continuelles inquiétudes. Le 10 octobre 1790, le bruit s'étant répandu que le Roi avait donné ordre de démeubler le Château, le maire réunit d'urgence les officiers municipaux pour les informer et leur proposer « de recourir aux bontés du Roi et de porter à ses pieds l'expression de la profonde douleur des habitants de cette ville ». Une députation de citoyens de Versailles venue à ce moment remit à la Municipalité assemblée une adresse priant « de présenter au Roi les alarmes auxquelles les habitants de cette ville sont livrés ». Le lendemain, le Conseil général de la Commune vota l'adresse suivante :

« Sire,

« La ville de Versailles apporte aux pieds de Votre Majesté l'hommage de son profond respect et l'expression de sa vive douleur.

Commun; écuries de la Reine, rue de la Pompe; maison Fouacier, rue Saint-Germain; bouche de Monsieur, au Château.

25 juin. — Ménagerie; maison des héritiers Labussière; dépôt des garde-meubles du Roi.

25 et 26 juin. — Petit et Grand-Trianon.

27 juin. — Hôtel des gardes du Roi; Ermitage; Menus-Plaisirs; hôtel Courtauveau, rue de l'Orangerie.

28 juin. — Ecuries de Monsieur, avenue de Paris.

30 juin. — Magasins du Roi.

2 juillet. — Hôtel Sevan, rue des Réservoirs.

Les procès-verbaux d'apposition et de levée des scellés révèlent l'existence d'objets fort curieux :

Un état des armes du Roi. Un état des armes trouvées dans un cabinet de surveillance de la Municipalité.

Différents objets en or, vermeil et argent, dans des malles et coffres déposés à la Municipalité et dont l'ouverture a été faite le 21 septembre 1793. La pesée a donné : or, 1 marc 4 gros; vermeil, 229 marcs 6 onces 7 gros; argent, 93 marcs 3 onces 6 gros.

Un coffre d'argenterie appartenant à l'évêque d'Evreux.

Une lettre de M. Rohan, administrateur du département, annonçant l'envoi à la Monnaie de Paris de 1,700 marcs d'argenterie.

Un état de l'argenterie et autres objets de la chapelle du commun de M. le comte d'Artois.

Le procès-verbal dressé au magasin du Château, le 17 octobre 1792 et jours suivants, des effets existant audit magasin : galons d'argent du poids de 1,283 marcs; 862 uniformes de la ci-devant garde.

Un état des batteries de cuisine et d'office, porcelaines, figures, etc., à envoyer à l'hôtel des contributions publiques, à Paris, le 30 août 1792.

Un état des vins appartenant à la Reine.

Un état estimatif des objets de sellerie et un état des chevaux à l'usage de la famille royale, étant au nombre de 916.

« Privée depuis plus d'un an de la présence de son protecteur auguste, l'amertume de ses regrets était parfois suspendue par l'espoir d'un retour qui seul peut combler ses vœux.

« Au moment où cette perspective flatteuse semblait se rapprocher, un ordre aussi sévère qu'inattendu ne laisserait-il que le regret d'une vaine illusion à la place de la plus douce des espérances? Cet ordre nous livrerait à toute l'horreur de la position la plus désastreuse! Il menacerait de consommer la ruine de nos fortunes et celle de nos familles, et ce qui est plus déchirant pour nos cœurs, notre ville qui vous a vu naître, notre ville, Sire, qui ne peut exister que pour vous, aurait cessé un moment d'intéresser la sensibilité et la pitié de Votre Majesté.

« Non, Sire, vous ne consulterez que les mouvements de votre cœur généreux. De la hauteur de votre rang suprême, de la hauteur d'un caractère aussi connu que magnanime, Votre Majesté dédaignera les efforts impuissants de quelques ingrats, et votre peuple fidèle qui a été indigné de l'offense (1) ne sera pas puni des torts qu'il n'a pas partagés.

« Rendez-lui, Sire, ah! daignez lui rendre, à ce peuple respectueux et soumis, une protection et un espoir dont ses sentiments inaltérables ne l'ont jamais rendu indigne. Que Votre Majesté n'hésite pas à révoquer l'ordre de notre proscription! En aucun lieu de son empire, Votre Majesté ne trouvera des cœurs plus reconnaissants, plus respectueux, plus ardemment et plus sincèrement attachés à la gloire et au bonheur de Votre Majesté.

« Nous sommes avec le plus profond respect, Sire, de Votre Majesté, etc., etc. »

Une délégation, composée du maire, du procureur de la Commune, du commandant de la Garde nationale, de quatre officiers municipaux, de quatre notables et de quatre gardes nationaux, se rendit auprès du souverain. Le 12 octobre, le maire rendait compte en ces termes de l'entrevue qui avait eu lieu la veille :
« Le Roi écoutait avec intérêt et même avec émotion la lecture de l'adresse, et il a répondu : « Je sais qu'il y a encore de bons

---

(1) « Les électeurs de Versailles avaient nommé juges de paix Robespierre, Bonchu et Biauzat. Pour punir la Ville d'être si peu dans le sens de la contre-révolution, la Reine a décidé que le Roi passerait l'hiver à Saint-Cloud et que le Château serait démeublé. » (Arthur Chuquet, *Versailles en 1790. — Mémoires de la Société des Sciences morales*, 1896, n° 2, page 78.)

« citoyens à Versailles et je suis étonné qu'ils prennent l'alarme
« sur quelques arrangements particuliers sur mes meubles. »

Combien les craintes que l'on éprouvait étaient peu importantes, comparées à celles qu'il y eut à ressentir un peu plus tard.
Le 20 octobre 1792, on lut à la tribune de la Convention une
lettre dans laquelle le ministre de l'Intérieur, observant qu'il est
instant de vendre les objets remisés au Château, demandait à
être autorisé à faire procéder à cette vente, et Manuel prenant
la parole, disait : « Je convertirai la demande du ministre en motion ; non seulement les meubles doivent être vendus, mais il
faut aussi afficher la maison à vendre ou à louer. Je demande
donc que l'on ajoute cette proposition à celle du ministre de
l'Intérieur et qu'on la mette aux voix. »

La Convention autorisa la vente des meubles et renvoya au
Comité d'aliénation pour la vente de la maison (1).

Tous les meubles furent en effet vendus en même temps que
ceux enlevés de la maison des émigrés et des princes (2). On ne
réserva que les œuvres présentant un intérêt artistique, afin de
garnir le muséum spécial à l'Ecole française dont la création
était projetée et qui devait être installé dans les appartements
du Château. Mais au moment où l'on déménagea, rien ne fut
épargné ; on arracha les glaces, les ornements dorés, pour ne
laisser en quelque sorte que les quatre murs. Le 21 messidor
an IV, le ministre des Finances, informé que des glaces sont
restées en place dans le palais national de Versailles et notamment dans les appartements de la ci-devant Reine, demandait
des renseignements sur leur nombre et sur les motifs qui les y
avaient fait laisser. Il ajoutait : « Ces dites glaces sont demandées en paiement par les créanciers de la République (3). »

Le 5 frimaire an III, le Directoire du district de Versailles
nommait un commissaire pour « faire, dans les maisons nationales, un choix de glaces dans les dimensions, depuis 50 jus-

---

(1) *Gazette nationale*, 21 octobre 1792. — On vendit en effet, mais, au préalable,
des réquisitions furent faites pour doter les administrations publiques de tous
les meubles, de la literie et du linge qui pourraient leur être utiles. D'après un
procès-verbal du 19 ventôse an II, la valeur des objets ainsi réquisitionnés
s'éleva à 54,140 l. 5 s.

(2) Une vente de meubles et d'effets, qui eut lieu du 25 août 1793 au 30 nivôse
an III, produisit 1,784,779 fr. 11.

(3) Archives de Seine-et-Oise, Q, Versailles, Château.

qu'à 65 pouces de largeur, sur 70 à 90 pouces de hauteur, avec leurs cadres, bordures ou ornements, choisis dans le meilleur goût, les plus frais et les mieux conservés, pour une somme d'environ 240,000 livres, y compris la valeur des cadres et bordures, pour être exportées et servir d'échanges avec l'étranger (1) ».

Le 21 pluviôse an VIII, le ministre de l'Intérieur écrivait à l'Administration centrale du département : « Je suis informé, citoyens administrateurs, qu'il existe dans la partie des appartements de Versailles affectée au logement des invalides des glaces qui y sont inutiles en ce moment et qui sont indispensablement nécessaires pour le palais des Tuileries; vous voudrez bien faire mettre ces glaces à la disposition du citoyen Le Coute, architecte des consuls, que je charge d'en prendre livraison.....

« Vous ferez délivrer en même temps, au même architecte et pour le même service, les serrures, fermetures de portes, plaques, croissants, tant des cheminées que des rideaux, et autres effets dorés et surdorés existant dans les magasins du ci-devant château..... »

Ces magasins que l'on avait allégés déjà, par l'envoi à la Monnaie (2) de tous les métaux précieux, se vidèrent tant et si bien que, quand on voulut reconstituer l'intérieur du Palais et le remeubler, il fallut recourir à quelques objets conservés par hasard et se procurer par des achats onéreux de rares pièces authentiques, qui furent restaurées avec plus ou moins de fidélité ou de bonheur.

Jusqu'en 1791, le mobilier, diminué par les prélèvements faits,

---

(1) Archives de Seine-et-Oise, Q, Versailles, Mélanges.

(2) Il fut envoyé à la Monnaie (19 ventôse an II) :

Or	35.445 l.	» s.	» d.	⎫
Vermeil	119.201	17	6	⎬ 957.876 l. 17 s. 6 d.
Argent blanc	803.230	»	»	⎭
Or	397.328 l.	2 s.	6 d.	⎫
Vermeil	101.727	11	3	⎪
Or, galons, franges	329.581	17	6	⎬ 980.922 l. 8 s. »
Argent, franges	3.747	10	»	⎭
Cuivre	44.541 l.	5 s.	»	⎫
Plomb	72.925	5	»	⎬ 132.047 l. 10 s. »
Fers	14.580	15	»	⎭
				2.070.846 l. 15 s. 6 d.

(Archives de Seine-et-Oise, Château, le Garde-Meuble.)

comme nous l'avons dit, pour l'installation de Louis XVI aux Tuileries, demeura réparti dans les appartements que la famille royale avait habités. Les ailes du Midi et du Nord, en quelque sorte abandonnées à la foule des courtisans, n'avaient jamais possédé qu'un bien modeste mobilier. On sait qu'elles présentaient un « amoncellement de chambres souvent obscures et sans air, et pour la plupart sans ornements ni dorures (1) ». Les grandes pièces que nous admirons avaient été coupées par des cloisons et des soupentes, afin de multiplier les logements où les malheureux élus admis à la Cour n'hésitaient pas à s'entasser ; renonçant à tout confort, ils n'étaient mus que par une ambition : demeurer chez le Roi, « vivant soleil dont les rayons étaient si précieux à recueillir (2) ».

Ces indignes installations étaient desservies par des escaliers descendant jusqu'au rez-de-chaussée du Palais, pour déboucher sur les longues galeries de pierre qui prennent au levant l'air et la lumière. « Là s'abritaient, sous la courbe des arcades, les plus humbles et nécessaires offices ; ces galeries, aujourd'hui nécropoles de statues tombales et de bustes monotones, furent, durant l'ancienne monarchie, à l'intérieur du Château, la rue avec ses immondices et toutes ses odeurs qui refluaient au plus lointain des chambres (3). » Là, comme dans la cour des Princes, comme dans la cour de la Chapelle, s'étalaient d'innombrables échoppes très mal installées où se vendaient les marchandises et les objets les plus divers (4).

Généralement, les fonctionnaires royaux qui avaient un logement au Palais cessèrent de l'occuper dès que le Roi fut forcé, le 6 octobre 1789, de quitter sa résidence de Versailles, et la vaste cité qu'était le Palais n'abrita plus que des suisses et des gens de service. En l'an II, diverses petites locations sont signalées dans la cour Massip (5).

Le 23 brumaire an III, l'agent comptable de la manufacture d'armes de Versailles obtint l'aile du Midi, donnant sur la rue

---

(1) André Pératé, *Versailles*. (Bibliothèque de la Ville.)

(2) Alph. Bertrand, *Versailles ; ce qu'il est, ce qu'il doit être*. (Biblioth. de la Ville.)

(3) André Pératé, ouvrage déjà cité.

(4) Voir J.-A. Le Roi, *Les Rues de Versailles*.

(5) Archives de Seine-et-Oise, Q, Versailles, Château.

de l'Union (1), pour loger les ouvriers liégeois et quelques autres artisans de cet atelier (2). Enfin, on trouve, dans une lettre écrite au rédacteur du *Journal de Seine-et-Oise,* le désir suivant exprimé par une dame que n'effrayait pas la défectuosité et l'insalubrité des logements du Château (3) :

« Retirée à Versailles comme au lieu le plus convenable à la modicité de ma fortune, je me félicite chaque jour des agréments que me procurent non seulement les promenades de ce beau lieu, mais la jouissance du muséum et le spectacle toujours varié des curieux qui y sont attirés.

« Je regrette cependant d'avoir des soins domestiques peu d'accord avec mon âge et l'ancienne habitude d'être servie : il me semble que si plusieurs femmes dans la même position où je me trouve se réunissaient pour louer quelque partie inhabitée du château de Versailles, elles se trouveraient réellement à portée de remplacer en commun tous les avantages de leur ancienne existence..... »

Cette pensée, qui, de nos jours, causerait quelque surprise, était presque logique en ce temps-là. Peut-être l'aurait-on suivie, mais le 7 frimaire an VIII, les Consuls avaient arrêté que le château de Versailles et les bâtiments latéraux qui en dépendent seraient « mis à la disposition du ministre de la Guerre pour y loger des militaires invalides » dont le nombre allait toujours croissant.

Chapitre II. — Les Parcs. Le Grand Canal.

Dès ses premiers pas dans le Parc, chacun de nous le sait, le visiteur, bien que vivement sollicité par les échappées vers Neptune et vers l'Orangerie, est attiré, puis retenu par la superbe perspective qui, à perte de vue, se déroule de la terrasse du Château jusque dans les plaines de Villepreux.

Le Canal s'étend, se déploie au fond, emplissant une grande partie de l'espace égayé, embelli par l'immense nappe argentée.

(1) Rue Gambetta.

(2) Archives de Seine-et-Oise, Q, Versailles, Château.

(3) Numéro du 10 thermidor an VIII, page 477.

Vers la fin du règne de Louis XVI, cette pièce d'eau se trouvait en assez mauvais état, et les Versaillais criaient qu'elle leur donnait la fièvre. M. l'abbé Tessier, de l'Académie des Sciences, a noté, vers 1781, les faits suivants (1) :

« Il y a 6 pieds d'eau dont 4 pouces d'un sable très vaseux..... Il y a d'autant plus de vase que l'on se rapproche du point milieu du Canal ; en cet endroit, à distance à peu près égale des quatre branches, il y a 7 pieds 2 pouces d'eau, y compris 3 pieds de vase. » Pour améliorer cette situation et aussi pour venir en aide à la classe laborieuse, dont la misère était extrême, le Roi, sollicité par la Municipalité (2), fit ouvrir, le 4 janvier 1790, un atelier de charité où l'on travailla jusqu'au 4 août suivant. D'après le compte dressé par Heurtier, inspecteur général des bâtiments du Roi, les dépenses faites au Canal s'élevèrent à 202,926 l. 14 s. 5 d., et les recettes à 203,000 livres ; d'où un excédent de recettes de 73 l. 5 s. 7 d. Ce reliquat fut attribué à un nommé Rivière, qui avait eu la cuisse cassée en participant aux travaux.

L'atelier fermé, le Canal n'étant pas rempli, devint et resta, pendant vingt ans, « un marais dont on coupait chaque année les roseaux et les joncs (3) ».

Pour remédier à l'insalubrité que la stagnation des eaux pouvait occasionner, des dispositions furent prises en 1793 pour dessécher l'emplacement de la grande pièce d'eau et rendre le sol à l'agriculture.

La démolition des murs fut commencée et l'on vendit à un sieur Le Blanc 20 toises du moellon provenant de la démolition (4) ; quant aux dalles de recouvrement, il en fut attribué 800 pieds cubes à l'agent comptable de la manufacture d'armes, qui les avait demandés et les fit servir au carrelage de la boucherie et de l'atelier des trempeurs (5), installés au Grand-Commun.

En l'an VIII, un nommé Jacques-Louis-François Paquier,

(1) *Bibliothèque de la Ville*, Manuscrit.

(2) Voir page 73.

(3) *Journal du département de Seine-et-Oise*, année 1808, numéro du 7 avril.

(4) Archives de Seine-et-Oise, Q, le Canal.

(5) 18 germinal an IV. (Archives de Seine-et-Oise, Q, le Canal.)

demeurant à Rouen, rue Cigogne-Dumont, 25, déposa une soumission au secrétariat de l'Administration centrale du département de Seine-et-Oise, en vue d'acquérir le sol du Grand Canal, divisé en cinq lots, conformément au plan joint à la soumission (1).

Le sol du Grand Canal ne fut pas seul menacé d'aliénation. Dès la chute du Roi, les parcs de Versailles et des Trianons, sauvegardés jusque-là, grâce aux efforts de la Municipalité et des sections, secondées par les pouvoirs publics, se trouvèrent comme abandonnés et livrés à quiconque les voulait prendre ou dévaster.

Le 21 fructidor an III, Gondouin, inspecteur des eaux, écrivait aux administrateurs du district de Versailles : « Les voleurs qui s'occupaient depuis dix-huit mois à enlever les plombs et robinets des petits jardins qui sont aux environs des deux Trianons ne trouvent probablement plus de quoi y faire de nouvelles incursions. Ces citoyens très actifs, regardant l'oisiveté comme un vice, ont recommencé leurs brigandages dans le parc de Versailles ; déjà, le garde en a poursuivi la nuit sans pouvoir mettre la main dessus, et dernièrement, ils ont volé cinq ajoutages de cuivre du bosquet des Trois-Fontaines ; ils y ont en outre cassé plusieurs tuyaux de plomb, de ceux qui forment la gerbe qui est en tête de cet effet d'eau, ce qui m'a déterminé à faire démonter tous les autres ajoutages de ce bosquet, que l'on ne remettra que le jour où on fera jouer les eaux (2)..... »

Le 4 pluviôse an IV, le même inspecteur écrivait à la municipalité de Versailles : « Les dégradations et les vols se multiplient à un tel degré dans le parc de Versailles et ses environs, qu'il me faut craindre pour le service des eaux, tant de celles de rivière que de celles dites blanches.

« Déjà, le citoyen Le Roi et moi avons prévenu, en diverses circonstances, l'Administration de ceux qui se commettaient dans le Parc.

« Ces brigands, au moyen de clefs qu'ils se sont procurées, s'introduisent dans les bosquets du Parc, ce qui leur facilite les moyens de se soustraire à la vigilance des gardes.

---

(1) Archives de Seine-et-Oise, Q, le Parc.
(2) Archives de Seine-et-Oise, Q, Versailles, Château, Parc, Jardins.

« La nuit du 9 au 10, ils ont volé, dans le bosquet des Trois-Fontaines, les clefs qui servent à tourner les différents robinets qui font jouer les eaux de ce bosquet ; leur pesanteur ne les a pas effrayés, quoiqu'il y en eut trois d'environ 100 livres.

« Dans la nuit du 11 au 12, ces brigands se sont introduits dans le regard, dit le Carré du Désert, situé sur l'aqueduc de Trappes, bois Satory, au moyen d'une pince avec laquelle ils ont enfoncé la serrure ; ils ont fait de même à la porte du petit pavillon qui se trouve dans l'intérieur dudit carré, dans lequel ils ont brisé la porte d'une petite armoire dont ils ont ensuite emporté la serrure avec différents effets qui y étaient enfermés.....

. . . .

« L'Administration, informée du vol considérable fait dans le réservoir de Marly, jugera peut-être convenable de demander qu'il soit fait faire deux patrouilles dans les environs de Versailles pour faire cesser ce brigandage, pour en découvrir et arrêter les auteurs, s'il est possible (1). »

Toutes ces dévastations s'ajoutant à la pénurie qui sévissait jusque dans les caisses de l'Etat, rendirent le jeu des grandes eaux fort difficile à réaliser aux premières années de la République. M. Gondouin écrivait, le 24 prairial an IV :

« ..... Sur la demande de la Commune de faire jouer les eaux de Versailles, je fis un rapport à l'Administration du département, par lequel j'exprimais la répugnance du citoyen Cognet à faire les avances nécessaires pour la repose desdits robinets.

« J'invitais l'Administration à faire donner audit citoyen un acompte proportionné aux mémoires qu'il a remis à l'Administration et à être autorisé à faire faire par ce citoyen lesdits graissages et reposes pour répondre au désir de la Commune.

« Un arrêté de l'Administration municipale, homologué au Département le 6 prairial, m'a autorisé à faire faire par le sieur Cognet la repose et graissage des robinets.

« Malgré la répugnance du sieur Cognet d'avancer encore les fonds indispensables pour faire ledit graissage, il s'est rendu au désir de l'Administration de procurer au public le jeu de quelques pièces du parc de Versailles.

« L'ayant engagé à continuer la repose des autres robinets, il

____

(1) Archives de Seine-et-Oise, Q, Versailles, Château, Parc, Jardins.

m'a dit ne vouloir le faire que préalablement les administrateurs lui fassent donner un acompte sur les deux mémoires d'entretien qui lui sont dus.....

« Cependant, citoyens administrateurs, comme la repose et graissage desdits robinets se faisaient dans les deux Parcs tous les ans, dans le courant de mars ou les premiers jours d'avril (vieux style), que ce travail est très urgent, que la saison s'avance et que le citoyen Cognet se refuse à le faire, j'invite l'Administration..... à lui donner un acompte qui puisse le déterminer à exécuter ce travail, qui est d'autant plus urgent qu'il m'est impossible de mettre l'eau dans diverses pièces d'eau de ces deux Parcs et qu'il est à craindre que les chaleurs qui vont survenir n'y occasionnent des dégradations considérables.

« ..... les réparations que je ne peux faire faire faute de charbon.

« ..... les charbonniers se refusent de faire le service du magasin, attendu les lenteurs qu'ils éprouvent dans les paiements (1). »

Malgré ces difficultés, les grandes eaux jouèrent souvent pendant la Révolution française, et ce spectacle grandiose attirait toujours une affluence considérable de visiteurs.

« Plusieurs abonnés, dit le *Journal du département de Seine-et-Oise,* nous ont demandé s'il était vrai que le 30 messidor dernier (an IX), jour où les eaux du jardin de Versailles ont joué, il était entré dans cette ville 20,000 voitures, comme l'ont avancé quelques journaux.

« Nous pouvons assurer qu'il y a exagération des trois quarts, car, d'après les renseignements que nous avons pris aux diverses barrières, où les recettes n'ont pu être faites avec les formes ordinaires, il semble que le nombre par approximation a seulement approché de 5,000.

« ..... le nombre d'individus n'a pas excédé 32,000 à 33,000, et qu'en portant l'un dans l'autre à 3 francs la dépense de chacun, il en résulterait que cette journée a valu à la ville de Versailles près de 100,000 francs. »

Ce résultat était déjà fort remarquable, si l'on tient compte de la lenteur avec laquelle il était possible de se transporter d'une

______

(1) Archives municipales de Versailles (Parc).

localité à une autre, lenteur souvent accrue par les **embarras**
de toutes sortes semés le long des routes.

En ce même mois de thermidor, on donna le jeu des eaux du
Parc, auquel assistèrent « le cardinal Gonsalvi, envoyé du Pape
auprès du Gouvernement ; Mgr Spina, archevêque de Corinthe ;
Braschi, neveu du défunt pape Pie VI, et le curé Bernier, l'un
de ceux qui ont le plus contribué à la pacification des départements de l'Ouest. On a distingué parmi les spectateurs le ministre
de la Guerre Alexandre Berthier ».

. . . .

« Nous devons au rédacteur du *Parisien* la connaissance d'une
observation relative au retour de Versailles, recueillie par les
citoyens L... et M... sur la place de la Concorde, le premier, à
trois heures du matin. Nous nous empressons de la transmettre
à nos lecteurs :

« — Bonjour, Dorval. Bonsoir, Dorval. -- Déjà levé ! Où
allez-vous donc si matin ? — Je vais me coucher. — A cette
heure-ci ? — J'arrive de Versailles. — Vous êtes donc parti bien
tard ? — A neuf heures du soir. — Ah ! vous n'avez mis que
six heures pour faire quatre lieues ? — Oui, mon cher ; encore je
suis venu en poste. — Vous avez eu le temps de vous amuser
en route. — J'en bâille encore de plaisir. — Mais qui a pu vous
retarder ainsi ?

Air : *J'ai vu partout dans mes voyages.*

— Je l'avouerai, notre voyage
Jusqu'à Sèvres fut assez prompt,
Mais, à moins d'aller à la nage,
A Sèvres il faut passer le pont.
Or, à la barrière où l'on passe,
La foule venait s'entasser,
Si bien que grâce au droit de passe
Personne ne pouvait passer.

« C'est ce qui fait qu'il est trois heures du matin, que j'arrive
et que je pars, que je vous souhaite le bonjour et le bonsoir.
Adieu (1). »

Inconséquence de l'esprit humain que nous rencontrâmes déjà
au cours de cette étude ; le Pouvoir, les municipalités, qui sup-

____

(1) *Journal de Versailles*, 5 thermidor an IX, page 483.

primaient avec ardeur les signes de la royauté, les marques de
la servitude des peuples, ravivaient à leur profit d'anciens usages
royaux, et la foule, témoin des faits, ne trouvait rien à reprendre.
Sous la Monarchie, c'était le Roi qui présidait à la cérémonie
des grandes eaux, faisant ce jour-là, en quelque sorte, les honneurs de son Parc; nous allons voir les représentants du gouvernement républicain et le chef de la Municipalité se substituer à
l'ancien monarque. « Le jeu des grandes eaux, dit le *Journal de
Seine-et-Oise,* a commencé vers les cinq heures et demie, à l'arrivée du Préfet, qui s'est rendu dans le jardin avec le Maire de
Versailles. » Nous sommes, il est vrai, en l'an IX, et déjà le
Pouvoir reconstitué s'inspire du passé, convaincu qu'ainsi il
remet un peu d'ordre en toutes choses.

Le parc de Versailles en avait grand besoin.

« La surprise que j'éprouve s'accroît, dit le *Spectateur pendant
la Révolution,* lorsque je découvre ce beau jardin où Louis XIV
a signalé son amour et son goût pour les arts; je vois tant de
magnificence et de chefs-d'œuvre abandonnés à la brutale
ignorance qui dégrade tout ce qu'elle touche. J'avance doulou-
reusement et je n'aperçois que des soldats mutilés, que des
aveugles qui heurtent des ifs et des statues; d'autres, qu'un cri
charitable retient sur les bords d'un bassin où ils allaient se
précipiter; j'en aperçois un qui, se confiant trop à l'intelligence
du fidèle animal qui le précède, se sent tout à coup heurté par
une grille que son imprévoyant guide avait déjà traversée (1). »

Dès 1790, des déprédations furent commises. « Les murs du
Grand Parc furent forcés dans plusieurs endroits, le bois ravagé
et des désordres causés par une troupe de gens armés qui
s'étaient réunis dans les environs depuis quelque temps, au
nombre de quinze cents. Le président de l'Assemblée nationale
a été chargé de se retirer par devers Sa Majesté pour lui témoigner les regrets de l'Assemblée à cet égard et lui faire connaître
le désir qu'elle avait de voir Sa Majesté conserver ses plaisirs
personnels.

« Le Roi a répondu qu'il voyait avec satisfaction l'Assemblée
nationale s'occuper d'arrêter les désordres qui s'étaient manifestés dans les environs de Versailles; que ces désordres n'étaient

---

(1) Delacroix, *Le Spectateur pendant la Révolution.* (Bibliothèque de Versailles.)

point la cause qui l'avait déterminé à supprimer ses **équipages**
de chasse ; que, n'ayant pas chassé depuis un an et ne **se propo**-
sant pas de chasser de sitôt, il avait cru devoir réformer momentanément sa véneric, mais qu'il ne renonçait point à reprendre
ce délassement quand il aurait le cœur plus satisfait (1). »

Il s'agit ici de braconnage et de maraude ; les rapports que
nous allons reproduire montrent à quel point de désordre on
était parvenu.

· « Il répugne toujours à mon caractère, écrivait l'inspecteur
et conservateur du Palais national, sous la date du 28 ventôse
an IV, d'être contraint de vous porter des plaintes..... Je ne puis
m'empêcher de vous informer du désordre et du mauvais exemple
que montrent journellement les militaires dans le jardin de Versailles : 1° en lavant leur linge dans les bassins dits « les Buffets »,
de chaque côté de la terrasse, quoiqu'on leur ait dit et répété
que cela était défendu ; 2° en le battant sur les tablettes en marbre
et l'étendant sur les charmilles ; 3° en trépignant les gazons
(cela sans mauvaise intention), mais en voulant s'approcher des
bronzes décorant les bassins de la terrasse ; 4° en sautant par-
dessus les barrières du pourtour de la pièce de Neptune et grim-
pant sur les groupes en plomb, en y faisant le long des charmilles des ordures affreuses ; 5° en franchissant les grilles de
fermeture des bosquets, particulièrement ceux des Bains d'Apollon et de la Salle-de-Bal, et déclouant des parties de treillages
pour pénétrer dans les massifs ; 6° en choisissant ce lieu pour
champ de bataille lorsqu'ils ont quelque différend à vider, ce qui
a déjà occasionné des craintes et de l'épouvante aux citoyens
paisibles qui vont là avec sécurité (2). »

Les rapports sont nombreux, de l'an IV à l'an X, qui signalèrent
des faits semblables : pêche dans les pièces d'eau, chèvres introduites pour paître, dégradations aux pièces d'eau, baignades de
chiens et même d'hommes, inscriptions « qui blessent la vue et
le cœur de tous les bons citoyens » ; ces griffonnages sont si
nombreux, disait l'architecte du Palais, le 11 vendémiaire
an VI, « que j'ai deux journaliers qui, depuis trois mois, n'ont
d'autre occupation que d'effacer ces affreuses inscriptions ».

---

(1) *Gazette de France*, année 1790, page 400.

(2) Archives communales de Versailles (Parc).

Cependant, il existait des gardes-bosquets et quatre gardiens des objets d'art du Palais ; chacun de ces derniers était muni d'une médaille en cuivre portant d'un côté : *Force à la Loi, Liberté, Egalité, Justice ;* de l'autre côté : *Respect aux propriétés nationales,* et au milieu : *Gardien des monuments des arts du Jardin national de Versailles.* De plus, des sentinelles étaient placées en divers endroits, des patrouilles parcouraient les Parcs à certaines heures. Toutes ces précautions demeuraient sans effet ; le 16 brumaire an X, un factionnaire en face la pièce de Neptune s'est amusé à couper avec son sabre une assez grande quantité de charmille auprès de sa guérite ; les vétérans étaient impuissants pour tenir tête aux volontaires et aux soldats qui s'arrogeaient tous les droits du maître. Le 3 vendémiaire an VI, trois militaires de l'hospice, venus pour se battre, auraient écharpé un vétéran qui voulait les séparer et n'eut que le temps de se réfugier dans les charmilles, où la garde du Palais vint le délivrer. Le 7 nivôse an IV, un fontainier ayant arrêté un jeune homme qui enfonçait des morceaux de bois dans les ajoutages des chéneaux du bassin de Neptune, dut, devant les menaces de volontaires, relâcher le délinquant ; d'autres volontaires péchant dans les bassins de l'île d'Amour, refusèrent d'obéir à l'injonction du vétéran faisant patrouille. La garde, impuissante, était souvent insultée, « traitée de j... f... et autres sottises du même genre ». Pour profondément regrettables que fussent toutes ces choses, pour dangereuses qu'elles aient été par suite de leur fréquence, elles ne menaçaient pas l'existence du Domaine comme les faits qu'il nous reste à rappeler.

Plantation d'arbres fruitiers.

Esope, invité à servir le meilleur et le plus mauvais mets, ne présenta successivement que de la langue et démontra aisément qu'il avait ainsi déféré à l'ordre du maître. On pourrait établir avec autant de facilité qu'il n'est rien de plus utile qu'un principe, mais qu'il n'est pas au monde de chose plus détestable, voire même plus dangereuse, qu'un principe appliqué, abstraction faite de toutes les considérations dont il est prudent et raisonnable de s'inspirer dans la pratique.

Le peuple ayant manqué de pain, ses représentants, encore

impressionnés par la misère profonde dont ils avaient été les témoins impuissants, s'étaient dit judicieusement : Augmentons la production du sol en restituant à l'agriculture toutes les terres que le plaisir des grands a rendu improductives en les laissant en garennes, en les aménageant en forêts, en parcs, en riches jardins, complément agréable des demeures seigneuriales.

Si l'on avait songé que, pour vivre et lutter avec succès, le prolétaire n'a pas seulement besoin de son pain quotidien, qu'il lui faut aussi du savoir, de l'adresse et du goût, qui ne naissent et ne se développent que par des leçons et des modèles, on n'aurait pas impitoyablement sacrifié les admirables exemples que sont les chefs-d'œuvre accumulés et légués par le passé ; on n'aurait pas, par des destructions stériles et inintelligentes, tari l'une des sources vives de la prospérité nationale, qui assure l'existence d'une foule d'artistes et d'artisans, qui éveille la curiosité de l'étranger, l'attire sur notre sol, où il vient vivre, admirer et acquérir nos productions et le fruit de nos labeurs. Il aurait suffi de réfléchir ; mais les souffrances étaient trop récentes, les passions politiques trop excitées pour que le jugement et la raison fussent acceptés comme guides. Les arbres séculaires, orgueil du Parc, furent sacrifiés, leurs souches, leurs racines extirpées, le sol préparé pour recevoir le labour et les semences de l'agriculteur. Le Jardin, complément indispensable du Palais, ne subit pas d'aussi graves injures ; on le livra cependant à la bêche de l'arboriculteur. Un entrepreneur fut chargé de « pratiquer des trous de distance en distance, et au moins de 6 pieds carrés sur 3 de profondeur, tant dans toutes les allées du pourtour du jardin de Versailles, que dans celles transversales, ainsi que dans celles de décors en buis ou en gazon, pour y recevoir des arbres de rapport ».

A l'égard des grandes portions, telles que l'esplanade entre la tête du Canal et le bassin d'Apollon, ainsi que les deux quinconces de chaque côté du Tapis-Vert, l'entrepreneur devait faire des tranchées de 6 pieds de large sur 3 de profondeur, dans l'alignement des arbres (1), » le tout conformément au plan que

(1) L'adjudication de ces travaux, dont le procès-verbal existe aux Archives de Seine-et-Oise (Q, Château et Parc), fut prononcée, le 8 ventôse an III, au profit d'un nommé Jean Lapie, entrepreneur de travaux de terrassement, demeurant à Versailles, rue des Marseillais, n° 7 (rue des Missionnaires), moyennant une somme de

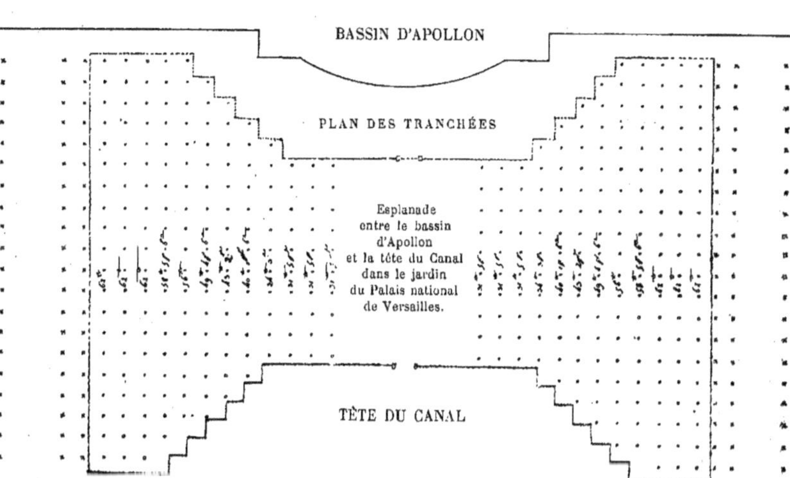

Les 24 tranchées pour la plantation des arbres produisant ensemble 1,128 toises 3 pieds courants sur 6 pieds de large et 3 pieds de profondeur.

« Je soussigné, Architecte Inspecteur des Bâtiments nationaux et dépendances, certifie que, d'après la vérification faite conjointement avec l'entrepreneur, les dites terrasses se montent à la quantité de 1,128 toises 3 pieds courants sur 6 pieds de large et 3 de profondeur.

« A Versailles, le 20 germinal de l'an second de la République une et indivisible.

« *Signé :* Le Roy. »

nous a communiqué le citoyen Le Roy (1) et que nous avons approuvé et signé », disent les représentants Musset et Delacroix, à la date du 20 nivôse an II (2).

Sans rechercher ce que gagnerait l'alimentation publique, sans s'être rendu compte de ce qui reviendrait au bien-être général quand on aurait réalisé la pensée de mettre en culture tout le sol de la Patrie, chacun était aux aguets et se félicitait d'avoir découvert un espace ignoré du producteur de denrées alimentaires.

Un citoyen Lécuyer présenta (6 messidor an III) un rapport pour la plantation de l'avenue de Paris en arbres fruitiers, pommes de terre ou haricots. Nous en extrayons les passages suivants : « Dans le nouvel ordre des choses, où l'agriculture est à l'ordre du jour, il serait possible de joindre à son manoir la moitié de ladite avenue en réduisant la chaussée à la largeur de la route, vers la chute de l'étang de Viroflai, qui a 10 toises de largeur entre les fossés.

« ..... Cette économie n'altérerait en rien le coup d'œil, le sol étant planté en arbres fruitiers comme pommiers et poiriers de qualité à faire du cidre..... 1,400 pieds d'arbres, âgés de huit à dix ans, rapporteraient une quantité de fruits pour faire 200 muids de cidre.

« ..... 26,864 toises ou environ 24 arpents peuvent être mis en culture, soit pommes de terre ou haricots.

« La surface de cette avenue étant ainsi plantée et cultivée, annoncerait, à l'entrée d'une aussi vaste commune, le premier hommage que s'empresse l'auteur de rendre à l'agriculture. »

Ensuite se trouvent les observations suivantes :

« Les 24 arpents cultivés en pommes de terre en rapporteraient environ 300 septiers, en haricots environ 200. Les mêmes parties de terre plantées en arbres à fruits produiraient en même temps des fruits pour faire environ 400 muids de cidre (3)... »

4,800 livres, qui finalement fut portée à 5,087 l. 1 s. 7 d., par suite de travaux imprévus qui ont occasionné des journées supplémentaires, notamment pour l'écoulement des eaux qui se sont trouvées dans les tranchées. Chaque toise courante de tranchée de 6 pieds carrés sur 3 de profondeur fut payée 45 sols.

(1) Ce plan existe aux Archives de Seine-et-Oise (Q, Château et Parc de Versailles). Nous le reproduisons ci-contre.

(2) Archives de Seine-et-Oise, L K. — Représentants du peuple en mission.

(3) Archives de Seine-et-Oise, L I 0-110.

Cette proposition, qui peut paraître dénuée de sens, ne serait pas à citer si elle n'était l'expression des désirs que chacun éprouvait alors; d'ailleurs, elle n'avait rien de plus extravagant que ce qui se produisit dans les jardins du Palais.

Rapportons le texte des documents suivants, sans y ajouter aucun commentaire :

13 pluviôse an II. — « Mémoire de deux cents pommiers fournis par la veuve Potier, pour la nouvelle plantation à la tête du Canal. Le prix, fixé à 40 sols par pied, parut un peu cher, vu la médiocrité des arbres, mais il fut accepté, ce prix étant le même pour le particulier que pour la Nation (1). »

14 prairial an IV. — L'inspecteur Le Roy écrit : « Je dois vous prévenir que le vent qu'il fait depuis quelques jours tourmente infiniment les arbres fruitiers composant la plantation entre le bas du Tapis-Vert et la tête du Canal, et qu'il est de la plus grande nécessité, si l'on veut les conserver, de les renouveler de tuteurs, sans quoi il en périra beaucoup en peu de temps.

« En conséquence, citoyens administrateurs, je vous invite à m'autoriser de donner des ordres à la citoyenne Lemoine..... pour se procurer 400 perches (2)..... »

Ainsi, des arbres à fruits avaient été plantés et se développaient; le procès-verbal suivant va nous montrer qu'ils commençaient à rapporter : « Aujourd'hui, quinze vendémiaire de l'an troisième de la République une et indivisible, à dix heures du matin, Nous, inspecteur du Palais national et dépendances, ayant remarqué que les plantations faites de pommiers sur paradis, dans les plates-bandes des parterres du Nord, après la fleuraison, il y était resté plusieurs fruits, et ayant recommandé aux gardiens d'y avoir la plus grande surveillance, ce qu'ils ont exécuté jusqu'à présent; mais nous étant aperçu que, depuis quelques jours, ils commençaient à tomber, alors, nous étant fait accompagner par le citoyen Gabriel Cornu, caporal du poste de la tête du Canal, et du citoyen Delaye, piqueur des travaux du jardin, nous en avons fait la cueille, montant à trente-six pommes de différentes espèces que nous avons arrangées dans une corbeille,

_____

(1) Archives de Seine-et-Oise, Q, Versailles, Château, Parc, Jardins.

(2) *Ibid.*

à l'effet de les remettre à l'Administration, pourquoi nous avons clos le présent (1)..... »

En l'an V, un citoyen Bidon écrivait aux président et membres composant l'Administration municipale de Versailles :

« Citoyens, la multiplicité des petits moyens produit les grandes ressources et, dans un moment d'urgente nécessité, on les emploie toutes ; persuadé que tout bon citoyen doit s'évertuer à en trouver, je vous propose de me louer par bail de trois, six ou neuf années, ou simplement à l'année, si votre sagesse vous faisait entrevoir quelque inconvénient à le louer autrement, le terrain planté d'arbres fruitiers situé entre Phaéton et le ci-devant Canal du jardin de Versailles. Je tirerais parti des massifs en légumes et salades. J'entretiendrais les arbres en bon état et me chargerais même de remplacer ceux qui pourront manquer. Je vous invite à me faire savoir le plus tôt possible si ma proposition vous agrée, afin de me mettre à portée d'apporter du fumier et de préparer cette terre inculte par des labours d'hiver. Respect et fraternité. »

La Municipalité répondit le 19 vendémiaire :

« L'Administration, considérant qu'en morcelant le jardin de Versailles par des locations partielles, ce serait contrevenir à la loi qui réserve cette propriété nationale pour la jouissance du peuple ; que, d'ailleurs, il serait ridicule de transformer en jardin légumier la partie la plus apparente d'un jardin objet de la curiosité et de l'admiration des étrangers ;

« Considérant encore que les motifs économiques mis en avant par le pétitionnaire sont nuls pour la République..... l'Administration estime qu'il n'y a lieu à délibérer..... »

On sent que les esprits se calment, que chacun juge les événements avec plus de sérénité.

Le 6 frimaire an V (26 novembre 1796), le ministre de l'Intérieur écrivit à l'Administration centrale du département :

« Il a été fait, citoyens, une plantation d'arbres fruitiers dans les jardins de Versailles qui réunit plusieurs inconvénients ; elle détruit l'harmonie du genre créé par Le Nôtre, elle masque la vue du Canal et elle exige des dépenses sans offrir l'espoir d'un produit ; les arbres viennent mal, les fruits sont volés et cette

____

(1) Archives de Seine-et-Oise, Q, Versailles, Château, Parc, Jardins.

espèce de verger empêche l'accès de ce beau jardin à ceux qui veulent en jouir.

« En conséquence, je vous informe que j'ai pris un arrêté dont voici la teneur :

« 1° Les arbres fruitiers plantés dans le Jardin de Versailles, soit ceux qui sont dans la partie appelée le Parterre du Nord, soit ceux du bassin d'Apollon, soit ceux de l'ancien Labyrinthe, seront vendus à l'enchère par le ministère du département ;

« 2° Les fonds provenant de cette vente seront versés entre les mains du citoyen Péradon, inspecteur provisoire desdits jardins, pour être employés par lui aux dépenses à faire dans ce moment et principalement à celles relatives au rétablissement des parties qui vont être déplantées (1)... »

Chapitre III. — Quel sera le sort du Domaine?

Le Jardin allait donc reprendre son aspect d'antan ; mais le Parc, mais le vaste domaine mutilé, morcelé, était à jamais perdu.

Un ouragan terrible passant sur notre ville n'y eût laissé que des ruines faciles à relever. Les erreurs des philosophes, des politiciens, commirent des dévastations, presque des crimes demeurés irréparables. Ce n'était pas de parti pris ni de gaieté de cœur, mais égarés par des principes trop absolument interprétés, que beaucoup pensèrent bien agir en détruisant les richesses artistiques de la Nation. Charles Delacroix croyait avoir raison quand, se promenant sur la terrasse du Château, il disait, à ce que l'on affirme : « Il faut que la charrue passe ici. » Il était sans doute chaud patriote celui qui proposa de fondre l'œuvre des Keller pour fabriquer des canons. Ce fut un fervent républicain celui qui, craignant le retour du Roi, proposa de démolir le Palais, se persuadant que, quand le nid aurait disparu, l'oiseau de proie ne pourrait revenir. Heureusement, à côté de ces hommes convaincus, de ces fanatiques, il y eut les gens sensés qui raisonnent, il y eut ceux qui sentirent que notre pays avait le plus grand avantage à conserver les richesses artistiques accumulées par les ancêtres. L'une des sections de

(1) Archives de Seine-et-Oise, Q, Versailles, Château, Parc, Jardins.

Versailles n'hésita pas à manifester sa pensée à ce sujet, et, le 20 floréal an II (1), elle nomma une Commission qui eut mission de veiller à la conservation de toutes « les beautés que Versailles montre encore avec orgueil aux yeux des étrangers » (2). Des démarches auprès des pouvoirs publics furent faites dans ce but.

La *Gazette nationale* a noté dans son numéro du 23 septembre 1793 qu'à la séance de la Convention du vendredi soir, un membre d'une députation versaillaise prononça, au nom des sections de cette ville et des corps administratifs réunis, la pétition suivante :

« Représentants de la Nation, nous avons vu les rois et leurs crimes, et nous les avons méprisés. Nous avons subsisté à l'ombre de leurs palais, des débris de leur indigne prodigalité, et nous avons préféré une honorable indigence à leur faste humiliant. Nous avons uni nos mains à celles des citoyens libres qui les ont détruits. Des hommes qui ont agi ainsi ont-ils démérité de la Patrie ? Telle est la question que les habitants de Versailles viennent soumettre à votre justice. Ils ont donné leurs enfants, leurs armes, leurs canons, tout ce qu'ils avaient de richesses. Une ressource restait à cette cité déserte, à ses propriétaires ruinés, à ses femmes, à ses enfants abandonnés. Les vestiges du luxe et des déprédations des rois étaient dans leur ville. Les monuments des arts enfouis dans leurs palais y demeuraient ignorés. Les habitants de Versailles espéraient que sur cette terre, enfin devenue libre, l'étranger viendrait contempler les restes d'une puissance destructive ; ils se consolaient de leurs pertes en pensant que, dans la suite des siècles, l'homme juste, s'arrêtant au milieu de ces édifices somptueux, y verserait des larmes brûlantes au souvenir de leur courage ; ils espéraient que l'artiste, en copiant ces traits d'héroïsme tracés par d'habiles pinceaux, dirait : Les habitants de Versailles n'en furent pas les vains admirateurs. Et cependant, on leur enlève ces tableaux, ces superbes monuments ; on dépouille ces châteaux, comme si les enfants de la liberté n'étaient pas dignes d'être les gardiens des arts.

« Législateurs, n'empêcherez-vous pas cette injustice ? Le Muséum de Paris ne peut-il s'embellir que de notre ruine ? Il ne

____

(1) 9 mai 1794.

(2) *Histoire de Versailles; rues, avenues, places,* etc., par J.-A. Le Roi.

peut seulement contenir la moitié des chefs-d'œuvre amoncelés par le faste des Cours. Eh! pourquoi nous refuserait-on la juste exception qui nous est nécessaire et que le bien de la Nation exige? Versailles est privé de tout, et puisque vous nous avez débarrassés de la royauté, que ferez-vous des superbes établissements dont il est plein, si vous ne vous rappelez qu'assez proche de la capitale pour offrir, avec le charme de la solitude, la ressource des sciences, il semble être fait pour être le lycée de la Nation française, la retraite de ses philosophes, l'école de ses artistes? » (*On applaudit.*)

Sur la proposition de M. Dussault, qui convertit en motion la demande des pétitionnaires, la Convention ordonna la suspension du décret relatif au transport des monuments de Versailles à Paris, et la mention honorable du patriotisme des citoyens du département de Seine-et-Oise.

« Que ferez-vous des superbes établissements dont Versailles est plein? » avaient dit les pétitionnaires.

Ceux qui voyaient en la conservation du Palais une menace, un danger, songeaient à raser « le repaire du Tyran ». Les autres proposèrent tour à tour de le mettre en location, de le morceler, de le vendre, de l'aménager en école, en musée des arts.

Romme, député de la Convention, proposa, en 1793, de loger au Palais les corps délibérants et de faire une trouée pour l'ouverture d'une rue à travers le monument.

Les plus sages, reculant sans doute devant la grosse responsabilité à prendre vis-à-vis de la postérité, se rattachèrent à l'idée de conserver le domaine de Versailles et de l'utiliser pour la jouissance et l'instruction du peuple.

Le Directoire exécutif, jugeant qu'il était instant de prendre un parti, adressa, le 17 nivôse an VI, au Conseil des Anciens et au Conseil des Cinq-Cents, le message suivant, qui relate les décisions successivement prises jusqu'à cette date :

« Citoyens représentants (1),

« Le Directoire exécutif croit devoir appeler l'attention des deux Conseils sur la nécessité de prendre une détermination relativement à Versailles.

(1) Conseil des Anciens, séance du 17 nivôse (6 janvier 1798). (*Gazette nationale*, année 1798, page 459.)

« Cette habitation royale a été conservée pour de grands établissements qui n'ont pas été faits, en sorte qu'elle a l'air d'une maison vacante et qui attend un maître ; les ombres des tyrans semblent s'y promener encore et y braver la République. Les citoyens en sont surpris ; les étrangers en sont frappés ; on se demande pourquoi donc ces logements sont en réserve ? Un culte superstitieux s'attache à ces reliques de l'ancien régime ; on les visite avec respect et l'on se plaît à y trouver une pierre d'attente de contre-révolution.

« Si Versailles doit subsister, il convient que la République se l'approprie entièrement, qu'elle en fasse un usage conforme à ses principes, qu'elle achève d'y consacrer le règne de la liberté, ou bien qu'elle renonce à l'entretien coûteux (1) d'un monument qui ne réveille, dans l'état où il est, que des idées de monarchie et des souvenirs d'esclavage.

« Les Assemblées nationales s'en sont occupées plusieurs fois, mais d'une manière imparfaite.

« Le 16 floréal an II, un décret (2) avait mis Versailles au nombre des domaines qui devaient être entretenus aux dépens du Trésor

---

(1) Si nous en jugeons par la lettre suivante écrite au ministre de l'Intérieur par l'inspecteur Le Roy, il ne semble pas que, jusqu'à l'an III, il ait été fait de grands sacrifices pour la conservation du Palais. Le Directoire exécutif informait que des travaux considérables se continuaient dans le ci-devant château de Versailles, et Le Roy répondait le 4 nivôse an III : « Je ne sais qui a pu tenir un pareil langage..... on ne s'est jamais si peu occupé de travaux au Palais national que pour les réparations urgentes. La raison est bien simple, c'est que, n'ayant malheureusement ni bras, ni matériaux, ni moyens, il ne tombe pas sous le sens que l'on puisse entreprendre non pas de grands travaux, mais même de légères réparations, sans courir le risque d'être souvent interrompus, ce qui nous arrive très fréquemment..... » (Archives de Seine-et-Oise, Q, Grand-Trianon.)

(2) *Gazette nationale* (1794), p. 925 : « Séance du 16 floréal an II. COUTHON. — Citoyens, les maisons nationales des environs de Paris ont été longtemps des objets d'un luxe insolent et désastreux ; le Comité de Salut public a pensé qu'il était temps de les purifier en les utilisant. Longtemps elles furent autant d'objets d'insultes au peuple que l'on privait d'y paraître ; le temps est venu de les consacrer à son utilité en les transformant en ateliers des arts. Saint-Cloud, par exemple, pourrait devenir un établissement de sculpture ; Bellevue, un établissement de peinture ; Mousseaux, une école d'agriculture ; le Raincy, un établissement pour l'éducation des troupeaux ; Versailles, pour l'éducation publique, etc. C'est d'après ces bases que le Comité me charge de vous proposer le décret suivant :
« La Convention nationale, après avoir entendu le rapport de son Comité de « Salut public, décrète que les maisons et jardins de Saint-Cloud, Bellevue, « Mousseaux, le Raincy, Versailles, Bagatelle, Sceaux, l'Isle-Adam et Vanves ne « seront pas vendus et seront conservés et entretenus aux frais de la République « pour servir aux jouissances du peuple et former des établissements utiles à « l'agriculture et aux arts. » — Ce décret fut adopté.

public pour servir aux réjouissances du peuple et former des établissements utiles à l'agriculture et aux arts ; **mais on n'affecta** point de fonds pour effectuer ce projet.

« La loi du 3 nivôse an IV a excepté aussi du nombre des objets à vendre la maison de Versailles, comme étant susceptible d'établissements publics. Le vœu de cette loi est aussi loin d'être rempli. Une très petite partie du ci-devant Château renferme un dépôt littéraire (1) qui pourrait être mieux placé ; d'autres salles sont occupées par un muséum spécial de l'Ecole française (2) ; la somptueuse galerie (3) et les appartements sont vides (4).

(1) Ce dépôt littéraire, ou plutôt cette bibliothèque, se composait, en 1793, de tout ce qui avait appartenu aux princes ou aux émigrés, c'est-à-dire de plus de 200,000 volumes imprimés ou manuscrits. La plus grande partie de ces volumes fut transportée à Paris. Ce qui restait constitua la bibliothèque de l'Ecole centrale, d'abord placée dans l'aile du Midi, au Palais ; elle fut extraite de là en 1799 pour permettre de loger les soldats invalides. Alors, on la transporta dans la belle galerie du ci-devant hôtel des Affaires étrangères, rue de l'Union (rue Gambetta). C'est aujourd'hui la Bibliothèque municipale.

Le directeur du Conservatoire du Muséum écrivait, le 2 frimaire an IV, aux citoyens composant l'Administration du département de Seine-et-Oise : « Il est également de mon devoir de vous rappeler combien la fourniture de bois de chauffage demandée depuis plus d'un mois est pressante ; nos économies de l'année dernière sont prêtes à finir et nous allons nous trouver absolument au dépourvu par des temps humides et très pernicieux pour les bibliothèques, malheureusement situées au rez-de-chaussée, ainsi que pour les objets d'histoire naturelle, les estampes et même les tableaux..... » (Arch. de Seine-et-Oise, Q, Grand-Trianon.)

(2) Voir l'étude très complète publiée par M. Dutilleux, dans l'*Annuaire du Département* de 1887.

(3) Le directeur du Conservatoire du Muséum national écrivait, à la date du 2 frimaire an IV, à MM. les administrateurs du département: « L'opération de la translation des tableaux du rez-de-chaussée du Palais national aux grands appartements est fort avancée ; en sorte qu'au moyen de la clôture du Muséum, nous pourrons procéder incessamment aux transports de tables, bustes, vases et autres objets précieux qui doivent orner la grande galerie..... Le parquet de la grande galerie étant crevé à divers endroits par la pose des échelles qui ont servi à la restauration des plafonds, et cette fracture devant être réparée avant le placement d'autres objets précieux et fragiles, lesquels doivent entrer dans ce superbe local qui va devenir le point central du Muséum. » (Archives de Seine-et-Oise, Q, Grand-Trianon.)

(4) On fit servir les grands appartements à divers usages :

Une société populaire y tint ses séances. (Voir page 245.)

Le salon d'Hercule semble avoir été la salle des Fêtes.

Le 20 vendémiaire an VIII, les artistes domiciliés à Versailles prévenaient leurs concitoyens qu'ils ouvriraient, le 25 vendémiaire, au Palais national, dans la salle du Musée dite des Gardes-du-Corps, l'exposition publique de peinture, sculpture, gravure et dessin. (*Journal du département de Seine-et-Oise*, numéro du 20 vendémiaire.)

Au même moment, un citoyen Desprez, professeur de musique à Versailles,

« En général, les bâtiments, l'orangerie (1) et les jardins sont bien entretenus (2).

« Le grand Canal (3) est en prairie, les bois ont été dévastés (4); les avenues sont dégradées, mais conservent encore leur air majestueux. Le produit du domaine utile ne peut subvenir aux dépenses; et pour y suppléer, il en coûte à la République une somme considérable par an. Les bâtiments exigent des réparations urgentes qui iront en croissant chaque année. Mais avant de vous demander des fonds pour y pourvoir, le Directoire

annonçait qu'il donnerait seize concerts au Palais national, dans la même salle que les années précédentes. (*Journal de Seine-et-Oise.*)

(1) Les collections de l'Orangerie s'augmentèrent des arbustes qui se trouvaient dans la maison des émigrés; nous trouvons notamment que, le 5 fructidor an V, les orangers du nommé Tessé furent amenés de Chaville à Versailles; que, peu de jours après, on apporta de Louveciennes les orangers qui avaient appartenu à la Du Barry; que soixante-dix-sept arbustes provenant des deux Trianons vinrent aussi augmenter les richesses de Versailles.

Le 22 thermidor an IV, l'Administration centrale du département, après la récolte de la fleur d'oranger provenant des orangeries nationales de Versailles, fit transporter mille livres de fleurs au magasin général de pharmacie, à la maison du Champ-de-Mars de Paris.

(2) Les jardins étaient, en effet, assez bien entretenus. Le 22 germinal an IV, le citoyen Le Roy demanda cinquante à soixante prisonniers de guerre pour effectuer les travaux d'usage. Il leur fut accordé à chacun une indemnité de 1 fr. 50.

La République continua à entretenir un jardinier-chef et quatre jardiniers piqueurs pour la conduite des ouvriers employés aux travaux, un garçon jardinier pour la pépinière des élèves d'orangers, etc.; il y eut dans les jardins de quarante-cinq à cinquante hommes de classes différentes.

(3) Voir page 313.

(4) Le 19 pluviôse an III, le Directoire du district de Versailles estimait « utile de vendre très promptement les bois étant dessus le terrain qui borde le Canal, dans la partie septentrionale du Petit Parc; de comprendre, dans le projet de division de cette partie destinée à être incontinent vendue, les terrains sur lesquels ces bois se trouvaient, à la condition de défoncer le terrain, d'en arracher les souches et de les rendre à la culture ». (Archives municipales de Versailles, Petit Parc.) Ces terrains, divisés en cinq lots par arrêté du 19 pluviôse an III, signé Delacroix, furent mis en adjudication, puis retirés de la vente sous prétexte qu'ils contenaient un nombre considérable de charpentes qu'il serait peut-être bon de vendre à l'avance.

Le 25 pluviôse an V (13 février 1797), la Municipalité écrivait au Département : « L'Administration vient d'apprendre aux citoyens que les commissaires experts nommés par vous ont marqué et estimé les arbres de ligne qui se trouvent le long des bosquets du Canal, proche la grille de Villepreux. Elle me charge de vous observer que si vous donnez suite à la soumission qui paraît avoir été faite de ces arbres, et s'ils sont abattus, la décoration du Palais national et du jardin sera totalement détruite; le point de vue si beau et qui est tous les jours admiré des étrangers n'existera plus. Déjà le fermier de Gally a fait labourer la pelouse qui prenait de la tête du Canal et se prolongeait jusqu'à la ci-devant grille royale. Cette pelouse, cependant, était un ornement précieux. Veuillez bien peser ces observations dans votre sagesse..... » (Arch. communales de Versailles, Petit Parc.)

exécutif a dû vous consulter sur la question de savoir à quoi Versailles doit servir.

« Des ventes partielles ont déjà morcelé le Parc (1); d'autres ventes sont demandées et poursuivies avec ardeur (2); ces démembrements successifs auraient bientôt réduit un jardin im-

(1) Le préfet de Seine-et-Oise reçut, à la date du 2 février 1810, une lettre qui commence par ces mots : « Sa Majesté a formé le projet de rendre à la résidence impériale de Versailles tout ce qui est nécessaire pour que Sa Majesté puisse l'habiter. Déjà elle a ordonné des travaux considérables pour la restauration du Palais. Mais l'exécution de ce projet exige la réunion des parties du Petit Parc qui ont été aliénées et qui doivent compléter cette dépendance du Palais. Sa Majesté est dans l'intention de traiter de ce rachat à l'amiable avec les divers propriétaires, quoiqu'il s'agisse ici d'un objet d'utilité publique. » Le préfet parvint à traiter avec dix-sept propriétaires qui consentirent à vendre, moyennant des prix qui s'élevèrent ensemble à 888,530 francs. La ferme de Satory figure pour 214,298 fr.; la ferme de Bois-Robert, 98,800 francs ; la maison du Désert, 65,000 francs; la ferme de Chèvreloup, 100,000 francs; les glacières Satory, 63,332 francs. A ce moment, les biens suivants, dont on demandait un prix sujet à discussion ou exagéré, demeuraient en litige : bâtiments de la Ménagerie, 100,000 francs ; terres dans l'intérieur du Parc, 132,000 francs; la maison dite la Lanterne, près la Ménagerie, 80,000 francs. (Archives de Seine-et-Oise, Q, Château et Parc.)

(2) Le 26 février 1794, le Directoire du département prit la délibération suivante : « Il a été fait un rapport des diverses propositions du citoyen Couturier, relatives à la culture des terres situées dans l'étendue du Grand Parc de Versailles ; après une discussion assez longue, le Directoire s'est arrêté à la mesure... d'écrire au Comité d'aliénation et d'agriculture à la Convention nationale la lettre suivante : « Nous nous sommes occupés, depuis le mois d'octobre, d'user des « moyens de rendre à l'agriculture les terres situées dans l'étendue du Grand « Parc de Versailles, autrefois destinées aux plaisirs du despote, ces terres consis- « tant en portions de friches, routes de chasses traversant les plaines, avenues, etc. « Nous avons pris différentes mesures pour parvenir au but proposé; les direc- « teurs généraux des domaines ont ordonné un arpentage général de tous les « terrains dont il s'agit dans les vingt communes du Grand Parc..... l'impatience « s'est manifestée dans la commune qui avait espéré jouir sur-le-champ de l'opé- « ration projetée; quelques-unes de ces communes ont partagé provisoirement les « terrains de leur ressort; elles ont, à cet égard, violé la loi, mais la pureté de « leurs intentions peut porter à excuser leurs démarches, à ne point les punir avec « toute la sévérité que la faute en elle-même paraît mériter : elles ont formelle- « ment annoncé l'intention de payer la location des biens qu'elles se partageaient. « Aux termes de la loi du 12 septembre 1791, la location de ces terres par petites « portions doit se faire par adjudication. Ce mode semble entraîner, dans l'espèce, « de grands inconvénients et peut faire manquer le but que nous avons en vue, « de rendre locataires des portions les habitants les plus nécessiteux des com- « munes voisines, mesures dont un moment de réflexion démontre évidemment « l'utilité morale et politique (voir la note au bas de la page 85 de cet ouvrage), « si ces portions de terre s'adjugent au plus offrant. Il est possible qu'un pro- « priétaire force le prix à raison de la proximité de ses possessions ou à toute « autre convenance. Nous croyons donc, citoyens, qu'il importe au bonheur de la « portion de nos administrés la plus intéressante à cause de ses besoins que la « Convention nationale déroge par un décret à la loi du 12 septembre, quant « au mode de location des terrains du Parc que nous demandons à rendre à « l'agriculture, que la location de ces terres peut être faite par évaluation..... » (Archives de Seine-et-Oise, L I K, reg. 24.)

mense et superbe, le premier de l'Europe, à un terrain trop exigu et trop disproportionné pour servir d'accompagnement au Palais ; on ne pourrait alors conserver cette masse ruineuse de bâtiments qui ne présenterait qu'un scandale aux républicains.

« Mais, il faut l'avouer, ce serait à regret que le Gouvernement verrait le vandalisme voter l'anéantissement de cet ensemble de chefs-d'œuvre, dont le goût et la liberté peuvent faire un emploi qui en épure l'existence.

« Il faut considérer que cette existence est liée aux intérêts d'une commune considérable et malheureuse ; que l'on compte encore à Versailles plus de vingt-cinq mille habitants ; que si cette commune a eu la flétrissure d'être le séjour des tyrans, elle a eu l'avantage de devenir ensuite le berceau de la liberté ; que c'est là que l'on doit élever le monument du Jeu-de-Paume ; que les dépenses de Versailles se rattachent encore à celles de la machine de Marly (1), et que la destination des bâtiments et des jardins doit se raccorder avec celle que peuvent recevoir les Trianons, Meudon, Saint-Cloud, dans les plans que la paix et la gloire nationale ont déjà inspirés aux artistes français et qu'il tarde au Gouvernement de voir exécuter. Il est un luxe utile et cher aux peuples libres : c'est la magnificence des établissements publics. A cet égard, la France possède dans Versailles et

(1) Le service des eaux fut réorganisé, par les représentants du peuple en mission, de la manière suivante : Le citoyen Devienne, chef du service, fut remplacé (arrêté du 23 floréal an III) par le citoyen Goudouin ; il avait sous ses ordres les citoyens Bastier et Marchadier, piqueurs, dont le traitement s'élevait à 2,000 francs ; Daverne et Fortin, commissionnaires, 2,600 francs ; quatre gardes-rigoles de Saclay, Bois-d'Arcy, Trappes et Saint-Hubert, 2,000 francs ; les citoyens Claude Mézières et Denis Chevalier, taupiers, 140 francs ; le citoyen Mathias Camp, gardien des arcades de Buc, qui, outre son logement et un petit jardin, toucherait 66 francs ; le citoyen Jean Vervin, inspecteur de la machine de Marly, qui toucherait 1,850 francs ; un autre citoyen Jean Vervin, garde-magasin, 1,250 francs ; le garde du regard des eaux de Versailles, 100 francs. Il était accordé à deux ouvriers, au choix de l'inspecteur, leur logement, à la charge d'ouvrir et de fermer les portes. Quatre fontainiers chargés de la réparation des tuyaux, de l'entretien des eaux du jardin et des maisons nationales, devaient recevoir 1,000, 900, 900 et 720 francs. Un fontainier chargé de l'entretien des grands réservoirs de la ville et des conduites destinées aux fontaines publiques. Le chef des poseurs de tuyaux, le citoyen Richard, 900 francs ; trois fontainiers à poste fixe, aux buttes Montbauron, Picardie et aux étangs Gobert, 1,800 francs ; quatre poseurs de tuyaux de fer, à raison de 700 francs chacun, à la charge de ne pas quitter. Tous les fontainiers étaient sans distinction de fonctions et de qualité ; ils s'aidaient mutuellement, soit à Trianon, soit à Versailles, et faisaient tout le service des pompes. Un desdits fontainiers était à poste fixe à Trianon ; son traitement était de 900 francs. (Archives de Seine-et-Oise, L I K. — Représentants du peuple en mission.)

dans ses environs des matériaux précieux et uniques dans l'univers. En ne songeant qu'à ce qu'ils coûtent, le Directoire exécutif ne proposerait pas de les créer, mais ils existent; et pour les mettre en œuvre, il ne faut que les dépouiller de leurs formes royales et leur donner un caractère plus digne du peuple français.

« Quelque parti que prenne le Corps législatif, il convient que le Directoire en soit informé sans retard, afin de faire faire à temps les réparations pressantes dont Versailles a besoin, si la liberté s'en empare, ou bien de faire procéder à la division et aux ventes, par petits lots, des bâtiments, fermes et parcs, s'il est reconnu qu'on ne puisse les déroyaliser autrement qu'en les démolissant..... »

Ce message pressant ne fit point surgir la décision qui, en déterminant l'affectation du Palais, eût enfin fixé son avenir. Mais, en 1798, l'orage, en s'apaisant, avait calmé les passions, refroidi l'ardeur des fanatiques et sauvé Versailles de la destruction dont il avait été si souvent menacé.

« On lit, dit le *Journal de Seine-et-Oise*, numéro du 1er fructidor an X (19 août 1802), dans le feuilleton du *Journal des Débats*, du 25 de ce mois, une notice sur le muséum de Versailles; la description qu'en fait le rédacteur est précédée d'un éloge ironique des bons Versaillais, dont le bon esprit a su, au milieu des tourmentes révolutionnaires, conserver ce palais à peu près dans le même état où il était avant la Révolution. Quel caprice du hasard, dit-il, a préservé ce palais, marqué partout au sceau de la destruction révolutionnaire? — Nous répondons que ce n'est point le caprice du hasard qui a produit cette merveille étonnante aux yeux de l'auteur de cet article, mais le bon esprit des Versaillais qui, quoique divisés, comme partout, d'opinions, étaient cependant d'accord sur ce point que le Château et ses dépendances devaient être sacrés; et cet esprit qui était général, n'en déplaise au feuilleton, était encore celui des magistrats nommés par le peuple, même celui de la Société populaire..... Ce n'est pas le hasard qui a conservé ce superbe monument, car le hasard et le ménagement ne marchent pas ensemble, mais le bon esprit des bons Versaillais qui a su accorder l'exécution des lois avec la ferme volonté de préserver le Palais de toute mutilation capable d'en défigurer l'ensemble. »

Cette affirmation ne doit pas paraître trop exclusive, car si les **habitants** de Versailles et leur municipalité eurent de zélés collaborateurs, ils méritent incontestablement qu'on les loue, et, sans hésitation, nous nous associons à l'éloge qui leur est fait; c'est même avec plaisir que nous terminons la présente étude par l'appréciation juste et flatteuse d'un publiciste contemporain.

De suite, nous poserions la plume si nous ne tenions à déclarer qu'en nous arrêtant, nous avons parfaitement conscience de n'avoir pas dit tout ce qui se passa en notre chère ville et sur le Domaine national à l'époque dont nous nous occupons. A aucun instant, nous n'eûmes la prétention, du reste irréalisable, d'écrire une histoire complète de Versailles pendant la Révolution française, cette œuvre eût été au-dessus de nos forces; pour la réaliser, il aurait fallu redire les grands faits rapportés tant de fois avec autorité par d'éminents historiens; ne sait-on pas, d'un autre côté, que, si attentif, si consciencieux que l'on soit, il est des événements qui échappent, des documents curieux que l'on ne rencontre pas. Nous nous connaissions trop bien pour ne pas limiter notre essor, pour ne pas restreindre notre étude à quelques esquisses, à quelques menus détails recueillis et produits sans autre prétention que l'impartialité la plus scrupuleuse.

Pour éviter l'erreur, autant qu'il est possible, nous n'avons parlé que pour amener ou pour relier nos nombreuses citations, qui constituent le fond même de notre travail, et ne raconter que d'après des documents d'une authenticité certaine, dont nous indiquons toujours soigneusement l'origine.

Afin de ne pas ralentir notre marche parfois hâtive, nous avons laissé dans l'ombre : l'Assistance publique, l'Instruction populaire, le Culte, l'Armée et la Magistrature. Nous n'avons rien dit du Grand-Trianon, du Petit-Trianon transformé en hôtel-guinguette, des jardins enrichis de la dépouille des émigrés. Si, plus longuement, nous avons exposé les gestes et l'attitude de la Municipalité, c'est que les administrations locales furent plus intimement mêlées à l'existence journalière de la population, et cependant, là encore, nous nous sommes arrêté à l'an III. Il nous aurait fallu des volumes pour parler des sociétés populaires, des sections, des comités, de nos concitoyens qui ont acquis une certaine notoriété.

Nous le répétons, nous n'avons voulu qu'essayer de rappeler les maux subis par les ancêtres, les souffrances physiques, les douleurs morales de nos pères torturés par la famine, atteints profondément dans leurs affections par la guerre, par des émeutes, des collisions sanglantes; menacés, au cours de rivalités politiques, d'être écrasés par la force brutale, que se crurent obligés de déchaîner ceux qui avaient courageusement travaillé à l'émancipation du peuple et de l'esprit humain. Notre faible effort n'a d'autre but que de contribuer quelque peu à dissiper les ténèbres épaisses qui cachent à la jeunesse l'œuvre pénible, persévérante et grandiose des générations antérieures.

TABLE DES MATIÈRES

PREMIÈRE PARTIE

La Ville.

	Pages.
Quelques réflexions	7
Coup d'œil sur la Ville	9
Aspect des rues	16
Entretien et propreté des rues	25
Illumination des rues (éclairage public)	31

DEUXIÈME PARTIE

Les Habitants.

	Pages.
Chapitre Iᵉʳ. — Dans les rues	37
Chapitre II. — Peuple, Bourgeoisie	61
Misère et famine	63
Sacrifices volontairement consentis	69
Ateliers de charité	73
Industries locales	77
Jours meilleurs	80
Goût pour le plaisir	87
Chapitre III. — La noblesse	91
Les suspects	103

TROISIÈME PARTIE

Sécurité publique. — Administration.

	Pages.
Chapitre Iᵉʳ. — Sécurité publique	115

Pages.

Chapitre II. — La Garde nationale. . . . . — 127

    I. Création à Versailles 127

    II. Son attitude politique. — Ses commandants

       généraux. 148

    III. Troupe. — Service. — Discipline. 173

       Artillerie. 174

       Petit état-major. — Sapeurs-pompiers . . 180

       Grenadiers et chasseurs. 185

       Service. 188

       Armement. 192

       Discipline 197

Chapitre III. — La Municipalité 204

    I. Coup d'œil en arrière. 204

    II. Première Municipalité. 208

    III. Municipalité d'août 1789. 215

    IV. Famine de 1789 218

    V. Législation de 1789. 230

    VI. Municipalité de 1790 241

    VII. Prédominance des sections 247

    VIII. Sociétés populaires. 260

    IX. La famine (1792-1795). 264

    X. Décentralisation excessive. 290

    XI. Dictature de la Convention 295

QUATRIÈME PARTIE

Le Palais. — Les Parcs.

Chapitre Ier. — Le Palais 301

    La cour du Palais 302

    L'extérieur du Palais. 306

    L'intérieur du Palais. 307

Chapitre II. — Les Parcs. Le Grand Canal. 313

    Plantation d'arbres fruitiers 321

Chapitre III. — Quel sera le sort du Domaine ? 328